내 인생의 역사 공부 /
되돌아보는 역사 인식

강만길 저작집

간행위원: 조광 윤경로 지수걸 신용옥

해제: 고정휴 구선희 김기승 김명구 김윤희 김행선 박은숙 박한용
　　　변은진 송규진 이주철 정태헌 최덕수 최상천 하원호 허은

교열: 김만일 김승은 이주실 조철행 조형열

강만길 저작집

17

내 인생의 역사 공부 /
되돌아보는 역사인식

저작집 간행에 부쳐

그럴 만한 조건이 되는가 하는 생각을 버리지 못하면서도 제자들의 준비와 출판사의 호의로 저작집이란 것을 간행하게 되었다. 잘했건 못했건 평생을 바친 학문생활의 결과를 한데 모아두는 것도 나름대로 의미가 있을 것 같기도 하고…… 한 인간의 평생 삶의 방향이 언제 정해지는가는 물론 사람에 따라 다르겠지만, 지금에 와서 뒤돌아보면 나의 경우는 아마도 세는 나이로 다섯 살 때 천자문을 제법 의욕적으로 배우기 시작하면서부터 어쩌면 학문의 길이 정해져버린 게 아닌가 생각해보기도 한다. 그리고 요즈음 이름으로 초등학교 6학년 때 겪은 민족해방과 6년제 중학교 5학년 때 겪은 6·25전쟁이 역사 공부, 그것도 우리 근현대사 공부의 길로 들어서게 한 것 같다고 말하기도 한다.

대학 3학년 때 과제물로 제출한 글이 활자화됨으로써 학문생활에 대한 의욕이 더 강해진 것 같은데, 이후 학사·석사·박사 논문은 모두 조선왕조시대의 상공업사 연구였으며, 특히 박사논문은 조선왕조 후기 자본주의 맹아론 연구였다. 문호개방 이전 조선사회가 여전히 고대사회와 같은 상태에 머물러 있었다고 주장한 일본인 연구자들의 연구에 대항한 것이었다고 하겠다. 역사학계 일부로부터 박정희정권하의 자본주의 성장을 뒷받침하는 연구라는 모함을 받기도 했지만……

자본주의 맹아론 연구 이후에는 학문적 관심이 분단문제로 옮겨지게 되었다. 대학 강의 과목이 주로 중세후기사와 근현대사였기 때문에 학문적 관심이 근현대사에 집중되었고 식민지시대와 분단시대를 연구하고 강의하게 된 것이다. 『분단시대의 역사인식』을 통해 '분단시대'라는 용어가 정착되어가기도 했지만, '분단시대'의 극복을 위해 통일문제에 관심을 두게 되면서 연구논문보다 논설문을 많이 쓰게 되었다. 그래서 저작집도 논문집보다 시대사류와 논설문집이 더 많게 되어버렸다.

그런 상황에서도 일제시대의 민족해방운동사가 남녘은 우익 중심 운동사로, 북녘은 좌익 중심 운동사로 된 것을 극복하고 늦게나마 좌우합작 민족해방운동사였음을 밝힌 연구서를 생산할 수 있었다는 것을 자 윗거리로 삼을 수 있지 않을까 한다. 사실 민족해방운동에는 좌익전선도 있고 우익전선도 있었지만, 해방과 함께 분단시대가 되리라고는 꿈에도 생각하지 않았기 때문에 민족해방운동의 좌우익전선은 해방이 전망되면 될수록 합작하게 된 것이다.

『고쳐 쓴 한국현대사』는 '한국'의 현대사니까 비록 부족하지만 남녘의 현대사만을 다루었다 해도 『20세기 우리 역사』에서도 남녘 역사만을 쓰게 되었는데, 해제 필자가 그 점을 날카롭게 지적했음을 봤다. 아무 거리낌 없이 공정하게 남북의 역사를 모두 포함한 '20세기 우리 역사'를 쓸 수 있는 때가 빨리 오길 바란다.

2018년 11월 강만길

일러두기

1. 이 저작집은 '내일을 여는 역사재단'의 기획으로, 강만길의 저서 19권과 미출간 원고를 모아 전18권으로 구성하였다.

2. 제15권 『우리 통일, 어떻게 할까요/역사는 변하고 만다』는 같은 해에 발간된 두 권의 단행본을 한 권으로 묶었다.

3. 제17권 『내 인생의 역사 공부/되돌아보는 역사인식』은 단행본 『강만길의 내 인생의 역사공부』와 미출간 원고들을 '되돌아보는 역사인식'으로 모아 한 권으로 묶었다.

4. 저작집 18권은 초판 발간연도 순서로 배열하되, 자서전임을 감안해 『역사가의 시간』을 마지막 권으로 하였다.

5. 각 저작의 사학사적 의미를 짚는 해제를 새로이 집필하여 각권 말미에 수록하였다.

6. 문장은 가급적 원본대로 유지하는 것을 원칙으로 하였고, 명백한 오탈자와 그밖의 오류는 인용사료, 통계자료, 참고문헌 등을 재확인하여 바로잡았으며, 주석의 서지사항 등을 보완하였다.

7. 역사용어는 출간 당시 저자의 문제의식을 살리기 위해 그대로 따랐다.

8. 원저 간의 일부 중복 수록된 글도 출간 당시의 의도를 감안하여 원래 구성을 유지하였다.

9. 본서 중 '내 인생의 역사 공부'의 원저는 『강만길의 내 인생의 역사 공부』(창비 2016)이다.

책머리에

학문 생활을 하는 사람은 누구나 자신의 학문 생활이 좁게는 그 나라의, 넓게는 인간 세상의 학문 발달에 도움이 되고 그래서 그 시대의 학문사에 자취가 남기를 바라기 마련이다. 그러나 그런 행운을 가질 수 있는 연구자가 많지는 않은 것이 사실이기도 하다.

그러면서도 사람들이 나이가 어느 정도에 이르면 자신이 살아온 생애를 한번쯤은 되돌아보게 되는 것처럼, 학문하는 사람도 평생을 바쳐온 제 학문 생활을 한번 되돌아보는 기회를 가질 만하다는 생각이다.

그런데 살아온 세상을 되돌아보는 자서전 같은 것을 내어놓은 지 얼마 안 되어 이번에는 평생 해온 학문 생활을 되돌아보라는 청탁을 받게되었다. 그것도 앞으로 역사학을 전공하려는 젊은이를 주된 대상으로하는 강의를 통해서 하라는 것이었다. 그러고는 그 강연 내용을 원고화해서 책으로 내겠다는 것이었다.

자서전 비슷한 책을 쓰면서도 느꼈지만 늙은 세대가 생활 면이건 학문 면이건 제 과거를 되돌아보는 일은 우선 솔직하고 정직해야 한다는생각인데, 머리말을 쓰는 지금도 그 점에 대해 자신이 있는가 하고 자문하게 된다. 물론 독자들이 판단하게 마련이지만……

6·25전쟁이 한창이던 1952년에 대학에 들어가서 역사학, 그것도 우리 역사를 공부하고 또 근현대사를 전공한 지 어느새 육십 년이 넘었다. 그 긴 세월을 바친 나의 학문 생활을 말하는 것이 뒷사람들에게 참고가 될 만한 것인가 하고 자문하게도 된다. 그러면서도 말하라는 요구가 있고 또 써달라는 요구가 있어 말하기도 하고 쓰기도 했지만, 교정지가 내 손을 떠나는 시점에 느끼는 불안감을 감출 수 없는 것도 사실이다. 판단은 독자들에게 맡길 수밖에.

『강만길의 내 인생의 역사 공부』가 지금까지는 마지막으로 낸 책이어서 저작집의 마지막 부분이 되었다. 그러나 그동안에 쓴 글들 중 단행본이 될 수 없으면서도 저작집에 넣어야 할 것 같은 글들이 있어서 『강만길의 내 인생의 역사 공부』와 함께 한 권의 책을 만들기로 했다.

추가되는 '대담과 회고' 부분은 국내외를 통해 역사문제, 민족문제에 대해 대담하고 학문 생활을 돌아본 내용들이다. '학은과 인연' 부분은 학문 생활을 통해 특별히 은혜를 입었던 은사님들에 대한 회고와 친숙하게 지냈던 언론인 송건호씨의 사상, 대통령 중에서는 비교적 관계가 깊었다고 할 수 있는 노무현 대통령에 대한 추도문이다. '되돌아보는 역사인식' 부분은 전공 분야가 아니면서도 이런저런 관계로 썼던 글들인데 버리기는 아까워서 여기에 넣었다.

2018년 11월
강만길

차례

IV   되돌아보는 역사인식

I
내 인생의
역사 공부

내 인생의 역사 공부

나의 역사 공부 시작

반갑습니다. '퇴물 역사선생' 강만길입니다. 강연의 주제가 '역사에서 무엇을 배울 것인가'여서 조금은 부담이 됩니다. 아마 이야기를 듣는 분들도 너무 거창한 주제여서 다가가기 어렵지 않을까 싶기도 합니다. 그래서 내가 평생 역사학 전공자로 살면서 어떻게 역사 공부를 해왔는가 하는 이야기부터 하려고 합니다. 육십 년이 넘게 역사 공부를 해왔으니 그 이야기는 어느정도 가능할 것 같고, 그러다보면 자연스레 '역사에서 무엇을 배울 것인가' 하는 질문에 답하는 것이 되지 않을까 합니다.

1945년 해방이 되던 해에 나는 소학교 6학년, 요즘의 학제로 말하면 초등학교 6학년이었습니다. 일본제국주의자들이 태평양전쟁을 도발하기 일 년 전인 1940년에 학교에 들어갔는데, 이후 소학교에서 배운 역사는 당연히 일본사였습니다.

지금은 일본사 교육이 어떻게 달라졌는지 모르지만, 당시의 기억을 떠올려보면 일본 고대사는 사람이 아니라 신(神)이 다스리던 시대에 대한 이야기였습니다. 일본인의 조상신은 여신인데, 아마떼라스 오오미까미(天照大神)라 하는 신이 초대 신왕(神王)이었습니다. 그리고 몇 대를 내려가다가 한참 후에야 비로소 진무(神武) 천황이라는 사람이 천황이 되는 시대가 열린다는 겁니다.

내가 소학교를 다니던 당시의 일본 천황은 쇼오와(昭和) 천황이라는 사람이었는데, 1대 진무 천황부터 124대째인가 된다는 쇼오와 천황까지의 역사를 배웠습니다. 심지어는 124대까지 천황의 이름을 외우게도 했습니다. 그 어려운 일본 천황들의 이름을 외우는 일 자체도 대단히 어려웠지만, 더구나 일본어로 외워야 하니까 못 외우는 사람이 많았던 것으로 기억합니다.

요즘으로 치면 초등학교 과정을 마칠 때까지 우리의 단군에 대해서도 전혀 들어본 적이 없었고 고구려, 신라, 백제도 물론 들어본 적이 없었습니다. 토요또미 히데요시(豊臣秀吉)니 토꾸가와 이에야스(德川家康)니 메이지이신(明治維新)이니 하고 서툰 발음으로 일본사를 제법 배우다가 지금의 초등학교 6학년 때 해방이 되었습니다.

그리고 1946년에 중학교에 들어갔는데, 그때부터 비로소 우리 역사를 배우기 시작했습니다. 그때는 진단학회에서 나온 『국사』라는 책이 있었는데 그게 유일한 국사책이었던 것으로 기억합니다. 그걸 가지고 비로소 단군을 배우고 고구려, 신라, 백제를 배울 수 있었던 것이지요. 그랬다가 중학교 5학년 때, 요즘 같으면 고등학교 2학년 때 6·25전쟁이 일어났고, 전쟁이 한창이던 1952년에 대학에 들어갔습니다.

사사로운 이야기이지만, 대학에 들어가던 때의 상황을 설명하기 위해 6·25전쟁 이야기를 잠시 해야 할 것 같습니다. 참 무서운 전쟁이었지요. 내 고향이 경상남도 마산, 지금의 행정구역으로는 창원시입니다. 당시는 마산이 최전방이었습니다. 마산에 무학산이라는 산이 있는데, 산

바로 뒤까지 인민군이 들어와 있을 정도였습니다. 그래서 밤이 되면 인민군의 게릴라가 마산 시내까지 들어와 활동하기도 했습니다. 경찰서에 잡혀 있는 나이 어린 인민군 병사를 본 적도 있습니다.

그런 상황이니 미국군이 인민군을 마산 시내로 끌어들여서 시가전을 벌이겠다는 계획을 세우기도 했습니다. 당시 마산 시민들이 극력 반대해서 무위로 되었지만, 아마 시가전이 벌어졌다면 마산시는 흔적도 없이 파괴되었을 겁니다. 그러던 중에 미군이 대량으로 상륙해왔습니다. 주로 흑인 부대였는데, 그때부터 반격이 시작됐습니다. 잘 아는 것처럼 인천상륙작전이 이루어진 후 미국군과 국군이 압록강까지 전선을 밀고 올라갔다가 중국이 참전하는 바람에 다시 밀려 내려오게 되었지요.

그런 전쟁 통인 1952년에 대학에 들어가 서슴없이 역사학과를 선택했습니다. 1953년에 전쟁이 끝난 뒤 처음으로 서울로 상경했는데, 서울이 얼마나 파괴되었던지 참으로 어수선했습니다.

당시는 지금보다 훨씬 먹고살기 바빠서 역사학과라는 게 인기가 없을 때였습니다. 문과에서는 정치학과나 경제학과가 인기가 있었는데, 나는 별 망설임 없이 역사학과를 택했습니다. 역사 공부가 재미있었다는 말밖에 더 할 말이 없습니다. 일제강점기에 남의 나라 역사만 배울 때는 몰랐는데, 중학교에서 우리 역사를 배우기 시작하면서 전혀 못 듣던 이야기들을 듣게 되니 저절로 흥미가 생겼던 것 같습니다.

그때는 입학원서에 1지망, 2지망을 써서 냈는데, 2지망을 사학과로 하는 사람들도 더러는 있었습니다만 대부분 학생들의 1지망은 정치학과나 경제학과였습니다. 그런데 나는 1지망을 사학과로 했습니다. 다른 데 갈 생각이 없었기 때문입니다. 결국 대학에 들어가던 19세 때부터 80세가 넘은 지금까지 역사 공부만 한 셈입니다.

공부의 씨앗을 발견하다

다른 글에서도 이미 썼지만, 대학입시 때 면접에서 평생의 지도교수
인 신석호(申奭鎬) 선생님을 만나게 되었습니다. 지금 생각하면 참 운이
좋았다는 생각이 듭니다. 처음 만났을 때 신석호 선생님이 "다른 사람
은 2지망이 사학과인 경우가 많은데, 너는 왜 1지망이 사학과냐"고 물
었습니다. 나는 대답할 말이 분명했던 것 같습니다. "만약 합격하면 평
생 역사 공부를 하면서 살 생각입니다" 했는데, 그걸 좋게 보셨는지 신
선생님과는 그후로 평생의 인연이 되었습니다.

그때 공부를 참 열심히 했다는 생각이 듭니다. 왜 그렇게 열심히 공부
했느냐고 묻는다면, 당시는 역사학의 경향이라든가 하는 것들에 대해
서는 전혀 몰랐고 다만 역사가 좋아서 그랬다고밖에는 할 말이 없습니
다. 6·25전쟁 때 고려대학교는 대구로 피난해 있었는데, 교사(校舍)도
가교사였고 도서관도 임시 도서관이었습니다. 그때 문일평(文一平) 선
생의 『한미 오십년사』를 빌려 자취방에서 밤새워 읽은 기억이 있습니
다. 그러던 중 서울이 수복되었고, 그후로 고려대학교 도서관을 꾸준히
드나들었습니다.

그 무렵 도서관에서 발견한 책이 백남운(白南雲) 선생의 『조선사회경
제사』였습니다. 잘 아는 것처럼 일제강점기부터 우리나라 역사학에는
실증사학이 있고 사회경제사학이 있고 민족주의 사학이 있었습니다.
국내 학자들은 이병도(李丙燾) 선생을 비롯해서 거의 다 실증주의 사학
을 하는 분들이었고, 한편에 사회경제사학을 하는 분들이 있었습니다.
사실은 유물사관 역사학인데 그렇게 부르지 않고 사회경제사학이라고
불렀지요. 다음이 민족주의 사학인데, 일제강점기 때는 국내에서는 민

족주의 사학을 하기 어려웠습니다. 특출나게 했다가는 감옥 가기 마련이었겠지요. 그래서 국외에서 독립운동을 하면서 역사 공부를 했던 박은식(朴殷植), 신채호(申采浩) 같은 분들이 민족주의 사학을 했습니다. 국내에도 문일평, 정인보(鄭寅普) 같은 분들이 있기는 했습니다.

그런데 고려대학교에 입학해서 백남운 선생이 쓴 『조선사회경제사』를 읽고는 깜짝 놀랐습니다. 여태까지 내가 배웠던 역사학하고는 완전히 달랐습니다. 그게 바로 유물사관 역사학이었으니 안 그랬겠습니까? 그보다도 더 인상 깊고 큰 감명을 받았던 것은 백남운 선생이 자기가 대학에서 직접 배운 선생의 학설을 정면으로 반박하고 나섰다는 점이었습니다.

요사이도 식민지 근대화론이라는 말이 들리고 있지만, 식민지 근대화론을 제일 먼저 발설한 일본의 대표적 경제학자로 후꾸다 토꾸조오(福田德三)라는 사람이 있었습니다. 그는 독일에서 공부하고 돌아온 후 일본의 경제학이 자리잡은 20세기 초에 경제사, 사회사 등을 개척한 유명한 인물입니다. 소위 '타이쇼오(大正) 데모크라시'의 이론적 지도자로 알려진 사람이기도 한 그는 러일전쟁 무렵 우리 땅을 방문하고 나서 「한국의 경제조직과 경제단위」라는 논문을 발표했습니다. 이 논문에서 그는 조선 역사에는 중세시대가 없고 고대사회 상태가 조선왕조시대까지 계속 유지되다가 일본에 의해 문호개방이 됨으로써 비로소 고대를 넘어 근대사회로 가게 되었다는 논지를 폈습니다.

요사이의 이른바 식민지 근대화론은 근대사회로 갈 만한 조건이 안 되었던 조선사회가 일제강점기를 통해서 비로소 근대사회로 들어가게 되었다는 것이지요. 즉 일본의 지배가 조선사회로 하여금 근대화를 하게 했다는 설인데, 그 설의 최초 주장자가 곧 후꾸다 토꾸조오인 것입니다. 그는 지금의 토오꾜오 히또쓰바시대학의 전신인 토오꾜오고등상업학교 교수를 역임했고, 백남운 선생이 그 학교를 다녔습니다. 그러니까 후꾸다 토꾸조오가 백남운 선생의 선생입니다.

백남운 선생은 일본에 의해 조선이 비로소 근대사회로 가게 되었다고 한 후꾸다 토꾸조오의 논지를 누구보다도 정통하게 알고 있었습니다. 그리고 그 학설에 저항하고 반대해서 우리 역사에도 중세사회가 있었고 그게 바로 고려시대이고 이조시대라는 책을 썼습니다. 그 책이 『조선사회경제사』의 속편 격인 『조선봉건사회경제사』입니다. 지금은 번역이 되었다고 알고 있지만 일본어로 된 상당히 두꺼운 책이었습니다.

어떻게 알았는지는 기억이 없지만, 나는 학부 시절에 후꾸다 토꾸조오의 학설에 대해 알고 있었고 백남운 선생이 그 학설에 저항해서 『조선봉건사회경제사』라는 책을 썼다는 것 정도는 알고 있었습니다. 그런데 고려대학교 도서관에서는 백남운 선생의 그 책을 찾을 수 없었습니다. 그래서 그 책을 꼭 구해 읽어야겠기에 사방으로 수소문하다가 당시 고려대학교에 출강하던 임창순(任昌淳) 선생님께 물었더니 가지고 있으니 와서 빌려가라고 했습니다.

여담이지만, 임창순 선생님은 특이한 이력을 가진 분입니다. 순전히 서당에서 한문만 배웠고 근대 학교교육을 전혀 안 받은 분입니다. 그러면서도 성균관대학교 교수를 하고, 고려대학교에 출강하기도 했으며, 우리나라의 거의 유일한 전통적 한학교육기관이라 할 태동고전연구소(지곡서당)를 개설해서 주로 대학원생들에게 고전 한문을 철저히 가르친 분입니다. 한학 교육밖에 받지 않은 분이면서도 사상적으로는 진보적이었고, 돌아가시면서는 무덤을 만들지 말고 화장해서 유골 가루를 부모님 무덤에 뿌리라고 유언한 분입니다.

임창순 선생님에게서 『조선봉건사회경제사』를 빌려 읽어보고는 크게 감탄했습니다. 더구나 백남운 선생이 자신이 직접 배운 선생인 후꾸다 토꾸조오의 학설에 반대하고 이를 시정하기 위해 이런 책을 썼다는 점에 더 놀랐습니다. 이 책이 고려시대를 대상으로 했으니 연희전문학교 교수였던 백남운 선생이 해방 후에 월북하지 않고 계속 남녘 학계에 있었다면 그다음에는 무엇을 연구했겠는가 하는 점에 생각이 미치기도 했습니다.

당시 중국, 일본 등 아시아지역 역사학계에서는 자본주의 맹아론이 대두하고 있었습니다. 그러니 백남운 선생이라면 우리 사회가 일본 식민사학이 말하는 것처럼 개항될 때까지 고대사회 상태에 머물러 있었던 것이 아니라 고려시대와 조선시대에 중세사회를 거치고 조선사회 후반기로 오면서 자본주의적인 방향으로 발전해가는 세계사적 발전방향을 드러내고 있었음을 깊이있게 연구했으리라는 생각이었습니다.

우리 역사를 새롭게 보다

대학에서의 공부는 군 입영으로 잠시 미뤄질 수밖에 없었습니다. 군대에 갔다 와서 학부를 졸업하고 국사편찬위원회에 자리를 잡았습니다.

그때 국사편찬위원회에 같이 있던 동료들이 참 좋았습니다. 내가 그곳에 갔을 때는 서울사범대학교를 졸업하고 우리 농업사를 전공하던 김용섭(金容燮) 교수, 고려대학교를 졸업하고 사회사를—뒤에는 군제사를—전공하던 차문섭(車文燮) 교수, 서울대학교를 졸업하고 한일관계사를 전공하던 이현종(李鉉淙) 교수 등이 촉탁 혹은 정식 직원으로 있었습니다. 그때는 물론 교수가 아니고 대학원생이거나 대학원을 갓 졸업한 사람들이었습니다.

그때 국사편찬위원회의 책임자가 신석호 선생님이어서 그 덕분에 우리들이 취직하게 되기도 했습니다. 어떻든 그때 그 동료 직원들과 공부를 참 열심히 했습니다. 당시 국사편찬위원회에서는 이병도, 신석호, 김상기, 이홍직, 이선근 선생님들의 집필로 일제 식민사학에 의해 잘못 해석된 역사문제들을 골라 바로잡는 논문집 『국사상의 제 문제』를 발간했는데 김용섭 교수와 함께 그 발행 책임을 맡기도 했습니다. 국사학 전공자들인 편찬과 직원들은 일반 직원들이 퇴근한 후에도 밤늦게까지 남아서 열심히 연구를 했습니다. 그때의 국편 편찬과는 연구실과도 같았습니다.

여러 선배, 동료 중 조선시대 농업사 연구로 일가를 이룬 김용섭 교수 이야기를 하고 넘어가야 할 것 같습니다. 김용섭 교수는 서울대학교 사범대학을 졸업한 뒤 고려대학교 대학원에 진학해서 신석호 교수님에게 지도를 받았습니다. 내 생각이지만 서울대 대학원에 진학하면 당시의 사정으로는 이병도 선생님의 지도를 받아야 하는데, 그러면 사회경제사를 전공하기 어렵다고 생각한 것이 아닌가 합니다. 그런데 신석호 선생님의 지도를 받고 사회경제사를 전공하는 제자들이 나왔다는 것도 특이하다면 특이한 일이라 할 수 있습니다. 왜냐하면 신석호 선생님의 전공 분야는 이조시대 당쟁사이기 때문입니다.

다만 신석호 선생님은 특이하게도 제자들이 무엇을 전공하건 내용만 충실하다면 전혀 간섭하지 않았습니다. 예를 들어 내가 석사학위논문 논제로 16세기경에 조선왕조의 관장(官匠)제도가 무너져가고 사장(私匠)이 발달해가는 과정, 즉 조선시대 수공업의 변화와 발달 과정을 논증하려 한다고 했더니 "나는 잘 모르는 문제다만, 확실한 자료적 근거가 있고 또 역사의 변화상을 다룰 수 있다면 논제로 택해도 좋다"고 하셨습니다. 그래서 김용섭 교수도 농업사를 전공하면서 농업 부문에서 자본주의 맹아가 생겨나는 과정을 연구했고 그것으로 일가를 이루었습니다.

나는 처음부터 상공업사를 전공하기로 했습니다. 조선후기의 상공업 발전 과정을 연구해서 거기에서 자본주의 맹아를 찾겠다는 생각에서였습니다.

상공업 부문에서의 자본주의 발달과정은 대개 두 갈래 길이 있다고들 하지요. 하나는 수공업자가 자본을 마련해서 공장제 수공업을 경영하는 이른바 수공업자 매뉴팩처이고, 다른 하나는 상인자본이 수공업자를 고용해서 공장제 수공업을 경영하는 상인 매뉴팩처입니다. 흔히들 자본주의 선진국이라고 하는 영국 등의 나라에서는 상인 매뉴팩처보다 수공업자 매뉴팩처 발달의 길을 걸었다고 합니다. 그런데 우리 사회는 조사를 해보니 수공업자자본보다는 상인자본이 더 강했다는 것을 알게 되었습니다.

그래서 상인자본이 수공업자들을 지배하면서 공장제 수공업 경영으로 나아가는 상인 매뉴팩처를 주로 연구했습니다. 구체적인 예를 들면 개성상인의 주된 교역품은 인삼인데, 이들은 인삼을 매매하는 데 그치지 않고 자본을 가지고 인삼을 재배하기에 이릅니다. 경강상인도 마찬가지입니다. 이들은 전국의 세곡을 운반해 나르는 서울 한강 변의 선상들인데, 세곡은 반드시 서울로 운반해 와야 하니까 한강 변에서 많은 배를 가지고 장사를 했습니다. 이들 역시 수공업 조직을 거느립니다. 배로 세곡을 운반하니까 배 만드는 수공업장을 운영하는 거지요. 이런 사실을 논증해내는 겁니다.

또다른 경우로 육의전을 들 수 있습니다. 다들 알고 있는 것처럼 서울의 육의전 상인들도 단순히 물품을 판매하는 데 그치지 않고 수공업자 조직을 거느렸습니다. 수공업자를 우리말로 공장(工匠)이라고 하지요. 그렇게 육의전 상인들이 공장들을 지배해서 상품을 생산하는 과정을 밝혀냈습니다. 그래서 후꾸다 토꾸조오의 설과 같이 우리 사회가 일본이 들어올 때까지 고대사회 상태에 있었던 것이 아니라, 조선시대 후기에 우리 경제구조 자체 내에서도 자본주의로 가는 싹이 이미 나타나고 있었다는 것을 증명하려 했던 것입니다.

우리 역사가 이미 세계사적 발전과정을 걷고 있었다고 주장하는 자본주의 맹아론 연구는 남북을 막론하고 해방된 민족사회의 역사학이 일본 식민사학을 극복하고 이루어내야 할 당면 과제였습니다. 1970년에 처음 일본에 가서 북녘에서 발행되는 역사학 논문집 『력사과학』을 처음 봤는데, 자본주의 맹아 연구가 크게 발전했음을 보고 놀랐습니다. 해방 후 월북해서 북녘 정부의 교육상, 남쪽으로 말하면 교육부장관이 된 백남운 선생의 영향이 아닌가 하는 생각도 했습니다.

일본인 학자들은 임진왜란에 타격을 받은 이씨왕조가 다 망하다시피 했기 때문에 문호개방 이전까지의 우리 사회가 특히 경제 면에서 고대사회 상태에 머물렀다 하여 일본의 우리 땅 침략을 역사적으로 긍정적 사실처럼 가장하려 했습니다. 그런데 실제로 연구를 해보니 임진왜란 후의 복구과정에서 상업과 수공업이 발전하고 대외무역도 어느정도 발달해가고 있었음을 확인할 수 있었습니다.

임진왜란과 같은 큰 전쟁을 겪은 사회에서 전쟁 후 복구과정을 통해 경제가 발달하는 것은 당연한 일입니다. 그것은 예나 지금이나 마찬가지입니다. 예를 들어 제2차 세계대전으로 철저히 망가진 독일이 전쟁 후 복구과정을 통해서 '라인 강의 기적'을 이루어낸 일이 있으며, 일본도 미국군의 공습으로 국토가 폐허가 되고 국민들의 생활이 대단히 어려워져서 코노에 후미마로(近衛文麿) 전직 수상이 제 국왕에게 이대로 가다가는 사회주의 혁명이 일어날 거라며 항복을 건의하는 상태까지 갔는데 전쟁 후 복구과정과 6·25전쟁 덕에 세계의 경제대국이 되지 않았습니까?

남의 이야기만 할 것 없습니다. 6·25전쟁을 통해 전체 국토가 전쟁터가 되었던 우리 땅 남녘 사회가 어떻게 소위 '한강의 기적'을 이루어 지금에 이를 수 있었습니까? 전쟁 후의 복구과정에서 경제가 발전하는 것은 예나 지금이나, 그리고 어느 나라나 마찬가지입니다. 때로는 이같은 전쟁 후의 경제발전을 어느 한 통치자의 공적처럼 말하기도 하는데, 전쟁이 끝나고 난 뒤에 그것을 복구하는 과정에서는 자연히 경제가 발전하게 마련인 겁니다.

전쟁 후의 경제발전은 자본주의 사회만의 일도 아닙니다. 가까운 예로 우리 북녘 땅을 들 수 있습니다. 전쟁 후의 복구과정을 통해 북녘 땅의 사회주의 경제도 1970년대까지는 남녘보다 오히려 사정이 나았다고들 합니다. 전쟁 후의 복구과정에서 사회의 모든 구성원이 힘을 모으고 우방국들의 도움을 받아 경제를 재건했던 겁니다. 그런데 북녘 땅의 경제가 왜 지금과 같은 상황이 되었을까요? 김대중·노무현 정부 십 년간 이런저런 일로 북녘 땅을 오갈 기회가 많았는데, 그때 들은 이야기입니다.

북녘의 어느 학자가 말하기를, 소련과 동유럽이 무너지기 전에는 미국 달러 한 푼 없이도 살 수 있었는데 소련과 동유럽이 무너지고 나니까 하루아침에 달러 없이는 아무것도 할 수 없는 세상이 되었다는 겁니다. 다시 말하면 소련과 동유럽이 무너지지 않았으면 전쟁 후에 복구된 북녘 땅 경제가 그렇게 쉽게 넘어질 리가 없었다는 말입니다. 북녘 땅이 미국 달러 중심의 세계체제로 편입되었으니 당연한 결과였겠지요. 어떻든 1970년대까지는 남녘 땅 경제보다 북녘 땅의 경제가 더 나았다는 것은 학계에서도 인정하고 있는 사실입니다.

요컨대 옛날이나 지금이나 다름없이, 또 어떤 체제건 사람이 사는 세상인 이상 전쟁과 같은 재난을 극복하고 재생하려는 의욕과 노력은 마찬가지라 하겠지요. 임진왜란 후의 조선왕조 사회라 해서 다를 것이 없었습니다. 일본 식민사학자들의 인식이나 주장과는 달리 임진왜란 이후의 우리 사회도 전쟁 후의 복구과정을 통해서 자본주의적 맹아가 자라나고 있었던 겁니다.

역사에는 가정이 있을 수 없다고는 하지만 더 나은 이해를 위해 가정을 해보자면, 임진왜란 이후 대중의 지지가 높았던 장군이나 의병장을 중심으로 하여 이씨왕조를 대신할 새로운 왕조가 성립되었더라면 우리 역사가 더 나은 방향으로 발전할 수 있었을지도 모릅니다. 그랬더라면 새 왕조의 이데올로그는 지금도 그 사상과 행적이 많이 연구되고 있는 선각적 실학자들이 되었을 겁니다.

그랬다면 우리 사회가 지금과는 완전히 달라졌을 텐데, 애석하게도 그렇게는 되지 않았습니다. 김덕령(金德齡), 김면(金沔) 등 이름있는 의병장들은 전쟁 때 죽거나 전쟁 후에 죽음을 당했고, 이순신(李舜臣)은 삼도수군통제사이면서도 전쟁이 끝나는 시점에 적탄의 위험이 있는 최전방에 서서 자살설까지 제기되는 전사를 했습니다. 노쇠한 조선왕조가 전쟁 후에도 지속되어 당론 중심 세상이 되었고, 18세기 영·정조 때에 가서 다소의 개혁의지가 나타났지만 정조가 죽고 19세기가 되면서 세도정치 시기로 들어갔습니다. 뒤이어 일본에 의해 강제로 문호개방이 이루어지고 나아가 강제병합으로까지 이어졌지요.

우리 역사가 일본 학자들이 말하는 대로 정체되고 후진된 역사가 아니라 세계사적 흐름과 같은 정상적 발전과정을 밟고 있었다는 사실을 밝혀내야 한다는 생각 때문에 수공업 매뉴팩처 대신 상인 매뉴팩처를 고증했고 그 결과로 『조선후기 상업자본의 발달』이라는 박사논문을 썼지만, 의문은 여전히 남았습니다. 그렇게 자본주의 맹아가 생성되고 발달했는데, 왜 곧 남의 식민지가 되고 말았을까 하는 점입니다.

그래서 외세가 침입한 개항 후에 우리 상공업이 어떻게 되었는가를 밝히기 위해서는 일본 쪽 자료가 불가결하기 때문에 1970년대 후반에 일 년간 일본에 가서 『통상휘찬(通商彙纂)』 등 많은 자료를 구해왔습니다. 그러나 곧 일어난 박정희(朴正熙) 살해사건 이후의 소용돌이 정국 속에서 대학에서 해직되는 등 사정이 여의치 못하게 되어 개화기의 상업자본에 관한 저서를 남기지 못하고 만 것이 지금도 큰 후회거리로 남아 있습니다.

비록 개항은 되었다 해도 앞에서 지적한 것과 같은 조선왕조 후기 변화의 연장선상에서 정치적·경제적 변화가 없을 수 없었고, 정치적으로는 전제주의에서 벗어나 입헌군주제 혹은 공화제로 갈 가능성을 보였던 움직임이 적어도 세 번은 있었다고 할 수 있겠습니다. 갑신정변이 첫번째입니다. 갑신정변 때 김옥균(金玉均) 등은 청국의 간섭을 벗어나 일본의 메이지유신과 같은 일을 벌이고자 했던 것 같습니다. 그런데 결국 임오군란 이후 서울에 주둔한 위안 스카이(袁世凱)가 거느린 청나라 군사 때문에 실패하고 우리가 알다시피 정변의 핵심세력은 일본 등지로 망명했습니다.

그다음은 갑오개혁 때인데, 이때도 공화제는 아니더라도 입헌군주제로는 갈 수 있는 기회였다고 할 수 있겠습니다. 그런데 한 나라의 국왕이 아무리 목숨이 아까워도 그렇지, 남의 공사관에 가서 피신하는 소위 아관파천으로 무위가 되고 말았습니다. 그다음도 또 한번 기회가 있었습니다. 독립협회 때입니다. 그때는 실제로 공화제 이야기가 나오기도 했습니다. 그런데 역시 실현되지 않았고, 1897년에 조선왕조가 이름을 바꾸어 대한제국이 되었지만 대한제국 역시 입헌군주제가 아닌 전제군주제였습니다.

그래서 우리 역사에는 일본의 메이지유신 같은 것도 없고 중국의 신해혁명 같은 것도 없습니다. 조선왕조는 결국 전제군주제인 채로 일본에 의해 멸망하고, 우리 땅 전체가 20세기에 들어온 시점에 남의 식민지가 되고 만 것입니다.

19세기 말엽과 20세기 초엽을 통해서 우리 사회가 입헌군주제나 공화제 같은 변혁을 이루어내지 못하고 식민지로 전락했다는 사실은 세계사적 견지에서 말하자면, 공화제는 말할 것도 없고 입헌군주제도 이루어낼 수 없을 만큼 이른바 민족부르주아지가 제대로 성장하지 않았기 때문이라 할 수 있겠습니다. 그리고 이른바 민족부르주아지가 그만큼 성장하지 않았다는 것은 그만큼 자본주의적 발전이 이루어지지 않았다는 말이 되겠고, 자본주의 발전이 제대로 안 되었다는 것은 또 공장노동자 중심의 이른바 프롤레타리아트계급이 별로 성장하지 못했다는 말이 되겠지요.

일본제국주의의 우리 땅 지배가 농촌빈민, 화전민, 토막민(土幕民), 공사장 막일꾼, 실업자 등을 양산한 사실을 논증한 것이 1987년에 창비사에서 출판된 『일제시대 빈민생활사 연구』였습니다. 이른바 대동아전쟁 긍정론이니 식민지 근대화론이니 하는 것이 나올 무렵의 일이었지요.

자본주의가 발달해야 공장이 생기고, 그 공장에 노동자가 고용되고, 그래야 조직노동자층이 형성될 텐데 그것이 안 되었다는 거지요. 그런 상태로 나라를 빼앗기는 상황이 되고 말았습니다. 그렇다면 빼앗긴 나라를 도로 찾아야 하는데, 그 일을 주도할 사회계층은 어느 계층이 되어야 하겠습니까? 이른바 민족부르주아계급도 제대로 형성되지 않았고 또 이른바 프롤레타리아트계급도 제대로 형성되지 않은 상황이면 말입니다.

결국 의식있는 지식계급, 즉 '합방' 이전 사회에서 애국계몽운동을 하던 사회계층이 그 일을 담당할 수밖에 없었습니다. 그리고 그들이 분화해서 좌익도 되고 우익도 되었지만 그 어느 쪽도 일반 민중과의 연결은 제대로 해내지 못했다고 하겠습니다. 일제강점기를 통해 나타난 좌익 측 독립운동도 국내 민중층과의 연결은 대단히 약했습니다. 그래서 다음에서 구체적으로 밝히겠지만 일제강점기 전체 과정을 볼 때 우리 독립운동은 좌익운동도, 또 우익운동도 아닌 좌우합작운동이 될 수밖에 없었다고 할 수 있습니다.

역사에서 무엇을 배울 것인가

잃었던 나라를 되찾는 일을 주로 의식있는 지식계급이 맡았으나 농민이 중심이던 일반 민중과의 연결이 약했던 이와 같은 상황에서 일어난 것이 3·1운동이라 할 수 있을 겁니다. 3·1운동을 일으킨 핵심은 애국계몽운동의 후속 세력이라 할 민족대표 33인이었지만, 3·1운동을 전국적 운동으로 확대한 핵심은 따로 있었습니다. 바로 학생들과 일부 민중들입니다. 아직 좌익과 우익으로 구분되기 전의 일부 의식있는 사람들이 일본에 저항해서 일어난 것이 3·1운동입니다. 한마디로 말하면 깨어난 민중들의 운동이지요.

3·1운동 이후 독립운동의 주체로 상해임시정부가 조직됩니다. 피지배층이 없는 임시정부는 아무래도 지식인들 중심으로 조직될 수밖에 없었습니다. 우익의 대표 격으로 이승만(李承晚)이 대통령이 되었고 좌익의 대표 격으로 조선사회당 당수 이동휘(李東輝)가 국무총리가 되었습니다. 3·1운동까지는 좌우익 구분이 없었지만 대한민국임시정부가 성립될 때는 어느정도 좌익과 우익의 구분이 있었고, 그러면서도 이미 좌우합작운동으로 시작되었다고 할 수 있을 것입니다.

민족독립운동의 주동세력도 아직은 좌우가 명백히 구분된 것이 아니라 말하자면 단초적 구분이 이루어진 상태였지만, 독립운동은 처음부터 좌익세력이든 우익세력이든 한 세력에 의해 주도될 수 있는 것이 아니라 전체 민족적 역량에 의해 이루어져야 한다는 인식이 있었습니다. 그 때문에 민족사상 최초의 조직적 독립운동 지도체인 대한민국임시정부가 좌우합작으로 이루어진 것입니다. 이후 상해임시정부는 좌우 분열도 겪고 위기도 겪었지만, 해방이 가깝게 전망되면 될수록 좌우합작을 이루어갔습니다.

잘 알다시피 상해임시정부는 조직되고 얼마 지나지 않아 임시정부를 해산하고 새로운 정부를 만들어야 한다는 창조파와 현재의 임시정부를 고쳐서 다시 써야 한다는 개조파가 대립하면서 그 기능이 약해지는 등 우여곡절을 겪었습니다. 그래서 1920년대 들어서서 해외지역에서 민족유일당운동이 일어났는데, 이 역시 좌우합작운동이었습니다. 대체로 민족유일당운동보다 신간회운동이 더 알려져 있는데, 신간회운동은 국외에서 일어난 민족유일당운동의 국내판이었습니다. 먼저 중국 '만주'지역의 독립운동전선에서 민족유일당운동이 일어났고 그 하나의 국내 조직체로서 신간회운동이 일어난 것입니다.

어느 국사학자가 신간회운동에 대해 민족주의자들이 사회주의자들과 협동해서 무슨 일을 하려 하면 실패할 수밖에 없다는 것을 보여주는 표본이라 쓴 글을 읽은 기억이 있습니다. 그러나 임시정부의 활동이 일시 침체했을 때 일어난 국내외 좌우합작운동의 실상을 살펴보면 그렇게 말하는 것이 얼마나 잘못인지 잘 알 수 있습니다.

신간회의 해체는 신간회 내부 문제 때문만이 아니었습니다. 1930년대에 들어서서 일본제국주의가 '만주'를 침략하면서 파쇼체제화하고 국내 운동에 대한 탄압이 극심해짐으로써 신간회의 활동이 불가능해졌기 때문입니다. 일본제국주의의 파쇼체제화로 국내의 '표면운동'이 불가능한 상황이 되었고, 그래서 1931년에 신간회가 해체되었습니다. 물론 신간회 일부에서 타협주의적 기미가 일어나긴 했지만, 그것만을 해체의 원인으로 보기에는 무리가 있습니다.

국내에서의 좌우합작운동이 어렵게 되자 해외에서 민족유일당운동을 대신하는 좌우합작운동이 다시 일어났습니다. 1932년에 한국독립당, 조선혁명당, 의열단, 한국광복동지회 등의 단체들이 모여 한국대일전선통일동맹을 성립시켰고, 그것이 발전해서 1935년에 조선민족혁명당이 조직된 것입니다.

이쯤에서 한번 물어보겠습니다. 여러분은 우리 근대사에서 3·1운동, 상해임시정부, 안중근, 윤봉길, 김구 등의 활동 이외에 더 알고 있는 것이 얼마나 있습니까? 우리가 우리 역사 공부를 제대로 안 해서이기도 하고, 해방 후에도 제국주의 일본의 학자들이 잘못 엮어놓은 역사를 그대로 가르친 경우가 많았기 때문이기도 하고, 우리 근현대사가 어둡게 엮어진 부분이 있고, 특히 민족해방운동사의 경우는 제대로 연구되고 또 서술되지 않은 부분이 많기 때문이기도 하고, 해방 후 분단시대의 역사학이 독립운동도 좌우익이 따로 했거나 대립만 해온 것처럼 엮고 가르치기도 했기 때문입니다.

식민지배자들은 피지배민들의 민족적 자존심을 철저히 훼손시키려고 합니다. 그래야 피지배자가 쉽게 굴복하고 독립운동 같은 것이 일어나지 않을 것이기 때문입니다. 그래서 앞서 말한 것처럼 일제강점기 학교교육에서는 우리 역사를 전혀 가르치지 않았고, 학문적으로 우리 역사를 논한다 해도 조선의 역사는 정상적인 역사가 아니다, 일본이 들어올 때까지 고대사회 상태에 있었다, 조선 사람들은 밤낮 당쟁만 했다는 식으로만 말하고, 특히 독립운동사는 전혀 연구하지도 못하고 가르치지도 못하게 한 겁니다. 결국 '조선 사람 너희들은 일본의 지배를 받을 만한 민족이다' 하는 점을 주입시켜 식민지배를 쉽게 하려는 목적이었던 겁니다.

그렇기 때문에 해방된 민족사회의 역사학은 무엇보다도 먼저 좌우익을 막론한 독립운동사를 엮어서 국사 과목의 일부가 아닌 '민족해방운동사'라는 별도 과목으로 가르침으로써 식민 피지배기간을 통해 땅에 떨어진 민족적 자존심을 단시일에 회복시켜야 했습니다. 그런데 해방 직후에는 그런 의식도 없었을 뿐 아니라, 설령 의식이 있었다 해도 독립운동사를 쓸 만한 역사학자가 없었습니다. 해외에서 독립운동을 하면서 우리 역사를 전공한 신채호, 박은식 같은 분들이 해방 후에 살아 돌아왔다면 독립운동사를 써서 가르칠 수 있었을 테지만, 그분들은 해방 전에 이미 돌아가셨지 않습니까.

일제강점기에 국내에서 우리 역사를 공부한 학자들은 대부분 고대사 아니면 중세사를 연구했습니다. 일제강점기 당시의 우리 근대사는 일본이 침략해 들어오는 과정이었고 현대사는 일본이 강제 지배하는 과정이었습니다. 그러니 그걸 조선인 학자가 연구했다가는 감옥 가기 바빴을 겁니다. 일제강점기에 근대사를 전공했던 분이 이선근(李瑄根) 선생인데, 그분은 민비와 대원군의 관계를 연구했다고 알고 있습니다. 또 한분 김상기(金庠基) 선생은 일제강점기에 와세다대학에서 졸업논문으로 『동학과 동학란』을 썼습니다. 그러나 해방 전에는 책으로 나올 수 없었고 해방 후에야 책이 나왔습니다.

우리 근대 국사학계의 제2세대는 주로 일제강점기에 대학을 다니다가 해방 후 국내에서 대학을 졸업하고 교수가 된 한우근(韓㳓劤), 이기백(李基白), 김철준(金哲埈), 손보기(孫寶基) 같은 분들입니다. 그러나 이분들은 모두 독립운동사나 자본주의 맹아론 같은 것을 전공한 사람들이 아닙니다.

남쪽 국사학계에서 독립운동사나 자본주의 맹아론 연구는 그다음 세대, 즉 주로 6·25전쟁 때 대학에 들어간 세대들이 본격적으로 시작했습니다. 조동걸(趙東杰), 윤병석(尹炳奭) 교수 등이 해방 후 국내 연구자로서 독립운동사 연구의 문을 열었다고 할 수 있습니다. 그리고 한편에서는 같은 세대인 나나 김용섭 교수 등이 앞에서 말한 것과 같이 자본주의 맹아론을 연구함으로써 식민사학을 극복하려 했던 겁니다. 그러니 중고등학교에서 독립운동사를 독립 과목으로 가르칠 형편은 전혀 아니었습니다.

그리고 학교교육에서 국사의 일부분으로 독립운동사를 가르칠 때도 민족분단으로 인해 주로 우익 독립운동사만을 가르쳤습니다. 그러나 다음에서 상세히 말하겠지만 일제강점기의 우리 독립운동전선에는 우익전선과 함께 좌익전선도 있었고, 해방 후에 하나의 국가를 수립할 것이 너무도 당연했기 때문에 민족유일당운동과 신간회운동 이후에도 독립운동전선, 특히 국외전선은 좌우익 통일전선운동으로 발전해갔습니다.

일본제국주의자들이 중일전쟁과 태평양전쟁을 도발함으로써 우리 민족의 해방과 독립이 한층 가깝게 전망되자 우익 정부로 구성되어 있던 대한민국임시정부도 좌우익 통일전선정부를 이루었고, 이 통일전선 임시정부가 중국 공산군 지역인 연안(延安)에 있는 조선독립동맹과도 통일전선을 이루려 했으나 곧바로 일본제국주의가 패망함으로써 구체적으로 실현되지는 못했습니다.

불행한 민족분단을 극복하고 평화통일을 지향해야 할 지금에는 독립운동사 교육에서 좌익 독립운동도 가르쳐야 하고, 특히 좌우익 통일전선 독립운동을 적극적으로 가르쳐야 한다는 생각이지만 그렇게 되지 못하고 있는 현실이 안타깝습니다. 심지어 박근혜정부가 박정희정부가 그랬던 것처럼 중고등학교 국사교과서의 국정화를 기도하고 있는 것이 우리 현실입니다. 그 교과서에서 어떤 독립운동사가 서술되고 교육될 는지 궁금할 뿐입니다.

분단시대 역사학을 세우다

국사 공부가 깊어지면서 식민사학 극복만으로는 우리 역사학의 부족한 점을 제대로 메울 수 없다는 생각을 하게 되었습니다. 일제강점기를 벗어나서 시일이 많이 지났는데도 역사 연구가 언제까지나 식민사학 극복론에만 한정될 수는 없는 일이었습니다. 해방 후 민족사회가 불행하게도 분단시대를 맞고 민족상잔을 겪게 되었는데, 역사학이 그런 현실을 외면한 채 일제강점기와 달리 아무 제약 없이도 연구하고 논술할 수 있게 된 식민사학 극복론에만 안주하고 있어도 괜찮은가 하는 생각도 있었습니다.

일제강점기에 해외에서 독립운동을 하면서 우리 역사를 연구한 분들은 자기 시대의 역사인 독립운동사를 연구하고 서술했는데, 해방 후의 역사학이 자기 시대를 연구하지 못하고 계속 옛이야기만 해도 되는가 하는 생각이었습니다. 그래서 내가 살고 있는 불행한 민족분단시대도 역사 연구의 대상이 되어야 한다는 생각을 절실히 하게 되었고, 그것이 분단시대 사학이 태어나는 계기가 되었습니다. 그때까지도 '해방 후 시대'로만 불려오던 1945년 이후의 시대를 '분단시대'라고 이름 붙인 것은 내가 처음이 아닌가 하는데, 1974년 『창작과비평』 겨울호에 쓴 글에서였습니다.

해방을 맞이한 1945년이 우리 역사에서 시기 구분의 커다란 분수령이 되리라는 점은 쉽게 짐작할 수 있을 것입니다. 그러나 1945년 이후의 사학사(史學史)가 어디에서 또 시기 구분의 근거를 구할 수 있을지는 쉽게 말할 수 없겠지요. 다만 앞으로 전체 민족 구성원이 염원하는 통일된 민족국가를 수립하는 때가 바로 1945년 이후 사학사 시기 구분의 또 하나의 큰 분수령이 되리라는 것은 쉽게 짐작할 수 있습니다.

그렇다면 1945년 이후부터 민족의 통일, 그것도 6·25전쟁으로도 이루어지지 않은 전쟁통일이 아닌 평화통일이 이루어져야 할 앞으로의 어느 시기까지를 역사적으로 '분단시대'라 하는 것이 좋겠다고 생각했습니다. 그때까지 일반적으로 사용되어오던 '해방 후 시대'와는 달리 '분단시대'라는 용어는 통일을, 그것도 평화통일을 반드시 이루어야 한다는 민족적 염원이 담긴 역사용어라 할 수 있습니다. 그리고 해방 후 시대는 끝나는 시점이 없는 시대지만 분단시대는 끝나는 시점인 민족 통일시대를 반드시 가져올 '역사적 시대'인 것입니다.

이 무렵 나의 문제의식은 우리 역사학이 시급히 연구해야 할 또 하나의 분야는 민족분단 문제와 통일문제지 식민사학 극복론에만 한정될 것이 아니라는 것이었습니다. 그리고 독립운동사도 물론 연구해야 하지만 더 나아가서 '분단극복사'를 연구해야 한다는 것이었습니다. 일제강점기에 민족독립은 미래의 문제였지만 독립운동사를 연구하고 또 엮음으로써 독립 의지를 강화할 수 있었습니다. 마찬가지로 민족분단시대의 통일문제 역시 미래의 문제지만 평화통일 문제를 연구하고 그 운동의 전개과정을 제대로 다루기 위해서는 그에 앞서 우리 민족이 왜 분단되었는가를 정확하게 알아야 한다는 생각이었습니다.

민족의 분단은 그 전에 우리가 일본의 식민지가 된 것에서 비롯되었다 할 수 있습니다. 그리고 일본제국주의가 자본주의 국가 미국과 사회주의 국가 소련에 의해 패망함으로써 해방과 함께 우리 국토가 분할 점령되었고, 비록 일제강점기 독립운동과정에서 좌우익 통일전선 독립운동이 있었지만 연합국들의 분할점령에 의해 민족사회가 다시 좌우익으로 심하게 나뉜 것입니다. 이러한 과거의 역사적 사실이 곧 역사학의 대상이 되어야 함은 당연하다 할 것입니다.

분단시대라는 말을 『창작과비평』에 처음 쓸 당시는 1972년 7·4남북공동성명이 발표되어 비로소 진보당 당수 조봉암(曺奉巖)이 내세운 것과 같은 평화통일론이 죄가 되는 상황은 면해져가던 시점이었습니다. 물론 박정희 유신정부는 실제로는 진정한 의미의 평화통일이 아닌 반공통일, 흡수통일을 지향하고 있었습니다. 그러나 7·4남북공동성명 이후로는 평화통일론이 '이적론'이 되던 상황에서 벗어나 조봉암의 죽음 같은 일이 또 발생하지는 않게 되었습니다.

『역사가의 시간』이라는 자서전에서 상세히 썼지만, 내가 분단시대라는 용어를 처음 쓴 『창작과비평』의 글은 천관우(千寬宇) 선생의 『한국사의 재발견』이라는 책에 대한 서평이었습니다. 천관우 선생은 해방 후에 배출된 제1세대 역사학자 중 대표적인 사람이며, 따라서 그의 역사학은 하나의 시기적 특징을 가진다고 생각했습니다.

천관우 선생은 이병도 선생의 제자이면서 실학 연구를 했습니다. 대학 졸업논문이 유형원(柳馨遠) 연구였는데, 아주 잘 쓴 논문이었습니다. 사학계에서의 위치도 좀 독특해서, 또 해방 후에는 민족주의 사학을 계승한다고 했습니다. 민족주의 사학이라는 것은 요즘 말로 표현하면 우익사학 정도로 볼 수 있지 않을까 합니다.

『창작과비평』에 쓴 글에서는 천관우 사학을 좌우익 이전에 분단시대 사학이라 했습니다. 우리 민족사회는 반드시 남북문제, 통일문제를 해결해야 하는데, 지금의 시대를 해방 후 시대라 하는 것은 너무 막연할 뿐 아니라 역사적 용어라고 하기 어려우므로 통일의지가 담긴 분단시대라 하자는 주장이었습니다.

반공주의나 대북적대주의, 대남적대주의에 고착된 시대가 아니라 민족사회 전체가 평화통일을 전망하고 지향하면서 반드시 극복해야 할 시대로서 분단시대를 정의하고 지금 우리의 역사학이 무엇을 해야 할 것인가를 논의하는 논설문과 논문을 그뒤로도 여러 곳에 게재했습니다. 그 글들을 모은 것이 1978년 창작과비평사에서 출판된 『분단시대의 역사인식』이라는 책입니다. 그다음부터는 해방 후 시대라는 용어보다 분단시대라는 말이 더 많이 쓰이게 되었습니다.

분단시대 역사학이 추구해야 할 일들

해방 이후를 분단시대라 명명한 후부터는 '분단시대 사학이 무엇을 해야 하느냐' 하는 데 연구를 집중했습니다. 그때만 해도 우리 세대가 접한 독립운동사는 둘로 나뉘어 있었습니다. 우익 중심의 독립운동사와 좌익 중심의 독립운동사가 그것입니다. 그런데 연구를 더해갈수록 우리 독립운동사를 좌우로 나누어놓고는 제대로 설명할 수가 없다는 것을 알게 되었습니다. 앞서 이야기한 것처럼 초기와 말기의 대한민국 임시정부운동도, 그리고 신간회운동과 민족유일당운동도, 민족혁명당운동도 모두 좌우합작운동이었습니다. 그리고 중국 공산군 지역 연안에 있던 조선독립동맹도 좌우합작에 찬성했음을 알게 되었습니다.

마치 물과 기름처럼 서로 어울릴 것 같지 않던 좌익 독립운동세력과 우익 독립운동세력이 왜 일제강점기에 좌우합작운동을 하게 되었는지 궁금하지 않습니까? 독립운동에 몸 바친 분들은 해방이 된 후 두 개의 나라가 생기리라고는 꿈에도 생각하지 않았습니다. 해방 후에는 당연히 하나의 나라를 세워야 하는데, 독립운동전선에 좌익도 있고 우익도 있는 것이 현실이니까 이 두 전선을 합쳐야 한다고 생각한 겁니다. 일본제국주의의 패망이 가깝게 전망되면 될수록 이런 생각이 강하게 일어났고, 특히 해외전선에서 더욱 그랬습니다.

알다시피 당시 우리의 독립운동 근거지는 대부분 해외에 있었습니다. 임시정부도 상해에 있다가 일본군에 쫓겨 중경(重慶)으로 갔고, 무장독립투쟁세력도 모두 해외에 있을 수밖에 없었습니다. 앞에서도 말했지만 우리는 국토가 좁기도 하고 또 전체 국토가 일본에 점령당한 지 오래되기도 해서 국토 안에 해방구를 가지거나 게릴라 부대를 둘 수가 없었던 겁니다. 국토 안에 해방구를 가지고 게릴라 투쟁을 할 수 있었다면 해방 후 우리 민족의 처지가 달라졌을 거라고 했지요. 그래서 독립운동세력은 일차적으로 '만주' 벌판을 해방구로 삼아서 봉오동전투, 청산리전투 등을 감행했던 것입니다.

그런데 '만주'도 더이상 해방구가 될 수 없는 상황이 되었습니다. 1931년에 일본군이 '만주'를 완전히 점령함으로써 우리 독립운동세력이 우리 국토에서 더 멀리 옮겨가지 않을 수 없게 된 것입니다. 그래서 광복군은 중경으로 가고, 좌익 계열의 조선독립동맹군은 북부 중국에서 활동하고, 또다른 좌익 계열의 조선인민혁명군은 시베리아로 갔습니다. 이 사실이 우리 역사에서는 참 불행한 일이었습니다. '만주'가 해방구 역할을 했으면 일본제국주의가 망해갈 때쯤 독립군 부대의 일부라도 국내에 잠입하여 게릴라 활동 정도는 할 수 있었을 것이며, 그랬다면 해방 후 우리 민족사회의 처지가 달라졌을 겁니다. 유럽에서 프랑스의 경우와 비교해보면 그 차이점을 이해할 수 있습니다.

프랑스도 전국토가 나치 독일에 점령당했지만 드골(Charles de Gaulle)이 일부 군인을 데리고 영국으로 망명해서 자유프랑스군을 조직했습니다. 우리보다는 조건이 좀 좋았던 것이, 알제리 같은 곳에 식민지를 가지고 있어서 거기에서 군대를 조달할 수가 있었고, 독일에 지배당한 것이 불과 오 년밖에 안 되어 국내에도 게릴라가 있을 수 있었습니다. 실제로 빠리를 해방시킨 것은 프랑스 국내 게릴라였고, 자유프랑스군이 연합군의 상륙작전에 참가하기도 했습니다. 그래서 비록 전국토가 독일에게 지배당했지만 전쟁 후에는 당당한 전승국이 되어 독일 분할에 참가했습니다. 우리하고는 조건이 크게 달랐던 겁니다.

우리도 전승국 대열에 들기 위한 노력을 하지 않았던 것은 아닙니다. 그 어려운 조건 속에서도 멀리 중국 국부군 지역 중경에 광복군이 있었고, 중국 공산군과 함께 싸운 조선독립동맹군이 있었으며, 시베리아에는 조선인민혁명군이 있어서 국내에서 게릴라 활동을 하기 위해 많은 노력을 했습니다. 그러나 어느 부대도 일본이 패전하기 전에 국내로 침투해와서 해방을 맞이하지는 못했습니다.

구체적인 예를 들어보지요. 해방 직전에 국내에서 비밀조직인 건국동맹을 조직한 여운형(呂運亨)은 괴뢰 만주국군 안의 조선인 장교들로 비밀써클을 만들어 중국 태항산에서 싸우고 있는 조선독립동맹군과 연결해서 국내로 진공하게 하려 했습니다. 만주 군관학교 출신의 박승환(朴承煥), 최남근(崔楠根) 같은 사람들이 여운형의 비밀조직원으로 활동하면서 국내 침공을 준비했습니다. 그러나 그 계획이 이루어지기 전에 일본이 항복해버리고 말았습니다.

이렇게 1930년대 이후 '만주'가 일본군에게 점령당함으로써 과거와 같은 게릴라 전투장 및 해방구로서 구실을 못하게 된 것이 우리 독립운동전선에 큰 지장을 준 것입니다.

군사적으로는 국내에 게릴라를 침투시킬 수 없었지만, 정치 쪽에서는 앞서 말한 것처럼 좌우합작운동이 추진되었습니다. 먼저 1935년에 좌우가 합작해서 조선민족혁명당을 조직했습니다. 그런데 거기에는 김구(金九) 중심 세력은 들어가지 않았습니다. 조선민족혁명당이 임시정부까지 없애려고 했기 때문이었습니다. 완전히 조선민족혁명당 중심으로 독립운동을 하자는 생각이었던 겁니다.

1937년에 중일전쟁이 발발하자 국외에서 독립운동을 하던 사람들은 우리 민족의 해방이 가까워지고 있음을 인식하고 통일전선운동에 더욱 힘을 쏟습니다. 구체적으로 살펴보면 먼저 1937년에 한국국민당 등의 우익세력이 전선 통일을 이루어 한국광복운동단체연합회가 성립되었습니다. 일단 우익전선이 연합전선을 이룬 것이지요. 그리고 같은 해에 조선민족혁명당, 조선무정부주의연맹 등 좌익세력이 통일하여 조선민족전선연맹을 조직했습니다.

이 과정을 구체적으로 연구한 것이 1991년에 화평사에서 처음 출판되고 2003년에 역사비평사에서 증보 출판된 『조선민족혁명당과 통일전선』입니다. 우리 민족의 독립운동이 해방이 가까워질수록 단일민족국가를 수립하기 위한 좌우합작운동으로 되어갔음을 논증한 '분단시대 역사학'의 구실의 하나였다고 하겠지요.

중일전쟁 발발에 고무되어 좌우익 통일전선을 이루어가던 우리 독립운동전선은 1941년 태평양전쟁이 일어나자 이제는 일본의 패망에 대비해야 한다는 것을 더욱 실감하게 됩니다. 그래서 좌익세력들이 종래 우익 중심이던 임시정부에 들어가서 그 국무위원이 됩니다. 해방이 눈앞에 보이게 되면서 대한민국임시정부가 좌우합작정부가 된 것입니다. 김구가 주석, 김규식(金奎植)이 부주석이 되고 김성숙(金星淑)처럼 중경지역 독립운동세력 중에서 가장 좌측에 있던 사람과 아나키스트 유림(柳林)도 국무위원이 되고 의열단 단장이었던 김원봉(金元鳳)도 임시정부 군무부장이 되었습니다. 그리고 한국광복군도 김원봉이 제1지대장, 이범석(李範奭)이 제2지대장이 되어 좌우합동군이 되었습니다.

김규식이라는 분은 아주 특이한 이력을 가진 분입니다. 그는 미국에서 대학을 졸업했으면서도 이승만처럼 미국에 머물면서 활동하지 않았습니다. 일본인들의 대학 교수직 제의를 물리치고는 중국에 망명해서 평생 일본군에게 쫓겨 다니면서 독립운동을 했습니다. 망명하기 전에는 새문안교회의 장로였는데 후에 조선민족혁명당 당수도 맡았고 모스끄바에도 가는 등 진보적인 사람이었습니다.

이렇듯 독립운동 시기에 좌익전선과 우익전선은 대립한 채 따로따로 행동한 것이 아니라 민족의 독립을 위해 사상의 좌우를 넘어 하나의 세력권을 이루고 함께 투쟁했습니다. 불행하게도 이런 사실들이 해방 후 분단시대의 국사 교육에서는 제대로 가르쳐지지 않았지만 말입니다.

불행한 분단시대에 사는 의식있는 민족 구성원이라면 독립운동전선의 좌우익 통일전선운동과 해방공간의 남북협상의 의미를 제대로 알고, 그 전통과 정신을 이어받아 이제는 남북합작의 통일국가를 이루기 위한 평화통일운동의 주도자가 되어야 할 것입니다. 그래서 올바른 역사인식과 역사 교육이 강조되는 것이며, 분단시대 역사학의 임무와 보람이 바로 여기에서 찾아지는 것입니다.

일제강점기 독립운동전선에서 우익 중의 우익이었던 백범 김구 같은 사람이 민족의 독립이라는 큰 목적을 위해 좌우합작 통일전선운동의 중심에 섰던 사실도 분단시대의 역사 교육은 제대로 가르치지 않았습니다.

대한민국임시정부가 내세운 건국강령을 보면 그 안에 좌익적 요소와 우익적 요소가 함께 들어 있는 것을 알 수 있습니다. 대한민국임시정부는 해방 후 국내에서 적용할 정강·정책으로 세 가지 혁명을 내세웠습니다. 토지혁명과 기업혁명과 인간혁명이 그것입니다. 토지는 농민에게 돌려주어야 하고, 중요 기업은 국영으로 하며, 친일파를 철저히 숙청한다는 점에서는 좌익전선과 우익전선이 전혀 다르지 않았던 겁니다. 비록 연합국의 승인을 받지 못했지만 만약 대한민국임시정부가 해방 후에 남북을 아우르는 정부가 되었더라면, 또는 설령 남쪽만의 정부가 되었다 해도 이승만정부와는 달리 무엇보다도 인간혁명, 즉 친일파 숙청은 철저히 단행함으로써 이후 우리 역사의 청결성이 보장되었을 겁니다.

그런데 우리 역사는 애석하게도 다른 방향으로 흐르고 말았습니다. 김구 같은 사람이 살해당하는 세상이 된 겁니다. 김구는 누가 무어라 해도 우익 중의 우익 독립운동가입니다. 그런데도 해방되어 돌아온 조국이 남북으로 분단되려 하자 김규식 등과 함께 좌익세력이 정권을 쥐고 있는 평양에 가서 남북협상에 참가합니다. 그리고 이승만을 대통령으로 한 대한민국이 성립되자 유엔에 대해 남북에 하나의 국가를 만들기로 해놓고 왜 두 개의 분단국가를 만들었느냐고 항의하고, 1948년 유엔 총회가 열리는 프랑스 빠리에 김규식을 항의 사절로 파견하려 하다가 결국 흉탄에 쓰러지고 말았습니다.

1948년에 남녘만의 선거로 이승만정부가 성립되면서 헌법을 제정하고 그 전문(前文)에서 분단국가 대한민국이 대한민국임시정부의 법통을 이어받는다고 하자 신문기자들이 김구를 찾아가서 그 문제에 대한 의견을 물었습니다. 그러자 김구는 "현재 국회의 형태로서는", 즉 반쪽만의 정부로서는 어느 쪽도 대한민국임시정부의 법통을 이어받을 수 없다고 명백히 말했습니다. 그리고 그는 다음 해인 1949년 마수에 의해 살해되고 말았지요.

어떻든 해외에서 독립운동을 하던 사람들은 모두 해방 이후를 대비하고 있었습니다. 대한민국임시정부가 중국 공산군 지역에서 활동하는 좌익세력과의 연합을 위해 국무위원 장건상(張建相)을 파견한 일도 반드시 역사에 남아야 합니다. 해방 후에 귀국해서 정치활동을 하기도 한 장건상은 미국 대학을 졸업했으면서도 중국에 가서 고려공산당과 대한민국임시정부 외교부에서 활동한 진보적인 사람입니다.

해방 전에 김구 주석의 대한민국임시정부는 국무위원 장건상을 연안에 보내 중국 공산군 쪽에 있는 김두봉(金枓奉), 최창익(崔昌益), 허정숙(許貞淑) 같은 사람들이 중심인 조선독립동맹과 통일전선을 이루기 위한 역할을 맡겼습니다. 장건상은 조선독립동맹 측에 임시정부와의 합작을 제안했고, 조선독립동맹 측은 이를 받아들였습니다. 그래서 김두봉이 중경에 가서 김구를 만나 합작 서명을 하기로 했는데 자고 나니 8·15가 되어버렸습니다. 너무 늦은 것이죠.

김구의 『백범일지』 마지막 부분을 보면 이에 대한 아쉬움이 크게 묻어나는 대목이 있습니다. 김구는 수 년간 애써 참전할 준비를 한 것이 허사가 되었다며 "하늘이 무너지는 듯한 일"이라고 탄식했습니다. 일본의 학병으로 끌려갔다가 목숨을 걸고 탈출해서 임시정부를 찾아온 장준하(張俊河), 김준엽(金俊燁) 등을 광복군에서 훈련시켜 국내에 투입함으로써 게릴라 활동을 벌이게 하려던 계획이 미처 실행되기 전에 일본이 항복하고 말았으니, 우리가 응분의 대우를 받지 못하리라는 사실을 김구는 알았던 겁니다.

해방 전에 미국은 이미 해방 후 우리 땅을 일본 영토에서 분리하되 바로 독립시키지는 않고 신탁통치하기로 결정하고 있었습니다. 여기에는 잘 알려지지 않은 또다른 이야기가 있습니다. 중국의 장 제스(蔣介石) 국민당 정부가 중경에 피난해서 싸울 때의 일입니다. 미국 국무부가 중경에 파견된 미국 외교관에게 그곳에 있는 대한민국임시정부가 어떤 단체인지 조사해서 보고하라는 지시를 내렸습니다. 이때 중경 주둔 미국 외교관이 대한민국임시정부의 외교부장 조소앙(趙素昻)을 만나 조사한 내용을 본국에 보고한 것이 남아 있습니다.

그 내용은 '중경에 대한민국임시정부라는 것이 있기는 한데 조선 사람들의 독립운동세력 전체를 대표하지는 못하는 것 같다. 들리기에 시베리아에 조선 군대가 2개 사단인가가 있다고 한다. 중국에 있는 조선 군대는 그렇게는 못 된다' 하는 것이었습니다. '중국에 있는 조선 군대'는 곧 한국광복군을 말하는 것이겠지요. 그리고 시베리아에 있다는 2개 사단은 조선인민혁명군 부대가 아닌가 하는데, 그 수가 과장되어 보고되지 않았나 합니다.

동북항일연군 제6사, 즉 김일성(金日成) 부대원의 전체 수가 정확하게 밝혀지지는 않은 것 같은데, 대개 600명 선이고 많이 보는 경우는 3400명 정도까지 말하는 듯합니다. 그런데 어찌 된 건지 2개 사단이 있다고 알려진 겁니다. 어떻든 보고의 핵심은 대한민국임시정부가 조선 사람들의 독립운동세력을 대표하지 못한다는 것이었습니다. 그래서 미국이 대한민국임시정부를 끝까지 승인해주지 않은 것 같습니다. 또 미국은 이미 해방된 조선을 신탁통치한 후에 독립시킨다는 결정을 내려놓고 있기도 했습니다.

이와 같은 상황에서 해방이 되고 38도선이 그어지고 분단국가가 생기고 민족상잔의 전쟁마저 일어났습니다. 그러나 지금은 한때의 기복이 있기는 하지만 지난 2000년 6·15남북공동선언 등을 통해 평화통일이 지향되고 있는 시점입니다. 이런 시점에서 국사 서술과 국사 교육에서는 일제강점기 독립운동과정에서 좌우합작투쟁이 활발했던 사실 등이 더 소상히 밝혀지고 또 교육되어야 할 것입니다. 그것이 분단시대 역사학이 연구하고 교육해야 할 무엇보다도 중요한 문제라고 생각하기 때문입니다.

한편, 태평양전쟁 막바지에는 일본의 상황도 당연히 좋지 않았습니다. 일본 본토가 대대적인 공습을 받기 시작한 겁니다. 이전에도 천황에 대한 항복 건의가 있었지만, 전쟁 막바지에 수상이 된 스즈끼 칸따로오 (鈴木貫太郎)도 이제는 도저히 더이상 전쟁을 계속할 수 없으니 항복해 야 한다고 천황에게 건의했습니다. 그러고는 1945년 8월 6일 히로시마 에 원자탄이 투하되었고, 9일에는 나가사끼에도 투하되었습니다.

상황이 이렇게 되자 소련이 다급해졌습니다. 이미 연합국들과 참전 약속은 했지만, 원자탄 투하 등으로 소련이 참전하기 전에 일본이 항복 해버리면 전쟁 후 동아시아지역에서 소련의 형세가 불리해지고 러일전 쟁으로 잃은 이권을 되찾기 어려워질 것이 뻔했기 때문입니다. 그래서 소련은 부랴부랴 8월 8일 밤 11시에 일본에 선전포고를 하고 8월 9일에 전투 행동을 개시했습니다. '만주'로만 쳐들어갈 줄 알았는데 청진, 나 진 등 우리 땅 쪽으로도 거침없이 밀고 내려왔습니다.

이때 미국군은 최전방 부대가 오끼나와에 있었습니다. 해방 후 우리 땅 남쪽에 들어온 하지(J. R. Hodge) 중장 부대가 최전방 부대였습니다. 오끼나와에서의 전투가 무척 격렬해서 미국 상륙군의 3분의 1이 희생 될 정도였기 때문에, 손실된 병력과 병기를 보충해서 일본 큐우슈우에 상륙하려면 그해 11월은 되어야 했습니다. 그래서 이번에는 미국이 다 급해졌습니다. 11월이면 소련군이 우리 땅 전체를 점령하고 일본 홋까 이도오에 상륙할 수 있을 상황이었기 때문입니다.

미국의 태평양 정책은 그때나 지금이나 마찬가지라고 하겠는데, 아 이젠하워(Dwight D. Eisenhower)가 말한 것처럼 태평양이 언제나 '아 메리칸 레이크', 즉 '미국의 호수'가 되어야 한다는 겁니다. 그런 정책에 의해 미국은 하와이를 자국 영토로 편입하고 필리핀을 점령하기도 했 습니다. 또 호주와 뉴질랜드는 언제나 친미 국가여야 했습니다. 한때는 인도네시아가 이반했지만 군사쿠데타로 뒤집어졌고, 중남미 역시 언제 나 미국 세력권 안이어서 실제로 태평양은 언제나 '미국의 호수'였던 셈입니다.

그런데 제2차 세계대전의 결과로 홋까이도오와 같은 일본 영토의 일부가 소련 세력권에 들어가면 태평양의 '미국의 호수' 기능이 위험해질 상황이었습니다. 일본 영토의 일부라도 소련 세력권에 들어가면 태평양이 '아메리칸 레이크'가 아니라 '레드 레이크', 즉 '붉은 호수'가 될 가능성이 있는 겁니다. 그러니까 어떤 일이 있어도 일본 영토 전체가 미국 세력권에 있어야 하며, 그런 일본을 안전하게 지키기 위해서는 우리 땅의 남쪽 절반만이라도 반드시 미국 세력권에 두어야 했습니다. 그것이 제2차 세계대전이 끝날 무렵 미국의 동아시아 정책이었다고 하겠으며, 그래서 부랴부랴 38도선이 그어진 겁니다.

제2차 세계대전이 끝날 무렵 미국의 이같은 동아시아 정책은 지금까지도 마찬가지로 이어져오고 있다고 하겠습니다. 제2차 세계대전이 끝난 지 오 년 만에 6·25전쟁이 일어나서 우리 땅 전체가 북녘 정권에 의해 점령되려 하자 곧바로 미국군 중심의 유엔군이 참전해서 이번에는 우리 땅의 남반부뿐만 아니라 38도선 이북까지 전체 우리 땅을 제 세력권에 넣으려 했습니다. 그러나 중국 육군과 중국 군복을 입은 소련 공군의 참전으로 실패해 결국 우리 땅의 남반부만을 지키게 되었고, 우리 땅과 일본 오끼나와에 미국군을 주둔시켜 정기적으로 한미합동군사훈련을 실시하고 있는 것입니다.

제2차 세계대전이 끝날 당시 소련은 미국의 38도선 분할 제안을 받아들이지 않아도 그만이었고, 그랬다면 우리 땅 전체를 소련이 점령했을 겁니다. 그런데 소련이 미국의 제안을 받아들인 것은 또다른 속셈이 있기 때문이었습니다. 소련은 우리 땅의 남반부를 양보하는 대신 일본의 홋까이도오로 상륙하려 했습니다. 결과적으로 소련은 양보만 하고 욕심을 채우지 못했습니다. 미국이 태평양을 '미국의 호수'로 지키기 위해 소련의 홋까이도오 상륙을 강력히 막았기 때문입니다. 결국 소련은 일본의 북방 4개 섬만을 점령했고, 그것이 지금도 일본과 러시아 사이의 영토분쟁의 요인이 되고 있는 겁니다.

20세기를 통해 우리가 살고 있는 동북아시아지역에서 벌어진 이같은 역사에 대해 정확히 알고, 21세기에 들어선 현시점까지도 세계 유일의 분단민족사회로 남아 있는 우리 땅의 역사적 현실을 절실히 이해해야 합니다. 그래서 제국주의 세계대전을 두 번이나 겪고 동서냉전까지 치러야 했던 20세기와 달리 세계사가 민족국가의 장벽을 낮추면서 평화주의를 지향해가는 새로운 21세기에도 20세기의 유물인 휴전선이라는 민족분단선, 민족대립선을 그대로 유지한 채 현실적 '안존'에만 계속 빠져 있을 것인지, 이 땅에 사는 남북 7천만 인구가 냉철히 생각해봐야 할 시점이라 할 것입니다.

해양세력의 다리가 되고, 대륙세력의 칼이 되기도

우리 민족사회는 20세기 전반기를 통해 치욕스럽게도 타민족의 강제지배를 받았고, 그 후반기에는 38도선으로 분단되어 처절하고도 치욕적인 민족상잔을 겪었습니다. 그러고도 21세기에 들어선 지금까지 분단과 상잔과 대립을 계속하고 있습니다.

민족분단 상태가 세기를 넘어서까지 지속됨으로써 그것이 마치 예사로운 일인 것처럼 받아들여지는 면조차 있는 것 같지만, 분단시대를 제대로 이해하기 위해서는 38도선의 의미를 정확하게 아는 것, 그리고 38도선이 휴전선으로 바뀌어 그어진 때부터 냉전이 해소된 지금까지도 변하지 않는 국제정세를 정확하게 이해하는 것이 요긴합니다. 조금 긴

이야기가 될 수도 있겠지만, 하나하나 차근차근 이야기해보지요.

냉정하게 생각해보면 우리 민족의 '원한의 38도선'은 제2차 세계대전이 끝날 무렵 양대 전승국인 미국과 소련에 의해 그어진 동아시아지역에서의 세력경계선이요 세력균형선이었다고 할 수 있습니다.

외교사학자들은 제국주의 시대에 들어서 청일전쟁, 러일전쟁 등이 발발할 긴박감이 높아졌을 때부터 대륙과 해양 사이에 걸친 우리 땅의 지정학적 위치가 '해양세력을 겨누는 칼'이자 '대륙으로 가는 다리'였다고 지적했습니다.

즉, 동아시아의 대륙과 해양 사이에 걸친 반도인 우리 땅 전체가 중국이나 러시아 같은 대륙세력권에 들어가면 일본과 같은 해양세력의 심장부를 겨누는 칼이 되고, 반대로 우리 땅 남북 전체가 해양세력, 특히 일본의 세력권에 들어가면 일본을 비롯해 그 배후의 미국, 영국 같은 해양세력이 대륙을 침략해 들어가는 다리가 된다는 것입니다.

실제로 20세기에 들어서서 일본은 같은 해양세력인 미국과 영국 등의 도움을 받아 러시아와의 전쟁에서 이기고 우리 땅 전체를 강점하였고, 이를 다리로 삼아 '만주'를 집어삼키고 중원지역을 침략해갔습니다. 반대로 러일전쟁에서 러시아가 승리해 남북 우리 땅 전체가 대륙세력권에 들어간다면 해양세력인 일본에 커다란 위협이 된다는 이야기는 이미 널리 말해진 일이었습니다.

그런데 이상하게도 우리는 역사에서 이러한 사실을 잘 말하지 않아 왔던 것 같습니다. 어쩌면 우리 민족사회의 운명이 강대국들의 이해관계에 따라 정해지는 것처럼 보일 수 있기 때문에, 숙명론에 빠질 것을 우려해서 그런 것이라고 생각되기도 합니다. 그러나 그같은 지정학적 위치 문제를 외면하기보다 그것을 제대로 알고 대처하는 것이 더욱 현명한 일임은 더 말할 나위가 없다 하겠습니다.

전근대와 근대를 막론하고 우리 땅 주변 대륙세력과 해양세력 사이의 균형이 무너지면 반도 땅인 우리 민족의 생활 근거는 큰 혼란과 곤경을 겪곤 했습니다. 중세시대에도 대륙지역을 통일한 몽골 왕국이 우리 땅을 통해 해양 쪽으로 일본을 침략했다가 실패하기도 했고, 이른바 전국시대를 거치며 국내를 통일한 일본이 대륙의 명나라를 침략하는 길을 빌린다고 하면서 임진왜란을 일으키기도 했습니다.

반대로 대륙, 특히 중국을 통일한 세력들은 육지로 연결된 우리 땅을 직간접으로 지배했지만 바다를 사이에 둔 일본은 침략하지 못하는 경우가 많았습니다. 섬나라 일본은 우리 땅을 통해 대륙 쪽의 선진문화는 받아들이면서도 군사적 침략은 거의 받지 않았을 뿐만 아니라 미국, 영국 등의 도움으로 러시아 등 대륙세력의 태평양 진출을 막는 '극동의 헌병' 노릇을 했으니, 그만큼 지정학적 위치의 덕을 본 것이라 하겠습니다.

조선왕조가 병자호란에 져서 청국의 속국이 되기는 했지만 그건 어디까지나 형식적인 것이지 실질적·직접적 지배는 아니었습니다. 그러나 일본이 메이지유신 이후 자본주의화하면서 조선에 문호개방을 강요하고 경제적으로 진출하기 시작하자 이에 반발해 임오군란이 일어났고, 청국이 이를 계기로 조선을 실질적으로 지배하기 위해 군대를 주둔시켰습니다. 이에 반발한 개화파들이 청국에 대한 속국 상태에서 벗어나 일본을 본받아 근대화를 하고자 갑신정변을 일으켰으나 청국 군대에 의해 진압되었고, 아직은 청국을 이길 수 없었던 일본도 후퇴했다가 이후 십 년간 군비를 강화하여 청일전쟁을 일으킨 것입니다.

청일전쟁은 이름 그대로 청국과 일본의 전쟁이었지만, 전쟁의 원인은 주로 우리 땅 문제였습니다. 세상 사람들의 예상과는 달리 일본은 '종이호랑이'였던 청국과의 전쟁에서 이기고 국가 재정 사 년 반분의 배상금을 받아냈습니다. 일본이 왜 버거운 전쟁을 했겠습니까? 우리 땅을 제 세력권에 넣고 그곳을 '다리'로 삼아 '만주'를 침략하려는 것이었습니다. 초기 자본주의 국가 일본에게는 이른바 상품시장과 원료공급지가 필요했는데, 당시로서는 우리 땅이 가장 적합했다고 할 수 있겠지요. 개항과 함께 일본의 기계제작 면직물, 즉 '광목'이 개항장을 통해 조선 천지에 퍼져 농민들이 베틀로 짜는 '베'를 압도하고 말았습니다.

아주 자존심이 상하는 이야기를 하나 하지요. 청일전쟁 당시 우리 땅은 강대국들에 의해 이상한 모양으로 갈라질 뻔도 했습니다. 청일전쟁이 임박했을 즈음 전쟁을 막기 위한 방법의 하나로 평안도, 황해도, 함경도는 청국이 다스리게 하고, 경상도, 전라도, 충청도, 강원도는 일본이 다스리게 하고, 조선 왕은 경기도만 다스리게 하자는 안이 있었습니다. 실제로 일본 외교문서에 있는 이야기입니다. 그런데 일본은 이 안에 응하지 않았습니다. 남반부만이 아닌 전체 우리 땅은 물론 나아가서 '만주'까지를 겨냥하고 있었기 때문입니다. 그래서 전쟁을 일으킨 겁니다.

당시 또다른 제안도 있었습니다. 많이 알려진 일이지만, 갑신정변 당시 우리 땅에 와 있던 독일 부영사 부들러(H. Budler)란 사람이 외교문서로 조선정부에 건의한 기록이 남아 있습니다. 스위스를 예로 들면서 영세국외중립화를 하라는 거였습니다. 장차 조선을 두고 청국과 일본 사이에 전쟁이 일어날 것 같으니, 유럽의 스위스가 독일, 프랑스, 이딸리아 등 강대국 사이에 끼여 있으면서도 영세국외중립을 함으로써 보불전쟁의 전화를 면하고 독립을 유지할 수 있었던 것처럼 조선도 영세국외중립을 선언하는 것이 좋겠다는 것이었습니다. 청일전쟁이 일어나기 십 년 전의 건의였습니다. 그러나 당시 우리 외교 책임자였던 김윤식(金允植)은 영세국외중립을 모르고 그랬는지 알고 그랬는지 모르지만 '왜 일본과 청국이 조선에서 전쟁을 한단 말이냐, 그럴 리가 없다' 하고 이를 물리쳐버렸습니다.

우리 땅의 중립화 이야기는 조선왕조 쪽에서도 나왔습니다. 잘 알다시피 최초의 미국 유학생이자 유럽 여행에서 돌아와 『서유견문』을 쓴 유길준(兪吉濬)이 「중립론」이라는 글에서 주장하기도 했습니다. 또 갑신정변으로 일본에 망명해 있던 김옥균(金玉均)도 당시 청국의 외교 책임자 이홍장(李鴻章)에게 보낸 편지에서 우리 땅의 중립화를 주장했습니다.

그런데 아쉽지만 아무리 그들이 중립화론을 주장해도 그때 사정으로는 우리 땅의 국외중립은 될 수 없었습니다. 왜 그럴까요? 첫째, 중립화가 되려면 그 나라에 살고 있는 사람들, 즉 조선 사람들이 고도의 국제감각을 가지고 있어서 주변 상황을 잘 이용할 수 있어야 합니다. 그런데 조선왕조 오백 년 동안의 지독한 쇄국주의 아래에서는 그런 국제감각이 키워질 수 없었습니다. 예를 들어 우리나라 사람이 제주도에 갔다 오다가 폭풍을 만나 표류해서 중국에 흘러갔다 돌아오면 국가기밀이 누설되었다 해서 죽여버리는 경우도 있었습니다. 그런 상황에서는 국제감각이 조성될 수 없는 것이지요.

둘째는 우리 땅을 둘러싸고 있는 강대국들의 이해가 맞아야 하는데, 그런 상황이 아니었습니다. 일본처럼 기어이 우리 땅을 점령하겠다는 나라가 있으면 안 되고, 중국 러시아 일본 미국 간에 우리 땅을 분쟁지로 삼지 않기 위해 영세국외중립국으로 두자는 합의가 있어야 했습니다. 스위스도 그래서 가능했던 거지요. 그런데 우리의 경우는 어땠습니까? 일본은 전쟁을 해서라도 기어이 우리 땅 전체를 식민지로 삼으려 했고, 영국은 영일동맹으로, 그리고 미국은 태프트-카쓰라 비밀협약으로 일본의 침략을 도와주는 상황이었습니다. 알다시피 태프트-카쓰라 밀약은 일본이 필리핀을 건드리지 않는 대신 우리 땅을 침략해도 좋다는 내용이었습니다.

당시 세계 최대의 육군 강국이었던 또다른 대륙세력 러시아는 중국의 의화단사건을 계기로 '만주'지역의 상당 부분을 점령한 데 이어, 우리 땅을 태평양으로 나아가는 통로로 삼고자 일본을 건너다보는 경상도 합포(마산)에다 군항을 건설하려 했습니다. 그런 상황이 되자 일본이 다급해졌습니다. 우리 땅이 일본의 심장부를 겨누는 칼이 된다 하고 호들갑을 떨었습니다. 그러나 아무리 호들갑을 떨어도 일본 혼자 힘으로는 러시아와 전쟁을 할 수 없었습니다.

우선 일본은 전쟁 비용이 부족했습니다. 러시아와의 전쟁 비용이 19억 8천만 엔이었는데 당시 일본의 연간 세수입이 2억 엔 정도밖에 안 되었습니다. 그래서야 어떻게 전쟁을 하겠습니까? 같은 해양세력인 미국과 영국이 외국채 12억 엔을 빌려주어 겨우 전쟁을 해낼 수 있었습니다. 일본을 '극동의 헌병'으로 삼아서 대륙세력 러시아가 태평양으로 진출하는 것을 막기 위해 절반 이상의 전쟁 비용을 빌려준 것입니다.

그래도 러일전쟁은 일본이 이길 수 있는 전쟁이 아니었습니다. 그래서 미국 대통령 루스벨트(T. Roosevelt)가 적당한 시점에 러시아와 일본을 중재해 포츠머스조약을 맺게 했습니다. 결국 일본은 청일전쟁 때와는 달리 배상금을 전혀 받지 못했고, 영국 측의 도움으로 북위 50도 이남의 사할린 땅을 차지하는 것으로 전쟁을 끝냈습니다.

청일전쟁과 마찬가지로 러일전쟁도 겉으로는 러시아와 일본의 전쟁이었지만 전쟁의 주된 원인의 하나는 우리 땅 문제였습니다. 러일전쟁이 일어날 무렵에도 우리 땅의 중립화 안이 거론되었고, 실제로 대한제국정부가 전시중립을 선언하자 독일, 프랑스, 이딸리아, 덴마크, 청국, 영국 등과 함께 전쟁을 피하려 했던 러시아도 이를 지지했습니다. 일본에 전쟁 비용을 빌려줄 영국까지 우리 땅의 전시중립화를 지지했다는 것이 잘 믿기지 않지만 그런 기록이 남아 있습니다.

그러나 청일전쟁과 러일전쟁의 결과 우리 땅 전체는 일본의 강점 아래 들어가고 말았습니다. 일본은 우리 땅을 다리 삼아 '만주'로 쳐들어갔고, 드디어는 간 크게도 중국 본토까지 욕심내어 중일전쟁을 도발하기에 이르렀습니다. 미국과 영국은 일본의 우리 땅 점령을 도와주기는 했지만 일본의 '만주' 침략은 못마땅해했고, 더구나 일본의 중국 본토 침략은 용납할 수 없었습니다. 왜냐하면 미국, 영국 등도 중국 본토에 많은 이권을 가지고 있어서 만약 장 제스 정부가 일본에 항복하면 그 이권들을 모두 잃어버릴 가능성이 있었기 때문입니다.

　그래서 일본의 '만주' 침략 때와는 달리 미국과 영국은 바다 쪽 영토를 크게 점령당하고 내륙의 중경으로 옮겨간 장 제스 정부의 항복을 막기 위해 이른바 '원장(援蔣) 루트'를 통해 장 제스 정부를 계속 도와주었습니다. 그러자 일본은 미국, 영국과 전쟁을 하지 않고는 중일전쟁을 끝낼 수 없다고 판단하고 결국 태평양전쟁을 도발하지 않을 수 없었으며, 그것이 곧 일본제국주의가 패망하는 길이 되고 말았던 겁니다.

　태평양전쟁이 끝날 때 만약 소련이 참전 기회를 놓쳐서 38도선이 그어지지 않고 우리 땅 전체가 미국군의 점령 아래 들어갔다면 중국 대륙에서 마오 쩌둥(毛澤東) 정권과 장 제스 정권의 교체가 그리 쉽게 이루어지지는 않았을 거라는 관측도 있습니다. 마오 쩌둥 세력이 중국 본토를 점령하는 과정에서 우리 땅 북반부가 사회주의권에 있은 덕을 봤으니까요. 반대로 38도선이 그어지지 않고 소련이 남북 우리 땅 전체를 점령했으면 러일전쟁 전과 같이 우리 땅이 곧 일본을 겨누는 칼이 되어 해양세력에 위험이 되었을 겁니다.

　이런 이유로 태평양전쟁이 끝날 무렵 미국에 의해 그어지고 소련에 의해 받아들여진 38도선은 두 전승국 미국과 소련의 전쟁 후 동아시아에서의 일종의 세력균형선이요 세력경계선이라 할 수 있는 겁니다. 38

도선은 우리 땅을 '동강난 칼'이요 '부러진 다리'가 되게 함으로써 그 주민들은 엄청난 분단 고통을 당하는 대신 주변의 대륙세력과 해양세력은 각기 나름대로의 안전을 얻는 상황을 만들었습니다.

38도선이 그어진 지 오 년 만에 남북 우리 땅 전체를 무력으로 통일해서 대륙세력권, 사회주의 세력권에 넣으려 했던 것이 6·25전쟁이었으며, 알다시피 그것이 거의 실현될 상황에 이르기도 했습니다. 그러나 우리 땅이 일본 열도를 위협하는 칼이 되는 것을 막기 위해 미국군 중심의 유엔군이 참전해 38도선을 넘어 진격했고, 그러자 이번에는 우리 땅이 대륙을 침범하는 다리가 되는 것을 막기 위해 중국 육군과 소련 공군이 참전해서 38도선 이북 땅을 수복하고 다시 서울을 점령했던 겁니다.

결국 38도선과 비슷한 휴전선이 그어져서 전쟁은 멈추었고, 우리 땅은 그대로 '동강난 칼'이요 '부러진 다리'가 되어 또다시 주변의 대륙세력에게도 또 해양세력에게도 위협이 되지 않게 되었습니다. 그러나 우리 땅 주민들은 삼 년여 계속된 전쟁으로 엄청난 희생을 치르고 전체 국토가 초토화되다시피 했고, 이 땅에 살고 있는 남북 7천만 민족의 분단 고통은 세기를 넘어서까지 계속되고 있습니다. 이것이 곧 우리 민족의 어리석고도 억울하고 처절한 현대사라고 하겠습니다.

'칼'과 '다리'가 아닌 '평화가교'가 되어야

이제 '역사에서 무엇을 배울 것인가' 하는 주제의 마지막 이야기를 해야 할 것 같습니다. 그 이야기는 6·25전쟁이 정전협정으로 마무리되는 과정을 살펴보는 것으로 시작해보겠습니다. 지금은 소련과 중국 쪽 자료들이 다 공개되어 6·25전쟁의 실상이 많이 밝혀졌습니다.

참고로 말씀드리자면, 6·25전쟁은 결코 갑자기 일어난 전쟁이 아닙니다. 1950년 6월 25일 전에도 38도선을 경계로 해서 남북 군대 사이에 잦은 충돌이 있었고, 더구나 토오꾜오의 맥아더(D. MacArthur) 미군 사령부가 우리 땅 북녘에 보낸 간첩을 통해 6월 25일에 전쟁이 일어난다는 것을 미리 알고 있었다는 사실까지도 밝혀졌습니다.

이제 중국군이 참전한 이후의 상황부터 간략하게 살펴보겠습니다. 6월 25일에 전쟁이 일어나자 6월 27일 미국 대통령 트루먼(H. S. Truman)이 전쟁 개입을 선언했고, 7월 2일에 중국정부 주석 마오 쩌둥이 미국군 중심 유엔군이 서울을 공격할 것에 대비해 강력한 방위벽 구축을 지시했습니다. 미국이 참전한 이상 김일성 군대가 못 이길 것이고 미국군 중심 유엔군이 38도선을 넘어 진격할 것이다, 그러니 전쟁 준비를 해야 한다는 거였습니다. 그래서 전쟁이 일어난 해의 5월부터 7월 사이에 18만 명의 중국 정예부대가 참전태세를 갖추게 되었습니다.

미국군 중심 유엔군은 당시 최전선이었던 경남 마산에 대거 상륙해서 북으로 밀고 올라가는 전략을 취했고, 인민군의 허리를 자르기 위해 인천상륙작전을 감행했습니다. 그 결과 낙동강전선까지 내려왔다가 허리를 잘린 인민군의 절반 이상이 지리산으로 들어갈 수밖에 없었습니다. 그리고 처음에는 미국군 중심 유엔군 내에서도 38도선을 넘을지 말지에 대한 논란이 있어 남녘 군대만이 38도선을 넘었지만, 곧 미국군 중심 유엔군도 38도선을 넘어 압록강까지 진격했습니다.

지난날 해양세력 일본제국주의자들이 우리 땅을 강점하고 그곳을 다리로 삼아 '만주'를 침략했던 것과 같은 양상이 같은 해양세력인 미국군 중심 유엔군에 의해 다시 벌어지는 상황이 되자 마오 쩌둥의 중국군도 대응하지 않을 수 없게 되었습니다. 결국 중국 육군이 압록강을 넘어 대거 참전했고, 앞에서 말한 것과 같이 중국 군복을 입은 소련 공군도 참전했습니다. 마오 쩌둥의 중국은 성립된 지 일 년밖에 안 되어 공군이 없었고, 그래서 소련의 미그기 조종사들에게 중국 군복을 입혀 참전케 함으로써 미국 공군의 공격에 대항했던 겁니다. 소련이 정식으로 참전하면 제3차 세계대전이 될 가능성이 있으니 그런 편법을 쓴 것이라 하겠지요.

어떻든 그 결과 중국군이 인해전술로 물밀듯이 밀고 내려와서 서울을 다시 탈환했습니다. 그렇다고 해서 전쟁 초기의 김일성 군대같이 부산까지 진격해서 통일함으로써 우리 땅 전체가 또 해양세력을 겨누는 칼이 되게 하느냐 하면 그렇지는 않았습니다. 우리 땅 중간 부분에서 지루한 공방전을 계속하다가 개전 삼 년여 만에 결국 38도선과 비슷한 지역에 휴전선을 그어서 전쟁을 멈춘 겁니다.

이렇게 삼 년 동안 남북을 막론하고 엄청난 희생을 치렀으나 38도선이 휴전선이 되었을 뿐 우리 땅의 분단 상태는 변하지 않았습니다. 앞서 말한 것처럼 대륙세력의 칼이 두 동강이 나고 해양세력의 다리도 부러진 그대로가 된 거지요. 그 결과가 무엇입니까? 주변 4대 강국의 안전만이 계속 보장받게 된 것이지요. 우리 땅의 남북 주민들이야 분단 고통에 시달리건 말건 주변 강대국들은 칼과 다리가 여전히 두 동강이 나서 안전해졌다 하겠지요.

누누이 말했지만 우리 땅이 통일되어 칼이 되면 일본이나 미국이 불안해지고 반대로 통일되어 다리가 되면 중국이나 러시아가 어려워지는데, 전쟁을 치르고도 칼과 다리가 여전히 두 동강이 난 채로 되었으니 그들에게는 얼마나 다행한 일이겠습니까? 남북 우리 땅 주민들의 염원과는 상관없이 두 번씩이나 칼과 다리가 두 동강이 나게 한 장본인이 누구였지요?

언제부턴가 주변 4대 강국과 남과 북이 6자회담을 해서 우리 땅 문제를 해결하자는, 긍정적으로 생각하면 낭만적이기도 하고 부정적으로 생각하면 불가능할 것 같기도 한 일이 논의되고 있습니다. 그러나 냉철히 생각해봅시다. 그들에게 칼이 될 수도 있고 다리가 될 수도 있는 우리 땅의 통일을 왜 그들 4대 강국이 진정성을 가지고 논의하고 돕겠습니까? 우리 땅이 어느 쪽으로 통일되어도 그들에게는 화가 될 가능성이 높은데 말입니다.

이런 생각이 틀렸을까요? 80세가 넘도록 하필이면 불행하고도 처절했던 우리 근현대사를 주로 공부해온 내 생각이, 일반적으로 무난하게 불려오던 '해방 후 시대'라 하지 말고 '분단시대'로 할 것을 제안한 내 역사인식이 너무 부정적이고 비관적이라면 양해하기 바랍니다.

우리 땅의 지정학적 위치 문제를 두고 '칼'이니 '다리'니 하고 그다지 유쾌하지 못한 말을 하는 것은 우리의 평화통일 문제를 좀 설득력 있게 풀어보자는 생각에서입니다. 누가 무어라 해도 통일은 남북 우리 땅 주민들이 함께해야 한다는 생각입니다.

우리 정치 지도자 중에도 그걸 제대로 안 사람이 있었습니다. 김대중 전 대통령이 그중 특출한 한 사람이었습니다. 그는 우리의 역사적·현실적 상황을 잘 알고 있었고, 그래서 우리 통일문제를 남북이 직접 풀어가야 한다는 용단을 내렸던 거라고 생각합니다. 2000년 평양에서 열린 남북정상회담에 나도 민간 대표로 참가하는 행운을 누렸고 그 재임기간 내내 대통령의 통일고문을 맡았지만, 그래서 하는 말은 아닙니다.

교단에서 물러난 지 어느새 이십 년이 되어가지만, 현직에 있을 때는 우리 근현대사 선생으로서 그래도 가장 애써서 강의한 부분이 분단과정과 통일문제였고 그 문제에 관한 글도 꽤 써왔습니다. 그 이야기를 좀 더 해보겠습니다.

1945년 이후 우리 민족의 분단과정을 흔히 3단계로 말합니다. 먼저

1945년에 해방이 되면서 바로 38도선이 그어져 남북 사이의 자유로운 내왕이 불가능하게 된 사실을 '국토분단'이라 합니다. 그리고 1948년에 전체 민족 구성원의 의지와는 달리 38도선을 경계로 해서 불행하게도 남북에 두 개의 국가가 생긴 사실을 '국가분단'이라 합니다.

이렇게 비록 국토가 둘로 분단되고 국가가 둘로 분단되었지만, 그때까지만 해도 수천 년을 같은 역사, 같은 문화 아래 함께 살아온, 그 수가 많지도 않아 겨우 3천만 정도인 남북 주민들 사이의 동족의식은 그대로 살아 있어서 다행히 '민족분단'은 안 되었다고 할 수 있었습니다.

그러다가 1950년에 6·25전쟁이 일어나면서 어제까지 수천 년을 함께 살아온 동족이 하루아침에 총부리를 겨누어 서로 죽이는 적이 되고 말았습니다. 심지어는 해방 후 월남한 형과 북에 남아 있던 아우가 각기 남북의 군인이 되어 전선에서 실제로 총부리를 맞겨누는 일이 벌어지기도 했습니다. 국토와 국가에 이어 민족마저 분단되고 만 것이지요.

그러나 어제까지도 동족이었던 이 땅의 남북 주민들이 하루아침에 적이 되는 현실을 직접 겪은 사람들은, 분단과정과 동족상잔을 겪고 난 후에 태어나서 자신의 생각 여하와는 상관없이 북녘 사람들을 적으로 듣고 배운 경우와는 다르다는 생각입니다. 내 경우는 해방 다음 해인 1946년에 중학교 1학년에 입학하고 6년제 중학교 5학년 때인 1950년에 6·25전쟁이 일어났지만 그런 정도의 식견은 가질 수 있었습니다. 전쟁이 끝난 직후에 의무군인 생활을 했지만, 솔직히 말해서 한 번도 북녘 사람들을 동족이 아닌 적으로 생각해본 적은 없으니까요.

분단과정을 '국토분단'과 '국가분단'과 '민족분단'의 3단계로 나누어볼 수 있다 했지만, 통일과정은 분단과정과는 그 순서가 다르다는 생각입니다. 이는 6·15남북공동선언 발표 현장에 동참함으로써 얻은 생각이라 할 수 있는데, 즉 통일과정은 분단과정과는 달리 먼저 '민족통일'

을 시작하고, 그럼으로써 '국토통일'을 이루어가고, 맨 나중에 '국가통일'을 하는 것이 옳다는 것입니다. 그 이유를 말해보지요.

제2차 세계대전 후 분단된 민족으로 독일과 베트남과 우리 민족이 있습니다. 그중 베트남은 전쟁통일을 했고 독일은 이른바 흡수통일을 했습니다. 우리 민족은 6·25전쟁을 통해 처음에는 북녘에 의해, 다음에는 남녘에 의해 전쟁통일이 될 뻔했지만 앞에서 말한 것같이 우리 땅의 지정학적 위치 문제가 주된 원인이 되어 어느 쪽으로도 통일되지 않았다고 하겠습니다. 흡수통일을 생각하는 경우도 있었지만, 전쟁에 이긴 쪽이 진 쪽을 지배하거나 흡수한 쪽이 흡수당한 쪽을 지배한다는 점에서 전쟁통일과 흡수통일은 결과가 같다고 하겠습니다.

따라서 우리 땅과 같이 전국토가 폐허가 되다시피 한 치열한 전쟁을 겪고도 통일이 안 된 지역은 전쟁통일과 마찬가지 결과를 가져올 흡수통일 역시 안 된다고 해야 합니다. 그래서 한때는 소위 이적론으로 취급되어 조봉암 같은 사람을 죽게 한 평화통일론이 7·4남북공동선언을 통해서 남북 쌍방 정부가 공식적으로 채택한 통일론으로 정착된 것이라 하겠습니다.

베트남의 전쟁통일은 사이공이 함락되면서 바로 이루어졌고 독일의 흡수통일은 베를린장벽이 무너지면서 바로 이루어졌지만, 전쟁통일도 흡수통일도 아닌 우리의 평화통일은 그렇게 갑자기 되는 것이 아니라 시일을 두고 차근차근 진행되어가야 한다는 생각입니다. 따라서 많은 인내심을 가지고 지금까지의 적대감정을 동족애로 바꾸어가는 일부터 시작해야 합니다.

그렇게 함으로써 남북의 젊은이들이 일정기간 병역의무를 져야 하고 남북 합쳐 백만 명 이상의 상비군을 두고 해마다 힘에 겨운 군사비를 감당해야 하는 현실을 타개해가야 합니다. 세계에 의무병역제를 실시하고 있는 나라가 몇이나 됩니까? 그래서 6·15남북공동선언에서 남북이 지금부터 적대하지 말고 화해하고 협력한다고 한 겁니다. 이제 적이 아니라 다시 동족으로 돌아가자는 것이지요. 마음먹기에 따라서는 그렇게 어려운 일이 아니며, 그때부터 어제까지의 적이 동족이 되어가는 '민족통일'이 시작되는 것입니다.

6·15남북공동선언을 통해 남북이 화해하고 협력하여 동족이 되어가는 '민족통일'이 시작되자 뒤따라 오랫동안 끊겼던 남북 사이의 철도가 연결되고, 육로 관광길이 열려 남북 사이의 사람 왕래가 빈번해지고, 개성공단이 조성되어 남북 사람들이 한 공간에서 생산 작업을 하게 되었습니다. 즉 '민족통일'에 이어 '국토통일'이 차근차근 추진되어갔다고 하겠습니다.

6·15남북공동선언이 계속 제대로 작동되고 정착되어갔다면 아마 지금쯤은 연결된 철로를 통해 기차를 타고 북녘 땅을 지나 중국도 가고 러시아도 갈 수 있었겠지요. 남녘에서 중국을 통하지 않고 북녘의 삼지연 공항을 이용해서 백두산을 갈 수 있게 합의가 되었다가 무위로 돌아가 버리고 말기도 했지 않습니까. 그뿐만이 아닙니다. 개성공단에 이어 해주공단과 나아가서 원산공단도 조성될 수 있었을 겁니다. 즉 '민족통일'이 되어가면서 '국토통일'이 그만큼 뒤따라 추진되는 등 평화통일이 착착 정착되어갔을 겁니다.

민족통일과 국토통일이 추진되면 될수록 이 땅에 평화가 정착되고 그만큼 평화통일의 길이 진전될 것이며, 그러고 나면 국가통일의 길이 쉽게 열릴 것입니다. 민족통일과 국토통일이 자리잡게 되면 국가통일은 설령 좀 늦는다 해도 평화통일은 이미 추진되어가고 있는 것입니다. 그래서 일시적 기복은 있다 해도 역사적 안목에서 여유를 가지고 보면 기차는 못 다녀도 철로는 연결되었고 운영에 기복은 있다 해도 개성공단이 조성되었다는 점 등에서 6·15남북공동선언 발표 시점부터 우리의 통일은 이미 시작되었다고 할 수 있는 겁니다.

이쯤에서 평생 역사 공부를 해온 사람으로서 국정을 담당하는 분들에게 하고 싶은 말이 있습니다. 흔히 하는 말이지만, 모든 정권은 결국 역사 서술의 대상이 되게 마련이고 싫건 좋건 역사적 평가를 받게 마련입니다. 역사가 어느 정권을 평가할 때는 그 기준이 있어야 할 텐데 그것이 무엇일까요?

흔히 역사는 정치, 경제, 사회, 문화로 이루어진다고 하지요. 따라서 역사가 어느 한 정권을 평가할 때는, 첫째 그 정권이 국민의 정치적 자유를 얼마나 보장했는가, 둘째 경제적으로 그 정권이 생산력을 얼마나 발전시켰으며 그 열매가 얼마나 고루 분배되었는가, 셋째 인간의 역사는 만민평등을 지향해왔는데 그 점에서 사회적으로 그 정권이 얼마나 역사의 길을 따랐는가, 넷째 문화적으로는 그 핵심인 사상의 자유를 얼마나 보장했는가 하는 점 등이 역사적 평가의 기준이 되는 겁니다.

그런데 우리 같은 분단민족사회의 경우에는 해방 이후 분단시대에 성립된 각 정권들이 평화통일 문제에서 얼마나 업적을 내었는가 하는 점 또한 역사적 평가의 중요한 기준이 된다 하겠습니다. 북진통일을 지향했던 이승만정권은 그 점에서는 평가할 근거가 전혀 없다고 할 수 있고, 장면정권은 4·19 주체세력의 평화통일운동을 제대로 소화하지 못한 채 쓰러지고 말았다고 하겠지요.

박정희정권은 비록 그것이 유신을 위한 전주곡이 되었다 하더라도 7·4남북공동성명을 성사시켰다는 점에서, 즉 이 땅에 평화통일론이 정착되어 제2의 조봉암과 같은 희생이 나오지 않게 되었다는 점에서 평가받을 만하다 하겠습니다. 그리고 노태우정권 역시 군인 출신 정권이었다고는 해도, 그리고 실제적인 성과는 없었다 해도 남북기본합의서를 마련했다는 점은 역사적 업적이 될 수 있다 할 것입니다.

군사정권에 이은 최초의 문민정권인 김영삼정권은 미국 측의 주선으로 남북정상회담이 약속되었다가 한쪽 정상의 갑작스러운 죽음으로 불발했을 뿐만 아니라, 그에 따르는 조문 문제를 슬기롭기 풀지 못함으로써 군사적 충돌이 재발되고 말았으니 평화통일 문제에는 아무 업적을 남기지 못하고 어느 정권보다도 반북적인 정권이 되고 말았다고 하겠지요. 그럼으로써 다음 김대중정권의 6·15남북공동선언과 노무현정권의 10·4남북공동선언 및 남북 철도 연결과 개성공단 설립 등 김대중·노무현 두 정권의 평화통일 업적이 더욱 크고 빛나게 되었다고 할 것입니다.

6·15남북공동선언과 10·4남북공동선언에 의해 평화통일의 큰 문이 열렸지만, 대외적으로 지난 19세기나 20세기처럼 우리 땅이 주변세력들에 의해 '칼'이 되고 '다리'가 되는 조건과 기능이 그대로 유지된다면 설령 민족사회 내적으로 평화통일이 추진되려 해도 역시 어려울 거라는 생각이 없을 수 없겠습니다.

그러나 역사에는 긍정적인 변화도 있고 파렴치한 상황도 있게 마련입니다. 뒤돌아보면 지난 20세기까지의 세계사는 '선교사의 피 한 방울 흐르는 곳에 제국의 땅 한 치 늘어난다' 할 만큼 종교마저 침략에 이용된 냉혹하고도 파렴치한 시대였습니다. 피로써 한 치 땅을 다투고 추악한 제국주의 세계대전을 두 번이나 치렀으며, 그러고도 또 냉혹한 동서냉전을 겪은 20세기는 전세계가 침략과 전쟁과 대립의 광란에 빠졌던 불행하고도 불행했던 세기라고 할 수 있을 겁니다. 그런데 그런 20세기가 미처 다 가기 전에 천년만년 갈 것처럼 얼어붙었던 냉전체제가 거짓말같이 하루아침에 해소되었습니다.

그러고는 높기만 하던 민족국가 및 국민국가 사이의 벽이 낮아지기 시작하면서 입국 허가 없이도 갈 수 있는 나라들이 점점 늘어나고, 입국 허가를 고집하는 나라는 마치 후진국처럼 되어가는 세상이 되었습니다. 놀라운 변화라 하지 않을 수 없습니다. 세상이, 그리고 역사가 변하려면 이렇게도 쉽게 변하는 거라는 사실을 실감하면서 역사학을 전공한 '행복감' 같은 것을 느끼게도 됩니다.

그뿐만이 아닙니다. 지난 세기 제국주의 전쟁의 중심이었던 유럽지역에서부터 국경을 넘는 지역공동체가 이루어지기 시작하면서 지역 내 사람의 이동이 자유로워지고, 심지어는 국경을 넘은 지역이 같은 화폐를 쓰고 공동의 의회를 가지는 상황으로 발전하고 있습니다. 그런 유럽 공동체, 즉 EU가 생기더니 뒤따라서 동남아 공동체, 즉 ASEAN이 생겨서 잘되어가고 있으며, 성격은 조금 다르지만 북미 공동체, 즉 NAFTA가 생겼고 남미 공동체도 운위되고 있습니다.

인류 역사 발전의 궁극적인 목적은—너무 이상주의적이라 할지 모르지만—이 지구 덩어리 전체를 하나의 평화공동체로 만들어가는 데 있다는 생각을 가지고 있습니다. 그런 역사관을 바탕으로 해서 보면 인류 역사가 20세기 잔혹한 제국주의 시대를 청산하고 지역 평화공동체를 이루어가고 있는 것은 인류 역사의 획기적 발전이라 할 것이며, 인간성의 위대함과 그 본래의 속성을 비로소 드러내주는 것으로서 찬양해 마지않는다 할 것입니다.

그러나 유감스럽게도 우리 땅과 중국과 일본을 묶는 동북아시아 공동체는 아직 형성되지 못하고 있습니다. 지난 20세기를 통해 이 지역에서 벌어진 침략과 피침략의 잔혹한 역사의 응어리가 아직은 유럽지역처럼은 풀리지 못하고 있는 것이 원인이라 하겠지요. 그렇지만 동남아시아 공동체에다 동북아시아 3국을 더한—비록 우리 땅 북반부가 포함되지는 않았지만—또 하나의 지역공동체 회의, 즉 아세안+3 정상회의가 정기적으로 열리고 있는 현실이기도 합니다.

더구나 베트남은 사회주의 북베트남에 의해 통일되었으면서도 아세안에 들어가서 잘하고 있고, 중국도 경제적으로는 자본주의체제가 다 되었다지만 정치적으로는 여전히 사회주의체제가 유지되고 있는데도 아세안+3국에 들어가 있습니다. 이같은 세계사적인 평화주의 정착과 확대 추세, 그리고 지역 평화공동체 성립 추세에 따라 앞으로 동남아 공동체와 동북아지역 국가들이 합쳐 동아시아 공동체를 형성하건, 또는 동북아시아지역 국가들끼리 따로 공동체를 형성하건, 이제 우리 땅은 제국주의 시대, 냉전주의 시대의 불행했던 '칼'과 '다리' 기능을 해소하고 21세기 동아시아 내지 동북아시아의 대륙세력과 해양세력을 순조롭게 연결하는 평화 가교의 역할을 다할 수 있을 것이며, 그것이 곧 우리 땅이 주변 4강 체제의 작용과 간섭에서 벗어나 평화통일을 이루어내는 길이 될 겁니다. 그리고 이런 추세를 전망하고 교육하는 일이 우리 역사교육의 중요한 요소와 방향이 되어야 할 겁니다.

　이미 다른 글에서도 썼지만, 여기서도 한 가지 꼭 덧붙이고 싶은 말이 있습니다. 분단시대를 통해서 조성된 우리 사회의 좌우 대립 현상이 어느 민족사회보다도 심한 나머지 마치 진보파가 곧 좌익이고 보수파가 곧 우익인 것처럼 이해되는 것이 일반화되어 있지 않나 하는데, 이것 역시 불행한 일제강점기와 민족분단시대를 겪음으로써 특별히 강화된 현상이라는 겁니다.

　우리 근대사회 이후를 보았을 때 진보주의가 곧 공산주의나 사회주의를 가리키고 보수주의가 곧 왕권주의나 자본주의 지향을 가리킨다고 말할 수 있는 것은 아닙니다. 역사적 관점에서 보면 어느 시기의 현실적 상황을 그대로 유지하려는 생각과 입장이 강한 사람을 보수주의자라 할 수 있고, 현실적 상황에 안주하지 않고 그것을 나은 방향으로 변화시키려는 생각과 입장이 강한 사람을 진보주의자라 할 수 있습니다.

예를 들면 조선왕조 후기에 조선왕조의 전제주의체제를 그대로 유지하려는 노선은 보수적 노선이라 할 수 있고, 그것을 입헌군주제나 공화제로 바꾸려는 노선은 진보적 노선이라 할 수 있습니다. 그리고 일제강점기에는 강점체제를 청산하려는 노선, 즉 희생을 각오하고라도 독립운동에 선 사람은 진보주의 노선에 선 사람이요, 불만스럽기는 하지만 일제강점체제를 별수 없이 인정하고 그것에 안주할 수밖에 없다는 입장을 보수주의적 입장이라 할 수 있겠습니다.

그런데 우리가 알다시피 일제강점체제에 저항하여 그 체제를 청산하고 민족의 독립을 이루려 한 사람들, 즉 일본제국주의의 강점 현실을 타개하고 민족의 독립을 이루려는 진보적 노선에 선 사람 모두를 기어이 좌우익으로 나누어 따져본다면 그중에는 좌익적 입장이 아니라 우익적 입장에 선 사람들도 많았습니다.

다시 백범 김구의 경우를 예로 들어보지요. 백범 김구는 본래 비명에 죽은 명성황후의 원수를 갚겠다던 왕당파였다가 기독교에 귀의하면서 공화주의자가 되어 대한민국임시정부에 참가하고 그야말로 임정 사수파가 되었지만, 그는 누가 무어라 해도 우익 인사지 좌익 인사가 아니었습니다. 그런데도 일제강점체제에 안주하지 못하고 그 체제를 청산하기 위해 독립운동에 투신한 그 시대의 진보주의자였다고 하겠습니다.

또 해방 후에도 그는 민족분단의 현실에 동조하거나 안주하지 않고 이승만 세력의 분단국가 수립 노선에 반대해 남북협상에 참가하는 등 민족분단 현실을 기어이 극복하고 통일민족국가를 수립하려는 진보적 노선에 서서 실천한 사람이었습니다.

생각해봅시다. 우리 근대사 이후에 역사상 그대로 유지해야 할 만한 체제, 즉 보수(保守)할 만한 체제가 무엇이었을까요. 구한말의 전제군주체제였을까요, 일제강점체제였을까요, 해방 후의 민족분단체제였을까요.

거듭 말하지만 해방 후 분단체제에 안주하려는 것이 보수적 노선이라면 분단을 극복하고 평화적으로 통일해야 한다는 것이 진보적 노선일 것입니다. 왜 그걸 진보와 보수로 보지 못하고 꼭 좌니 우니 편을 가르고 빨갱이니 흰둥이니 빛깔을 붙여 나누고 다투어야 하는지 이해할 수가 없습니다. 민족 구성원 사이의 대립만 강화하고 민족이 나아가야 할 길을 어지럽히는 이런 일들은, 한 번도 정치색 있는 조직에 몸담은 일이 없고 평생 우리 역사, 그것도 근현대사를 공부하고 가르쳐온 사람의 처지에서는 아무래도 역사 교육이 잘못된 탓으로만 생각되어 자책하지 않을 수 없는 겁니다.

더구나 역사 이해를 어느 한쪽으로 한정시키는 국사교과서 국정화를 강행했던 박정희 유신정부의 처사가 21세기에 되살아나는 상황이 되고, 심지어는 국사교과서 국정화를 반대하면 좌익이고 찬성하면 우익인 것처럼 말해지기까지 하니 우리 사회가 왜 이렇게까지 되었을까요.

팔십 평생을 역사학 전공자요 역사선생으로 살아온 한 사람으로서 그저 할 말을 잃고 안타까워할 뿐입니다. 그러나 국사교과서 국정화가 박정희정권이 끝나자 바로 폐지되었음을 알고 있기에 크게 염려하지는 않습니다. 여러분의 현명한 판단을 기대하면서 내 이야기를 이쯤에서 마치려 합니다. 경청해주셔서 감사합니다.

묻고 답하기

Q. 이제 막 역사 공부를 시작하는 사람에게 해주고 싶은 말씀이 있으신지요?

지금은 우리 사회의 인문학이 쇠퇴해간다는 우려가 심해져가고 있지만, 그런 때일수록 뜻있는 사람이면 인문학을 전공할 만하다고 강조하고 싶습니다.

평생 역사 공부와 교육을 생활수단으로 삼아오면서 전공에 대해 한 번도 후회해본 일이 없다고 확언할 수 있습니다. 왜 그랬는가 하면 물론 역사 공부가 좋아서였겠지만, 시작할 때 평생 이 공부를 하고 살겠다, 아무리 어렵더라도 이 길만이 나의 길이다 하는 확고한 마음가짐이 있었기 때문이라 할 수 있지 않을까 합니다.

사람의 평생이란 길고도 험한 길입니다. 그럴수록 꼭 이 길을 걷고 싶다, 이 길만이 내 길이다 하는 확고한 신념을 가지고 출발하는 것이 중요하다고 강조하고 싶습니다. 그리고 그런 확고한 신념을 가지고 출발한 이상 그만큼의 보람도 느낄 수 있고 그만큼의 성과도 얻을 수 있다고 확언할 수 있습니다. 혹시라도 그저 옛일, 옛이야기를 배우고 가르치는 일이라는 예사롭고 안일한 생각을 가지고 서툴게 역사 전공의 길에 들어섰다가는 후회하게 마련임도 덧붙이고 싶습니다. 내 경험에 의하면 역사학이야말로 어느 학문에 못지 않은 치열한 학문입니다.

그리고 당연한 말이지만 이 길에 들어선 이상 누구보다도 앞서가는 연구자가 되겠다는 '야심'을 가져야 합니다. 그러면 그 학문에 심취하고 몰두해서 아무리 어려운 문이라도 열 수 있게 마련이라는 생각입니다. 너무 흔한 말이면서 또 너무 당연한 이야기를 하지요. 역사학 전공자에게는 흔히 수많은 역사적 사실들에 대한 암기 능력이 중요한 것처럼 말해지기도 하지만 그렇지 않습니다. 어느 학문보다도 역사학은 암기력이 아니라 이해력이 중요한 학문입니다.

역사학은 인간 세상에서 일어난 그 많은 사실들에 대해 알기만 하는 학문이 아니라, 그 사실들을 언제나 새롭게 해석할 수 있는 이해력과 능력, 그리고 남들과 또 지금과는 다르게 설명할 수 있는 창의력과 응용력이 어느 학문보다도 요구된다는 생각입니다. 거듭 말하지만 역사적 사실을 많이 아는 사람이 우수한 역사학자가 되는 것이 아니라 그 사실들이 가지고 있는 의의와 앞뒤 연관성과 변화상, 그리고 그 장래성까지를 합친 역사성을 가장 잘 이해하는 사람이 우수한 역사학자가 되는 겁니다. 이 점 꼭 명심하세요.

내가 책을 통해 읽는 역사는 당연히 내 역사가 아니라 나에 앞선 선배 역사학자들의 역사입니다. 그 '남의 역사'를 참고해서, 아니 그것을 넘어서 내가 쓰고 가르쳐야 할 나의 역사는 따로 있으며, 그 따로 있는 역사를 가장 정확하게 또 설득력 있게 쓰는 것이 내가 해야 할 일이라고 생각할 수 있어야 합니다.

물론 쉬운 일은 아닙니다. 그러나 지금까지 다른 사람에 의해 쓰인 역사가 아닌 내가 쓰는 역사를 가질 수 있어야 비로소 한 사람의 역사학자가 될 수 있다는 사실을 아는 일이 중요합니다. 너무 어려운 요구를 했나요? 그러나 나만이 쓸 수 있는, 내가 쓴 역사를 가지는 역사학자가 제대로 된 역사학자라는 생각을 가진 역사학 전공자가 되기를 기대합니다.

Q. 역사에는 시대의 흐름을 파악하는 단서가 들어 있다고 하셨는데, 그 단서는 어떤 노력으로 찾을 수 있을까요?

어떤 역사적 사실도 어쩌다 그냥 생긴 단순한 사실이 아니고, 역사적 사실인 이상 그것만이 따로 떨어져서 생겨나고 또 그 혼자만이 살아지는 게 아닙니다. 그것이 인류사의 흐름과 직간접의 관계를 지니고 생겨나고 없어지기 때문에 바로 역사적 사실이 되는 겁니다. 따라서 역사적 사실은 반드시 시대와 역사적 흐름의 한 부분입니다. 한 시대의 역사적 사실들이 모여 하나의 흐름을 이룰 때 그것을 시대의 흐름이라 합니다.

어떤 하나의 사실이 그저 일어났다가 사라져버린 단순한 사실인지, 아니면 앞뒤 역사에 영향을 주고 세상과 시대를 바꾸어놓은 원인의 하나가 되었는지 판단할 수 있을 때 역사의 흐름을 이해할 수 있게 됩니다. 시대의 흐름을 이해할 수 있게 하는 역사적 사실을 정확하게 알아내는 일이야말로 역사학 전공자가 갖추어야 하는 가장 중요한 요건이라 하겠지요.

예를 들어보지요. 인류 역사에는 수많은 왕자들이 있었고 그중에는 살해된 사람도 적지 않습니다. 그런데 1914년에 오스트리아의 황태자가 보스니아의 수도 사라예보에서 살해된 사실이 직접적 원인이 되어 제1차 세계대전이 일어났다는 것은 잘 알려진 사실입니다. 그리고 역사에서는 이 하나의 살해 사건이 그 엄청난 제1차 세계대전의 폭발점이 되었다고 합니다. 왕자 한 사람의 죽음이 세계대전의 계기가 되었다면 그만한 이유가 있고 그것은 역사학자들에 의해 밝혀지게 마련입니다.

이같이 흔히 일어날 수 있는 사건도 그것이 철저한 고증을 거쳐서 세계대전이 일어나는 계기가 되었다고 할 수 있다면 그 사건이 곧 하나의 역사적 분수령이 될 수 있고 또 그 사실을 시대 흐름을 파악하는 하나의 단서로 잡을 수 있는데, 그 일은 물론 국왕도 정치가도 아닌 역사학자가 하게 마련입니다. 그리고 설령 어느 역사학자 개인이 그 사건을 역사의 변화 내지 흐름의 단서라고 말했다 해도, 좁게는 그 나라 역사학계, 넓게는 세계 역사학계의 동의가 있어야 하는 것이기도 합니다.

프랑스대혁명, 제1·2차 세계대전, 동서냉전 종식 등 세계사의 커다란 사건들을 시대 흐름의 방향을 바꾸어놓은 역사적 사건으로 규정하고 그것을 시대 구분의 단서로 정하는 일은 역사학자만의 임무요 권리라고 할 수 있는 것입니다. 그리고 어느 한 역사학자나 어느 한 나라의 역사학계가 그 결정에 주도적 역할을 했다면, 그리고 세계의 역사학계가 그것을 인정한다면 그것은 그 개인이나 그 역사학계의 학문적 수준으로 평가되는 것입니다.

개별 사실을 고증하는 작업이 역사학의 임무이기도 하지만, 그보다도 시대 흐름과 시대 변화의 단서를 파악해내는 일이야말로 수준 높은 역사학이라 할 수 있습니다. 그럼에도 그것을 파악할 수 있는 단서 같은 것이 따로 있느냐 하는 질문에 대해서 바로 이거다 하고 대답하기는 어렵습니다. 역시 오랫동안의 학문적 축적에 의해서만 얻어지는 거라 할 수밖에 없을 것 같습니다. 너무 애매한 답이 되었지요?

Q. 오늘날 공부하는 사람, 특히 역사 공부를 하는 사람이 가져야 할 바람직한 자세는 무엇이겠습니까?

'자세'라기보다 구체적으로 어떻게 하는 것이 바람직한가 하는 문제를 말해보지요. 역사적 개별 사실들을 많이 아는 것도 중요하지만, 세상에는 '역사란 무엇인가'를 규명하려 한 책들이 많이 나와 있으니 될 수 있으면 많이 읽으라고 권하고 싶습니다. 역사라는 것이 무엇인가, 인간의 역사는 변하게 마련이라는데 어디를 향해 어떻게 변하고 있는가, 인류의 역사는 궁극적으로 어디로 가고 있는가, 어디로 가는 것이 바람직한가, 역사적 인간형이란 어떤 것인가 하는 등의 문제를 항상 생각하려 하고, 또 그런 문제에 관해 해설해놓은 책이나 글을 발견하면 다 읽겠다는 욕심을 가지라고 말하고 싶습니다.

역사학을 전공하는 과정에는 몇 가지 단계가 있다고들 합니다. 우선 처음에는 이것저것 다 전공하겠다는 욕심을 부리지 말고 평생을 두고 전공할 만하다고 생각되는 한 시대의 한 분야를 택해서 그 분야에 관한 전문 논문을 써서 업적을 내고—개별 사실에 대해 천착하는 일이 결국 역사란 무엇인가를 이해하는 길이 되기도 한다는 생각이니까—학문이 어느 정도에 이르면 전공하는 시대의 특징있는 시대사를 쓰고, 그러고 나서 학문 수준이 또 어느정도 높아지고 넓어지면 전공하는 분야 전체에 관한 특징있는 개설서를 쓰고, 마지막에는 자신만이 쓸 수 있는 '역사란 무엇인가'를 쓰는 것이 '완전한 코스'라는 것입니다. 물론 이런 코스를 완전히 밟은 사람은 극히 드물지만, 일단 학문의 길에 들어선 이상 '완전한 코스'를 밟겠다는 욕심을 가져볼 만하지요.

Q. 우리 역사는 여전히 제대로 밝혀지지 않은 부분이 많은 것 같습니다. 앞으로 공부를 하는 사람들이 좀더 연구해보기를 권하는 주제가 있으신지요?

대단히 중요하면서도 아직 전인미답인 경지 같은 것은 없다고 하겠지요. 그런 것이 있다면 나도 그냥 두지 않았을 테니까요. 이 질문에 답하기 위해, 우리 근대사에서 물론 세상에 알려진 사실이지만 앞으로 다른 측면에서 더 알려지고 이해되어야 한다고 생각하는 중요한 문제 하나를 들어보지요. 좀 긴 이야기가 되더라도 양해하기 바랍니다.

우리 민족사회가 20세기로 들어오면서 일본제국주의의 강제지배를 받게 되었는데, 그렇게 된 역사과정에 대해서는 대개 청일전쟁과 러일전쟁에서의 일본의 승리, 그로 인한 '을사보호조약' 체결과 한국군대 해산, '한일합방조약' 체결, 그리고 그 과정에서의 의병항쟁 등을 설명하는 정도가 아닌가 합니다. 그런데 역사 이해에 있어서 제국주의 일본이 우리 땅을 근 반세기 동안 지배하게 된 근거를 '한일합방조약'에 두어도 괜찮은가 하는 문제가 있습니다.

만약 그렇다면 근 반세기에 걸친 일본의 우리 땅 지배는 강제지배가 아니라 합법적 지배가 되니까요. 반세기에 걸친 일본의 우리 땅 지배가 이른바 '한일합방조약'에 의한 합법적 지배인가, 아니면 '합방'에 반대해서 전국적으로 일어나 싸운 의병을 4만 명 이상이나 전사케 한 후에야 가능했던 침략전쟁의 결과인가 하는 문제입니다.

그런데 제국주의 일본의 괴뢰 만주국 장교 출신으로서, 또 해방 후에는 우리 군대의 장군으로서 민주적으로 성립된 정부를 군사쿠데타로 뒤엎고 정권을 탈취한 박정희정부가 1965년에 처음으로 한일협정을 맺고 한일 간의 국교를 열었을 때 의병전쟁은 안중에도 없었던 것 같습니다. 또 1910년의 이른바 '한일합방조약'에 대해서도 박정희정부는 그것이 체결된 당시부터 이미 무효라 '이해'하고, 일본정부는 태평양전쟁에서 패배함으로써 우리 민족사회가 그 지배에서 벗어난 1945년부터 '한일합방조약'이 무효가 되었다고 '이해'하는 서로 다른 애매한 상황에서 한일협정이 체결되었습니다.

일본이 태평양전쟁에서 패배했을 때 미국 중심의 연합국들은 일본 제국주의가 청일전쟁으로 빼앗은 대만은 중국에 돌려주고 러일전쟁으로 빼앗은 북위 50도 이남의 사할린 땅은 소련에 돌려주었습니다. 우리 땅도 일제강점 아래에서의 주민들의 노예 상태 운운하면서 패전한 일본 영토에서 떼어내어 일정한 절차를 거쳐 독립시키기로 결정했습니다. 그것은 곧 연합국들이 일본의 우리 땅 지배를 침략으로 인정했기 때문이라 하겠습니다. 그런데도 박정희정부는 한일협정 과정에서 그것을 밝히지 못하고 말았으며 일본에게서 받은 몇억 달런가 하는 돈도 침략에 대한 배상금이 아닌 청구권이라고 했던 겁니다.

그리고 연합국들도 일본의 우리 땅 지배를 침략으로 인정해 우리 땅을 일본 영토에서 떼어내었으면서도 일본 패전 후 열린 전범재판에서는 의병전쟁을 탄압하고 우리 땅을 강제 합방하는 데 역할을 한 정치인과 관료들, 군 지휘관들부터 대상으로 삼지 않고 강제 지배한 우리 땅을 발판으로 대륙을 침략하기 위해 일으킨 만주사변의 주모자들부터를 대상으로 삼았습니다. 그러나 그 사실을 정치적으로나 역사적으로나 아무도 지적하지 않았습니다.

지난 2010년 이른바 '한일합방' 100주년 때 우리와 일본의 양심세력들이 '한일합방조약'이 무효라고 선언했지만, 한일 두 정부가 무효 선언을 하지 않는 이상 현실적 효과가 있을 수 없었습니다. '한일합방조약'

이 무효가 되지 않는 이상 제국주의 일본의 근 반세기에 걸친 우리 땅 지배는 합법적 지배가 되고 그 지배에 저항해서 싸운 우리 민족의 독립운동은 합법적 지배에 저항한 '불법적 행위'가 되는 것입니다. 제국주의 일본의 괴뢰 만주국 장교 출신인 박정희정권의 역사적 죄과가 얼마나 큰지 우리 사회 일반이, 그리고 우리 역사가 아직도 제대로 지적하지 못하고 있는 겁니다.

이와 같이 우리 역사에는 아직도 지적하고 밝히고 재해석해야 할 사안들이 많습니다. 일본이 우리 땅을 합병하려 할 때 그에 저항해 일어난 의병의 규모에 대해 우리 쪽 통계가 있는지 없는지 아직 발견하지 못했는데, 일본 침략군 쪽의 통계만으로도 16만 명인가 되었고 그중 전사자가 역시 일본 쪽 통계만으로도 3만~4만 명이나 되었습니다. 그 무렵 일본군이 강제로 해산시킨 대한제국의 군인이 불과 8천 명 정도였는데 말입니다. 이런 일들을 제대로 연구하고 서술하고 또 가르쳐야 하겠지요.

Q. 역사 서술은 사실을 어떤 관점으로 보느냐에 따라 많이 달라지는 것 같습니다. 역사관의 옳고 그름을 따지는 건 가능한 일일까요?

역사를 보는 초점을 어디다 둘 것인가 하는 점은 대단히 중요합니다. 흔히 말하는 것처럼 역사는 '귀에 걸면 귀고리, 코에 걸면 코걸이'가 아니니까요. '역사는 이상의 현실화 과정이다'라는 글을 쓴 적이 있고 논설문을 모아 출판한 책의 제목을 그렇게 붙인 일도 있습니다만, 이성적 동물로서 인간은 끊임없이 자신의 생활환경을 개선하려 노력해왔으며 그 끊임없는 노력의 과정이 곧 인류사가 되었다고 할 수 있습니다.

구체적으로 예를 들어 말하면, 고대사회의 일반인인 노예들은 그 생활환경을 중세시대의 농노만큼이라도 개선하기 위해 노력하고 또 투쟁해서 기어이 그 목적을 달성했습니다. 그리고 중세시대의 일반인인 농노들은 근대사회의 자유농민들만큼 살기 위해 또 끊임없이 노력하고 투쟁해서 기어이 그 목적을 달성했습니다. 그 과정이 곧 인류 역사 발전의 과정이라 하겠습니다.

지혜로운 동물인 인간은 전체 역사시대를 통해 끊임없는 노력과 투쟁으로 그 생활환경을 개선해왔으며 앞으로도 마찬가지일 겁니다. 독일 철학자 헤겔(Hegel)이 말했지요. 인간의 역사는 한 사람이 자유로운 시대로부터 만 사람이 자유로운 시대로 발전해간다고요. 즉 고대사회에서는 절대권력을 가진 왕 한 사람만이 정치·경제·사회·문화적으로 자유로웠는데, 중세시대로 오면서 영주 등 귀족계급까지 정치·경제·사회·문화적으로 자유로운 시대가 되었고, 근대로 오면서 이제 모든 사람이 정치·경제·사회·문화적으로 자유로운 시대로 되어간다는 거지요.

그러나 역사가 그렇게 순조로운 것만은 아닙니다. 아직도 어느 나라 어느 지방을 막론하고 그 사회 구성원 전체가 정치·경제·사회·문화적으로 자유로운 것은 아닙니다. 세계사적으로도 여성들이 정치적 선거권을 가지게 된 것은 20세기에 들어와서인 경우가 많으니까요. 인간 역사가 추구해가는 이상향은 모든 인간이 정치적으로 자유로워지고 경제적으로 고루 잘살게 되고 사회적으로 만민평등이 이루어지며 문화적으로는 사상의 자유가 완전히 보장되는 그런 세상입니다. 인류 역사를 통해 그 이상을 달성하기 위한 많은 투쟁과 희생이 있었지만 아직은 충분치 못합니다. 인간 세계의 '역사 투쟁'이 더 계속되겠지요.

Q. 올바른 역사관 정립을 위해 꼭 읽어야 할 책이 있다면 무엇일까요?

앞에서도 말했지만 세상에는 '역사란 무엇인가' 등에 관해 쓴 국내외의 책이 많습니다. 그중에서 어느 개인의, 특히 우리 민족 같은 분단민족사회 구성원의 역사관 정립을 위한 책은 이거다 하고 한두 권을 지적하기는 어렵습니다. 어떤 책 몇 권을 읽어서 한 사람의 역사관이 성립되는 것은 아니고, 결국은 스스로의 역사적 환경을 바탕으로 끊임없는 노력과 고민에 의해서만 제 나름의 역사관이 세워진다고 생각합니다. 아무리 뛰어난 외국의 역사이론가라 해도 그가 처한 역사적 조건 및 환경과 우리가 처한 조건과 환경은 다르기 때문입니다.

현실적으로 우리는 세계에 유일한 분단민족사회의 구성원이면서 역사 연구자이기도 합니다. 외국의 어떤 대역사가도 우리 같은 분단민족사회의 역사학이 나아가야 할, 또 해결해야 할 문제를 제대로 설명하는 사론을 세울 수는 없겠지요. 왜냐하면 그의 문제가 아니니까요. 우리 민족의 역사적 문제는 우리 학문, 우리 이론에 의해 해결되어야 한다고 하겠습니다.

그러나 유감스럽게도 극심한 남북 대립, 좌우 대립의 현실 조건 아래서 그것을 극복할 역사관을 제대로 설명해주는 역사이론서를 구하기는 어려운 것이 현실입니다. 스스로가 분단극복사론의 수립자가 되겠다고 생각하고 굳건한 역사발전사관을 발판으로 극히 객관적인 처지에서 세계 유일의 분단민족사회인 우리의 역사학이 나아가야 할 방향에 관한 이론서를 지금부터 써보겠다는 생각도 가질 만하다는 생각입니다.

언젠가 '모든 역사는 현대의 역사다'라고 하는 책을 읽은 기억이 있는데, 대단히 정곡을 찌른 역사이론서라는 생각을 했던 기억이 있습니다.

쉽게 예를 들면 역사 연구자들이 구한말의 시점에서 본 조선왕조와 일제강점기에 본 조선왕조와 해방 후의 시점에서 본 조선왕조가 각기 다르다는 겁니다. 즉, 어떤 역사적 사실도 그것을 보는 시대에 따라 다르게 마련이며, 따라서 모든 역사는 그것을 보는 시대의 역사, 즉 현대사라는 설명이 가능한 겁니다. 이해되겠지요?

Q. 국사만큼이나 중요한 것이 세계를 보는 안목일 것 같습니다. 국사와 세계사 이해의 균형을 맞추려면 어떻게 해야 할까요?

국사와 세계사의 균형을 어떻게 맞추느냐 하는 질문은 좀 어렵군요. 우리 역사도 당연히 세계사의 일환이라는 생각이 중요합니다. 흔히 세계 문화를 설명할 때 하나의 꽃밭에 비정(比定)하기도 합니다. 자본주의 시대가 되면서 지구상의 교역이 빈번해지고 또 문화 교류가 활발해지니까, 그리고 자본주의적 생산양식이 대량생산과 대량판매를 통한 이윤 추구를 강하게 지향하니까, 세계라는 꽃밭이 모두 흰 빛깔의 꽃으로만 가득 차게 되고 또 그것이 당연하다고 생각할 수 있게 마련입니다.

그러나 대량이익 추구를 위한 동일 상품의 대량생산, 대량판매가 지향되는 자본주의 시대라 해도 옳은 의미의 세계화는 그런 것이 아니라 할 수 있습니다. 각 민족사회의 문화라는 형형색색의 꽃이 각기 다른 제 빛깔과 제 향기를 지닌 채 세계라는 하나의 꽃밭에 함께 참가함으로써 한 빛깔의 꽃으로만 가득 찬 꽃밭이 아니라 형형색색의 각기 다른 향기를 가진 꽃들이 모인 그야말로 다양하고 아름다운 꽃밭이 되는 것이 옳은 의미의 세계화라 할 것입니다.

우리 역사가 나름대로의 특색을 가진다고 해서 그것만이 세계사에서 동떨어져 있는 것은 아닙니다. 우리 역사도 당연히 세계사의 일환이고, 그 발전방향이 세계사의 보편적 발전방향과 다를 수 없습니다. 한때는 독재권력이 '한국적 민주주의'니 하는 말을 만들어내기도 했지만, 민주주의적 보편성이 중요하고 국가적·지역적 특성은 그 보편성 안의 제한된 특수성일 뿐이라는 것을 아는 일이 중요합니다.

그러니 민주주의면 민주주의지 한국적인 것이 따로 있고 세계적인 것이 따로 있는 것이 아닙니다. 국사와 세계사의 균형을 맞추려면 국사가 가는 길이 따로 있고 세계사가 가는 길이 따로 있다는 식의 생각을 버리는 것이 중요하다는 생각입니다.

물론 국내적 조건과 세계적 조건이 부분적으로 다를 수도 있습니다. 그러나 같은 인간사회의 일인 이상 그 차이를 완전히 따로 다루거나 그 차이를 유지하기 위해 인류사회가 가지는 보편적 가치를 손상시켜서는 안 된다는 것은 상식입니다. 그 점을 간과하면 과거 배타적 자본주의 사회가 그랬던 것처럼 민족사회 사이의 분쟁이 심화되어 결국 전쟁으로 이어질 수 있으며, 그런 위험을 막는 데 어느 학문보다도 역사학의 역할이 클 수밖에 없다고 하겠지요.

다시 말하면 우리 문화가 가져야 하는 특수성은 세계적 보편성과 동떨어지거나 대치되는 것이 아니라 세계적 보편성과 상치되지 않으면서 그것을 다양하고 풍부하게 하는 데 도움이 되는 특수성이어야 하며, 그 점에 역사학의 역할이 있는 것입니다. 교통이 발달하고 세계가 좁아질수록 각 민족사회의 문화가 타민족사회의 문화와 상치되지 않고 서로 융합되어야 하며, 세계 문화가 획일적으로 되어서는 안 됩니다.

Q. 남북분단이 오래 지속되어 사람들 사이에 통일에 대한 열망이 많이 사그라든 것 같기도 합니다. 오늘날 우리는 분단시대를 어떻게 인식해야 할까요?

민족분단시대가 반세기를 훨씬 넘기다보니 분단 타성 같은 것에 빠져서 분단 고통에 대한 인식과 통일에 대한 관심이 사그라들고 있는 것이 사실입니다. 심지어 어느 강연장에서는 같은 민족이 두 개 이상의 나라를 이루어 사는 경우도 없지 않으니 되지도 않을 통일, 통일 하지 말고 남북이 싸우지만 말고 이대로 나뉘어 사는 것이 어떻겠느냐 하는 질문을 받기도 했습니다.

우리 땅의 지정학적 위치 문제를 이야기하면서 근대사 이후 우리 민족이 겪은 역사적 고통을 누누이 말했지만, 그런 문제를 떠나서도 특히 통일문제에 대한 우리 젊은이들의 열망이 사그라드는 데는 그저 아연하지 않을 수 없습니다. 그것도 늙은 세대의 고질이다 하면 할 말이 없지만, 그래도 말하지 않을 수 없습니다.

지금 우리 젊은이들, 특히 대학생들이 세계에서 거의 유일하게 1학년 마치고 입대할지 2학년 마치고 입대할지 고민하는 사람들입니다. 지금부터 육십 년 전에 나도 꼭 같은 고민을 하다 결국 졸업을 한 학기 남겨두고 입대했었는데, 지금 내 손자들이 같은 고민을 하고 있습니다. 이게 예사로운 일일까요? 세계에 이런 민족사회가 또 있을까요? 이십대 초엽의 꽃다운 나이에 어제까지의 일을 백지인지 '백치'인지로 돌릴 것을 강요당하는 군대 생활을 반드시 몇 년씩 해야 합니다. 동포인 북녘 젊은이들은 복무기간이 더 길다고 알고 있지요. 대부분의 세계 청년들이 가고 싶은 사람만 받을 만큼의 월급을 받고 군대에 가는데 말입니다. 이게 모두 분단 때문이 아닌가요?

그뿐만이 아닙니다. 저 부자 나라 일본도, 그리고 통일한 독일도 상비군이 30만 명 미만이라고 들었는데 우리는 남북을 합치면 백만명이 훨씬 넘습니다. 그 군사비용이 또 얼마입니까? 동족끼리 반세기가 넘도록 다투고 있는 우리 땅을 두고 세계인들이 '극동의 화약고'요 세계에서 전쟁 위험이 제일 높은 곳의 하나라고 한심해하고 조롱하고 있습니다. 그뿐만이 아닙니다. 남쪽은 옛 소련과도 또 중국과도 벌써 국교를 열었는데 북쪽은 아직도 미국과도 일본과도 국교가 없고 따라서 우리 땅 전체가 저 무서운 핵전쟁의 위협을 받고 있습니다. 이것이 모두 분단 때문인데 통일에 대한 열망이 사그라든다고요? 도대체 생각이 있는 젊은이들일까요? 더 할 말을 잃습니다.

21세기에 들어서면서 지난 20세기보다는 세계 평화가 정착되어가고 우리 젊은이들의 세계 무대에서의 활동도 활발해지리라는 전망입니다. 그런데 제 민족 문제를 제대로 해결하지 못해서 언제까지나 '극동의 화약고' 소리를 듣는 사람들의 세계 무대에서의 활동은 아마 다른 나라 젊은이들의 조롱거리가 되고도 남을 겁니다. 민족의 평화적 통일 문제는 시일이 지난다고 해서 결코 사그라들 문제가 아닙니다.

Q. 한국의 대학교육이 위기라고들 합니다. 오늘날 대학교육이 나아가야 할 방향에 대해 말씀을 듣고 싶습니다.

반평생을 대학 선생을 했고 또 한 임기 동안이나마 대학 운영의 책임을 맡았던 사람으로서 우리나라 대학 문제에 대해 할 말이 없을 수 없습니다. 자서전 비슷한 글에서도 이미 썼지만, 중세시대까지도 꽤 문화 수준이 높았던 우리 민족사회가 근대사회로 들어서는 길목에서 타민족의 강제지배를 받게 되면서 지독한 우민정책으로 인해 3천만 인구에 대학이라고는 경성제국대학 하나뿐인 상황이 근 반세기 동안 이어졌습니다. 그러다가 해방이 되면서 민족자본이 제대로 형성되기도 전에 대학이 우후죽순으로 세워졌습니다.

억지로라도 대학을 만들어놓기만 하면 고등교육에 목마른 사람들, 전시학생증을 얻어 6·25전쟁에 동원되지 않으려는 사람들이 흔히 말하는 것처럼 소 팔고 논 팔아서 구름같이 모여들었고, 따라서 전혀 대학답지 않은 대학들이 대량으로 세워졌습니다. 이같은 현상이 계속되어 지금은 고등학교 졸업생의 80퍼센트가 대학에 진학하는 나라가 되었고, 대학을 졸업하고도 고등학교 졸업생과 같은 대우의 직장에 다니는 사람들이 증가하는 상황이 되었습니다. 대학교육으로 인한 낭비가 얼마나 큰지 모릅니다.

그리고 큰 대학들은 엄청난 액수의 돈을 모아놓고 있다는 소문인데도 해마다 신학기만 되면 등록금 인상에 반대하는 학생들이 총장실에서 농성하는 불상사가 벌어지고, 그래도 정부 교육당국은 나 몰라라 하는 상황입니다. 또 해마다 등록금을 올리면서도 대학이 교수 수를 늘리거나 그 많은 대학 연구소들이 연구교수를 두는 경우가 극히 드물어 박사 실업자가 늘어나고 있습니다. 정부에서 연구교수를 지원하고 있지만 박사 실업자 수에 비하면 그 수용이 너무 적은 현실입니다.

이렇게 많은 문제를 안고 있는 우리나라 대학을 어떻게 개혁해야 할지 솔직히 말해서 얼른 묘안이 떠오르지 않습니다. 생각 같아서는 대학을 모두 국립으로 해서 그 수를 1차로는 3분의 2로, 2차로는 절반 정도로 줄이고, 교수들은 일정 기간 로테이션을 시키고, 대학에 못 들어가는 학생들은 고등학교 과정부터 자질에 따라 졸업 후 실업 일선에 나가도록 교육해야 하지 않을까 합니다. 너무 심한 생각인가요?

Q. 역사교과서 국정화에 대한 선생님의 의견을 좀더 듣고 싶습니다. 그리고 제대로 된 역사 교육의 방향은 어떤 것일지요?

답이 될는지 모르지만 지난 이야기를 하나 하지요. 일제강점기에 조선 아이들을 일본 제국의 충성스러운 신민으로 만드는 교육의 첨병이라 할 국민학교 선생을 하다가 일본의 괴뢰 만주국 군인이 되었고, 해방 후에는 국군 장교가 되어 군사쿠데타로 정권을 잡은 박정희 군사정부가 일제시대의 교육칙어를 연상케 하는 국민교육헌장이란 것을 만들어 학생들에게 외우게 하더니 나아가서는 국사교과서를 국정화하겠다고 했습니다.

그러던 어느날 문교부 편수관이라는 사람이 찾아와서 국정교과서의 조선왕조 부분을 써달라고 했습니다. 하도 어이가 없어서 내가 쓰지 않을 뿐만 아니라 아마 대한민국의 국사학자 중에는 쓰겠다는 사람이 없을 것이며, 그래서 국사교과서 국정화는 되지 않을 것이라고 말해주었습니다. 그런데 쓰는 사람이 있었고 국정 국사교과서가 나왔습니다. 그런데도 서민들까지도 '유신'인지 '귀신'인지 하면서 무서워하던 때라 어느 역사학회도 반대성명 하나 내지 않았습니다. 그런데 계간지 『창작과비평』이 국사 국정교과서를 비판하는 특집을 내겠다기에 국사학자 몇 사람과 함께 비판하는 글을 쓴 적이 있습니다.

박근혜정부가 박정희 유신정부를 본받으려는지 국사교과서 국정화를 강행하고 있는데, 가장 중요한 이유는 아마 박정희정권의 역사적 정당성을 되살리려는 집권자의 '효심'이 아닌가 합니다. 그러나 우리 현대사상 가장 심한 강권정치를 폈던 박정희정권의 교과서 국정화도 그 정권이 끝나자 곧 무위로 되고 말았습니다. 따라서 이번 국정 국사교과서의 수명도 그다지 길지 못할 것임을 확신하기 때문에 그다지 염려하지 않습니다.

그리고 제대로 된 역사 교육의 방향에 대해서도 물었는데, 특히 역사교과서는 현실권력으로부터 자유로워야 합니다. 민족사회의 장래를 담당할 2세 국민은, 미래를 살아야 할 2세 국민은 현실권력 담당층의 역사의식에 물들지 않고 공명정당한 역사관을 가지도록 교육받아야 하며, 또 철저하게 과학적인 역사의식을 바탕으로 한 교육을 받아야 그 민족사회의 장래가 밝아질 수 있습니다. 더구나 우리 민족사회는 평화통일을 반드시 이루어내야 하는 중차대한 민족사적 과제를 안고 있습니다.

남북 대립과 분쟁의 주역이었던 기성세대, 기성 권력의 역사의식이 될 수 있는 한 적용되지 않는 그런 역사 교육이 절실히 요구된다 할 것입니다. 특히 역사적·민족적 정당성에 약점이 있는 권력일수록 되지도 않을 정당성 확보를 위해 역사 교육을 뜻대로 좌지우지하려는 욕심을 부리는 경우가 많습니다. 그러나 그 욕심이 그리 오래 효과를 발휘하지는 않습니다. 역사의 힘이, 역사의 작용이 결코 그것을 용납하지 않으니까요. 너무 낙관적인 관점인가요? 이만합시다.

II
대담과 회고

역사의 바른 노정을 찾아서

1. 우리 역사학을 전공으로 택하기까지의 이야기

얼마 전 비슷한 제목의 글을 쓴 적이 있다. 그 글에서도 아직은 살아온 이야기나 공부해온 내력 같은 것을 글로 남길 만한 연륜이나 처지가 아닌 줄 알면서도 딱 거절하지 못하는 약점 때문에 부득이 쓰게 되었다고 변명했지만, 이 글에서도 같은 변명을 앞세우지 않을 수 없다.

나의 집안은 임진왜란 후 본관인 진주(晉州)로 낙향해서 그 주변 농촌에 살다가 내가 태어나기 직전에 새로운 살길을 찾아 가까운 항구도시 마산(馬山)으로 옮겼다. 따라서 나는 수백 년간 농촌에서만 살아오던 우리 집안의 도시 출신 1세인 셈이다.

당시의 마산은 일본색이 짙은 도시였으나 가족 중에 근대교육을 받았거나 일본어로 말할 수 있는 사람이 한 사람도 없을 정도로 개화(開化)나 근대화와는 거리가 먼 집안이었다. 그렇다고 해서 전통적인 학문의 뿌리가 특별히 깊은 집안이었다는 말은 아니다.

이런 조건 속에서도 명색 학문의 길을 걷게 된 배경을 억지로 찾는다면, 조상에 대한 강한 책무감을 가졌던 조부모님과 특히 부모님이 그들의 장손을 '공부하는 사람'으로 만들어야 한다는 염원 같은 것을 가졌었고, 그것에서 나온 그분들의 남다른 교육열 하나를 들 수 있지 않을까 한다.

소학교 6학년에서 맞은 8·15는 나에게는 큰 '사건'이었다. 그것이 좀더 늦게 왔더라면 아마 중등학교로의 진학은 어려웠고 어쩌면 본의와는 상관없이 소년항공병(少年航空兵) 같은 것으로 끌려갔거나, 진학이 가능했다 해도 일본인 7명에 조선인 3명의 비율로 신입생을 뽑는데다 그마저도 재산 정도를 상당히 고려하는 인문학교 진학은 거의 불가능했을 것 같고 실업학교로 가서 학문 생활과는 거리가 먼 길을 걷지 않았을까 생각되기 때문이다.

8·15 다음 해에 들어간 중학교 생활은 좀 과장된 표현으로 파란만장이었다. 찬탁(贊託) 반탁(反託), 단선(單選) 단정(單政) 찬반의 소용돌이 속에서 동맹휴학이 계속되고, 수업 중에도 급우들이 기관단총을 맨 사람들에게 끌려 나가는가 하면 학련(學聯)인가 하는 단체에 가입하지 않았다는 이유만으로도 죄인 취급을 당하는 그런 세월이었다, 미처 철도 들기 전에 엄청난 역사의 회오리 속에 휘말려 희생된 급우들이 많았다.

그러나 그런 분위기 속에서도 일본인들이 버리고 간, 그리고 사상의 홍수 속에서 간행된 많은 책들이 쏟아져 나왔다. 난이도와 소화 여부는 차치하고 중학생들도(그때는 중학이 6년제였다) 웬만한 학생은 문학 철학 맑시즘 계통의 책들을 닥치는 대로 읽었다. 그런 점에서는 입시지옥에 허덕이는 지금의 중고등학생들에 비하면 얼마나 행복한 학생들이었는지 모른다.

소학교 때는 일본 글과 역사만 배우다가 중학교에서 처음 우리 역사를 배웠다. 한글은 깨치고 있었으나 역사는 아마떼라스 오오미까미(天

照大神)니 진무 텐노오(神武天皇)니 하는 것들만 외우다가 중학생이 되어서야 단군(檀君)도 세종대왕(世宗大王)도 처음 알게 된 것이다.

진단학회에서 나온 『국사교본』이란 교과서가 있었지만, 선생님에 따라서는 그것과 상관없이 '과학적' 역사학을 강의하는 분들이 있었다. 뒷날 대학에 들어가서야 백남운(白南雲) 책의 단군 부분임을 알게 되었지만, '과학적' 단군과 신단수(神壇樹) 아래 내려왔다는 단군을 함께 알게 되면서 막연하게나마 역사학에 대한 매력을 느꼈던 기억이 있다.

중학교 5학년 때 6·25전쟁이 발발했고, 온갖 참상을 목격하면서 민족과 그 역사에 대해 제법 심각하게 생각하기도 했다. 완전히 포기했던 대학 응시가 우연히 이루어지게 되었을 때 망설임 없이 역사학과를 택했고, 준비가 전혀 없었던 응시인데도 다행히 합격하게 되자 우리 역사를 전공하겠다는 생각을 쉽게 굳힐 수 있었다.

2. '조선후기 상업자본의 발달'을 추적할 무렵의 이야기

우리 역사를 전공하겠다는 생각을 굳히고 피난지 대구에서 입학한 후, 가교사(假校舍)의 가도서관(假圖書館)에서 처음 대출해 읽은 책이 문일평(文一平)의 『한미(韓美) 오십년사』가 아니었던가 한다. 이후에도 그의 저서를 거의 다 읽었는데, 같은 '민족주의 역사학자'이면서도 다른 글에 비해 쉽고 논지가 명쾌한 것에 매력을 느꼈다. 뒷날 글을 쓰게 되면서 가능한 한 쉽게 쓰려 노력하게 된 동기의 하나가 여기에도 있었다고 생각하고 있다.

신석호(申奭鎬) 선생님의 한국근대사, 김정학(金廷鶴) 선생님의 사학개론, 정재각(鄭在覺) 선생님의 'Oriental Despotism'과 중국 식화지(食貨

志) 강독, 김성식(金成植) 선생님의 서양중세사, 김학엽(金學燁) 선생님의 서양문화사 등의 강의는 학문이, 역사학이 무엇인가를 알게 하는 귀중한 밑거름이 되었다.

학교가 서울로 복귀하면서 도서관에서 백남운, 이청원(李淸源), 김한주(金漢周), 전석담(全錫淡) 등의 저서에 접할 수 있었고, 홍이섭(洪以燮) 선생님의 강의에서 처음으로 실학(實學)을 알게 되었다. 홍선생님은 그때『정약용(丁若鏞)의 정치경제사상 연구』란 책의 저술을 준비하던 중이었고 그것을 강의하신 것으로 기억된다.

학부 2학년 때쯤부터 우리 고대사회의 노비(奴婢)제도를 전공하겠다는 생각을 하게 되었고 방학 때 귀향하면서『증보문헌비고(增補文獻備考)』의 노비조(奴婢條)를 빌려 가서 고등학교(학제 변경으로 중학교 6학년에 올라가면서 고등학교 3학년이 되었다)에서 국사를 배운 이재호(李載浩) 선생님에게 강독을 받기도 했다.

그러나 당시의 사정으로는 이론적 뒷받침을 얻기 어렵다는 생각과 신석호 선생님의 권유로 그때는 근세사라 통칭한 이조시대사(李朝時代史)를 전공하기로 마음먹었다. 군대를 마치고 와서 쓴 학부 졸업논문은 이조시대의 시전(市廛) 문제였다. 막연하게나마 경제사를 전공하겠다는 생각을 가졌던 것 같다.

대학원은 신석호 선생님이 책임 맡고 계시던 국사편찬위원회에 근무하면서 다녔다. 학부 졸업논문을 쓸 때까지는 막연하게 조선시대의 경제사 부분을 전공하겠다는 생각을 가졌을 뿐이었던 것 같으나 대학원에 진학했을 때쯤에는 그것이 조선시대의 상공업사 연구로 조금 더 좁혀졌고, 그 결과 석사논문은 「조선왕조 전기의 공장(工匠) 연구」를 썼다.

당시 국사편찬위원회에는 김용섭(金容燮), 차문섭(車文燮) 형과 이미 고인이 된 이현종(李鉉淙) 형이 같이 있었고 모두 조선시대사 전공이었다. 김용섭 형의 '양안(量案) 연구', 차문섭 형의 '균역법(均役法) 연구', 이현종 형의 '조선전기 대일(對日)관계 연구' 등이 모두 이때 이루어졌고, 가장 후배이던 나는 이들의 도움을 음으로 양으로 많이 받았다.

학부 졸업논문과 석사논문의 대상을 상인(商人)과 장인(匠人) 등으로 잡은 것은 상공업사를 전공하겠다는 생각 때문이었지만, 한편으로 막연하게나마 피지배대중의 생활상을 밝혀 이들의 역사적 역할 같은 것을 부각시키리란 생각이 있었고, 이런 생각은 「조선전기 백정고(白丁考)」를, 그리고 뒷날 『일제시대 빈민생활사(貧民生活史) 연구』를 쓰는 데까지 연결된 셈이다.

석사논문을 쓰고 났을 무렵, 우리 학계의 일부에서는 '일제 식민사학(植民史學) 극복' 문제와 관련하여 조선후기에 대한 재조명론이 일어났고, 그것은 구체적으로 실학(實學)과 이 시기의 농업·상공업에 대한 연구로 나타났다. 뒷날 일본에 가서 알게 되었지만, 북한 학계에서도 1960년대로 들어서면서 같은 연구경향이 일어났고, 그것이 일본 쪽을 통해 일부 남한 학계에 영향을 준 부분도 있었다고 생각된다.

학계의 이와 같은 새로운 경향에 공감하면서 나의 연구대상도 자연스럽게 조선후기로 내려오게 되었다. 조선후기의 상공업 발달상을 추구하는 작업을 진행하면서 그 이론적 틀을 상업자본의 축적 문제와 그 성격 문제 및 자본주의로의 이행론(移行論)에서 구하게 되었고, 주로 돕(M. H. Dobb), 스위지(P. M. Sweezy), 오오쓰까(大塚久雄) 등의 이론과 업적을 정독하게 되었다.

『조선후기 상업자본의 발달』과 기타의 수공업 관계 논문들을 쓰면서 주로 관심을 가졌던 문제들은 이 시기의 상업 및 수공업의 발달 자체와 그것이 가진 역사적 성격 등이었고, 자연히 문호개방 이전의 우리 사회에 '자본주의 맹아(萌芽)'가 있었는가 하는 문제를 해명하는 데 열중하게 되었다.

특히 이 시기 우리 학계의 조선후기 상공업사 연구는 매뉴팩처 (manufacture)경영이 있었는가 하는 문제에 집중된 감이 있었다. 나의 경우도 예외일 수 없었으며 다만 자료 부족 등의 이유로 그것을 충분히 실증 검출하지 못한 안타까움이 있었다. 그런 조건 속에서도 문호개방 이전 우리 사회는 수공업자 매뉴팩처보다 상인 매뉴팩처가 일부 형성 되어갔으나 그것이 아직 지배적인 경제구조를 이루지는 못했고, 이른 바 '전기적(前期的)' 상업자본이 형성되어가고 있는 단계였으며, 그 상 업자본의 일부가 특권적 또는 비특권적 독점성을 띠고 있던 단계라는 결론을 내린 셈이다.

문호개방 이전의 우리 사회에서 '자본주의 맹아'를 찾는 작업 자체가 식민사학론의 이른바 정체후진성론을 극복하는 적극적인 방법이 못 된 다. 이 시기의 경제사에서 '맹아'를 찾으려고 하는 일 자체가 세계사적 이란 이름으로 분식된 서유럽 중심적 '근대주의'에 빠진 결과다 하는 비 판들이 그후에 나오게 되었으나, 『조선후기 상업자본의 발달』을 쓸 무 렵에는 식민사학론에 의해 부당하게 '정체 후진된 사회'로 그려졌던 조 선후기 사회의 참모습을 찾아내어야 한다는 생각으로 가득 차 있었다 해도 과언이 아니다.

지금은 이 분야의 연구에서 손을 떼다시피 했고 다시 읽어보면 허점 이 더러 보이기도 하지만, 조선후기 상공업발달상을 밝힌 1960년대의 정열과 '업적'은 지금도 나에게는 소중하며, 다만 그것을 개항 이후로 연결시키지 못한 점이 안타까울 뿐이다.

3. '분단시대'를 알아내고 그 역사인식의 방향을 찾던 이야기

개항 전 조선왕조시대의 상업자본 발달 문제를 다룬 이후의 작업은 자연히 개항 후의 시대로 연결되어야 한다고 생각했고, 외국 자본주의 침투에 대응하는 조건 아래서의 토착자본의 성장과정을 해명함으로써 우리나라 자본주의 발달사의 초기 부분을 체계화할 수 있으리란 조금은 야심적인 생각도 가졌던 것이 사실이다.

그러나 『조선후기 상업자본의 발달』의 출간을 준비하는 과정에서 7·4공동성명이 선포되었고 뒤이어 박정희정권이 이른바 '유신'이란 것을 자행함으로써 나의 학문 생활에도 큰 변화가 오지 않을 수 없게 되었다.

지금 생각해보면 백면서생의 순진한 생각에 지나지 않았지만, 당시의 나는 7·4공동성명의 역사적 의의를 대단히 높게 생각하고 있었다. 첫째, 이 성명은 우리 민족사적 흐름 위에서 볼 때 필연적이라는 생각이 있었다.

우리 민족은 비록 근대사회로 넘어오는 과정에서 한때 식민지로 전락했고 그것이 중요한 원인의 하나가 되어 분단민족이 되었지만, 중세시대까지는 문화 수준이 높은 민족이었으며, 그 높은 문화 수준이 민족적 자존심을 견지하는 자산이 되었고 그 자산이 식민지배 아래의 다른 어느 민족보다 지속적이고 치열한 투쟁을 감행하게 된 원동력이 되었으며, 이 원동력은 또 통일문제를 주체적으로 해결할 수 있는 자산으로 연결될 것이라 보았고, 이 성명은 바로 그 증거의 하나라 생각한 것이다.

둘째, 이 성명은 우리 민족사 위에 평화통일론을 정착시키는 중요한 계기가 될 것이라는 생각이었다. 그때까지만 해도 글로 쓸 수는 없었고 강의시간에만 조심스레 말했지만, 민족의 통일을 달성하기 위해서는 무엇보다도 이승만정권류의 북진통일론이 청산되고 평화적이며 주체적인 통일론이 수립되어야 하며, 그것을 위해서는 8·15공간의 평화통일운동이 옳게 평가되어야 하고, 그것은 8·15공간의 평화통일운동이 역사로서 연구되고 또 가르쳐져야만 가능하다고 보았고, 이 성명이 그런 조건을 만드는 계기가 될 것이라 생각한 것이다.

이런 생각 때문에 7·4성명 직후의 한국근대사 강의는(그때는 한국현대사 강좌가 없었다) '열강'이 될 수밖에 없었고, 수강하는 학생들의 반짝거리는 눈동자를 보며 역사 강의자로서의 남다른 보람 같은 것을 느낄 수 있었다.

그러나 7·4공동성명이 박정권의 이른바 '유신'독재체제를 수립하기 위한 하나의 준비에 불과했음을 알게 되었을 때 그 배신감은 정말 다스리기 어려운 것이었다. 더구나 당시 내 생활권 주변의 상식인들이 한때 이 배신에 분노하다가 곧 일종의 기정사실로 받아들이고 점점 그것에 적응되어가는 현실을 보게 되었을 때 배신감의 깊이는 더해가기만 했다.

그러나 당시로서는 이 엄청난 배신감을 치유할 수 있는 사론(史論) 같은 것을 어디에서 구해야 할지 깊이 생각할 여유가 없었다. 지금 생각해보면 파쇼체제론이나 제국주의론이라도 다시 한번 면밀히 읽고 한층 더 과학적인 논리로 대응해야 했어야 했다는 아쉬움이 있으나, 한 사람의 중세해체기 상공업사 전공자에 지나지 않았던 당시로서는 단순히 개인적 사고 범위와 기존 지식의 테두리 속에서 혼자 생각하고 고심할 수밖에 없었다.

지금에 와서 그때를 되돌아보면 우선 '유신'체제가 자본주의 발전과정의 필연적 산물이란 생각이 앞섰던 것 같다. 따라서 무엇보다도 우리의 시대가 민족분단의 시대라는 사실을 강조해야 한다는 생각을, 그리고 이 분단시대가 민족사적으로 부정적인 시대라는 역사인식을 넓혀가야 한다는 생각을 가졌었다.

대단히 소박한 생각이었지만, 내 생활권 주변의 상식들이 '유신'체제에 익숙해져가고, 역사학계의 일부가 박정권의 이른바 '민족주체성론'에 현혹 함몰되어 '유신'체제의 논리적 뒷받침에 이용되고 있는 것은 그들의 시대가 분단시대임을, 그것이 역사적으로 극복되어야 할 시대임을 인식하지 못한 데 있다고 생각한 것이다.

8·15 후 우리 역사학의 일부가 '식민사학론' 극복에 일정한 공적이 있었다 해도 그것은 어디까지나 식민지시대의 사론에 한정되었을 뿐, 분단시대 민족사의 현실적 족쇄인 '분단주의 사론' 내지 '반공주의 사론'을 극복하는 문제는 외면하고 있음을 알게 되었고, 그 벽을 넘어서지 못하는 한 우리 역사학에 주어진 시대적·학문적 과제와는 거리가 먼 사론이 될 수밖에 없다는 생각을 가지게 된 것이다.

이런 생각에 대해 학계의 일부에서는 역사학이 현재성을 가지거나 민족적·시대적 과제 문제를 염두에 둘 경우 당파성을 갖게 되어 학문의 '순수성' '객관성'을 잃는다는 반박이 있었으나 학문의 당파성 문제에 대한 나름대로의 관점이 있었고 우리 역사학의 몰가치적 중립성의 견지 및 현재성 부재적 방법론 그 자체가 식민지시대의 일부 역사학이 빠졌던 현실도피성의 연장이라 생각하고 있었기 때문에 그런 데에 구애되지 않을 수 있었다.

어떻든, 이런 생각이 밑받침되어 쓰여진 글들이 모여 『분단시대(分斷時代)의 역사인식(歷史認識)』이란 책이 되어 나왔다. 당연한 결과이겠으나 이 책에 대해 기존 역사학계는 거의 외면하다시피 했고 오히려 민주화운동, 민족통일운동 쪽에서, 그리고 학생층에서 상당한 반응이 있었다. 한때 그쪽의 필독서가 되었다는 말도 들었다.

1980년대, 특히 그 후반기로 오면서 우리 사회과학계 및 역사학계에도 젊은 학자들을 중심으로 이른바 진보적 학풍이 자리잡아가는 양상이라 말해지고 있지만, 1970년대에 쓰여진 이 책이 그것을 위한 전단계적 혹은 과도적 역할의 일부를 담당했다면 그것만으로도 다행한 일이다.

4. 우리 근·현대사의 줄기를 세워보려 애쓰던 이야기

『분단시대의 역사인식』을 쓰고 난 후 다시 사론적인 책이 아닌 연구서(研究書)로서의 『조선후기 상업자본의 발달』에 뒤이은 개항기 상공업 연구를 써야겠다는 생각을 가지고 마침 기회가 주어져서 자료 수집차 1년간 일본에 갔었다. 목적한 만큼의 자료를 구한 후 귀국했으나 곧 10·26 박정희 살해사건과 5·18광주항쟁이 있었고 이 과정에서 만 4년간이나 해직교수 생활을 하게 됨으로써 '개항기 상업자본의 발달'을 쓰려던 계획은 실현되지 못했다.

이 엄청난 역사의 반동 앞에서 '해직교수'가 된 나까지 1백 년 전의 개성상인(開城商人)·시전상인(市廛商人)이 어찌 되었고, 보부상(褓負商)·객주상인(客主商人)이 무엇을 했고, 토착자본·외래자본이 어떻고 하는 문제를 따지고 있을 처지가 아니라는 생각이었다. 그것 역시 식민지시대의 일부 역사학이 고대 부족국가들의 위치나 따지고 이조시대의 정쟁(政爭)은 치밀하게 엮어낼지언정 일제에 의한 식민지화 과정이나 민족해방운동의 전개 문제에 눈감은 사실과 다를 바 없다는 생각에서였다.

민족사회의 현실적 질곡을 헤쳐나가는 데 일말의 도움이라도 될 수 있는 역사학이 요청된다는 생각을 가지게 되었고, 그것을 위해 우리 근현대사 및 민족운동사를 다시 검토해야 한다는 생각을 가지게 되었다.

『한국민족운동사론(韓國民族運動史論)』『한국근대사(韓國近代史)』『한국현대사(韓國現代史)』등은 이런 생각에 의해 '해직교수' 시절에 쓰여진 책들이다.

『한국민족운동사론』『한국근대사』『한국현대사』를 쓰는 이론적 기초가 된 셈이지만 이런 저작들이 추구한 일관된 문제가 있다면, 첫째 우리 역사 특히 그 근현대사를 통해 그 주체는 누구였으며, 둘째 식민지시대 이후 민족운동의 올바른 줄기는 어떻게 잡아져야 하는가 하는 문제였다.

근·현대 이후 우리 역사의 주체가 민중이라는 생각에는 어렵지 않게 도달할 수 있었으나 정작 그 민중의 실체가 무엇이며 그들이 주체가 되어 발전한 역사를 어디에서 찾아내어 어떻게 엮을 것인가 하는 문제는 지극히 어려운 문제가 아닐 수 없었다.

우선 민중이란 개념은 유럽식의 부르주아지나 프롤레타리아와 같은 단위계급 개념으로 보아서는 안 되며, 식민지시대의 경우 노농계급과 지식인, 소자산계급까지를 포함하는 반일·반파쇼계급연합체라 이해하고, 민족운동은 이들의 활동을 중심으로 정리해야 한다는 생각을 가지고 있었다.

이와 같은 생각은 8·15 후의 역사 주체를 이해하는 데도 그대로 연결되어 이 시기의 민중은 역시 노농계급과 지식인, 소자산계급을 포함하는 반분단·반독점계급연합체로 보고 그 민족운동의 줄기를 건국준비위원회 활동, 좌우합작운동, 1948년의 남북협상 활동으로 잡은 것이다.

이와 같은 생각을 가지고 썼음에도 불구하고 『한국근대사』와 『한국현대사』는 1980년대 전반기 전두환정권의 폭정 아래서 쓰여졌기 때문에 1970년대 이후의 민주화운동과 민간 쪽 통일운동을 전혀 다룰 수 없었다. 그러나 개설서나 시대사류로서는 식민지시대의 공산주의운동을—1930년대 이후를 다루지 못한 한계가 있음에도 불구하고—처음으로 민족해방운동의 일환으로 위치지어 다룬 책이 되었다고 생각한다.

1960년대 이후 조선공산주의운동사를 정리한 책들이 국내외에서 더러 나왔지만,『한국현대사』가 나올 무렵에는 8·15 후는 말할 것도 없고 식민지시대의 좌익운동까지도 어디까지나 공산주의운동으로 다루어졌을 뿐 민족해방운동의 일환으로서의 제 위치가 주어지지 못했었다. 『한국현대사』에는 이 점이 시정되어야 한다는 생각이 들어 있다.

역사학자의 경우 그 작업 진행의 일반적 과정이 처음에 연구논문을 쓰다가 어느정도의 연륜이 쌓이고 나면 제 전공분야의 시대사를 정리하고 그다음에는 전체 시대를 통한 개설서나 통사를 쓴다는 말을 들은 적이 있다. 『한국근대사』『한국현대사』는 '해직교수'가 됨으로써 쓰여진 것이지만, 어떻든 그것으로 시대사 정리의 과정을 일단 넘기고 개설서를 써야 할 일을 남겨놓고 있는 셈이다.

5. '분단극복사론'을 실증적으로 뒷받침하려 애쓴 이야기

『분단시대의 역사인식』이 가지고 있는 사론을 이름지을 때 '분단사학(分斷史學)'이라 표현하는 경우가 있으나 그것은 잘못되었고, 꼭 명명해야 할 필요가 있다면 '분단극복사학(分斷克服史學)' 혹은 '사론(史論)'이라 하는 것이 더 적합하지 않을까 한다.

이 책 한 권만 두고 말하면 우리의 시대가 분단시대임을 철저히 인식하게 해야 한다는 데 목적을 두고 쓴 것이지만, 분단시대를 인식하는 일은 곧 그 극복의 길을 찾기 위한 전 단계 작업이며, 이후의 저술들이 그 극복의 길을 찾는 노력의 표현이라 할 수 있기 때문에 전체적으로 보아 '분단극복사학' 혹은 '사론'이라 할 만하다는 말이다.

분단극복, 다시 말하면 주체적·평화적 민족통일의 방향을 찾기 위한 역사학적 실증적 노력이 어떻게 이루어져야 하는가 하는 문제를 염두에 두면서 쓴 논문이 식민지시대의 경우 『분단시대의 역사인식』에 실린 「독립운동의 역사적 성격」, 『한국민족운동사론』에 실린 「독립운동 과정의 민족국가건설론」, 그리고 8·15 후의 경우 「좌우합작운동의 경위와 그 성격」, 『통일운동시대의 역사인식』에 실린 「김구·김규식의 남북협상을 다시 본다」 등이라 할 수 있다.

  그러나 이런 단편적인 논문들보다 민족운동전선의 한 부분에 한정해서라도 좌우의 통일운동이 목적적으로, 그리고 지속적으로 추진된 사실을 체계화해야 한다는 생각에서 쓰여진 책이 곧 출간될 『조선민족혁명당(朝鮮民族革命黨)과 통일전선(統一戰線)』이라 할 수 있다.

  민족혁명당의 통일전선운동에 대해서는 「독립운동의 역사적 성격」이나 「독립운동 과정의 민족국가건설론」에서도 이미 주목하고 일부 다룬 적이 있지만, 『조선민족혁명당과 통일전선』은 이 독립운동 정당이 1930년대 후반기 이후의 우리 민족운동전선에서 좌우익 전선을 통일시켜 해방 후 통일민족국가를 건설하기 위한 방법론으로서의 통일전선론을 일정하게 수립했고, 이후 일제가 패망할 때까지 전선통일운동을 지속적으로 추진해온 사실을 실증하려 한 저술이다.

  '분단극복사학'이 구체적으로 그 실증적인 작업을 어떻게 할 것인가 하는 물음을 받아왔고 그 물음에 대해 무엇으로 어떻게 답할 것인가 생각해왔다. '분단극복사학'의 사론만이 아닌 실증작업의 방법론적 예시가 필요하다는 생각이 있었기 때문이다. 『조선민족혁명당과 통일전선』은 이 정당을 중심으로 하는 식민지시기 말기의 우리 민족운동전선이 민족의 정치적·경제적 현실을 어떻게 파악하면서 통일전선 노선을 어떤 방향에서 잡고 그것을 성립시키기 위한 운동을 어떻게 추진했는가를 나름대로 실증함으로써 민족문제의 평화적 해결을 위한 방법론과 운동의 방향을 가늠하려 한 노력의 일단이라 할 수 있다.

'분단극복사학'이 반드시 이런 작업에 한정되어야 한다는 말은 물론 아니다. 그러나 평화통일론이 정착했다고 볼 수 있을 4·19로부터 30년 이 지난 지금에까지 우리 민족해방운동사는 좌우익 운동이 따로 엮어져 있을 뿐만 아니라 두 전선 사이에 알력, 대립, 분쟁만 있던 것같이 이해되고 있는 경우가 많다.

그러나 실제로는 두 전선을 통일하여 일제에 대한 투쟁력을 강화하고 일제 패망 후 통일된 민족국가를 수립하기 위한 노력이 꾸준히 추진되고 있었으며, 이런 사실을 실증하는 일이야말로 '분단극복사학'의 중요한 작업의 하나가 될 것이다.『조선민족혁명당과 통일전선』은 이런 생각에서 쓰여진 책이라 할 수 있다.

6. 역사의 바른 노정을 찾아서

역사학을 전공하기 시작한 지 꼭 40년이 되었다. 그동안 우리 중세 말기의 상공업발달상을 추구하면서 '자본주의 맹아'를 찾으려 애써봤고, 일제식민지시대의 이른바 하향분해에 의해 빈민이 될 수밖에 없었던 우리 민중생활의 실상을 밝히려 노력해봤으며, 식민지시대의 민족운동 전선이 해방 후의 통일민족국가 수립을 위해 그 전선통일운동을 어떻게 펼쳤는가를 실증하려 노력했다. 이 과정에서 연구서라 할 만한 것이 4권 생산되었다.

한편, 역사학 전공자로 살아온 그 40년이 민족사적으로 어떤 시대이며 그 시대가 가지고 있는 역사적 질곡은 무엇인가, 그리고 그것을 풀어가는 올바른 길이 어디에 있는가 하는 문제들을 생각하면서 쓴 어설프나마 사론집이라 할 수 있을 책이 3권 생산되었고, 부끄러운 것이긴 하지만 내가 전공해온 부문의 시대사가 2권으로 엮어졌다. 그리고 앞으로도 당분간은 이들 세 분야의 작업이 계속될 것이다.

10년 공부 도로아미타불이란 말이 있는가 하면 10년 공부에 도가 트인다는 말도 있다. 40년간 역사학을 공부한 지금에도 '역사가 무엇인가' 하고 물어온다면 나름대로 선뜻 내어놓을 답을 가지지 못했다고 말할 수밖에 없다. 그렇다고 해서 40년 공부와 그것에서 생산된 몇 권의 저서들이 역사가 무엇인가 하는 문제와는 동떨어진, 전혀 방향감각을 못 잡은 상태에서 이루어진 것이라 간주된다면 섭섭하다는 생각도 있다.

이 섭섭함을 모면하기 위해 억지로라도 말하라 하면 역사는 인간생활의 일정한 가치지향적 집약(集約)의 축적이며 그것은 또 제 나름대로의 일정한 방향을 가지고 쉬지 않고 변화하는 것이라 말할 수 있지 않을까 한다. 그리고 또 이런 변명 아닌 변명도 할 수 있지 않을까 한다.

역사가 무엇인가 하는 명제 자체도 중요하지만 생활의 가치지향적 집약체로서의 인간의 역사가 반드시 변한다는 사실과, 그 변화가 일정한 법칙성과 방향성을 가지고 있다는 사실을 이해하는 일이 한층 더 나은 인간생활을 가져오고 더 나은 역사를 만들어가는 길이라 생각되며 이렇게 생각해보면—결국 같은 말이 될 수도 있겠지만—역사가 무엇인가를 해명하는 일에 못지않게 인간의 역사가 어디로 가는가를 옳게 이해하는 일이 중요하다고 말할 수 있다.

헤겔이나 맑스, 카(E. H. Carr) 등의 도움을 받으면서(이미 다른 글에서도 쓴 적이 있지만) 인간의 역사는 반드시 모든 인간이 권력을 고루 가지면서 정치적으로 해방되고 자유로워지는 방향으로, 모든 인간이 계속 생산력을 높이면서 경제적으로 균등해지는 방향으로, 모든 인간이 신분과 계급으로부터 해방되면서 만민평등을 이루어가는 방향으로, 모든 인간이 기존의 사상적·체계적 억압 아래서도 생각하고 말하는 자유를 계속 확대시켜가는 방향으로 나아가고 있다고 말할 수 있지 않을까 한다.

헤겔이 고대에는 군주 한 사람만이 자유인이었고 중세에는 영주들 몇 사람만이 자유스러웠으며 근대에는 모든 사람이 자유로워졌다는 식으로 말했으나, 현대에도 노농계급을 중심으로 한 정치·경제·사회·사상적 부유인(浮遊人)이 많음을 우리는 알고 있다.

그러나 전체 역사시대를 통해 정치적으로 속박된 사람들은 그것에서 벗어나기 위해 그때마다의 최선을 다해왔고, 최선을 다한 만큼 정치적 권력을 쟁취하여 자유로워져왔다고 할 수 있다. 사람은 권력을 가진 만큼 정치적 자유를 누린다고 생각되지만, 아직도 사람들의 권력 소유 정도가 불공평하며 따라서 역사의 발전은, 역사의 바른 노정은 개개인이 정치적 권력을 공평하게 소유해가는 과정이라 할 수 있다.

또, 인간은 바로 생산하는 동물이며 전체 역사를 통해 잠시도 그것을 멈춘 적이 없다. 생산력 발전의 결과로 형성된 재부(財富)는 또 언제나 집중되고 편재(偏在)되어 가진 자와 못 가진 자, 많이 가진 자와 적게 가진 자의 차이가 생기게 마련이었다. 그러나 또 반드시 재부의 균등소유화를 요구하는 생각과 행동이 따르게 마련이었다.

재부의 소유를 균등해지게 하려는 생각과 행동이 발전하고 그것이 꾸준히 실현되어가는 과정이 또 하나의 역사발전 과정이었으며, 그 바른 노정이었다. 다시 말하면 역사는 인간사회 전체의 재부를 증대시키면서 그것이 고루 소유되게 하는 방향으로 발전해왔으며 또 발전해갈 것이다. 자본주의 사회라 해도 재부의 편재와 독점은 죄악일 수밖에 없는 것이다.

한편, 인간사회는 권력 및 재부의 편재와 독점에 의해 오랫동안 사회적 불평등이 '온존'되어온 것이 사실이다. 그러나 긴 역사 속에서 보면 사회적 불평등을 유지하려는 힘보다 그것을 깨뜨리려는 힘이 조금씩이라도 더 커져온 것 또한 사실이며 앞으로도 그럴 것이다.

인간의 역사는 순전히 권력과 재부의 집중 및 편재에 의해 이루어진 사회적 불평등을 깨뜨리고 만민평등을 구현하는 길로 나아가고 있으며, 그것이야말로 전혀 거역할 수 없는 역사의 바른 노정이라 말해도 괜찮을 것이다. 어느 반역사적 체제도 그 기본법의 조문에 평등 조항을 넣지 않고는 배겨나지 못하게 된 지 오래다.

또 한편으로, 인간의 생각하고 말하는 자유가 천부(天賦)의 것이라 알게 된 지 오래지 않지만, 그것을 쟁취하고 확대해나가려는 생각과 행동은 역사와 더불어 오랜 것이었고 그것이야말로 인간의 역사를 지금에까지 오게 한 가장 중요한 원동력의 하나라 할 수 있다.

인간의 긴 역사 위에서 한 시대의 상식의 벽을 깨뜨리는 생각과 말은 언제나 지배체제 쪽의 탄압을 받아왔다. 그러나 인간은 생각하고 말하는 자유를 넓혀가는 투쟁을 멈추지 않았으며 역사상의 어느 지배체제도 그것을 영원히 막을 수는 없었다. 인간의 역사는 온갖 장애에도 불구하고 생각하고 말하는 자유가 꾸준히 확대되는 길로 발전해왔으며 그것이 역사발전의 옳은 노정이라 할 수 있다. 권력을 고루 가짐으로써 정치적 속박을 풀어나가는 길, 재부를 확대시키면서 그 소유의 불균등을 타파해가는 길, 사회적 불평등을 깨뜨리면서 만민평등을 이루어나가는 길, 체계적 억압을 벗고 생각하고 말하는 자유를 확대시켜나가는 길이 곧 역사 본래의 길이다.

이 길이 항상 일정하게 열려 있는 것이 이상적이지만 그렇지 못하고 막혔을 때, 그 벽이 두터우면 혁명적 방법으로, 얇을 때는 개량적 방법으로라도 반드시 뚫리기 마련이다.

　인간의 역사가 일정한 방향을 가지고 개량적인 방법으로건, 혁명적인 방법으로건 반드시 전진하기 마련이라는 확신을 가질 수 있을 때, 잠시라도 그것을 정지시키거나 역류시키는 쪽에 제 생각과 행동을 붙이지 않을 수 있을 것이다.

　아직은 이르다고 생각하면서도 기회가 주어진 김에 서툴고 어설펐던 제 학문의 길을 뒤돌아보면서 겨우 여기까지 왔을 뿐인가 하는 부끄러움이 있을 뿐이다. 그러나 이런 기회가 또 더 나아가는 계기가 될 수도 있으리라 자위하는 마음도 있다.

(『철학과 현실』 8권, 철학문화연구소 1991)

분단극복을 위한 실천적 역사학

넉넉지 않은 농촌 가정의 장남으로 태어나

조광 『역사비평』 '나의 학문 나의 인생' 인터뷰에 응해주셔서 감사합니다. 선생님께서는『분단시대의 역사인식』을 발표한 이래 중요한 사론을 많이 제시해주셨습니다. 이 인터뷰는 이런 사론에 대한 좀더 깊은 이해를 도모하고, 선생님께서 역사 연구자로서 이 시대를 살아오시면서 당대의 중요한 사건을 접하면서 보고 느낀 바를 증언에 남기고자 하는 방향으로 진행시켜볼까 합니다.

선생님께서는 지금까지 연구서를 4권, 사론집을 3권, 그리고『한국근대사』『한국현대사』등 시대사를 2권 내어서, 다른 어떤 역사 연구자들보다 왕성하게 연구를 해오고 계십니다. 이렇게 오늘날 선생님이 있게된 배경에는 선생님의 출생환경이라든지 학문적인 연구과정 같은 것들

* 이 글은 강만길 교수와 조광 교수(고려대 한국사학과)의 인터뷰 형식의 대담으로,『역사비평』 1993년 여름호에 실렸다. 원제는 「강만길: 분단극복을 위한 실천적 역사학」이며, 이 대담에는 노경채 교수(수원대 사학과)도 참석하여 진행을 도와주었다.

이 주목되어야 하리라고 생각합니다. 또한 선생님의 사론을 이해하기 위해서는 선생님께서 겪으셨던 일반 사회 체험까지도 경우에 따라서는 확인하고 넘어가야 될 필요가 있지 않을까 생각합니다.

그러면 먼저 선생님 출생 당시의 가족관계에 대해서 그리고 선생님의 고향과 출신배경에 대해서 간략하게 말씀해주시기 바랍니다.

강만길 글쎄, 조상에 대한 이야기 등 개인사는 별로 이야기해본 적이 없는데 이왕 말이 나왔으니까. 우리 조상은 멀리 올라가보면 고려시대에 거란군과 싸웠던 은열공 강민첨 장군입니다. 그리고 중시조 되는 분이 초당공 강경서라고 성종 때 대사간을 지냈는데, 나중에 무오사화에 연루되어 귀양살이를 하셨습니다. 그 이후 임진왜란 때까지는 쭉 서울에 산 것이 확인되는데, 언제 무슨 계기로 다시 본관지인 진주로 내려갔는지는 확인이 되지 않아요. 그리고는 선친 때까지 진주에 살았습니다. 족보를 봐도 높은 벼슬을 했거나 학문이 깊은 집안은 아니었던 것 같습니다. 왜냐하면 아까 이야기한 중시조 초당공 이후는 문집이 없어요. 혹시 있었는데 일실됐는지도 모르겠습니다만, 그렇게 학문에 뿌리를 둔 집안은 아니었다고 생각합니다. 선친 말씀에 의하면 증조부 때까지는 진주에서 지주로 살았는데 증조부 말년에 완전히 몰락했다고 합니다. 그래서 선친 때 신흥도시이던 마산으로 옮겨갔고 나는 마산에서 태어났습니다. 어릴 때 기억으로 집안 살림이 그리 넉넉하지는 못했지만 공부시킬 정도는 되었던 것 같아요. 우리 나이로 다섯 살 때부터 독접장을 두고 한문 공부를 했어요. 『천자문』하고 『동몽선습』을 조금 읽었는지 그랬어요.

조광 당시 마산은 일본색이 짙은 도시였을 터인데, 거기서 상공업 분야가 아니라 농업에 종사하셨다면 마산 시내가 아니라 주변이었겠군요. 그런데 독선생을 두고 공부를 하셨다면 부모님의 교육열이 상당히 높으셨던 것으로 생각됩니다. 부모님께서 계속 전통교육을 시키지 않고 소학교에 보내신 데는 남다른 판단이 있으셨던 것 같은데, 혹시 근대사상을 갖고 계셨거나 그러셨습니까?

강만길 그렇지는 않아요. 선친은 근대교육을 거의 못 받으신 분이고 어머니는 한글을 깨우쳐서 『춘향전』이나 『장화홍련전』을 읽으시는 정도였습니다. 옛말에 '양반도 3대를 무식하면 상사람이 된다'는 말이 있는데, 선친 생각에 조부도 거의 공부를 못하셨고 당신도 그러셨는데 나까지 공부를 안 시키면 그야말로 상사람으로 떨어지는 것이 아닌가 하는 우려가 있었던 것 같아요. 그런데다 아무리 집안이 어려워도 한 사람, 특히 장남은 공부를 시켜야 한다는 생각이 우리네 부모님들의 일반적인 생각이었으니까, 그래서 아마 어릴 때부터 공부를 시킨 것이 아닌가 합니다. 그렇다고 해서 비록 일제 교육이지만 학교교육을 기피하고 계속 한학 교육만을 고집할 정도는 아니었던 것 같고요.

조광 선생님께서는 소학교 6학년 때 해방을 맞이하셨습니다. 해방 이후 중등학교에 진학하신 과정을 들려주셨으면 합니다.

강만길 한문을 조금 읽다가 당시에는 학교교육을 안 받을 수 없었으니까 소학교에 들어가서 6학년까지 일본식 교육을 받은 셈입니다. 마산에는 마산중학교와 마산상업학교 2개가 있었는데 나는 해방되고 마산중학교에 들어갔습니다만, 해방이 안 됐으면 아마 못 들어갔을 겁니다. 왜냐하면 마산중학은 일본 사람이 70% 입학해서, 조선 사람은 30% 밖에 못 들어가는데다가 재정보증이다 뭐다 여러가지 요구하는 것들이 많았고, 집안 사정도 그렇고 하니 아마 해방이 좀더 늦었으면 십중팔구 소년항공병 같은 것으로 끌려가지 않았을까 생각해요. 그때는 전쟁이 한창 진행 중일 때라 소학교 졸업생들을 모아서 일본 군인으로 기르는 제도가 있었는데 천만다행히도 6학년 되던 해 8월에 해방이 됐습니다.

조광 해방과 더불어 카미까제 특공대로 끌려가지 않으셔도 됐군요?(웃음) 중학교에 진학하신 다음에 특별히 영향을 받으셨던 선생님이 계셨는지요? 국사도 배우셨을텐데 당시 중학교 국사 교육이 선생님에게는 어떤 영향을 끼쳤을까 궁금합니다. 아울러 중학교 과정에서 읽으셨던 특별히 기억나는 책이 있으면 말씀해주십시오.

강만길 다행히 나는 집안에서 어머니가 읽으시는 우리말 소설을 따라 읽으면서 한글을 깨우칠 수가 있었는데 대부분의 학생들은 중학교에 들어가서 한글을 다시 배워야 할 상황이었습니다. 그때는 엄청난 혼란기였습니다. 신탁통치라든지 좌우대립 문제 이런 것 때문에 중학교 들어가자마자 동맹휴학이 오랫동안 계속되기도 했어요. 내가 중학교 5학년 때 6·25전쟁이 터졌는데 그 5년 동안 엄청난 소용돌이 속에서 중학 생활을 보냈습니다. 당시에는 일본 사람들이 버리고 간 책들이 많이 쏟아져 나왔는데 그중에서 일제말기에 금서로 되어 있던 사회과학 분야의 책들도 많았습니다. 소학교 때 배운 짧은 일본어 밑천으로나마 책을 참 많이 읽었습니다. 그때부터 인문과학이나 사회과학 쪽에 관심이 많았고 그 방면의 책을 많이 읽었던 기억이 납니다.

한국사와 관련해서는 선(宣)선생님이라는 분이 국사를 가르쳤는데, 재미있게 들은 기억이 납니다. 진단학회에서 나온 『국사교본』이 교과서였는데 그것과는 관계없이 당신 나름대로 가르치셨어요. 국사에 흥미를 느꼈다면 아마 거기서부터가 아니겠는가 생각됩니다. 감명 깊게 읽은 책으로는 꼭 꼬집어서 얘기할 만한 것은 별로 없고 굳이 꼽으라면 당시 간행된 소련에서 역사교과서로 쓰던 『세계사교정』 번역 책이 있습니다. 몇 학년 때인지는 잘 모르겠지만 비교적 일찍 읽은 것 같아요.

조광 중등교육을 마치고 대학에 진학하시면서 특별히 사학과를 선택하신 데는 나름대로의 이유가 있으실 것 같습니다. 왜 사학과를 선택하셨습니까?

강만길 쉽게 얘기하면 역사에 흥미를 느꼈기 때문이라고 말할 수 있을 것 같고, 조금 의미를 부여한다면 중학교 5학년 때 6·25전쟁이 났는데, 민족상잔이 벌어지는 전쟁 속에서 사춘기를 지내면서 아마 민족문제, 우리 민족의 역사 같은 데 관심이 깊어진 것 아니겠는가 생각합니다. 또 왜 그런 민족상잔이 벌어졌는가 하는 것과 그전에 겪었던 좌우대립과 당시 흔히 볼 수 있었던 테러행위 등에 대해서 생각을 많이 하지 않았나 싶어요. 대학 원서를 쓸 때는 아무 주저 없이 사학과를 택했습니다.

8·15해방과 6·25 겪으면서 우리 역사와 민족문제에 눈떠

조광 선생님께서는 1952년에 고려대 사학과에 입학하신 것으로 알고 있습니다. 전쟁기간 동안 그리고 휴전 직후의 상황에서 대학에 다니셨는데 학창 시절의 학내 활동이라든지 역사를 가르치던 스승님들의 면모나 학문적인 경향에 대해서 얘기를 좀 해주십시오.

강만길 내가 대학에 들어갔을 때는 고려대학이 대구에 피난 내려와 있었습니다. 서울대나 연세대 등 다른 대학은 거의 다 부산에 있었는데 고려대만이 유독 대구에 내려와 있었어요. 고려대학을 택하게 된 것은 순전히 우연이었습니다. 진학할 형편이 못 되어서 주변 농촌에 가서 소학교 선생이나 해야겠다고 생각하고 있었는데, 담임선생님이 다른 학생들 원서 접수시키러 갔다가 고려대학 원서를 사가지고 와 권하시기에 시험이나 쳐보자 했는데 합격이 되었어요. 대학에 들어올 적에는 어떤 선생님들이 계신지도 몰랐어요. 입학해서는 대구 가교사에서 강의를 받았는데, 국사를 강의하시는 분은 신석호 선생님 한 분밖에 안 계셨습니다. 전임으로는 김정학 선생님이 계셨던 것 같은데 대구에서는 강의를 못 받았고, 동양사에 정재각 선생님, 서양사에 김학엽 선생님, 김철규 선생님 이런 분들이 계셨습니다.

대학에 들어와서는 중학교 시절에 느끼고 있던 국사에 대한 흥미가 더하여 비교적 강의를 재미있게 열심히 들었습니다. 신석호 선생님은 부산에 피난 와 계시면서 대구까지 왔다갔다 강의를 하셨는데, 특히 그분 강의가 재미있었습니다. 특별한 경향성 같은 것은 느끼지 못했지만 마치 사랑방 노인네들 말씀처럼 아주 구수하게 잘 하셨어요. 그분은 흔히 말하는 실증주의적 역사방법으로 주로 당쟁사와 조선왕조사를 강의하셨는데, 역사적 사실을 쭉 얘기해주면 책이 없으니까 노트에 그대로 받아 적는 식으로 강의를 받았습니다.

조광 선생님께서는 학부를 다니시면서 「진흥왕비(眞興王碑)의 수가신명(隨駕臣名) 연구」라는 논문을 『사총(史叢)』 창간호에 발표하셨습니다. 『사총』은 그 당시 고려대학교 사학회에서 처음으로 창간했던 학술지인데, 그것은 학술활동과 같은 모임이 있다는 것을 뜻하는 것 아닌지요?

강만길 그건 지금 읽어보면 참 부끄러운 글이에요. 서울이 수복되어 중앙중학 가교사에서 공부하다가 본교 교사로 옮겨온 것이 아마 3학년 때일 거예요. 임창순 선생님이 강사로 출강해서 '한국금석학'을 강의하셨는데 아주 재미있게 들었습니다. 그 강의 학기말 보고서로 진흥왕순수비에 나오는 수가신 여럿을 비교하면서 써보자는 생각을 해서 쓴 글인데, 마침 그때 『사총』에 재학생의 글도 싣자는 논의가 있어서 임선생님이 추천을 하신 것 같아요.

조광 대학 생활에 이어서 선생님의 사회 생활 내지는 군 체험도 여쭤보고 싶습니다. 선생님이 가지신 독특한 사론은 직접 체험하셨던 역사 체험의 한 결과가 아닌가 하는 생각 때문에 여쭙는 것입니다. 선생님께서는 8·15 직후의 혼란이라든지 6·25 동족상잔의 문제를 언급하시면서, 해방의 체험이라든지 동족상잔의 체험이 역사연구 내지는 사학과 선택에 하나의 계기가 된 것이 아닌가 말씀하셨는데 혹시 군대 생활은 어떻게 하셨는지 궁금합니다.

강만길 6·25전쟁이 터진 후에 당시 중학교 5, 6학년들은 학도의용대에 지원을 했어요. 내가 다니던 마산중학에서도 많은 학생들이 아주 용감하게 혈서까지 써가면서 지원을 해서 실전에 참가했습니다만, 나는 부모님이 연로하시기 때문에 갈 수 없다는 이유로 지원을 안 했습니다. 분명한 기억은 나지 않지만 동족끼리 싸우는 마당에 학도의용대로 나가야 하는 것에 대해 고민 많이 했던 것 같아요. 그러다가 마산이 함락될 상태에 빠졌을 때 시민들을 전부 진해 쪽으로 피난시켰는데, 젊은 사람들은 피난을 못 가게 했습니다. 그래서 나도 피난을 못 가고 남아 있었는데, 그때 남아 있는 학생들을 모두 학도의용대에 집어넣었어요. 그때는 그런 곳에 소속되지 않고서는 먹고살 길이 없었기 때문에 들어갈 수밖에 없었는데, 직접 전투에 참가한 것은 아니었고 선무공작조로 편성이 됐습니다. 그후 그 사람들은 전부 정규군에 편입시킨다는 얘기도 있었지만 나는 연령이 조금 모자라서 편입되지 않고 부산으로 내려갔습니다만 노동일도 하면서 고생을 많이 했습니다. 그러다가 정식으로 군대에 간 것은 대학 4학년 1학기를 마치고 나서였어요. 사병으로 3년 복무하고 제대해서 학교 졸업하고 대학원에 진학했습니다.

조광 이제 선생님이 학문연구를 해오신 과정에 대해서 여쭤보고자 합니다. 선생님께서는 학부 때는 고대사 분야에 관심이 있으셨던 것 같은데, 대학원에서는 조선전기 장인(匠人) 문제, 백정 문제에 관심을 두셨고, 그다음에는 조선후기 상공업 문제에 이어서 광무개혁론 혹은 식민지시대, 현대사에 이르기까지 폭넓은 학문과정을 밟아오셨다고 생각됩니다. 학부 때 관심을 두었던 고대사에서 조선전기로 방향을 바꾸신 데는 특별한 이유가 있으셨습니까?

강만길 대학에 들어와서는 고대사에 관심이 많았고 특히 고대사회의 노비제도를 연구하고 싶다는 생각이 있었습니다. 그래서 방학 때는 『증보문헌비고』노비조(奴婢條) 같은 것을 읽곤 했어요. 중학교 5학년 때 학제가 바뀌어서 고등학교 3학년으로 편입이 됐는데, 그때 국사를 가르치던 이재호 선생님이 한문실력이 대단한 분이셨습니다. 그래서 방학 때 고향에 내려가면 그 선생님께 한문을 배웠습니다. 그런데 그때는 노비제를 연구할 만한 이론적인 토대가 없어서 공부하기가 상당히 어려웠어요. 전쟁으로 체제가 경화되어 백남운의 『조선사회경제사』나 『조선봉건사회경제사』도 몰래 읽을 수밖에 없고, 그 이외의 사회과학 서적은 구하기도 어려운 상황이 되었습니다. 그래서 지도교수이던 신석호 선생님께 의논을 했더니, 조선시대를 하는 것이 어떠냐고 하시더군요. 그래서 고대사를 포기하고 당시는 근대사로 불린 조선시대를 연구하게 됐습니다.

조광 장인 문제, 백정 문제는 그 당시의 학문 분위기에서 보자면 좀 특이한 분야라고 볼 수 있는데, 그 주제를 선택하게 된 데는 특별한 이유가 있으셨는지요?

강만길 노비제를 공부하고자 했을 때도 피지배계층의 생활사를 밝혀야겠다는 생각에서였는데, 조선시대를 하더라도 피지배층, 하층계급에 관한 연구를 해보고 싶었어요. 지금은 어디 가버렸는지 없어졌지만 학부 졸업논문으로 조선초기의 상인을 다루었어요. 석사논문에서는 장인, 공장(工匠) 문제를 다루었고. 그다음에 다시 백정 문제를 다루게 되었는데 아마 뚜렷한 의식이 있어서라기보다는 당시의 학문 분위기가 정치사나 제도사 중심이라서 이에 대한 보완의 방안으로 피지배층 사회에 관심을 가지게 된 것 아니었나 싶습니다.

조광 피지배층의 생활사 이외에 선생님께서는 조선후기 부분에서도 상당히 많은 연구업적을 내주셨는데 특히 상인 문제라든지 상업자본 문제를 연구하신 목적이나 동기에 대해 말씀해주시겠습니까?

강만길 1960년대로 들어오면서 실학 연구, 농업사 연구 등 조선후기사 연구가 상당히 활성화되었습니다. 그런 문제는 당시 우리 학계에 중요한 이슈로 떠오르고 있었던 자본주의 맹아 문제와 연결이 되었어요. 나는 자본주의 맹아를 찾으려면 조선후기 상공업 부분을 다루어야 된다는 생각 때문에 조선후기로 내려갔습니다. 물론 당시에는 전기다 후기다 하는 구분이 뚜렷하지 않아서 조선전기의 공장이나 백정을 다룰 때도 조선시대 전체를 대상으로 한다는 생각이었습니다만, 자본주의 맹아 문제에 관심을 두다보니까 자연스럽게 조선후기로 내려오게 되었고, 특히 상업이나 수공업의 발달을 통해서 조선후기의 경제적인 발전상을 연구하면 자본주의 맹아 문제가 밝혀지지 않겠는가 하는 생각에서 조선후기 상업자본의 발달 문제에 관심을 갖게 되었습니다.

자본주의 맹아론과 내재적 발전론은 식민정체사관 극복이 출발점

조광 1960년대의 자본주의 맹아론(이하 자맹론)이라든지 혹은 내재적 발전론(이하 내발론) 연구는 당시 우리 학계에서 아직 청산하지 못했던 식민사관의 정체성론을 극복하는 데 매우 중요한 역할을 했다고 생각됩니다. 그러나 오늘의 입장에서는 자맹론이나 내발론 자체가 경제개발 5개년계획이라든지 혹은 5·16쿠데타 이후 사회와 학계 일각에서 개발독재를 합리화하기 위해 제시했던 근대화론을 무비판적으로 동의하는 입장에서 제기되었다는 지적도 있습니다. 또한 근대화론이 가지고 있는 이론상의 문제점은 자맹론이나 내발론에서도 부분적으로 드러난다고 생각되는데, 현재의 시점에서 선생님께서는 어떤 생각을 하고 계신지 궁금합니다.

강만길 1960년대는 박정희정권의 경제개발을 통해 우리 사회에 자본주의가 어느정도 발달해가는 시기였던 것은 사실입니다. 그러나 당시 조선후기의 농업문제나 상공업, 실학을 연구하던 사람들이 현실적으로 박정희정권의 경제개발 문제를 의식했다든지 혹은 그것의 사주를 받았다든지 한 것은 전혀 아닙니다. 오히려 그런 연구를 하게 된 동기는 식민사학의 정체론이나 타율성론을 극복하는 데 있었다고 생각합니다. 당시 우리 역사연구 상황은 조선후기의 경제사 연구가 거의 되어 있지 않았어요. 기껏해야 대동법이 조금 논의되고 있었고 균역법, 삼정문란이 마치 경제사인 것처럼 다루어지고 있을 때였어요. 그래서 그것을 밝혀내야겠다고 생각했습니다. 그것을 밝혀내면 조선왕조 사회, 특히 임란 이후의 사회가 정체된 사회가 아니었다는 것을 증명할 수 있겠고, 정체되지 않았다면 결국 내발론 내지 자맹론과 연결될 수밖에 없겠죠. 그러다보니까 조선후기의 경제상황을 밝히겠다는 얘기가 맹아론으로 연결된 것이지 박정희정권의 경제개발을 염두에 두었다거나 한 것은 아닙니다. 8·15 이후 끊어져버린 사회경제사의 맥을 잇고 되살린다는 생각이 더 강했던 것이 아닌가 합니다.

조광 자맹론이나 내발론이 근대화론이 가지고 있는 결함과는 상관없이 제1차적인 목적으로서 정체론의 극복을 염두에 두셨다는 말씀이시군요. 이번에는 실학에 대해서도 여쭤보고자 합니다. 실학 연구는 1950년대부터 진행되었는데, 1960년대 이래 내발론과 맞물리면서 더욱더 강화되어 한때 실학이 반(反)성리학으로까지 조명되기도 했습니다. 과거에는 내발론의 입장에서 사회경제사 분야를 전공하면서 동시에 실학사상에 주목하였지만 오늘날은 철학이라든지 또다른 분야에서 실학에 접근하시는 분들도 있고, 사회경제사 분야를 연구하는 분들도 1950~60년대와는 접근하는 태도가 사뭇 다르다고 생각됩니다. 이러한 오늘날의 실학 연구 분위기에 대해서 선생님은 어떻게 생각하시는지요?

강만길 나는 실학 문제를 직접 다룬 적은 없고 다만 상공업 문제를 하면서 실학사상가들이 상공업 문제를 어떻게 생각하고 있었는가 하는 쪽에서 접근했을 뿐입니다. 당시에 실학 연구를 하던 사람들이 확실히 내발론에 입각해서 문호개방 이전에 우리 자체 내에도 근대 쪽으로 가려는 사상적인 싹이 있었다는 것을 찾아내려는 의욕을 가지고 있었던 것은 사실입니다. 그러다보니까 자맹론과 내발론으로 연결시켰고, 지금 와서 되돌아보면 그것 때문에 실학 연구가 사실보다는 좀 과장이 되었다든지 하는 부분은 있다고 생각돼요. 실학을 반성리학 쪽으로 몰고 가려는 경향이 있었던 것도 사실인 것 같습니다. 어떤 연구라도 처음 출발할 때는 거기에 상당한 의미를 부여하려는 경향이 있게 마련 아닙니까? 그러다가 연구결과가 축적되고 정돈이 되면 제자리를 찾아가게 되는 경우가 많은데 실학 연구를 예로 들면 처음에는 반성리학으로까지 밀고 나갔다가 연구가 깊어지면서 반성도 하게 되고 지금은 탈성리학으로 가고 있는 것 같습니다. 어쨌든 실학은, 임진왜란과 병자호란이 지나고 난 다음에 이조적인 지배질서 자체가 파탄에 빠졌다고 할까요, 그런 상황에서 개혁으로는 가지 못했습니다만, 사회를 개량하는 방향으로 개편해가려는 의욕을 가진 사상가들이 나와서 여러가지 업적을 남겨놓은 것입니다. 이것을 후대 역사가들이 있는 그대로 밝혀내는 것 자체가 학문적인 의미를 가진다고 생각합니다.

조광   선생님께서는 조선시대 전·후기를 다 다루어보셨는데 조선왕
조사를 다루면서 가지고 계셨던 문제의식이 있으셨다면 무엇인지요?
혹 조선시대사를 다시 하시게 된다면 해보고 싶은 분야가 있는지 궁금
합니다. 그밖에 조선후기 연구자들에게 다른 조언을 해주시다면?

강만길   나 개인적으로는 조선왕조가 5백 년이나 지속된 것은 역사
적으로 대단히 불행한 일이라고 생각합니다. 조선후기에 와서 왕조가
교체되고 새로운 체제가 들어섰더라면 우리 역사가 좀더 활성화되지
않았을까 싶고요. 임진왜란이나 병자호란을 겪고 난 후에 혁명적이지
는 못했지만 모든 부문에서 이조적인 지배질서를 개편해야 한다는 생
각들이 나온 것도 그 때문이겠고요. 글쎄, 지금은 다시 조선후기로 올라
갈 가능성이 거의 없어졌습니다만, 만약 올라간다면 실학사상을 가졌
던 사람들이 왜 정치세력화되지 못했는가 하는 문제라든지, 지금은 거
의 맥이 끊어지다시피 되어버렸습니다만 조선후기 상공업 부문에도 훨
씬 더 많은 연구분야가 있지 않을까 생각합니다.

조선후기 사료는 관찬사료에 집중되어 있고 우리가 당장 입수할 수
있는 것은 그런 관찬사료들뿐인데, 사실 관찬사료만 가지고는 한 시대의
변화상을 추구해 들어가는 데 상당히 한계가 있습니다. 그래서 민간자료
에 좀더 주목해야 하지 않을까 생각합니다. 열성적으로 민간자료 등 사
료를 재발굴해내야 하겠지요. 나도 그런 경험이 있습니다만, 지방에 가
면 아직도 우리가 발굴하고 정리하지 못한 자료들이 남아 있다고 생각합
니다. 사실 이런 자료들은 국가의 힘을 빌려서라도 수합하고 다시 읽어
서 조선후기사, 특히 민간의 역사를 훨씬 더 풍부하게 해야겠지요.

조광   선생님께서는 개항기에도 관심을 갖고 계셨습니다. 그래서 개
항기의 상공업 문제라든지 혹은 광무개혁론에 대해서도 논문을 쓰셨는
데, 개항기와 일제시대사에 대해서 관심을 가지게 된 계기는 무엇이었

는지요?

강만길 신석호 선생님이 성균관대학으로 옮겨가시게 되면서 내가 그 후임으로 고려대학에 들어왔는데, 와서 보니 신선생님이 조선왕조 성립부터 그 이후를 혼자 맡고 계셨어요. 그런데 학생들의 관심은 이미 근대로 내려와 있더군요. 그러다보니 자연히 다루는 시대가 넓어져서 조선왕조시대 이후 개항기, 심지어는 일제식민지시기까지도 강의해야 할 형편이었습니다. 그런데 논문을 한 편도 써보지 않은 부분을 강의한다는 것은 대단히 괴롭고 어려운 일입니다. 그래서『조선후기 상업자본의 발달』을 쓰고 난 다음에 그것을 개항기로 연결시켜야겠다는 생각을 가지고 있었던 터라 개항기 상업사 내지 수공업사를 공부하기로 마음 먹었지요. 자료를 준비하기 위해 1978년부터 1979년까지 1년 동안 일본에 건너가서,『통상휘찬』을 비롯해서 개항기에 관한 상당히 많은 사료를 가지고 돌아왔는데, 돌아오자마자 10·26이 터지고 이른바 '서울의 봄'을 맞게 되고, 그 소용돌이 속에서 결국 구해온 자료를 나 자신의 연구에는 써먹지 못하고 말았습니다. 물론 그때 수집해온 자료는 이미 다 내놔서 출판이 되었습니다.

사회주의운동을 민족해방운동사에 포함시켜
독립운동사에 새로운 안목 제시

조광 선생님께서는 처음으로 일제시대사를 강의하셨고 또 최근에 와서는 해방 이후의 역사도 강의를 하고 계십니다. 물론 제가 학부에 다닐 때는 일제시대사 강의가 없었습니다만, 다른 대학보다 빨리 강의가 개설되었는데 언제부터 일제시대사를 강의하셨는지요? 또 해방이후사

는 언제부터 강의하게 되셨는지요? 강의가 언제 시작되었는가 하는 것
에 나름대로 사학사적 의미도 부여할 수 있지 않을까 합니다.

강만길 어느 학기부터인지 정확히는 기억을 못하겠는데 아마 일본
에 갔던 1978년 이전에 개항기와 일제시기를 걸쳐 강의했던 것 같아요.
그랬다가 10·26사건이 나고 1980년 7월에 학교에서 쫓겨나게 됐습니
다. 학교를 쫓겨나 있는 동안 『한국근대사』와 『한국현대사』를 쓰면서 일
제시기에 관한 연구업적을 내 나름대로는 상당히 깊이 또 넓게 섭렵했
습니다. 그러다가 1984년에 다시 복직했는데, 내가 학교에 없을 동안 조
선생이 와서 조선후기사를 담당하고 있었고, 유영익 선생이 개항기를
담당하고 있었어요. 그래서 나는 본격적으로 일제시기를 다루게 되었
습니다. 8·15이후사를 강의하게 된 것은, 일제시대사를 강의하면서 처
음에는 8·15 후의 3년 이른바 해방공간만을 다루다가, 1991년부터 마침
한국사학과가 분리되어 강의시간이 많아지고 강의제목도 다양해져서
본격적으로 8·15이후사만으로 한 학기를 강의할 수 있게 됐습니다. 종
전에는 3·1운동 이후부터 대체로 4·19까지를 강의했는데 다음 학기부
터는 일제시기를 떼어내고 8·15이후사만 강의할 준비를 하고 있어요.

조광 선생님께서는 1978년에 발표하신 「독립운동의 역사적 성격」
이라는 논문을 통해, 종래 우익운동 중심의 독립운동사에 대한 비판적
인 안목을 제시해주셨고 또 금기시되어왔던 사회주의운동을 민족해방
운동사에 포함시킴으로써 독립운동사에 대한 새로운 인식을 제공하셨
다고 봅니다. 이후 민족해방운동사 연구는 활기를 띠고, 특히 1980년대
중반 이후 젊은 연구자들에 의해 소재의 폭도 한층 넓어졌고 성과물도
꽤 쌓였는데, 그간의 연구성과에 대해 어떠한 평가를 내리고 계신지요?

강만길 우리 학계에서 일제시기 연구가 활성화된 것은 역시 독립운
동사 연구부터라고 생각됩니다. 특히 좌익운동사는 '한국공산주의운동

사'로 분류되었는데 그것도 해외에 있는 학자들이 주로 다루었지 국내에서는 거의 다루지를 못했습니다. 그러다가 1980년대 이후 들어와서 젊은 역사학자들에 의해 사회주의운동사에 대한 연구가 상당히 활발하게 진행되고 있습니다. 내가 보기에 그동안 우익운동 쪽만 다룬 데 대한 하나의 반발이랄까 아니면 다른 여러가지 사회적인 조건의 제약 때문에 그러했으리라고 생각됩니다만, 지금은 또 사회주의운동 쪽에 너무 치중되고 있다는 생각이 듭니다. 이제까지 제한되었던 사회주의운동 쪽의 연구가 활성화되는 것은 다행이지만, 아직도 우익독립운동과 좌익운동이 별개로 양립되어 있다는 느낌입니다.

조광 일제시기 연구가 꽤 진행되어왔다 하더라도 역시 운동사 중심이라고 볼 수 있죠. 선생님께서는 일제시기 빈민생활사에 대해서 쓰신 적이 있습니다만 앞으로 좀더 집중적으로 밝혀져야 할 중요한 주제들이 있다면 어떤 것들이 있을까요?

강만길 「독립운동의 역사적 성격」을 쓸 때 이미 그런 생각을 가졌습니다만, 우선 민족해방운동사는 좌우익전선이 하나로 된 운동사라는 인식하에서 연구가 진행되고 서술되어야 한다는 문제의식을 가지고 있고, 사회경제사 연구도 여태까지는 토지조사사업이나 산미증식계획, 1930년대 병참기지에 대한 연구 등 주로 제국주의의 식민정책사 연구에 치중되어 있었는데, 앞으로는 그 시대를 우리 민족이 구체적으로 어떻게 살아왔는가 하는 생활사에 대한 연구가 이루어지고 또 활성화되었으면 좋겠습니다.

조광 8·15이후사에 대해서 좀 여쭤보겠습니다. 8·15이후사에 대한 역사학적 연구는 거의 불모라고 해도 과언이 아닌 것 같습니다. 역사학계에서 8·15이후사 연구가 부진했던 원인이 어디에 있다고 보십니까? 또 요즈음 8·15이후사에 대한 관심이 높아지고 있는데, 어떠한 문제의식을 갖고 연구를 해야 할는지요?

　강만길　8·15이후사가 제대로 연구되지 못한 것은 자기가 살고 있는 시대는 연구의 대상이 될 수 없는 것처럼 생각해온 우리 역사학계의 연구경향 때문이라고 생각합니다. 근대 사학이라고 해봐야 불과 100년이 안 됐는데, 식민지시기에 바로 자기가 살고 있는 시대를 학문의 대상으로 삼는 데는 많은 제약이 있었겠죠. 물론 신채호나 박은식처럼 해외에 나가서 자유롭게 연구할 수 있는 입장에 있었던 사람들은 그 시대에도 『한국통사』나 『한국독립운동지혈사』를 써서 당대도 연구대상으로 할 수 있었지만 식민 치하에 살고 있던 국내 학자들은 당장 통치권력으로부터 제재를 받을 위험이 있으니까 그 시대를 객관적으로 연구하지 않았겠죠. 자기합리화 방법의 하나로 '역사학은 자기 시대를 연구대상으로 삼으면 안 된다'는 식으로 변명한 것이겠죠. 그런 의식이 국토가 분단되면서 계속되었고, 역사학계의 연구방법론 자체가 과거 식민지시대부터 그런 맥을 갖고 있었으니까 8·15 이후 40년이 넘도록 8·15이후사에 대해서는 거의 손을 대지 못하는 것처럼 되어왔습니다. 그런데 최근에 와서 젊은 학자들이 여태까지 주로 정치학이나 외교학 쪽에서만 다루고 있던 8·15 이후의 부분을 조금씩 다루기 시작하고 있죠. '역사학이 자기 시대를 연구대상으로 삼는 것이 잘못'이 아니고 역사학자들이 자기 시대를 객관적으로 다룰 만한 방법론적 성숙성을 갖지 못했다는 것이 맞는 말이겠지요.

　조광　8·15이후사를 올바르게 인식하고 이해하기 위해서는 북한 쪽도 당연히 포함시켜야 하지 않겠습니까? 그렇다면 현재 북한의 역사를 포함시킬 수 있는 객관적인 조건이 되어 있다고 보시는지요?

　강만길　조건이라고 하면 두 가지가 있을 수 있는데, 하나는 역사 연구자 자신이 남북한 역사를 다 합쳐서 객관적으로 볼 수 있는 성숙도를 갖추고 있는가 하는 것이고, 다른 하나는 객관적인 조건이 그것을 허용하는가 하는 것입니다. 나는 역사학자 자신이 남북한의 역사를 두루 객관적으로 다룰 수 있는 학문적인 성숙도만 갖추고 있다면 객관적인 조건이 허용되지 않는다고 해서 연구를 기피하는 것은 잘못이라고 생각합니다. 설령 객관적인 상황이 핍박을 준다 하더라도, 핍박을 감내하면서라도 연구를 해야 한다고 생각합니다. 역시 조건의 문제가 아니라 역사학자 자신의 인식 문제겠죠.

'분단극복사학'과 '통일전선' 개념에 대한 독특한 입론 제시

조광 지금까지는 선생님 개인사와 학문연구 과정을 말씀해주셨습니다. 이제는 선생님의 사론에 대해 들었으면 합니다. 선생님께서는 『분단시대의 역사인식』『한국민족운동사론』『통일운동시대의 역사인식』 등 3권의 사론집을 내셨습니다. 선생님의 사학을 거론할 때 '분단시대'라는 용어 또는 개념을 빼놓을 수 없겠지요. 선생님께서는 20세기 후반의 우리 역사를 '해방 후의 시대'가 아닌 '분단시대' 혹은 '통일운동시대'로 부를 것을 주창하셨는데, '분단시대'란 용어를 착안하실 때의 생각과 고민들을 말씀해주십시오.

강만길 무슨 거창한 탐구의 결과 나온 것은 아니고, 천관우 선생의 『한국사의 재발견』 서평을 써달라는 요청을 받고 책을 읽어보니 남쪽의 역사학적 현실을 바탕으로 한 사론집이라는 생각이 들었어요. 분명 8·15 이후에는 또 하나의 민족사회가 따로 존재하는데, 우리에게 이 두 민족사회를 역사적으로 객관화할 수 있는 사론이 준비되어 있는가도

의문이었고요. 물론 천선생의 업적은 큰 의미가 있지만, 민족사회 전체를 하나의 역사단위로 놓고 보는 입장에서 씌어진 것이 아니라는 생각이 들어서, 이것을 무엇이라 이름 붙여야 할지 많은 고민을 했습니다. 8·15 이후 남쪽의 입장에서 우리 역사를 보는 사론집을 무엇이라 불러야할지 고민을 하다가, 우선 떠오른 생각이 '반공주의 역사학'이었어요. 그래서 원고를 쓸 때는 남쪽의 입장에 선 반공주의적인 역사인식을 바탕으로 해서 나온 사론집이라고 했는데 막상 원고를 넘겨주는 과정에서 생각해보니까 이 말이 학술적인 용어가 되겠는가 마음에 걸렸고, 또 솔직히 말하면 괜히 구설수에 말려드는 것이 아닌가 하는 생각도 들어서 다시 고민을 하다가, 8·15 이후는 분단의 시대로 봐야 한다는 생각에서 '분단시대의 역사학'이 낳은 사론집이라고 바꾸었습니다. 그것이 독자들 눈에 띄어서 이제는 분단시대라는 말이 정착되다시피 했고, 분단시대라는 말을 붙인 책도 여러 권 나왔습니다. 줄여서 '분단사학'이라는 말로 쓰이기도 하는데 엄밀히 말하면 '분단사학'이 아니라 '분단극복사학'이 되어야겠지요.

조광 『분단시대의 역사인식』이 출간된 후 지식인, 청년학생들 사이에는 상당한 반향을 불러일으켰습니다만, 당시 역사학계의 반응은 어땠습니까?

강만길 그 얘기에 앞서 그 책에 실린 글들을 쓰게 된 과정을 이야기해야 할 것 같아요. 이미 여러 군데에서 얘기를 했습니다만, 그 글들은 주로 7·4공동성명 이후 박정희정권이 유신을 한 데 대한 배신감에서 쓴 글들이라고 볼 수 있습니다. 사실 나도 역사학을 배울 때 선생님들로부터 역사학자는 이른바 잡문을 써서는 안 된다는 얘기를 많이 들었어요. 그런데 유신이 선포되는 상황에서는 고민을 하지 않을 수가 없었어요. 현실이 이렇게 엄청난 역사적인 배신을 하고 있는데 역사학자란 사람이 가만히 앉아서 이조시대 얘기나 해서야 과연 역사학자로서 사회적인 책임을 다했다고 할 수 있느냐 하는 생각 때문에, 결국 그런 글을 쓰게 되었습니다. 나쁘게 말하면 잡문이고 좋게 말하면 사론적인 글이 되겠지요. 그 책이 나올 때까지도 역사학계 일반에서는 이른바 잡문을 쓰는 것은 다 기피했고 좋지 않게 여겼어요. 역사학자가 쓴 글이니까 다른 역사학자들이 읽어보고 서평도 할 법한데, 그 책이 세상에 나왔을 때 역사학계에서는 거의 반응이 없었어요. 당시 역사학자로서 그 책을 읽은 분이 몇 분이나 될지 모르겠고 또 특히 역사전문지에서 서평을 받아본 일이 전혀 없어요. 그보다는 대학생을 중심으로 하는 일반 지식인들에게 많이 읽혔습니다.

조광 『분단시대의 역사인식』의 속편이라고 할 수 있는 『한국민족운동사론』에는 선생님이 이른바 해직교수 시절에 주로 쓰신 글들이 실려 있는데, 대부분의 글이 통일민족국가 수립이 근현대사의 주요한 과제라는 설정 아래 씌어진 것 같습니다. 이 책에 대한 선생님의 간단한 자평을 듣고 싶습니다.

강만길 물론 세계사가 다 그런 것은 아닙니다만, 적어도 우리 민족의 경우 중세가 끝나고 근대로 넘어오는 과정에서 근대 민족국가, 경제적으로는 자본주의체제 국가를 지향했는데, 그것에 실패하고 식민지로 간 것은 그러한 역사적인 과제를 담당해야 할 부르주아계급이 성숙되지 않았기 때문이라고도 볼 수 있습니다. 식민지로 전락한 다음에 민족사의 최대 과제는 민족을 해방시키고 독립시키는 일인데, 그 과제를 부르주아계급이 독자적으로 담당할 수 있었느냐 하면 그렇지도 못했죠. 그렇다고 프롤레타리아계급의 성장도가 높아져서 민족해방운동을 독자적으로 담당할 수 있었느냐 하면 그렇지도 못했고. 그렇다면 민족해방운동은 누구에 의해, 어떻게 추진됐어야 할까요? 그래서 만약 내가 생각하는 것처럼 통일전선적인 세력이 그것을 담당하게 된다면 해방이 달성되었을 때 어떤 형태의 민족국가가 건설될 수 있겠는가 하는 문제에까지 나아가게 되었습니다. 그래서 일차적으로는 민족해방운동이 추진되는 과정에서 통일전선운동이 어떻게 성립될 수 있는가 하는 문제와 그들이 지향하는 국가건설론은 무엇인가를 밝히려고 한 것이 그 책의 중요한 성과라고 볼 수 있겠죠.

조광 선생님께서는 1920년대 유일당운동, 1930년대 민족통일전선운동, 1940년대 전반기 통일전선운동의 확대 움직임, 8·15 후 좌우합작운동, 남북협상운동 등을 근현대 민족운동사의 큰 줄기로 잡고 있는데, 그 까닭은 무엇입니까?

강만길 사실 그때는 민족협동전선운동이라고 해봐야 국내 신간회운동만 다루고 있었어요. 그래서 민족해방운동전선의 상당한 세력이 해외에 나가 있었는데 그 운동을 구체적으로 찾다보니까, 국내에서보다 먼저 북경에서부터 민족유일당운동이 시작되어서 중국 관내로, 만주지방으로 확산되었고 그 흐름이 국내로 들어와서 신간회운동이 되었다는 사실을 알게 되었어요. 민족해방운동 노선의 줄기를 잡아야 한다는 생각을 했던 입장에서 보면 쾌재를 부를 만한 발견이라고 할 수 있지요.

1930년대에 접어들면 세계사적으로도 코민테른 제7차대회 이후에 인민전선론이 나오게 되는데, 우리의 민족해방운동전선이라고 해서 거기에 무관심할 수 없고 오히려 더 예민했을 거란 말이에요. 그래서 좀더 구체적인 사실을 찾아봐야겠다는 생각이 들어 찾아봤더니 역시 그런 사실이 있었고, 또 인민전선론을 우리가 어떻게 받아들여야 할 것인가에 대한 이론과 논쟁도 있더군요. 그래서 그것으로 1930년대 이후를 엮었고, 1940년대로 들어가면 일본제국주의의 패망이 가까워진다는 것을 알고서 구체적으로 통일전선을 이루어나가려는 운동이 일어나고 있었습니다. 불행하게도 8·15 이후 38선이 생기면서 중단되고 말았지만, 식민지시기 민족해방운동 과정에서 통일전선에 참가했던 사람들이 중심이 되어 다시 통일민족국가 수립운동이 계속되었습니다.

조광 민족해방운동의 성패는 통일전선 형성과 밀접한 관련이 있다는 것에는 이론의 여지가 없을 것 같습니다만, 선생님께서 사용하시는 통일전선의 개념은 흔히 말하는 사회과학적인 개념에 비해 상당히 폭이 넓기 때문에 일부에서는 선생님의 통일전선론이 절충론적인 좌우합작론이라고 비판하고 있는데, 선생님의 입장은 어떻습니까?

강만길 통일전선이라는 것은 사상과 정강이 다른 두 개 이상의 세력이 하나로 합쳐서 어떤 목적을 달성하기 위해서 일으키는 운동인데, 그런 운동을 해나가는 데는 반드시 통일전선운동에 포함시키는 대상의 범위 문제가 생기고, 또 통일전선 내부에 헤게모니 문제가 생기게 마련입니다. 당시는 세계사적인 입장에서도 통일전선운동에 포함시키는 대상이 점점 확대되어가고 있었습니다. 코민테른 제2차대회에서 레닌이 얘기했을 때는 흔히 우리가 말하는 것처럼 밑으로부터의 통일전선에 한정되어 있었고, 그 입장이 제6차대회까지도 계속된 셈인데, 제7차대회로 들어가면서부터 그 범위가 반파쇼세력이면 다 포괄하는 것으로 바뀌게 되죠. 이른바 위로부터의 통일전선도 필요하다는 얘기란 말이에요. 내 얘기를 두고 절충론적이다, 좌우합작론이다 할 때의 초점은 헤게모니의 문제, 이른바 좌익헤게모니가 관철되는 조건하에서의 통일전선운동이냐 아니냐 하는 것에 있는데, 나는 이것이 민족사적인 조건의 차이라고 봅니다. 구라파처럼 자본주의가 상당히 발달해서 프롤레타리아계급이 형성된 상태에서는 프롤레타리아 헤게모니를 전제로 한 인민전선운동 내지는 통일전선운동이 주창될 수도 있겠고, 중국처럼 좌익도 정권을 가지고 있고 우익도 정권을 가지고 있는 상태, 그리고 적어도 좌익이 정권을 가지고 그 밑에 많은 인민과 물적 기반이 있는 조건 아래에서는 좌익전선 헤게모니를 바닥에 깔고 통일전선을 펴나갈 수가 있었겠죠. 그러면서도 중국의 통일전선운동은 상당히 범위가 넓어져갑니다. 처음에는 '핍장항일(逼蔣抗日)'이라고 장 제스(蔣介石)를 핍박하면서 항일하는 것으로 했다가 다음에는 '옹장항일(擁蔣抗日)'이라고 장 제스를 포섭하면서 항일을 해야 한다는 쪽으로 나가거든요. 우리의 경우 좌익이 당도 못 갖고 있는 상태이고, 우익도 당은 몇 개 있다고 하지만 통일된 정당도 하나 없는 그런 상황에서, 헤게모니 문제를 앞에 내세워서 혹은 바닥에 깔고서 통일전선을 이룬다는 것은 어려운 일입니다. 그렇기 때문에 우리의 민족해방운동 추진 과정에서는 헤게모니 문제를 앞으로 내세우면 안 된다는 식으로 상당히 많은 이론가들이 이야기하고 있고, 심지어는 헤게모니 문제는 해방되고 난 다음 조국에 돌아가서 인민들의 선택에 맡기는 것이 더 중요하다는 얘기까지 나오게 된단 말이에요. 내가 어느 것을 취택(取擇)한다는 문제가 아니라 민족해방운동을 추진하던 우리 선배들이 이런 고민을 하고 있었고, 이런 문제까지도 제시하고 있었다는 것을 밝혀내어 지금의 민족 구성원들에게 제시해줘야 한다고 생각하고 그것에 연구의 초점을 두었다고 말할 수 있겠습니다.

민중은 계급연합적 개념이어야

조광 선생님의 세번째 사론집이라고 할 수 있는 『통일운동시대의 역사인식』에서는 주제, 서술체제 등 여러 면에서 역사학의 대중화라는 선생님의 관심이 한층 뚜렷해 보입니다. 역사학의 대중화와 관련한 선생님의 입장과 견해를 듣고 싶습니다.

강만길　점점 세상이 다양해지고 사람들의 인식 폭은 넓어지게 마련인데, 어떤 이론이나 학문도 상아탑 속에서만 독야청청해서는 그 이론이 실천돼나가는 데 아무런 힘을 얻을 수 없습니다. 어떤 사상가나 학자가 나름대로 역사발전에 이바지할 수 있는 학문적인 업적을 세웠다 하더라도 그것을 알고 지지하는 사람들이 많아져서 그 이론이 실천되지 않고서는 역사학은 발전하기 어렵다고 생각합니다. 특히 박정희정권이 유신을 하고 독재를 할 무렵에, 그 정권의 반역사적인 행위를 규탄하고 저지하려는 사람들이 왜 그렇게 적었는가? 왜 힘이 그렇게 미약했는가? 그래서 정권 쥔 사람들로 하여금 제멋대로 권력을 휘두르게 하는가에 상당히 관심을 가졌고 안타까워했습니다. 학자들이 우리의 민족사가, 넓게는 세계사가 어디로 가는 것이 옳은 길이다, 역사발전이란 어떤 것이다라는 사실을 일반 대중에게 알리는 글들을 남기지 않았고, 또 그런 이야기를 제대로 하지도 않았다, 이래가지고서는 역사발전의 방향을 바꿔놓기 힘들다, 그러면 무엇을 어떻게 할 것인가, 일반 대중이 읽고 느끼고 알 수 있는 글을 써야 한다, 그 말은 역사학도 연구실 속에서만 있어서는 안 되고 전문가들 사이에서만 주고받는 이론이 되어서도 안 된다, 일반 지식인들 혹은 일반 국민대중의 역사인식을 높이는 데 공헌하는 역사학이 되어야 한다는 생각을 하게 되었습니다. 그러기 위해서는 우선 글이 쉬워야 한다고 생각했고요. 흔히 애국계몽운동시대에 국민을 계몽하는 글이 많이 씌어졌는데 그 글들이 과연 일반 대중에게 읽힐 수 있는 글이었는가 하는 것을 비판합니다. 그런 글을 쓰려면 생활상태에서부터 의식구조까지도 대중적인 정서와 밀접해야 합니다. 학자역시 하늘에서 떨어진 존재가 아니라 그 시대의 그리고 그 사회의 소산물인데 사회와 동떨어진 이론과 생활태도를 가지고서는 역사의 전진에 이바지할 수 있는 이론이나 학문을 이루기 어렵지 않겠습니까?

조광 『통일시대의 역사인식』에서는 민족민주운동의 범주도 설정하고 있는데, 선생님께서는 민족운동 주체로서의 민중의 개념과 역할을 어떻게 보고 계십니까?

강만길 아까도 잠깐 얘기했지만 서구라파적인 개념을 빌리면 민족해방운동은 부르주아계급만이 독자적으로 추진할 수도 없었고 그렇다고 프롤레타리아계급만이 독자적으로 추진할 수도 없었던 상황이었습니다. 그래서 식민지시대 이야기를 하면 항일적인 노선에서는 부르주아계급이나 프롤레타리아계급이 함께 민족해방운동의 하나의 추진체가 되고, 그것을 민중이라고 부르자는 것입니다. 이것은 내가 독자적으로 생각한 것이 아니고 신채호의 「조선혁명선언」에서 상당히 힌트를 얻은 것입니다. 나는 민족해방운동 주체로서의 민중은 하나의 단위계급이 아니라 계급연합적인 개념이라고 생각합니다. 거기에는 물론 노동자, 농민, 반일적인 지식인, 반일적인 자본가도 있었다면 자본가가 포함되고, 심지어는 「조선민족혁명당 강령」에 의하면 반일적인 지주까지도 포함되어야 한다고 얘기하고 있는데, 좀더 면밀히 검증해봐야겠지만 어쨌든 반일적인 노선에 서서 민족해방운동을 추진하는 데 동조하는 계급들의 연합체로서의 민중, 이렇게 생각했어요. 8·15 이후의 경우에는 내가 민족사적인 과제를 너무 앞세워서 당위론에 빠져 있다고 비판을 받는데, 나는 우리의 민족사적인 당면과제는 주체적이고 평화적인 통일을 이루어나가는 것이기 때문에 그런 과제에 동조하는 노동자, 농민, 지식인, 심지어 자산계급까지도 하나의 민중이라는 개념에 포함시켜서 그들이 주체가 되도록 해야 한다고 생각합니다.

조광 요즘 사학계 일각에서 제시되고 있는 민중사학론과 선생님이 제시한 바 있는 통일사관의 관계를 짚고 넘어가고자 합니다. 선생님께서는 『역사비평』에 발표한 「통일사관 수립을 위하여」라는 글을 통해서 통일에 대한 입장을 사학자적 경향 내지 사관의 차원에서 모색하고 계십니다. 이러한 통일을 지향하는 사학이론과 민중사학론이 만날 수 있는 접점은 무엇이고, 이 양자 간에 논리적인 연결점은 무엇인가요?

강만길 상황이 자주 변하니까 말하기 어려운데, 민족통일의 문제는 현시점에서 보면 월남적인 방법이나 독일적인 방법 그 어느 쪽도 다 안된다고 생각하고 있어요. 그렇다면 새로운 모색을 해서 절충적인 방법으로 할 수밖에 없다고 생각합니다. 내가 얘기하는 통일전선 이론도 바로 그런 데서 이야기될 수 있다고 생각해요. 다시 말하면 통일도 역시 계급연합적인 방법으로 이루어져야 한다는 거지요. 물론 민족 구성원의 계급별 구성비가 상당히 변해가고 있기 때문에 어디까지를 민중에 포함시킬 것인가 하는 문제는 좀더 정밀하게 분석되어야 한다고 생각합니다. 그렇게 본다면 민중사학이 통일방법론에 대한 일정한 이론을 정립하지 못했고, 또 민중이 무엇인가에 대한 이론적 정립이 서 있지 않은 상태에서, 나는 나름대로 통일사관에 대해서 얘기했다는 느낌이 듭니다. 그러나 통일방법을 제시하면서 일관성이 있느냐, 차별성이 있느냐 하는 문제는 민중사관이 어떤 것인가를 더 정밀하게 확립해나갈 때 비로소 더 진전될 수 있지 않을까 생각합니다.

조광 역사학의 대중화 혹은 민주화라는 과제는 현대 역사학계가 안고 있는 아주 중요한 문제라고 생각됩니다. 'Democratization of History'라는 개념은 종전의 왕과 제후, 장군들의 역사에서 민(民)의 역사로 연구대상이 전환되어나간 것을 뜻했고, 또 전문적인 역사연구 결과를 대중화시키는 문제도 역사학의 민주화라는 과제와 더불어 논의되어왔다고 생각됩니다. 이 역사의 민주화 작업과 관련해서 선생님께서는 『한국근대사』『한국현대사』라는 2권의 시대사를 집필하셨고 또 상당히 성공적이었다고 생각됩니다. 출판사에 알아보니까 10만 부 이상 팔려나갔다고 합니다. 『한국근대사』 『한국현대사』가 나온 직후 선생님께서는 출간을 기념한 서평좌담회에 참석하셔서, 시대구분 문제와 관련해서 통일이 되는 그날까지를 넓은 의미의 근대사로 봐야 한다고 말씀하셨는데, 그 견해를 아직까지 갖고 계신지요?

강만길 물론 지금도 갖고 있습니다. 현재 우리 역사학계에서 일반적으로 쓰고 있는 삼분법이라든지 유물사관적인 시대구분법이 언제까지 유효할 것인가? 아니면 다시 21세기 들어가면서 새로운 시대구분법, 예를 들면 제3세계의 성장을 염두에 두는 시대구분법이 새로 나올 것인가 하는 것은 아직도 역사학계의 과제로 남아 있는데, 우리 민족의 입장에서 생각해보면 적어도 자본주의 세력과 만나고 그것의 침해를 받고 그것에 대항한 시점이 그 이전 시대와는 다른 시대인 것은 확실해요. 그러나 자본주의 세력이 침투해 들어오고 거기에 저항하면서 우리 민족사회가 무엇을 지향해갔는가 하는 문제는 여전히 남게 되겠지요. 흔히 세계사적으로 근대 민족국가의 수립을 얘기할 때, 경제적으로는 적어도 초기에는 자본주의체제의 지향을 말하죠. 우리 역사에서 근대 민족국가의 수립을 어디에서 잡을 것인가 하는 데는 아직 많은 문제가 있습니다. 어떤 사람은 대한제국에서 추출해내려는 것 같고, 아니면 8·15 이후 1948년에 대한민국이 생기고 조선민주주의인민공화국이 생기는 그 시점에서 잡으려고 하는 논의도 있는데, 그런 면에서 보면 우리의 민족사는 세계사적인 문제와는 다르다고 생각해요. 역사가 같은 민족이면서도 분단이 된 채로 계속 지속될 수 있다는 사관에서 보면, 남쪽의 근대 민족국가는 대한민국의 성립에서, 북쪽의 그것은 인민공화국의 성립에서 볼 수 있을지 모르겠어요. 그러나 지금 한반도지역에 살고 있는 모든 사람들은 통일된 민족국가를 이루어나가야 한다는 생각에 동의하고, 그것은 어떤 의미에서 우리 시대의 하나의 지도원리라고도 볼 수 있을 것 같습니다. 그런 점에서 우리의 근대 민족국가는 이미 성립이 됐다고 볼 수 있지만 통일된 근대 민족국가는 아직 성립이 안 됐다고 생각합니다. 아마 그렇게 멀지 않기를 바랍니다만, 어느 시기에 통일이 되었을 때 그때부터가 비로소 근대 통일민족국가가 성립되는 것으로 보고 그 이전 즉 자본주의 세계와 만나고 거기에 저항하면서부터 그 이후 통일될 때까지의 기간을 하나의 시대로 봐야 하지 않을까 생각하고 있어요. 물론 그 시대 속에는 우리가 흔히 말하듯이 개항기, 식민지시기, 분단시기 이렇게 몇 개의 시기가 존재합니다. 따라서 통일된 이후부터가 새로운 하나의 시대로 될 수 있다는 겁니다. 만약 현대라는 말이 동시대라는 뜻으로 쓰이게 된다면 통일된 후의 시점에서 보면 통일된 이후부터가 비로소 현대로 될 수 있을 것이고, 통일되기 이전까지는 지금의 시대구분법대로 한다면 근대로 될 것이라는 이야기입니다.

조광 『한국근대사』『한국현대사』를 쓰신 동기라든지 특별한 배경이 있으면 말씀해주시겠습니까?

강만길 책 서문에 쓴 기억이 나는데, 첫째는 아까도 얘기한 것처럼 역사의 대중화를 통한 일반 국민들의 역사의식 높임이에요. 지금 생각하면 너무 거창한 욕심이 아니었는가 여겨집니다만, 그런 생각을 가지고 쉽게 쓰려고 했습니다. 두번째로는 역시 민족해방운동의 통일전선적인 흐름, 다시 말하면 통일민족국가를 건설해가기 위한 민족운동사의 흐름을 근간으로 한다는 생각에서 썼습니다. 10년 전에 쓴 책이어서 지금 개정판을 준비하고 있어요. 분류사 식으로 되어 있어서 정치사나 통일운동사, 사회문화 면은 거의 다 되었는데, 경제사 부분이 남아 있어요. 욕심 같아서는 금년 중으로 완성시키고 싶은데, 상당히 어렵습니다.

조광 곧 개정판을 대하게 될 것 같습니다. 역사 연구자는 통사를 통해서 자신의 사론을 구체적으로 일관성 있게 표현하는 것이 최고의 작업이라고 할 수 있습니다. 선생님께서는 혹시 한국사 전체를 통괄하는 통사 집필 계획은 없으신지요?

강만길 역사학자의 마지막 목적이 제 나름의 통사를 쓰는 것이라고 흔히 얘기하는데, 난들 왜 욕심이 없겠어요.(웃음) 그렇지만 지금으로서는 가능성이 희박하지 않을까 싶습니다. 그것보다는 좌익운동 따로 있고 우익운동 따로 있는 민족해방운동사를 통일전선적인 방향에서 써보고 싶다는 욕심을 갖고 있어요. 실현이 될지 안 될지는 자신 없지만 자꾸 이렇게 이야기해서 말빚을 지면 쓸 수 있게 되지 않을까요.(웃음)

조광 사관에 대한 얘기는 대충 이 정도에서 마무리짓고 선생님께 몇 가지 증언을 듣고 싶습니다. 1960년대 초에 선생님은 국사편찬위원회에 근무하신 적이 있습니다. 그 당시 국사편찬위원회의 학문적인 분위기라든지 공개적인 모임은 아니더라도 함께 근무하셨던 젊은 연구자들 사이에 학술동아리 같은 모임이 형성되어 있었는지에 대해 알고 싶습니다.

강만길 군대에 갔다 와서 대학을 졸업하고 신석호 선생님이 책임을 맡으셨던 국사편찬위원회에 들어갔습니다. 내가 갔을 때 김용섭 선생, 이현종 선생, 차문섭 선생 같은 분들이 있었어요. 그때는 국편의 분위기도 그렇고 우리 느낌으로도 하나의 연구기관이지 관청이라고 생각하지는 않았어요. 기관 자체를 위해 일하는 시간도 별로 많지 않았고 거의가 자기 연구를 하는 분위기였어요. 솔직히 신석호 선생님도 그걸 용인하셨고, 김용섭 선생의 양안 연구, 내가 쓴 공장 연구, 차문섭 선생의 균역법 연구, 이현종 선생의 한일관계사가 다 그때 씌어진 것입니다. 그런데 5·16 이후부터 조금씩 변해가기 시작해서 다 나갔죠. 아마 김용섭 선생이 제일 먼저 나갔을 거예요. 그다음에 차문섭 선생 나가고 내가 나오고. 자체 내에 연구동아리가 있었던 것은 아니고 다들 신석호 선생님 제자들이었으니까, 서로 모여서 공부하는 정도였어요. 다만 그때 부속학회 비슷하게 '한국사학회'를 만들어서 『사학연구』라는 잡지를 냈고 우리가 쓴 연구논문들은 거의 다 거기에 발표가 됐어요. 당시 기성 학회로는 '역사학회'가 있었는데, 이 역사학회의 학문 분위기하고는 조금 다르다는 얘기를 듣기는 했습니다. 그게 얼마나 달랐고 또 어떠한 의미를 가지는가 하는 문제는 앞으로 사학사적으로 정리를 하는 사람들이 밝혀내겠죠.

조광 한국사학회의 발족에 대해서도 말씀해주셨는데, 한국사학회는 한때 활발히 활동하다가 갑자기 저조해지고 바로 '한국사연구회'가 출범하게 됩니다. 한국사학회 활동이 갑자기 저조해진 이유와 당시 많은 젊은 연구자들이 한국사연구회로 새롭게 결집되는 배경에 대한 얘기를 좀 들려주십시오.

강만길 한국사학회 기관지인 『사학연구』를 낼 무렵에 사회적으로 한일회담 문제가 터졌고, 그래서 각 학회들이 거기에 대해 태도를 표명하는 분위기였어요. 물론 역사학계에서도 반대성명들을 냈고요. 그때 우리가 한국사학회 간사로 있었고 김성준 선생이 대표간사로 있으면서 반대성명을 냈어요. 그런데 이게 하루저녁 사이에 내용이 뒤바뀌어버렸어요. 당시는 국사편찬위원장이 한국사학회 회장을 맡게 되어 있었고, 신석호 선생님 후임으로 김성균씨가 회장을 맡고 있었는데, 그 양반이 기자회견을 통해서 "젊은 간사들의 견해이지 한국사학회의 공식 견해가 아니다"라고 발표를 해버렸어요. 그래서 간사들이 총사퇴를 해버렸고, 핵심적으로 활동하던 간사들이 총사퇴해버리니까 학회가 완전히 가사 상태에 빠져버린 거죠. 그리고 나서 나는 고려대학으로 오게 됐고 김용섭 선생은 서울대 사범대학에 있다가 문리대로 갔습니다.

역사학회는 동양사·서양사·국사를 다 합친 단체인데 서양사학회도 생기게 되자 한국사학회를 따로 하나 만들어야 하지 않겠는가라는 의견이 발의가 되어 1967년에 한국사연구회를 별도로 만들었습니다. 이후에 마치 한국사연구회가 역사학회에 대항하는 학회처럼 오해되는 문제가 생겨서 몇 분이 이탈하기도 했습니다만 당시 발기총회에는 한국사 연구자들이 거의 다 참여를 했어요.

나 개인적으로는 한국사를 연구하는 전문학회가 있어야겠다는 생각을 했고, 연구지도 있어야겠다는 생각에서 처음부터 적극적으로 참여했습니다. 그래서 1973년부터 대표간사를 맡았고, 내가 대표간사를 맡으면서 재원 확보를 위해 종신회원제를 시작했어요. 이기백 선생, 이우성 선생을 만나 협조를 구해서 이분들이 참여하시게 되고, 이기백 선생은 한국사연구회 종신회원 1호입니다. 그러고 난 다음부터는 큰 문제 없이 잘 해나갔다고 생각합니다.

조광 1980년대에 우리 역사학계에서 발생한 일 중의 하나는 '한국민중사 사건'으로 기억됩니다. 이 사건은 풀빛출판사에서 나온 『한국민중사』란 책이 국가보안법에 위반되었다 해서 법정에까지 비화된 것으로, 선생님께서는 이 재판에서 증언을 하신 적이 있으셨습니다. 그런데 '한국민중사 사건'이 왜 일어났다고 생각하십니까? 그리고 지금의 입장에서 그 사건이 갖는 의미를 다시 한번 조명해주시기 바랍니다.

강만길 적어도 일정하게 형식을 갖춘 학문적인 생산물에 대해서 실정법적인 규제를 가하는 것은 바람직한 일이 아니라고 생각합니다. 우리가 늘 주장하는 것이 학문의 자유, 사상의 자유이고 그것이 인간의 역사, 좁게는 민족의 역사를 발전시켜나가는 중요한 하나의 원동력이라고 생각하는데, 학문의 자유가 확보되지 않고서는 학문이 발전할 수 없고 학문이 발전하지 않으면 민족사회가 발전할 수 없겠지요. 또 단위민족사회가 발전하지 못하면 세계사가 발전할 수 없는 것 아닙니까? 그래서 피고인 쪽에서 학자로서 그리고 전문가로서 증언을 해달라기에 증언에 응했던 겁니다.

세계사적 대변혁과 분단문제 해결을 위해서는 역사가의 역할이 막중해

조광 오늘날 옛 소련이나 동구권들이 붕괴하고 있는 현상을 두고 사회주의체제의 몰락으로 받아들이는 경우가 많습니다. 사회주의체제의 실험장이라고 볼 수 있었던 중국마저도 개방정책으로 상당한 변화를 겪고 있습니다. 이러한 상황에서 선생님께서는 이미 중국 등 사회주의 국가를 직접 방문하신 적이 있습니다. 오늘날 사회주의 국가 내부의 변화에 대해서 역사학으로서 어떻게 평가하실 수 있겠습니까?

강만길 참 어려운 문제인데……(웃음) 우회적인 말이 될지 모르겠는데 인간의 역사는 인간의 정치적인 해방도를 넓히고 생산력을 향상시키면서 인간의 경제적인 평균화를 지향해나가는 것이라고 생각합니다. 또 사회적인 평등과 사상적인 자유가 확대되어가는 길이기도 하고요. 봉건사회가 끝나고 자본주의 사회가 온 것도 역사발전을 촉진시키는 방향에서 이루어진 것이지만 그 체제에 여러가지 모순이 누적됐을 때 그것을 해결하는 길로서 사회주의 사상이 나왔습니다. 사회주의 사상은 적어도 이론적으로는 현재 인간의 역사 속에서 도출해놓은 인간의 정치적 해방, 경제적 균부(均富), 사회적 평등, 사상적 자유화를 확대시켜나가는 길에 가장 근접해 있는 이론이라고 생각합니다. 다만 그것이 현실적으로, 정치적으로 적용되는 과정에서 많은 문제들을 일으켰고 실질적으로 그런 이론을 가지고 국가를 경영해본 경험이 70년밖에 안 되는데, 그 70년 동안에 많은 문제가 쌓여서 오히려 인간의 정치적 해방, 경제적 부의 향상과 균등분배, 사회적인 평등화, 사상적인 자유화를 저해하는 방향으로 나아가는 상황이 되어버린 거죠.

그러니까 이론적으로 아무리 좋다 하더라도 역사의 진행방향에 저촉이 되면 그 속에 살고 있는 사람들에 의해 거부당한다는 사실이 증명되었다고 볼 수 있겠죠. 한편으로 사회주의가 다 무너지고 난 다음에도 자본주의 이론 내지 자본주의체제가 계속 역사의 4가지 발전방향을 원만하게 추진해갈 수 있을 것인가 아니면 자본주의의 모순이 더 심화될 것인가 하는 문제는 여전히 남아 있습니다. 사실 사회주의가 나오면서 자본주의는 자기수정을 상당히 많이 해왔고 그러는 동안 자본주의의 수명이 연장되었다고 볼 수도 있는데, 이제 사회주의가 무너지고 나니 자본주의는 대항이론을 가지지 못한 상황이 되어버렸죠.

역사는 늘 변하는 것이어서 역사 속에서 하나의 체제가 영원히 가는 법은 없지 않습니까? 그래서 자본주의가 기본적인 틀을 그대로 가지고 있으면서 역사의 흐름과 더불어 자기변신을 해나갈 것인가 아니면 과거에 나왔던 사회주의 이론보다 더 적극적으로 역사발전을 추진해나갈 수 있는 이론이 다시 나올 것인가, 그것도 아니면 사회주의 이론 자체가 되살아나서 그 역할을 담당할 것인가 하는 문제가 지금 인류의 역사 앞에 가로놓여 있다고 생각합니다. 역시 이런 문제는 21세기에 들어가서 다시 한번 재정리되어야 하지 않을까 생각하고, 그럴 때 역사학자 내지 역사학의 역할이 대단히 크리라고 보기 때문에 지금 역사학을 공부하는 사람들은 그런 문제까지를 내다보면서 자기 이론을 세워야 하지 않겠는가 생각하고 있습니다.

조광 미래의 문제와 관련해서 통일의 방향에 대해 여쭤볼까 하는데, 그동안 남북한에서 제시된 통일운동의 방향이 내용상 다른 것인지,

아니면 통일운동이 어떠한 방향으로 나아가는 것이 가장 바람직한 것이라고 생각하시는지요? 남북한 간 역사인식의 차이뿐만 아니라 같은 점도 의식하고 계신데, 양쪽의 역사인식이 점차 동질성을 찾아간다고 보신다면 결국은 이러한 역사인식도 통일을 촉진시키는 데 기여할 수 있으리라고 생각합니다. 이런 문제들에 대한 선생님의 견해를 듣고 싶습니다.

강만길 적어도 역사학을 하는 사람, 특히 우리 역사를 공부하는 사람들은 역사인식의 대상이 민족 전체에 걸쳐야 됩니다. 언젠가 나는 그것을 이렇게 표현한 적이 있습니다. 지금까지 우리의 역사인식은 분단국가주의적인 역사인식에 한정되었다. 그것을 통일민족주의적인 역사인식으로 상승시켜야 한다. 물론 정치적으로는 두 개의 현실정권이 있고 그들이 일정한 인민과 영토를 지배하고 있지만 적어도 학문적으로 자기 나라 역사를 연구하는 학자들은 한반도 전체를, 또 그 주민 전체를 하나의 민족사의 대상으로 생각하는 역사인식이 필요하고, 앞으로 특히 역사학을 하는 사람들이 그런 쪽에 관심을 가져야 한다는 것이었죠. 그런 입장에서 보면 자연히 민족통일 문제가 떠오르지 않을 수 없습니다.

지금은 일반 국민들은 물론 남북의 정권담당층들도 흡수가 되든 정복이 되든 통일이 일시에 이루어져서는 안 된다는 데 공감을 하고 있어요. 상당한 기간 동안 양쪽의 체제가 유지되면서 점차적으로 통합되어가는 방향으로 가야 한다는 것이지요. 구체적인 체제 문제에 있어서도 지금은 자본주의체제가 갖고 있는 많은 모순이 지적되고 있고 또 이른바 현실사회주의가 갖고 있던 문제점도 지적되고 있어요. 자본주의 쪽에서도 혼합경제체제를 많이 쓰고 있고요. 권력의 형태가 어떻게 되어야 하는가 하는 문제와 체제가 어떻게 되어갈 것인가 하는 문제에 대해서는 일정하게 인식의 합의를 이루고 있는데, 왜 통일이 안 되고 있는가 하는 문제는 쉽게 얘기하기가 어렵습니다. 지난번에 체결된 남북기본조약대로만 한다면 전혀 문제가 없는데, 지금은 다시 핵 문제라든지 팀스피리트 문제가 걸림돌이 되어 지연되고 있어요. 나는 시간 낭비라고 생각합니다. 최근에 들으니까 핵 문제도 어느정도 타협점이 찾아져서 해결될 것 같다는 보도도 있던데, 너무 쉽게 말하는지 모르지만, 나는 통일이란 하루아침에 두 개의 정권이 하나가 되는 것이 아니라 차츰차츰 합쳐져가는 것이고 그렇게 되는 데는 아무런 장애조건이 없고 다만 양쪽 정권을 가진 사람들의 의지가 문제이다, 그들의 의지가 약할 때는 국민들이 그것을 밀어붙여야 한다고 봅니다. 지금까지도 사실 집권층은 통일을 하려고 했다기보다도 지연정책을 써왔다고 해도 과언이 아니죠. 민간 통일운동이 계속 밀어붙여서 이들이 내놓은 여러가지 방안들을 집권세력이 조금씩 수용해온 것이라고 봐야겠죠. 앞으로도 역시 그런 양상으로 진행되는 것 아닌가 하는 생각이 듭니다.

조광 1980년대 중반 이후 젊은 역사 연구자들을 중심으로 한국역사연구회, 역사문제연구소, 구로역사연구소 등 역사연구 3단체가 생겨났습니다. 이 3단체에 대한 선생님의 평가라고 할까, 바람이 있으시면 한 말씀 해주십시오.

강만길 학자들이 연구활동을 더 잘 추진해나가기 위해서 학회를 조직하는 일은 오래전부터 있어왔습니다. 학문도 자꾸 변하여 새로운 학문경향이 나오고 새로운 연구자들도 생성되어 나오는데 기존 학회가 그것을 수용하지 못할 때는 새로운 학회가 생길 수밖에 없겠지요. 나는 그것은 전혀 문제가 되지 않는다고 생각합니다. 우리 학회의 역사만 봐도 일제시대 때부터 진단학회가 있었고 해방 이후에 역사학회가 생겼고, 그후에 아까 얘기한 한국사학회도 생겼고 또 한국사연구회도 생겼습니다. 1980년대 들어와서 방금 얘기한 3개의 역사연구단체가 생긴 것도 아주 자연스러운 일이라고 생각합니다. 학문연구라는 것이 개별성이 상당히 강하기 때문에 공동연구를 하기가 어려운데, 이 새로운 연구단체에서 과거의 학자들이 하지 못했던 공동연구를 해서, 과거 어느 학회보다도 짧은 시간 안에 상당히 많은 연구업적을 내놓았어요. 그건 대단히 바람직한 일입니다. 새로운 하나의 연구방법론이 개발되었다고도 얘기할 수 있겠죠.

다만 이 3단체에 하고 싶은 말은, 우리나라적인 현상이 아닌가 싶은데, 선배 연구자 내지 기성 단체를 너무 의식하지 말았으면 합니다. 이걸 의식하게 되면 자연히 틈이 생기고 부자연스런 현상이 생기는데 그렇게 하지 말고 자연스럽게 자기 단체를 중심으로 자기들의 연구방법론을 개발해서 열심히 해나가면 우리 학문사에, 그리고 사학사에 하나의 획기를 만드는 단체들이 되지 않을까 생각합니다.

역사가의 역할은 민족사회, 인류사회의 발전에 이바지하는 것

조광 이제 학문적인 얘기는 좀 접어두고 선생님 개인의 체험을 좀 들어보도록 하겠습니다. 선생님께서는 세 번 남산, 남영동 분실, 그리고 서대문형무소에까지 다녀오셨죠. 한번 가실 때마다 엄청난 죄목이 따라다녔고요. 그때마다 역사가로서 남달리 느끼신 점이 많았을 것으로 생각되는데, 이런 특수 체험이 이후 선생님의 학문연구에 어떠한 영향을 미쳤을까요?

강만길 글쎄 몇 번 고초를 겪었죠. 처음은 1978년에 송기숙 등 광주의 교수들이 교육헌장에 반대하는 성명을 발표하면서, 서울에서도 같이 하자 해서 승낙만 하고 미처 서명을 안 했는데 성명이 발표되어 남산 지하실로 끌려갔었죠. 서명을 미처 하지 않아서 쉽게 풀려났습니다. 두 번째는 1980년 광주사태 때 서울에서 일부 학생들이 규탄대회 같은 것을 계획했는데, 아마 나에게 그 성명서 작성을 부탁할 계획이었던가봐요. 그것이 사전에 발각되어 성북경찰서에 끌려가서 한 달 동안 있었습니다.

마지막으로 간 것은 기독교사회연구소에서 강의한 것이 국가보안법 위반이라 해서 남영동을 거쳐 서대문까지 갔는데, 사실 그때 내가 한 이야기는 그후의 7·7선언 내용보다 훨씬 약한 얘기였어요. 이건 내 말이 아니고 자기 스스로 보수적이라고 말하는 아주 온건한 동료 교수가 노태우정권의 7·7선언이 나왔을 때 내게 한 말이에요. 당신이 언젠가 남북문제, 통일문제를 얘기했다가 잡혀가서 고생한 그 내용이 꼭 10년이 지난 후에 대통령의 입에서 나오고 있는 것 아닌가 하더군요. 사실 그렇죠. 남영동에 갔을 때 제일 고통을 많이 받았던 것이, 내가 말한 통일안이 북쪽에서 얘기하는 연방제안하고 같다고 하면서 그것을 언제 읽어봤느냐는 거였거든요. 물론 나는 읽어본 적이 없었고. 그런데 꼭 10년 후에 대통령의 입에서 같은 말이 나왔고 나는 그 10년의 차이 때문에 고초를 겪은 셈입니다.

내가 내 문제를 너무 크게 얘기하는지는 모르겠지만, 나는 이런 생각을 갖고 있어요. 학문을 하는 것은 단순히 지식의 축적을 위한 것이 아니고 그 민족사회, 나가가서는 인류사회가 한걸음이라도 더 나은 곳으로 나아가는 데 보탬이 되어야 하는 것이고 그것이 학문을 하는 최대 목적인데, 학자라는 사람이 현실에 안주해서 현실에서 용납되는 이야기만을 계속 하고 있으면 학자로서의 의무나 책임을 다하지 못하는 것이 아닌가 생각합니다.

조광   만약 선생님께서 역사학자가 되지 않으셨다면 무엇이 되셨을
까요? 다시 태어나도 역사학을 하실 것인지요? 또 평소 좌우명이 있으
시다면 무엇입니까?

강만길   앞서 얘기했다시피 집안이 어려워서 대학 갈 형편이 못 되
어 이웃 농촌에 소학교 선생으로 가기로 되어 있었어요. 그런데 담임선
생이 뒤늦게 원서를 사오셔서 시험이나 한번 쳐보라시기에 지원을 했
는데 합격이 되어 여기까지 오게 되었습니다. 역사학자가 안 되었다면
아마 소학교 선생이 되었겠지요. 다시 태어나도 역사학을 하겠느냐는
물음에는 장담을 못하겠지만, 역사학을 해온 평생에 대해서 후회해본
적은 없습니다. 사람이 다 그렇겠지만 한군데 오래 있으면 그 일 이외
에 다른 데 맞는다고 생각하기가 쉽지 않잖아요? 장사도 못할 것 같고,
정치도 못할 것 같고. 결국 학문 생활을 하거나 남 가르치는 데 종사하
지 않겠는가 생각합니다. 그렇기 때문에 가르치는 사람으로서 책임에
대해서 늘 생각하면서 살았는데, 그 책임을 얼마나 다했는가는 모르겠
고……(웃음) 사람이 좀 헐렁하게 살았는지 특별히 좌우명이라고 내세울
게 없어요. 다만 아이들한테 늘 하는 얘기는 무슨 일을 하더라도 성실하
게 최선을 다하라는 겁니다. 그렇게 해도 안 되면 할 수 없는 일이고.

조광   이번 대담을 통해서 선생님께서는 역사학자의 책임 문제에 대
해서도 언급을 해주셨습니다. 얘기가 나온 김에 역사학자는 어떠한 사
회적 책임을 가져야 하는지, 어떻게 실천을 해야 하는지에 대해서도 말
씀해주시기 바랍니다.

강만길   방금 얘기한 것처럼 학문을 하는 사람들 혹은 남을 가르치
는 사람들은 좁게는 민족사회, 넓게는 인류사회가 더 나은 쪽으로 나아
가는 데 자기의 학문 생활을 바쳐야 한다고 생각합니다. 그렇다고 해서
학자들이 역사적인 흐름에 앞장서라는 것은 아닙니다. E. H. 카(Carr)가

"역사학자란 역사의 대열이 잘못 가는 경우에 그 앞을 가로막고 나서서 이리 가면 안 되고 저리 가야 한다고 말하는 임무를 가진 사람이 아니라 제일 뒤에 서서라도 대열이 잘못 가고 있다는 사실을 작은 소리로 옆사람 또는 앞사람에게 계속 말해주는 사람"이라고 한 말이 기억이 나는데, 나도 그렇다고 생각해요. 우리 주변에서는 한때 이런 역할을 하는 사람을 두고 정치교수라고 이름 붙이기도 했는데, 그건 정치교수여서가 아니라 민족사회 혹은 인류사회의 발전을 위해서 자기가 옳다고 생각하는 일에 대해서는 어떤 방법으로든지 얘기해야 하기 때문이고, 그것이 특히 역사학을 하는 사람들의 책임이라고 생각합니다.

조광 거의 세 시간 가까이 대담을 가졌습니다. 앞으로 이 대담자료가 역사 공부를 하시는 분들이나 아니면 일반 지식인들에게도 상당히 많은 시사를 주고 도움을 줄 수 있으리라고 생각됩니다. 대단히 감사합니다.

우리 민족을 말한다

정치가에서 사상가로

강만길 선생님, 제가 말머리를 열겠습니다. 1970년대 말인지 1980년대 초인지에 어느 외국인 기자가 선생님에 대해서 쓴 글이 기억납니다. 그는 국회의원일 땐 정략가였고, 대통령후보가 되면서 정치가가 되었고, 납치당하고 또 여러가지 핍박을 받으면서는 사상가가 되었다는 글이었습니다.

1992년 대선을 치르신 후 정치 일선에서 물러나 더 높은 차원에서 민족문제를 생각하고 계시는 지금의 상황이야말로 그 기자의 말처럼 사상가로 나아가시는 시점이 아닌가 생각합니다. 당사자로서는 왜 낙선했다고 생각하시는지, 그리고 지금의 시점에서 선생님이 생각하고 계신 여러가지 계획과 앞으로 어떤 일에 힘을 기울이실 예정인지에 대해

---

* 이 글은 『나의 길 나의 사상』(김대중, 한길사 1994)에 수록하기 위해 김대중(金大中) 전 대통령과 강만길 교수가 나눈 대담이다.

말씀해주십시오.

김대중 저는 일생을 통해 대통령이 되어보려는 욕망을 가지기도 했지만 대통령이 되면 이런 일은 이렇게 해보고 저런 일은 저렇게 해보고 싶다는 생각을 가지고 40년 동안 나름대로 노력해왔습니다. 저의 국회 발언이나 연설을 검토해보면 발견하실 수 있겠지만 그동안 대안이 없는 비판을 한 적은 한 번도 없었습니다.

1971년 대통령선거 직후 미 국무성을 방문했을 때 고위 간부들이 미국에서도 보기 드문 훌륭한 정책대결이었다고 했습니다. 국내 신문들도 비록 졌지만 자랑스런 패배다, 시종 정책을 주도하여 선거전을 주도했다고 논평했습니다. 이번 선거에서도 남이 보기에도 또 제가 보기에도 미비하긴 하지만 나름대로 대통령이 된다면 통일·외교·국방·정치·경제·사회·문화·농촌 등 모든 면에서 어떻게 해나가겠다는 계획과 준비가 있었습니다.

지난 선거에서 제가 실망했던 점은 두 가지입니다. 이제는 영원히 우리 민족과 국민을 위해 봉사할 수 없겠구나 하는 생각에서 가슴이 아팠는데, 처음 한 달 동안은 실제로 육체적인 고통마저 느꼈습니다. 또 하나는 이번 선거에 진 이유가 인물이 부족해서라든가 경력이 좋지 않아서라든가 혹은 정책이 뒤떨어지기 때문이라면 한이 없을 텐데 지역문제와 용공조작 등에 의해서 승패가 판가름났던 것입니다. 선거 당시 경실련에서 분류한 13개 항목의 경제정책 중에서 11가지가 우리 당의 것이 더 나은 것으로 발표됐습니다. 그런데 그런 것은 득표에 전연 도움이 되질 않았습니다.

용공조작의 경우는 선거가 끝나자 자기들의 음해에 대해서 사과를 했습니다. 우리 당 의원의 질문에 국무총리와 안기부장이 북한에서 저를 지지하라고 방송한 적이 없었다고 공문서로 답변했습니다. 하지만 이미 선거가 끝난 후라 아무런 소용이 없었습니다. 군사정권의 악습은 언제나 마찬가지였습니다. 제 자신의 부족함에 대한 반성과 아울러 우리 국민들에 대해서도 국민이 어떻게 쉽게 번번이 용공조작에 속아서야 되겠는가 하는 생각도 했습니다. 선거 다음 날인 19일 새벽 참담한 심정 속에서도 사람은 물러서야 할 때 물러서야 한다는 생각으로 집사람과 상의하여 당 대표직도 내놓고 국회의원직도 사퇴했습니다. 그러고 나서 저는 이제부터 무엇을 할 것인가를 생각했습니다. 대중을 움직이는 일은 이제 끝났으니 국민과 후세를 위해 뭔가 지적인 문제를 연구하고 발전시켜 내놓으면 좋겠다, 그리고 이 지적인 노력의 대상은 1960년대부터 정열을 쏟아왔고 그 때문에 빨갱이로 몰린 적도 있지만 한 번도 정책이나 신념을 바꾸지 않았던 통일문제여야 한다는 생각이 들었습니다. 저는 통일운동을 하겠다는 것이 아니라 다만 연구를 해서 국민과 정부가 그것을 참고하도록 하고 싶은 것입니다.

아시아도 20세기 말부터 전반적으로 민주화 단계로 들어가고 있고 다음은 아프리카가 따라올 텐데 이런 계제에 아시아 민주화를 위해서 아시아의 여러 친구들과 손잡고 나가면 좋으리라는 생각을 하고 있습니다. 지금 아시아에서는 인권이나 민주주의에 대한 각성과 기운이 상당히 높아지고 있습니다. 더이상 억제하기 어렵습니다. 그리고 무엇보다도 독재체제로는 지금 아시아에서 일고 있는 경제발전의 변화를 따라갈 수 없기 때문입니다. 앞으로 정보화시대·지식산업시대가 다가오는데 이것은 정보가 물 흐르듯이 흐르고 창의가 솟아올라야 가능합니다. 그러므로 아시아는 민주주의를 할 수밖에 없는 단계로 들어가고 있습니다. 중국도 마찬가지입니다.

또 하나는 아시아에서 민주주의를 반대하는 1세 지도자들이 2000년까지는 모두 사라지게 되는데, 이를 계기로 아시아의 민주주의는 크게 전진하게 될 것입니다. 선거가 끝난 후 어느 우방국가의 대사가 한국을 떠나면서, 현재 아시아의 대표급 지도자를 논하면서 한 사람은 자질이 훌륭하지만 독재자라 될 수가 없고, 결국 경력이나 자격으로 보아서 김대중이 아시아의 민주화를 끌고 나갈 지도자가 아니겠는가 하는 이야기를 전해온 일이 있습니다.

유럽에 가서 5개월을 지내는 동안 느낀 점이 몇 가지 있습니다. 첫째는 독일 통일을 보고서 흡수통합식으로 해선 큰일나겠다 하는 것이었습니다. 둘째는 유럽통합의 추진은 독일 통일과는 달리 매우 점진적으로 이루어지고 있다는 것입니다. 독일은 정치통합부터 먼저 하고 그다음 화폐통합을 하고 맨 나중에 경제통합을 했는데 유럽은 경제통합부터 하고 있습니다. 1955년에 쉬망(R. Schuman)이 쉬망플랜을 발표해서 강철과 석탄통합을 실시한 이래 지금까지 점진적으로 통합을 해왔습니다. 밀고 가다 어려우면 좀 쉬고 더 어려우면 물러서고 그러다가 쉬워지면 앞으로 가면서 40여 년을 이끌어왔습니다. 이제 유럽은 다시는 분리될 수 없을 정도로 경제가 묶여 있습니다. 마스트리히트조약에 의해서 금세기 말까지 화폐통합을 하고 그후 정치통합을 하기로 했는데 대개 30년 정도 걸릴 것으로 보고 있습니다. 나는 이러한 유럽통합 방식의 점진적 그리고 착실한 방법이 우리에게 적합하다고 생각합니다.

지난 20년 동안 제가 한국의 통일문제에 대해서 3단계의 단계적 통일방안을 주장해왔지만 실제로 독일의 급속한 통일이 가져온 폐단을 보면서 더 한층 느낀 점이 많았습니다.

이제 세계는 하나인 동시에 지역적 협력이 필요한 시대가 되었습니다. EC(유럽공동체)지역과 북미자유무역협정(NAFTA)지역 그리고 아시아-태평양지역, 이렇게 지역들끼리 서로 협력하지 않고는 어느 나라든 혼자만 편히 살아갈 수 없는 시대가 온 것입니다. 통신이나 정보에서부터 공해 문제나 안보 면에 이르기까지 모든 문제에 있어서 서로의 협력이 필요합니다. 한반도의 평화와 통일은 아시아의 평화와 민주발전과 따로 분리될 수 없습니다.

강만길　우리의 정치현실을 선생님의 경륜대로 한번 끌어가보려고 하시다가 이제 어떤 의미에서는 한층 더 높은 차원의, 국민 차원이 아닌 민족 차원으로 올라가서 앞으로 민족문제를 어떻게 풀어나가야 하는가에 일생을 바치시겠다고 말씀하셨습니다.

저는 둘로 나뉜 하나의 민족이 재결합하는 일은 역사적 혁명에 비길 만한 일이라 생각하고 현시점에서 그 지도적인 역할을 담당할 인물은 정치가인 동시에 사상가여야 하다고 생각합니다. 과거에 우리 주변 민족들의 경우도 단순히 정치가적 자질만으로는 그러한 큰일을 이루지 못했고 결국 정치가로서의 높은 자질과 자기 철학을 가졌던 사람들만이 이룰 수 있었습니다. 앞으로 우리 민족의 통일 문제와 이후의 수습 문제를 위해서는 정치가적인 자질과 사상가로서의 자기 철학을 가진 인물이 지도자가 되어야 한다고 생각합니다.

앞으로 선생님이 통일문제를 연구하시면서 그 이론적인 것을 정책당국자에게 제공하실 수도 있을 테지만 아직은 스스로 적용시켜보고 싶다는 생각을 가질 수도 있지 않을까 합니다. 또 한편 과거 40년 동안 우리 국민들이 몇 사람의 정치지도자를 길렀다고 할 수도 있습니다. 국민적 합의 속에 어렵게 길러진 이런 분들이 모두 정책당국자가 되어 민족을 위해 충분히 봉사하도록 하지 못하고 뒤로 물러서게 한다는 것은 안타까운 일입니다. 선생님께서 말씀하시기를 나름대로 계획을 세워서 식견과 경륜을 가지고 이루어보려고 했지만 잘 안 되더라고 하셨습니다. 우리 국민 구성원들에 대한 인식이랄까, 정치를 하는 분들이나 학문을 하는 분들이 우리 민족을 어떻게 보고 있는가에 대한 문제가 다시 한

번 제기되어야 한다고 생각합니다.

근대의 사상가들 중에 우리의 민족문화를 대단히 신랄하게 비판했던 사람이 두 사람 있습니다. 한 분은 단재 신채호로서 우리 민족의 약점이 사대주의라고 대단히 비판했습니다. 또 한 사람은 이광수로서, 봉건주의적인 사고방식을 신랄하게 비판했습니다. 그 비판들을 분석해보면 차이가 있습니다.

단재의 비판에는 우리 민족의 문화창조력이나 역사창조력에 대한 깊은 신뢰와 애정이 담겨 있습니다. 그래서 그는 죽을 때까지 민족해방운동전선을 떠나지 못했던 것 같습니다. 하지만 이광수의 비판에는 패배주의가 들어 있습니다. 민족개조론도 그런 기조에서 나온 듯싶습니다.

선생님은 정치활동을 오래 하시는 동안 늘 대중 앞에 계셨고 또 세 번씩이나 좌절도 맛보셨습니다. 그런 입장에서 우리 역사와 국민들을 어떻게 생각하고 계신지 궁금합니다.

양면성을 가진 민족

김대중 지금까지 발굴된 고적을 보면 한반도에 구석기인들이 들어오기 시작한 것이, 즉 오늘날의 한민족 조상들이 이곳에서 살기 시작한 것이 1만 년 전부터인데 그다음 신석기시대가 전개된 것이 BC 6000년 정도로 알려져 있습니다.

우리 민족은 원래 이곳에 토착하던 농경민족과 북방으로부터 내려온 기마민족이 합쳐진 것인데, 그후에 고구려와 백제는 기마민족이 건국했고, 신라와 가야는 토착민족이 건국한 것 같습니다. 그것은 왕조 성립의 전설을 보면 알 수 있습니다. 고구려와 백제는 기마민족에 의한 정복

왕조 형식으로 건국했고 신라와 가야는 알에서 나온 임금을 백성의 대표가 추대해서 왕을 삼은 것으로 되어 있습니다. 재미있는 사실은 신라나 가야의 건국설화를 볼 때 오늘날의 민주주의와 똑같은 것은 아니지만 어쨌든 백성들이 주체가 되어 임금을 뽑았다는 것은 의미있는 일입니다.

세계 각국의 건국설화를 살펴보면 대개 정복 설화이지 이러한 백성의 추대 설화는 그리 많지 않습니다. 역사란 있는 사실도 중요하지만 어떻게 해석하느냐 하는 것도 굉장히 중요합니다. 특히 건국설화는 백성들의 마음에 일종의 바람직한 공감으로 심정이 살아남아온 것으로서 그러한 지지가 없었다면 이미 사라져버렸을 것입니다.

우리 민족은 기마민족과 농경민족의 복합민족으로서 진보성과 보수성이 어우러져 있습니다. 대체로 기마민족은 진취적이고 농경민족은 보수적인데, 2천~3천 년이 흘러오는 동안 기마민족적인 진취성은 농경민족의 보수성에 동화되어 우리 민족은 보수성이 두드러지게 강해졌습니다. 보수성이 나쁜 것만은 아닙니다. 이러한 보수성은 언제든지 있었습니다. 우리 민족은 자기의 본질을 지킬 수 있었고 언제든 장점을 발휘해왔습니다.

세계적으로 중국 같은 강대국 옆에 있으면서도 우리나라처럼 국권을 한 번도 잃지 않고 견뎌낸 나라는 없습니다. 중국민족은 참으로 동화력이 강한 민족입니다. 4천 년 전에 황하 유역에서 일어난 묘족(苗族)이 동서남북으로, 오늘의 중국으로 동화시켜나갔습니다. 그 동화력이 어찌나 강했든지 나중에는 몽고족·만주족까지 동화시켰습니다. 즉 몽고가 원나라를 세워서 백 년 동안 통치했는데도 몽고인은 오늘날 몽골인민공화국에 250만 명 정도가 남아 있을 뿐 대부분 중국화됐습니다. 또한 만주족은 청나라를 세워서 3백 년을 통치하면서 중국화되지 않으려고 온갖 몸부림을 다했습니다. 중국 사람하고는 절대로 결혼도 못하게 하고 또 만주에 중국 사람이 못 들어오게 하려고 버드나무 장벽까지 치면서 막았으나 통치 후 결국 중국화됐습니다.

그런데 대륙 동쪽에 혹같이 붙어 있는 조그만 한반도가 2천 년이 넘도록 중국으로부터 정치·경제·사회·문화·종교 등에서 온갖 영향을 받았음에도 불구하고 중국과는 엄연히 다른 민족으로서 남아 있는 것입니다. 중국으로부터 받아들인 것조차 반드시 우리 것으로 변화시켰고 그대로 하지 않았습니다. 참으로 억울한 일이지만 일제 35년만 없었더라면 우리는 세계에 유례가 없는, 단 한 번도 외국에게 나라를 내준 적이 없는 민족이 되었을 것입니다.

우리 민족은 자기를 지키는 보수성이 뛰어납니다. 반면에 진보와 개혁에는 퍽 소극적이었습니다. 요즘 고구려가 그대로 있었더라면 우리가 만주까지 국토로 차지할 수 있었을 것이라고 하며 매우 애석해하는 사람들이 있습니다. 그러나 그것은 헛된 이야기입니다. 고구려 장수왕 때에 소도를 만주땅 통구에서 철수해 내려온 것은 우리 스스로가 한 일입니다. 백제도 처음에는 경기도 양주에 도읍했다가 자꾸 내려가서 마지막엔 부여까지 갔습니다. 신라가 삼국통일을 했다 하지만 민족적으로는 완전한 통일이라고 할 수 없는 여러가지 문제점을 갖고 있었습니다.

어제 저녁 우리나라 지도를 다시 살펴봤더니 부산 바로 위에 경주가 있었습니다. 신라가 통일을 했으면 마땅히 수도를 평양으로 옮겼어야 합니다. 그래서 만주의 요하 동쪽의 고구려 땅을 관장했어야 합니다. 그러나 신라는 그러한 생각은 전혀 없었습니다. 겨우 평양 이남만 차지한 채 망하는 그날까지 경주에 있었습니다. 너무나 지나친 소극성이라 할 것입니다. 고구려 유민들이 세운 발해는 3백 년 동안 정권이 지속되었는데 일본·중국하고는 거래를 했으면서도 신라하고는 서로 거래가 없었습니다. 대단히 진보적이질 못합니다. 삼면이 바다로 둘러싸인 나라이면서도 장보고 외에는 제대로 바다에 나가본 사람이 없습니다. 무한의 보고인 바다가 바로 옆에 있는데도 외면하고 살아온 것도 바로 진보성이 부족하기 때문입니다. 그래서 번번이 왜국에게 짓밟히고 약탈당한 것입니다.

우리 역사를 보면 조금이라도 개혁적인 일을 하려던 사람들이 온전히 목숨을 부지한 예가 없습니다. 중국·한국·일본의 해상을 지배한 호족으로서 국정을 개혁하려고 했던 장보고는 당시 부패한 귀족의 음모에 의해서 암살당했습니다. 고구려 구토 수복의 큰 뜻을 안고 수도를 평양으로 옮기려 했던 묘청도 역시 귀족들에 의해 살해당했습니다. 노예해방과 민중에 의한 정권의 수립을 꿈꿨던 만적도 비참하게 살해당했습니다. 왕후장상의 씨가 있느냐, 우리도 정권을 잡아서 좋은 정치를 해보자고 일어선 만적의 노예해방투쟁은 로마의 스파르타쿠스의 난 같은 것에 비교가 안 됩니다. 그것은 뚜렷한 목표와 이념을 가지고 있었던 세계에서 보기 드문 노예해방투쟁이었습니다. 고려 말엽의 신돈은 당시 사람들로부터 성인으로까지 추앙받았던 사람이지만 참혹한 죽음을 맞았을 뿐 아니라 후세 사람들에 의해서 온갖 매도를 당해왔습니다.

조선왕조의 이성계는 지금까지보다 더 높이 평가해주어야 합니다. 우리 민족에겐 이성계의 출현이 복음과 같은 것이었습니다. 그 당시 고려왕조는 5백 년을 끌어와서 더이상 어떻게 할 수 없을 정도로 썩고 무력해져 있었습니다. 백성들은 귀족·토호 등이 이중삼중으로 세금을 뜯어가 살 수 없을 지경이었습니다. 더욱이 왜구가 쳐들어와서 송도까지 점령당했지만 아무도 막을 사람이 없었는데 그나마 이성계가 물리친 것입니다. 이렇게 나라가 다 망해서, 짐승에 비유하면 명이 다했는데도 죽지 않고 지척거리니까 그 밑에 깔린 풀, 말하자면 민초들만 죽을 지경에 놓인 것입니다. 그런 정권을 몰아내고 이성계가 새로운 세상을 가져온 것입니다. 이성계는 그 당시 시골에 정착해서 학문과 농업을 겸해 살아온 사대부들이 이끈 농민과 합세해서 조선왕조를 세웠던 것입니다.

이성계가 집권한 후 세종대왕 대까지 우리나라는 좋은 정치를 누렸습니다. 그런데도 우리는 그런 길을 열어준 사람보다는 끝까지 고려왕조에 충성한 사람들을 더 높이 평가합니다. 위화도 회군의 경우만 보더라도, 사람들은 그때 이성계가 돌아오지 않고 최영 장군 말대로 했더라면 고구려의 땅을 되찾았을 것이라고 말합니다. 하지만 왜구도 막지 못한 나라가 이제 막 일어나 승승장구하는 명나라를 이기고 옛 국토를 차지한다는 것은 전혀 불가능한 것이었습니다. 이성계가 위화도에서 회군해온 일은 무모한 이 전쟁에서 개죽음당할 뻔했던 1만여 명의 농민의 자식들에겐 축복이었으며 올바른 결단이었습니다.

조선왕조에서 개혁을 시도하려 했던 정도전이나 조준은 살해당했고 성인정치를 꿈꿨던 조광조도 개혁에 실패하고 살해당했습니다. 민중의 권익을 생각했던 정여립, 백성을 하늘이라고 외쳤던 최수운, 서북인에 대한 지역차별에 분노했던 홍경래 등 모두 비참하게 죽음을 당했습니다. 농민사상 그 예가 없이 찬연히 빛나는 반봉건·반제국주의 투쟁을 주도했던 전봉준도 형장의 이슬로 사라졌습니다. 우리는 전봉준이 이끈 동학혁명 같은 위대한 혁명을 가진 것을 다시없는 자랑으로 생각해야 합니다. 전봉준 장군이 죽음을 앞두고 남긴 시는 우리에게 뜨거운 감동과 경애의 심정을 일으키게 합니다.

때가 오니 천지가 모두 힘을 합치더라. 그러나 한번 운이 가니 영웅이라 한들 어찌할 수 없구나. 백성을 사랑하고 정의를 추구한 내게 잘못이 없는데 나라를 걱정한 일편단심을 누가 알아줄거나.

時來天地皆同力 運去英雄不自謀 愛民正義我無失 憂國丹心誰有知

갑신정변의 개혁을 하려 했던 김옥균도 마찬가지입니다. 개혁하려던 사람 중에 죽지 않고 제 명까지 산 사람은 서재필 박사입니다. 그분도 외국으로 나갔기 때문에 살 수 있었던 겁니다. 이렇게 된 데는 물론 박해자들이 첫째 책임이지만 우리 국민이 개혁을 꺼리고 두려워하는 민족성을 가지고 있는 데 근본적인 원인이 있습니다. 개혁을 거부하는 경향은 현재까지도 계속되고 있습니다. 해방 후의 우리 역사를 보십시오.

자기 나라를 짓밟은 악독한 지배자한테 붙어서 동족을 못살게 굴던 사람들이 해방된 이후에도 여전히 지배자로 군림해왔습니다. 일제하에서 경찰 노릇을 하며 독립운동가를 고문하던 자들이 그대로 우리나라 경찰계를 장악했고, 일제하에서 검사와 판사를 하면서 악질적인 행동을 하던 사람까지 모두 우리나라 검찰과 사법부를 장악했습니다. 일제때 총독부나 면사무소에서 징병·징용·정신대·공출 등 온갖 악행을 다 저질렀던 관료들도 배제되지 않은 채 그대로 우리나라의 관료가 되었습니다. 뿐만 아니라 일제시대에 국민 앞에 서서 천황을 위해 모든 것을 바쳐서 충성을 다해라, 그것만이 올바른 삶의 길이라고 떠들어대던 친일 문화인·학자·예술인 등이 해방 후 우리의 문화계·교육계·예술계를 흔들었습니다.

최근에 발표된 친일파 99인의 이름을 보고 다시 한번 놀랐습니다. 해방 이후 지금까지 우리 사회에서 큰소리치던 많은 사람들이 바로 일제 때의 친일파들이었던 것입니다. 참으로 통탄하고 부끄러운 우리의 역사입니다.

아무리 관용을 했다 하더라도 가장 악질적인 자들만은 배제해야 민족정기가 서고 민주주의가 자리잡는 것 아니겠습니까. 그들이 발붙일 수 있었던 것은 우리 사회가 개혁에 열의가 없음으로 해서 그들이 계속 특권의 자리를 누리는 것을 용납했기 때문입니다. 이 점에 대해 우리 민족 스스로가 크게 반성해야 합니다. 이러한 반성 없이 앞날의 개선은 없습니다.

우리 민족은 자기의 본질을 지키는 데는 굉장히 강한 민족입니다. 1905년의 을사조약 이래 1945년 해방이 되기까지 40년 동안 처음에는 국내에서 의병활동을 벌이다 안 되니까 해외로 나가 독립군을 조직해서 만주·중국·러시아 등 아시아 전지역을 돌아다니며 싸운 민족입니다. 3·1운동 이후에는 임시정부를 만들어 그 어려운 여건 속에서 26년 동안을 상해로 항주로 중경으로 해방 당일까지 그 간판을 유지했던 민족입니다. 이런 민족은 세계 모든 식민지 민족 중에서 어디에도 그 예를 찾아볼 수 없습니다.

이렇게 우리 민족은 양면성을 가지고 있어서 자기를 지키는 데는 뛰어난 동시에 개혁은 매우 싫어합니다. 지금 김영삼 대통령이 개혁을 주도하고 있는데 이런 민족성이 어떻게 투영될 것인지가 매우 주목됩니다.

강만길 유럽의 어느 역사학자가 일본에 왔을 때 옆에 5백 년의 문화를 가진 한국이라는 나라가 있는데 가보지 않겠느냐고 물었더니, 그의 말이 하나의 왕조가 5백 년씩이나 지속된 나라에 가서 역사학자가 배울게 뭐가 있겠느냐고 했다는 말을 들었습니다. 우리로서는 심각하게 음미해볼 말입니다.

앞에서 단재를 예로 들었는데 그분은 우리 민족의 엄청난 끈기와 저력에 대해서는 깊은 신뢰를 가지고 있으면서도 개혁에 대한 불철저성에 관해서는 상당히 아쉬워했습니다. 역사를 공부하는 사람으로서 이런 점에 상당히 책임감을 느끼고, 어쩌면 우리가 역사를 잘못 기록하고 가르친 데에 원인이 있는 것이 아닌가 하는 생각을 갖게 됩니다.

나는 이렇게 쓴 일이 있습니다. 만일 임진왜란 후 조선왕조가 망해서 왕조가 교체되고 실학사상을 가진 사람들이 새로운 왕조를 수립했더라면 민족사에 탄력성이 붙었을 것이고, 그러면 문호개방도 순조롭게 더 빨리 이루어져서 식민지로 가는 길을 막았을 것이라고 했습니다. 아직 보편적인 역사인식은 아니지만 우리 역사학계의 여러가지 문제점이 여기에 투영되어 있다고 생각됩니다.

어찌 되었건 우리가 일본의 식민지로 전락한 것은 어쩔 수 없는 현실적 상황 때문이었습니다. 우리 민족이 근대로 오면서 겪은 1차 실패는 식민지가 된 것이고 2차 실패는 민족의 분단이었습니다. 일본의 강압만이 식민지가 된 원인이라든지 혹은 미·소 양군이 분할 점령을 하여 분단이 될 수밖에 없었다든지 하는 것은 너무 외적인 요인에만 치우치는 것입니다. 자기 민족의 역사가 실패한 데 대해서는 민족 내부에서도 원인을 찾는 방향으로 역사인식이 바뀌어야 하지 않을까 생각합니다. 식민지에서 해방된 직후의 상황에서는 그런 말을 하기가 어려웠지만 이제는 해방된 지 반세기가 가까워오고, 어느정도 자기 능력을 키워나가는 마당에서 우리 민족사의 약점에 대한 가혹한 비판이 있어야 합니다. 그것을 바탕으로 현실을 끌고 나갈 때에 선생님께서 지적하신 것처럼 개혁의지가 우러나고, 또한 우리 민족문제를 해결할 수 있는 원동력이 생겨난다고 생각합니다.

세계에도 유례 없는 5백 년 왕조 역사

김대중 토인비가 세계 각국의 수도를 보면 그 민족을 알 수 있다고 했습니다. 영국은 동남쪽 템스강 입구에 런던이 있고, 프랑스는 서북쪽

센강 하구에 빠리가 있습니다. 중세 유럽의 역사에서 영국과 프랑스는 수백 년을 두고 서로 생사를 건 투쟁을 격렬하게 치렀습니다. 그때 전선의 최전방에 왕이 있었습니다. 귀족이든 집권자든 적이 쳐들어오면 제일 먼저 죽을 자리에 있었던 겁니다. 전쟁이 끝나고 국가가 통일되자 스코틀랜드나 웨일스뿐 아니라 다른 잉글랜드 지방도 수도를 영광의 자리인 런던으로 정하지 않을 수 없게 되었습니다. 프랑스도 마찬가지였습니다.

독일의 수도도 프로이센의 가장 동쪽인 베를린에 있습니다. 폴란드의 수도도 그 나라의 가장 동쪽인 바르샤바입니다. 이것은 중세기의 로마 가톨릭교회와 러시아 정교회가 피투성이로 싸우던 때 최전방에 선 자리가 수도가 된 것입니다. 반면에 모스끄바는 러시아의 서쪽에 있었는데, 서방으로부터 밀려오는 로마 가톨릭 세력을 저지하기 위해 왕과 모든 지배층이 이 최전방에 자리했던 것입니다. 뾰뜨르 대제가 서방 문물을 받아들이려고 했을 때 수도를 서방의 창인 뻬쩨르부르그로 옮긴 적이 있지만 공산당이 정권을 잡자마자 다시 서방과 싸우기 위해서 수도를 모스끄바로 되돌렸습니다.

지도를 보면 그런 예를 많이 발견할 수 있습니다. 가령 인도의 수도는 최북방 뉴델리에 있는데, 이는 힌두쿠시산맥을 넘어 중앙아시아의 만주족들이 쳐내려오는 것을 막으려고 이러한 최전방으로 중앙정부가 나온 것입니다. 중국은 북방의 만족을 막아야 했기 때문에 북경에 수도를 정했습니다. 쿄오또에 있는 천황이 에도에 있는 쇼오군과 싸워서 이긴 것이 메이지유신입니다. 그러고 나서 바로 쇼오군이 있었던 에도로 수도를 옮기고 천황은 적의 괴수가 살던 에도성으로 들어갔습니다. 이것이 바로 현재 일본인들이 신성시하는 궁성인 것입니다. 그런데 왜 그곳으로 옮겨갔는가 하면 그때 태평양의 전면에 나가 앉아 새로운 시대를 국민한테 알린 것입니다. 미국의 수도 워싱턴은 가장 동쪽 대서양 바닷가에 있는데, 이는 미국의 국토가 서쪽 태평양 연안까지 도달해도 변함이 없었습니다. 그것은 지난 2백 년 동안은 대서양시대였기 때문입니다. 이와 같이 세계 모든 나라들이 왕과 귀족과 중앙정부 모두 국가방위의 최전방에 수도를 정해놓고 유사시에는 목숨을 걸고 국민과 나라를 지킬 결의를 표시했습니다. 그런 공로로 그 싸운 장소가 수도로 인정받은 것입니다. 그런데 우리나라는 전혀 사정이 다릅니다.

우리나라는 신라통일 후에도 여전히 수도가 경주였고, 고려는 고구려를 재건하겠다고 하면서도 겨우 개성에 머무르면서 평양으로 서울을 옮기자고 말하는 사람을 역적으로 몰아 죽였습니다. 더욱 가관인 것은 조선왕조에 들어오면서 나침반을 가지고 풍수지리설에 따라 수도의 후보지를 찾아다녔습니다. 나라의 운명은 둘째고, 왕도가 가장 안전한 곳을 찾으러 다니다가 계룡산으로 도읍을 정했습니다. 십 리를 더 가라고 해서 지금의 북악산 밑 경복궁 자리로 온 것입니다. 그다음에는 왕십리로 정했는데 여기서도 십 리를 더 가라고 해서 왕십리가 된 것이 아니겠습니까? 수도는 국민과 더불어 사수한 곳이 아니고 왕가의 안전을 위한 명당터일 뿐입니다. 그러기 때문에 임진왜란 때 왕이 수도를 버리고 도망간 것입니다.

세계 여러 나라 중에서 한 왕조가 5백 년 이상을 집권한 나라는 이슬람교의 압바시야 왕조 5백 년, 오스만 투르크의 6백 년뿐입니다. 중국도 2백~3백 년 이상을 집권했던 왕조가 없습니다. 전한이 2백 년, 후한이 2백 년, 당나라가 3백 년, 송나라는 남송 북송까지 합쳐서 3백 년을 했고 원나라는 백 년 정도, 명나라가 2백 년, 청나라가 3백 년 미만을 집권했습니다. 일본도 천황의 가계는 천 년 이상이지만 백 년 이상 갔던 정권은 거의 없고 토꾸가와막부가 250~260년 정도를 집권했을 뿐입니다.

옛날에는 정권이라는 것이 한번 잡으면 무한대로 가는 왕조이기 때문에 왕은 완전히 궁성 안에 포위되어 백성과 격리된 상황에서 살게 됩니다. 이런 상황이라면 아무리 건강한 사람도 쇠약해지기 마련이고, 아무리 머리가 좋은 사람도 둔해지기 마련입니다. 그렇기 때문에 어떤 왕조든지 처음 백 년 정도는 상승기일 수 있습니다. 그다음 백 년은 정체기로 들어가게 되는데 제일 좋은 것은 이때에 정권이 교체되는 것입니다. 그것이 어려우면 쇠퇴기인 3백 년 즈음까지는 정권이 종식되어야 합니다.

그런데 우리나라는 왕조마다 가외로 2백 년씩이 더 붙어서 5백 년의 길이입니다. 신라가 나라의 형태를 갖춘 것을 내물왕 때로 보면, 그때부터 망할 때까지 5백 수십 년을 갔습니다. 고려도 5백 년, 조선왕조도 5백 년을 갔습니다. 나머지 2백 년은 거대한 괴수가 단말마의 비명을 지르면서 지척거리니까 그 밑에 깔린 민초들이 못살겠다고 아우성치는 기간이었던 겁니다.

그러다가 조선왕조 말엽에 외세가 밀려들어옵니다. 일본은 외세가 들어오자 토꾸가와막부를 몰아내고 메이지유신을 해서 대응했는데, 그렇게 하지 못한 우리로서는 몰아닥친 국란에 효과적으로 대응할 능력이 없었습니다. 지금도 안타깝게 생각되는 것은 대원군입니다. 대원군도 처음 정권을 잡았을 때엔 제대로 개혁을 했습니다. 국정도 쇄신하고 여러가지 서민을 위한 개혁도 했습니다. 대원군이 정권을 넘겨줬을 당시의 우리나라 국고는 흑자였습니다. 대원군은 내정은 제대로 개혁했으면서도 외세가 밀려올 때에 세계정세가 바뀌고 있다는 사실을 인식하지 못했습니다.

전쟁에 이기는 것이 반드시 좋은 일만은 아닙니다. 우리는 대동강에서 셔먼호를 물리쳤다고 하고 프랑스가 강화도에 왔다가 이삼 일 만에

격퇴당했다고 합니다. 하지만 그때 졌더라면 우리는 정신을 바짝 차리고 달라졌을 것입니다. 그런데 불행히도 이겼기 때문에 오만불손해져서 그까짓 외세쯤, 오랑캐쯤 문제없다고 안일하게 생각하다가 일본에게 당하게 된 것입니다.

대원군 초기에 일본에서 사신을 보내 우리나라에 국교를 청하면서 굉장히 유리한 조건을 제시했습니다. 그동안 잘못한 걸 사과하고 교육도 유리한 조건으로 하겠다면서 매우 온건한 태도로 나왔던 것입니다. 그런데 대원군이 이를 일축하고 무시하다가 나중에 대세가 우리에게 크게 불리하게 진행되어 일본의 강압적인 힘 앞에 참담한 악조선 속에서 강화도조약을 체결하게 되었던 겁니다.

이와 같이 왕조가 길게 계속되면 백성이 불행하고 국운이 위태로워지는 것은 동서고금에 공통됩니다. 아까 강교수께서도 말씀하셨지만 왕조가 2백~3백 년 이상 가는 것은 좋지 않습니다. 신라도 혼란기로 들어갔던 것이 765년의 36대 혜공왕 무렵인데 이 무렵에 국권이 교체되었으면 좋았을 것입니다. 고려도 1170년의 무신란이 건국 이후 약 250년인데 이 무렵에 왕조가 교체되거나 늦어도 1231년에 원나라가 침입했을 그 무렵에 왕조가 교체되었으면 좋았을 것입니다. 조선왕조는 1392년에 시작되었는데 1592년의 임진왜란 무렵이 꼭 2백 년이고 그후 1636년에 병자호란이 일어났습니다. 조선왕조는 마땅히 이러한 국란을 초래하고 제대로 막지 못한 책임을 지고 왕조가 교체되었어야 합니다. 그랬으면 백성도 행복했고 일제에 국권을 빼앗기지도 않았을 것입니다. 이 모든 것이 우리 민족이 개혁과 변화를 싫어한 것이 기본이 된 것 같습니다.

앞에서 우리 민족의 뛰어난 보수성에 대해 말씀드렸습니다. 요즘 중국이 저렇게 잘돼가는 이유는 화교들 덕분입니다. 동남아시아 각국에 있는 화교들, 즉 싱가포르·말레이시아·태국·인도네시아·필리핀에 있는 화교들은 물론 홍콩이나 대만 사람들까지도 그동안 이면으로 중국 본토에 얼마나 많은 투자를 해왔는지 모릅니다. 대만은 겉으로는 삼불 정책이라 해서 어떠한 접촉도 안 한다고 하면서 뒤로는 상당한 투자를 했습니다. 우리가 북한에 대해 한 것과는 너무도 차이가 납니다.

그런데 이 화교가 상권을 못 잡은 나라는 동남아시아에서 일본하고 한국뿐입니다. 과거의 인도차이나 3국과 모든 동남아시아 각국에서 우리 민족은 자기 본질을 지키는 보수성이 매우 강합니다. 그러나 이것이 지나쳐서 개혁과 변화를 너무도 기피해왔습니다.

우리 민족이 가지고 있는 이 두 개의 성향은 매우 뚜렷합니다. 역사학 자들이 이런 점을 국민에게 분명히 제시하면서 우리가 깨닫고 깨우쳐서 개혁을 받아들일 때는 받아들여야 한다는 것을 교육시켜야 합니다. 장점은 장점대로, 단점은 단점대로 충분히 인식시켜주어야 할 것입니다. 사람은 육신이 전부 건강해도 어느 한 곳이 결정적으로 나빠지면 죽는 것입니다. 나라도 마찬가지입니다. 결점이 어느정도 있을 때는 장점에 묻혀서 큰 문제가 없지만 그것이 결정적일 때는 장점이 있음에도 불구하고 나라는 망치게 됩니다. 이제는 우리도 우리 민족사를 뒤져가면서 우리의 민족성에 대해 반성하고 시정할 때가 되지 않았는가 하는 생각을 갖습니다.

강만길 선생님이 역사 분야에 대해 상당히 독서를 많이 하셨다는 것에 놀랐습니다. 선생님 연배의 분들은 우리 민족사에 대한 이해가 거의 없거든요. 일제시대에 교육을 받았기 때문에 스스로 노력하지 않으면 우리나라 역사에 관한 지식을 갖고 있기가 어렵습니다.

좌우익 민족해방운동을 함께 평가해야

선생님은 일제시대의 민족해방운동에 대해 말씀하셨습니다만, 우리 민족은 여러가지 문제도 있었고 때론 전선이 분열되기도 했었지만 어느 민족 못지않게 끈질긴 투쟁을 벌였습니다. 지금 우리는 민주화운동이나 통일운동을 해나가면서 민족적 역량을 키워 역사를 바른 길로 끌고 나가야 하는 상황에 있는데 그 뿌리는 민족해방운동으로부터 시작된다고 생각합니다. 그런데 문제는 민족해방운동에 대한 우리의 인식이 잘못되어 있다는 것입니다. 선생님이 말씀하신 것처럼 이 문제는 해방 직후의 분단과정이나 오늘의 진보적인 시각에서 민족통일 문제를 생각하는 것과 연결된다고 생각합니다.

지금 남쪽에서는 분단시대 이후의 상황 때문에 일제시대 민족해방운동전선의 우익전선만 가지고 민족해방운동 전체로 생각하고 있고, 북쪽에서는 좌익전선 가운데 극히 한 부분만을 가지고 전체를 설명하고 있습니다. 실제로는 일제시대를 통해 민족해방운동의 좌우익 전선이 모두 싸웠고, 또 서로 협력하여 전력을 강화하기 위해 통일전선을 이루려고 노력도 했었습니다. 그러나 그 맥이 8·15 이후의 통일민족국가 수립운동으로 연결되지 못했습니다.

식민지시대의 민족해방운동에 대한 우리 국민 전체의 인식과 역사에 대한 이해가 잘못되어 있었습니다. 이 때문에 민족해방운동에 대한 교육도 잘못되어 있습니다. 좌익전선의 활동에 대해 전혀 가르치지 않을 뿐만 아니라 오히려 일제시대까지 소급해서 적대하는 교육을 하고 있는 것입니다. 식민지시대의 민족해방운동에 대해 선생님은 어떻게 이해하고 계신지요.

김대중   우선 우리 민족은 식민지 지배 전기간을 통해 하루도 거르지 않고 싸웠던 세계에서 유일한 민족이었다고 말씀드리고 싶습니다. 국내뿐만 아니라 국외에서까지도 싸운 일은 우리가 대단히 자랑스럽게 평가해야 할 일이라고 생각합니다. 이러한 국내외에서의 투쟁이 3·1운동으로 집약되었던 것입니다.

그 당시 윌슨의 이른바 민족자결이란 것이 있었지만 이는 유색인종을 위한 것이 아니라 중부유럽의 일부 백인에게 국한된 것이었습니다. 그럼에도 불구하고 우리는 그 시기를 놓치지 않고 이를 최대로 활용하여 민족의 에너지를 총집결시켜 3·1운동의 민족적 독립운동의 기치를 높이 듦으로써 전세계를 놀라게 하고 감동시켰습니다. 이 일은 전세계에 영향을 끼쳐 간디가 주도한 인도의 독립운동에 큰 영향을 주었습니다. 그 당시 인도의 시인 타고르가 한국을 아시아의 등불이라고 찬양한 시를 남긴 것은 너무도 유명합니다. 중국 5·4운동에도 결정적인 영향을 주었는데 주역인 천 두슈 같은 사람은 3·1운동과 한국 사람을 높이 평가했습니다.

3·1운동 이후에도 민족해방투쟁뿐만 아니라 국민교육운동·문화운동·노동운동·농민운동·언론운동 등이 계속됐습니다. 1920년 중반부터는 좌우가 손잡고 신간회·광주학생사건 등이 있었습니다. 그때 우리 민족을 위해 싸웠던 분들은 자기 개인의 소신에 의해서나 혹은 외부의 지원세력을 이용하기 위해 좌와 우로 갈라섰습니다. 물론 개중에는 철저한 공산주의자도 있었겠지만 그들의 주목적은 민족독립이었기 때문에 이것을 오늘날과 같은 계급투쟁의 문제로 보아선 안 됩니다. 그러므로 해방 후 일제하에서 싸운 공산주의자들을 오늘의 공산주의자와 같이 매도하고 그들이 바친 민족독립운동에 대한 공로를 무시하는 것은 대단히 잘못된 일입니다. 이것은 주로 친일파들이 해방 이후 이 나라 국권

을 장악했기 때문입니다.

강만길 사실 그것은 일제하에서 민족해방운동을 했던 분들의 실제적인 대립 상황이라기보다는 8·15 이후의 상황을 기준으로 해서 일제시대를 소급해서 대립시키고 오늘의 대립을 심화시킨 경우가 상당히 많습니다. 극우좌익적 역사인식이 일반화되어 있고 또 가르쳐지고 있는 것이지요. 그것을 해소하지 않고서는 앞으로의 비흡수 평화통일을 이루기 어려운 문제와도 연결되어 있지요.

선생님은 8·15 이후 우리 민족사회가 한창 소용돌이치고 있을 무렵에 젊은 시절을 보내셨을 것입니다. 그 엄청난 소용돌이 속에서 우리 민족은 또 한번 중요한 선택을 해야 했습니다. 정치노선도 여러 개로 나뉘어 있었고 여러가지 혼란도 많았습니다. 결과적으로 통일민족국가를 형성하지 못하고 분단국가를 만들고 말았는데, 지금에 와선 그 시각이 옛날과 많이 달라졌습니다.

8·15 이후를 되돌아볼 때 어떤 역사의 맥을 어디에다 연결시킬 수 있을까 하는 문제를 많이 생각하게 됩니다. 특히 몽양 여운형 노선은 새로운 역사적 평가를 받고 있으며 해석도 여러가지로 달라져가고 있습니다. 40여 년간 정치를 하면서 우리 민족문제와 직면해왔고 또 같은 연배의 누구보다도 역사 공부를 많이 했다고 생각되는 선생님이 8·15 당시 겪으신 경험담과 그때 어떻게 했어야 민족의 분단을 막을 수 있었는가 하는 문제에 대한 관점이 있으시면 듣고 싶습니다.

몇 년 전 어느 보수 경향의 신문사에서 주관한 학술회의에 참석했었습니다. 그때 이동화 선생님께서 우리가 분단을 막을 수 있었던 기회를 놓쳤는데, 그것은 신탁통치를 받는 일이었다고 말씀하셔서 참석했던 사람들이 모두 놀랐습니다. 이제는 8·15 시점으로 돌아가서 그 당시 우리 민족의 현실을 직시하고 재평가해야 할 시기가 왔다고 생각합니다.

또한 이 문제는 통일문제와 직접 연결되어 있다는 생각도 듭니다.

해방공간에 대해 올바른 역사인식을 가지고 사셨던 분들은 그리 많지 않습니다. 그런 뜻에서 선생님의 경험담과 생각을 듣고 싶습니다.

첫번째로 놓친 통일의 기회

김대중　해방 당시 저는 스물한 살로서 일본의 군 복무를 위한 징병검사에 갑종 합격이 되어 소집영장을 기다리며 어떤 조그만 기선회사에서 임시 직책을 맡고 있었습니다. 하루는 처갓집에 가 있는데 일본 천황의 중대 방송이 있다고 해서 라디오 앞에 앉았습니다. 천황이 떨리는 목소리로 길게 얘기를 하는데 들어보니 항복한다는 내용이었습니다. 순간적으로 저는 자리에서 벌떡 일어나서 만세를 불렀습니다. 그때 저의 처가가 전라남도에서 몇째 가는 큰 인쇄소를 했는데 거기서 종이를 가져다가 '조선해방'이라고 쓰고는 아직 일본 경찰과 군대가 시퍼렇게 돌아다니고 있는데도 이곳저곳에 붙이고 다녔습니다.

지금도 잊혀지지 않는 일은 세무서에 다니던 친구가 마침 자전거를 타고 지나가다가 내리더니 저에게 경례를 하면서 일본말로 "마침내 저는 내일 출정합니다" 하는 것입니다. 그의 말인즉 군에 입대한다는 겁니다. 그래서 제가 조선말로 "전쟁이 끝났는데 무슨 입대를 합니까"라고 했습니다. 그러자 그는 저에게 "미국이 항복했습니까" 물었던 것입니다. 그 정도로 당시의 국민은 세계정세를 몰랐고 일본이 꼭 이기는 것으로 믿었던 것입니다.

해방 직후에 건국준비위원회가 생겼습니다. 목포의 경우를 예로 들면 좌우가 똑같이 참여했었습니다. 그땐 모두들 감격해서 서로 얼싸안고 그러던 때였는데 빨갱이가 어디 있고 반동이 어디 있었겠습니까. 그렇게 한창 건국준비위원회를 하고 있는데 서울에 한국민주당이 등장했고 국민대회준비위원회니 임정 봉대니 하면서 갈라지기 시작했습니다.

제가 스물한 살 때 처음 건국준비위원회에 가서 한 일은 선전부에서 글씨 쓰고 벽보를 붙이러 다니는 것이었습니다. 원래 일제 때부터 좌우익이 있긴 했지만 실제로 우리는 우익이 뭔지 좌익이 뭔지 잘 몰랐습니다. 그리고 김일성이란 이름은 들어본 일이 있지만 김구나 이승만이라는 이름은 전혀 들어본 적도 없었습니다. 그만큼 철저하게 봉쇄된 사회에서 살고 있었던 겁니다. 김일성에 관한 얘기도 축지법이니 뭐니 해서 말하자면 민중들의 소망이 합쳐져서 만들어낸 것이었습니다. 그러자 좌우익이 갈라지고 저는 신민당이란 정당에 잠시 몸을 담았다가 공산당과 싸우고 그들과 결별을 했습니다. 그것이 1946년 여름이었습니다.

그후 저는 사업을 하면서 우익 쪽에 가담하여 대한청년단 목포시 해상단부 부단장을 지냈습니다. 그러다가 6·25동란이 났는데 저는 그때 서울에 있었습니다. 그 전까지는 공산당이 그렇게까지 잔인한 줄을 몰랐습니다. 북에서 내려온 사람들이 공산당 얘기를 하면 자기들이 쫓겨 내려와서 저렇게 말하는 것이겠지 생각했었습니다. 그땐 대부분의 남한 사람이 그렇게 생각했습니다.

남한 사람들이 공산당을 알고 정말 반공의식을 갖게 된 것은 6·25동란 때문입니다. 6·25 때에 공산당이 인민재판을 하고 숙청을 하고 또 농촌에 가서는 감 한 개까지, 옥수수 한 개까지 세고 벼 이삭까지 세어 세금 받아낼 준비를 하고, 게다가 길거리 좌판에 담배 몇 갑 놓고 파는 사람들한테까지 매일 세금을 걷어가는 짓을 했습니다. 나중에 쫓겨서 북으로 올라갈 땐 대량학살까지 했습니다. 반대파에 대한 숙청은 이쪽도 마찬가지였지만 그 정도가 북쪽이 훨씬 더 심했습니다. 그때부터 남한 사람 모두가 진짜 반공으로 돌아섰습니다. 오늘날까지 반공체제를 지탱해온 것도 안기부나 경찰의 노력보다는 그때의 산 체험이 강력한 반공의식을 심어준 덕이 더 크다고 나는 생각합니다.

해방 이후 가장 큰 문제로 등장한 것이 친일파 문제입니다. 대한민국의 통일문제나 민주주의 문제의 잘못된 출발의 근본에는 친일파가 있습니다. 친일파에 대한 숙청의 실패가 모든 일을 망쳐놓았습니다. 해방 직후 미군정이 들어섰을 때 친일파는 재빠르게 치안이나 행정을 확보하려면 경험 있는 사람들이 해야 한다고 설득했습니다.

대한민국정부 수립 전후인 1947년 무렵이었는데, 함경도에서 고등계 형사를 하던 자가 경찰서장이 되어 목포에 내려왔습니다. 그때만 해도 이승만·김구 두 분을 양 영수라 해서 관청 같은 곳에 사진을 걸어놓게 했습니다. 그런데 부임하자마자 그걸 본 경찰서장이 김구 선생 사진을 가리키면서 대뜸 "저 빨갱이 놈의 사진을 왜 걸었어, 뜯어!" 하고 호통을 쳤답니다. 그래서 그 자리에서 당장 사진을 뜯어냈다고 합니다. 그 밑에 경찰서 사찰계 주임이 있었는데 아무나 마음대로 잡아다가 살리고 싶으면 살리고 죽이고 싶으면 죽였습니다. 재판도 없이 산기슭에 가서 죽였던 것입니다. 그러다 목포형무소에서 좌익들이 탈옥한 사건이 생겼는데 다른 죄수들이 멋모르고 따라 나갔다가 잡혔습니다. 그 죄수들을 그대로 논바닥에서 막 쏘아 죽였고 또 적극적으로 해명을 안 한 사람들, 또 체포된 나머지 사람들 특히 한독당 사람들은 죽여서 시체는 그대로 내버렸습니다.

결국 근본문제는 신탁통치를 안 받아들인 데 있는 것이 아니라 친일파를 숙청하지 않은 데도 큰 원인이 있는 것입니다. 친일파가 자기들이 살기 위한 방해로 반공을 지상명제로 내세웠으며 반공이면 살인을 해도 상관없는 세상으로 만들었던 것입니다. 그러다보니 친일했다는 과거는 문제가 안 되고 어느새 나라를 지키는 의인이 돼버렸습니다. 이런 판에 남북이 합쳐서 신탁통치를 받아들인다는 생각은 꿈에도 할 수 없었고 그런 생각을 가진 사람은 아무리 민족적 양심을 가진 사람일지라도 빨갱이로 몰렸습니다.

1945년 12월 27일, 모스끄바 3상회의에서 한국에 대한 5년 이내의 신탁통치가 선포되었을 때 우리 국민 모두가 일제히 반대했습니다. 좌우가 없었습니다. 그러나 차츰 시간이 가면서 미·소가 냉전 대결을 벌이고 있는 상황에서 양쪽이 합의하여 우리의 통일문제를 풀어줄 길은 모스끄바3상회의의 결정을 받아들이는 길밖에 없다는 여론이 중간파 지도자를 중심으로 일기 시작했습니다. 미군정도 이를 받아들이도록 적극적으로 설득했습니다. 그러자 국민들도 이대로 대결하면 분단이 몇십 년을 갈지도 모르는데 5년 이내, 그것도 3년 내로 끝날 수도 있다고 하니 다시 생각해볼 수도 있지 않겠는가 하는 생각을 가진 사람이 늘어나기 시작했습니다. 하지만 사회 분위기는 여전히 반탁 쪽이어서 매일같이 반탁시위가 벌어졌고 다른 말을 하면 당장 빨갱이에 역적으로 몰렸습니다.

미국은 1947년 초까지 상당기간 동안 신탁통치를 받게 하려고 애썼습니다. 그 당시 주둔군 사령관인 하지 중장도 신탁통치를 받아야 한다고 주장하면서 좌우합작을 추진했습니다. 하지만 한국의 모든 사법부와 검찰·경찰 등을 반탁세력의 영향하에 그대로 둔 채 그런 주장을 한 것은 아무런 소용이 없는 일이었습니다.

그래서 좌우합작이 시작되었습니다. 그 당시 좌우합작의 중심인물은 좌익 대표인 여운형, 우익 대표인 김규식과 민정장관 안재홍, 이렇게 세 분이었습니다. 그러나 안재홍 민정장관의 손발은 경찰이건 공무원이건 전부 반탁에 열중한 친일세력에 장악되었기 때문에 안장관은 전혀 그 역할을 할 수 없었습니다. 미국은 모든 실권을 친일파의 손에 쥐여주면서 입법의원이나 만들어서 좌우합작을 하라고 했지만 그런 상황하에서 성공될 리가 없었던 것입니다. 미군정의 태도는 고의가 아니면 참 비현실적이고 순진한 것이었습니다.

그 당시 김규식이나 안재홍 같은 지도자들이 어째서 경찰력을 포함한 행정실권이라든가 그런 실권을 민정장관 수중에 집중시키도록 요구하지 않았는지 이해가 안 갑니다. 그러나 신탁통치를 반대한 사람 중에는 많은 순수한 애국자들이 있었습니다. 그때 신탁통치를 받아들였더라면 5년 내에 통일을 할 수도 있었습니다. 하지만 그렇게 하려면 우선 내심으로 통일을 결사반대하는 친일파를 제거하고 실권을 안재홍 민정장관이 잡았어야 합니다. 신탁통치를 받는다는 것은 결국 통일정부가 생긴다는 말인데 그렇게 되면 기득권세력, 즉 친일세력의 숙청을 의미하는 겁니다. 친일파가 이를 묵과할 리가 없지 않습니까.

나는 김구 선생을 절세의 애국자로서 또는 위대한 인격자로서 매우 존경합니다. 그러나 김구 선생의 이 무렵의 정치적 판단에는 재고할 점이 있다고 생각합니다. 김구 선생이 처음에 신탁통치를 반대했던 것은 당연하지만 남한의 단독정부 수립이 임박할 때까지 반대한 것은 문제가 있었다고 생각합니다. 왜냐하면 신탁통치 아니면 단독정부 길밖에 없었던 것입니다. 그러므로 신탁통치를 끝까지 반대할 생각이었다면, 자신이 남한의 단독선거에 뛰어들어 남한의 대통령이 되었어야 합니다. 그리하여 남한의 실권을 쥐고 남북협상을 열어서 통일을 추진했어야 할 것입니다. 그때 만일 김구 선생이 말하기를 이박사는 남한 단독정부를 만들어서 영원히 분단하려고 하지만 나는 북한하고 대화해서 통일하기 위해 잠정적으로 대통령이 돼야겠다고 하면서 선거에 임했다면 국민들이 굉장히 그분을 지지하여 김구 선생 진영은 국회의원 선거에 승리하여 대통령이 되었을 것입니다. 그때는 대통령을 국회에서 뽑았습니다. 그 당시 국민들은 단독정부를 밀고 나가려는 이박사를 그리 크게 지지하지 않았습니다. 제헌국회 선거에서 그를 지지한 세력이 성공하지 못한 것으로 입증이 됩니다. 그런데 김구 선생은 이것도 저것도 다 반대했습니다. 신탁통치도 반대, 단독정부도 반대했습니다. 그분이 삼팔선을 넘어 북한에 다녀오신 것은 애국자로서 상징적이고 감상적인 행동이며 비장한 결심의 발로이지 현실을 움직이는 정치는 될 수 없었습니다.

미군정의 모순되는 태도와 좌우합작 지도자들의 너무도 엉성한 상황 판단 그리고 김구 선생의 태도 등으로 통일의 유일한 기회를 놓쳤다는 것을 저는 지금도 안타깝게 생각하고 있습니다.

강만길 8·15 이후 정계에 투신한 사람들은 대개 일제시대 민족해방운동에 투신했던 분들과 일제시대의 관료 출신, 그후로 법조계·학계 출신 등을 들 수 있는데, 선생님의 경우 그런 범주에 들지 않는 전문적 정치가라는 느낌이 있습니다. 선생님이 정치에 투신하게 된 동기와 그 즈음의 정치관을 말씀해주십시오. 또 선생님은 현실 정치인 중에서 어느 누구보다도 먼저 민족의 통일문제를 '4대국 보장론' 등의 구체적인 안을 가지고 말씀하셨고 그 때문에 많은 고난도 겪으셨습니다. 선생님이 언제 정치를 시작하셨고 어떤 동기로 민주주의의 발전과 민족통일 문제를 정치 생활의 대목표로 삼으시게 되었는지 말씀해주십시오.

정치에 관심 많았던 소년 시절

김대중 나는 전라남도 신안군 하의면 후광리라는 섬에서 태어났습니다. 저의 아버님께서는 일제 때에 구장을 지내셨습니다. 그때는 구장 집에 무료로 신문이 배달되었습니다. 『매일신보』라고 총독부 관보였던 셈이지만 일제 말이라 한글신문이라곤 그것뿐이었습니다. 저는 여덟 살 무렵 때부터 신문을 봤는데 주로 1면만 읽었습니다. 어렸을 때부터 그만큼 정치에 관심이 많았습니다. 또 어떤 영향이 있었다면 아버님한테서 받은 것인데 저의 아버님은 우리끼리 얘기할 때는 천황을 천황이라 하지 않고 꼭 유인(裕人, 히로히또)이라고 이름을 불렀습니다. 그리고 우리 조선왕조의 역대 왕들을 적어주시면서 종종 역사 얘기를 해주셨습니다.

목포상업고등학교에 다닐 때 선생님 중에 무꾸모도 이사부라는 일본 선생이 있었는데 이분도 정치에 관심이 많았습니다. 그 선생님이 가끔 시국 얘기를 하시다가 나와서 얘기할 사람은 해보라고 했습니다. 그래서 제가 나가 얘기를 하면 그분 말씀이 대단한 식견이고 언변이다, 네 말을 듣고 있으면 꼭 일본의회에서 대의사가 연설하는 것 같다고 했습니다. 그러면 나는 더욱 신바람이 나곤 했습니다. 그때는 두어 달에 한 번씩 일본인 현역 장교 교관이 시국에 관한 강연을 했었는데 강연이 끝나면 질문을 하라고 했습니다. 마침 토이기(土耳其, 터키) 다르다넬스해협과 관련된 국제적 긴장이 있었는데 제가 그 문제에 대해서 질문을 했더니 그 교관이 몰라서 답변을 못하고 쩔쩔맸습니다. 그때 그 일은 함께 학교를 다녔던 사람들 사이에 지금도 화젯거리로 남아 있습니다.

저는 대학을 못 가고 사업을 했는데 스물다섯 살까지 해운회사와 조선회사를 경영하다가 『목포일보』 사장이 되었습니다. 『목포일보』는 일제시대에 조선에서 최초로 발간된 지방지였습니다. 그러다가 정계에 뛰어들어 몇 번 낙선을 했습니다.

3대 국회의원 선거에 무소속으로 나왔다가 관권의 탄압으로 떨어지고 4대 때에는 강원도 인제로 갔습니다. 그때는 군인들에게 현지 투표권이 있던 시절이었습니다. 군인들은 압도적으로 야당을 지지했기 때문에 그냥 등록만 해도 당선이 될 수 있었던 형편이었습니다. 그런데 자유당의 간섭에 의해 등록이 취소되었습니다. 유명한 인제의 호박꼭지 도장 사건이 일어난 선거간섭의 경우였습니다. 그때가 1958년으로 결국 1960년대에 있었던 3·15부정선거 예행연습이었던 셈입니다. 군인들을 가둬놓고 중대장이라는 사람이 투표지를 확인하여 저를 찍은 표는 전부 찢어버렸으니 당선될 턱이 없었지요. 그리고 4·19 후에 또 떨어졌는데, 이유는 군대의 표가 부재자 투표제도로 바뀌었기 때문입니다. 그당시 저는 민주당 내의 신파였는데 구파가 자유당 잔당들과 짜고서 휴전선 일대의 전방 지구당에 나가서 싸운 신파의 후보자를 낙선시키기 위해 그렇게 했던 겁니다. 자유당 치하에서 목숨 걸고 일선에 가서 싸운 것은 그 대부분이 신파 출신이었습니다. 그다음 선거는 5·16이 나기 사흘 전에 있었습니다. 당선이 확정되어서 여기저기 인사를 하고 서울로 가려던 참인데 5·16이 났습니다. 그래도 무조건 서울에 와서 17일에 국회의원 등록을 마쳤는데, 18일에 국회가 해산된 겁니다. 그래서 이틀 동안 5대 국회의원을 했습니다.

제가 정치를 해야겠다고 결심한 것은 6·25 때문입니다. 6·25 때 저는 광화문에 있는 어느 여관에 묵고 있었습니다. 국회에서는 서울 사수를 결의하고 이승만 대통령은 서울을 지킬 테니 시민은 안심하라는 내용의 방송을 내보냈습니다. 그런데다가 전쟁 전에 그 당시 국방장관인 신성모라는 사람이 사흘이면 평양에 가고 일주일이면 백두산에 가서 압록강 물을 떠다 이승만 대통령 각하께 바칠 수 있다고 큰소리를 치곤 했습니다. 채병덕이라는 일본군 출신의 참모총장도 똑같은 말을 하곤 했기 때문에 시민들이야 그런가보다 하고 믿을 수밖에 없었지요. 그런데 막상 전쟁이 나니까 사흘 만에 우리가 평양엘 가는 게 아니라 저쪽 사람들이 서울에 왔습니다. 25일에 전쟁이 났는데 꼭 사흘 만인 28일 새벽에 광화문까지 들어왔습니다.

그때 저는 사업을 하고 있었기 때문에 어떤 기업체에 맡겨놓은 돈이 있었어요. 그래서 갖고 있던 돈을 다른 사람들에게 다 나눠주고 그 돈을 찾으러 갔더니 벌써 종업원위원회가 조직되어서 금고를 봉쇄해버린 후였습니다. 당장 먹을 것도 오갈 데도 없는 거지 신세가 되었습니다. 매일같이 폭격을 하고 사람들을 자꾸 의용군으로 잡아갔습니다. 이불을 쓰고 유엔군 방송을 들으니 대전전선에서 막아내겠다는 것이었습니다. 그래서 나는 전선을 돌파해서 목포로 가야겠다고 생각했습니다. 일행 몇 사람과 온양·당진·서천·군산·영광·함평·무안·목포의 길로 해서 경남선을 타고 걸어 내려갔습니다. 장항에 가니까 인민군이 벌써 목포에 들어갔다고 벽보가 붙어 있는데 그 옆에 '중공군, 일본 구주(九州, 큐우슈우) 상륙'이라고 씌어 있었습니다. 서울서 라디오로 듣던 대로라면 일본 상륙은 도저히 있을 수가 없는 일이었습니다.

나는 그런 엉터리 벽보를 믿고 싶지 않았습니다. 큐우슈우 상륙이 거짓말이니까 목포 점령도 거짓말이라고 생각하고 싶었던 것입니다. 그래서 계속 걸어 내려갔습니다. 불행히도 전남 일대는 인민군이 점령하고 있었습니다. 구사일생의 고비를 넘기면서 목포의 저의 집에 도착했더니 어머니가 집 앞의 도로 위 의자에 앉아 계시는데 꼭 미라 같았습니다. 제가 어머니 하고 부르니까 깜짝 놀라시면서 하시는 말씀이 인민군이 와서 우리 집을 반동의 집으로 지목해서 숟가락 하나까지 다 가져가고 집은 봉쇄를 당해 들어가지 못한다는 겁니다. 저의 집사람은 둘째아들 홍업이를 일본 사람들이 파놓은 방공호 속에서 며칠 전에 낳았다는 겁니다.

저는 목포에 도착한 지 이틀 만에 붙잡혀서 내무서에서 1개월, 형무소에서 또 1개월을 보냈습니다. 처음부터 반동이라 해서 조사할 필요도 없는 대상에 들어 있었습니다. 일본 경찰에 애국자를 몇 명 밀고했느냐고 묻기에 그런 일이 없다고 하니까, 아직도 정신을 못 차렸다고 하면서 따귀를 한 대 때리고는 아예 상대를 안 했습니다. 형무소에서는 어찌나 식량이 적든지 하루에 조그만 밥덩이 두 개하고 해초국을 조금 주는데 그릇 아래에 갯벌 흙이 수북이 엉켜 있는 소금 국물의 국이었습니다. 이렇게 되니 배가 고파서 견딜 수가 없었습니다. 먹는 것 외에는 아무것도 생각이 나지 않았습니다. 이렇게 굶주림의 생활을 두 달 하고 나니까 얼굴은 뼈와 가죽만 남을 정도로 말라버렸습니다.

서울의 9·28수복 때에 목포형무소에서 김일성의 일제 퇴각 명령으로 인민군들이 후퇴를 하면서 우리를 학살하려고 자동차로 실어서 산골짜기에 가서 사살했습니다. 220명 중 140명 정도 죽이고 시간이 없어 그대로 가버렸습니다. 나는 나머지 80명 중에 끼여 있었습니다. 나중에 들은 얘기로는 지방 교도관들한테 불을 질러 우리를 죽이라고 했다는데 자기들도 목포에 가족이 있으니까 겁이 나서 차마 죽이지 못했던 것이었다 합니다. 그렇게 해서 제가 살아났으며 저와 함께 잡혀갔던 아우와 장인도 구사일생으로 살았습니다.

그런 일을 겪고 보니 정부가 정치를 잘못하면 그리고 백성을 속이면 나라와 백성이 얼마나 비참해지는가 하는 것을 통감했습니다. 그뿐 아니라 이렇게 백성의 생명과 재산을 지키지 못한 정부가 백성에게 사과하기는커녕 수복한 후에는 정부의 말만 믿고 서울에 남아 있었던 사람들을 부역했다고 닦달까지 했습니다. 그러다 1·4후퇴 때 국민방위군을 소집한다고 하니까 몇십만 명이 자진해서 입대했습니다. 이 사람들한테 줘야 할 식량이며 모포를 중간에서 빼돌려 간부들이 착복함으로써 그때 얼마나 많은 사병들이 얼어 죽고 굶어 죽었는지 지금도 그 숫자를 알 수 없습니다. 그런데 이런 짓을 했던 사령관과 참모장이 군법재판에서 무죄판결을 받았습니다. 이런 통탄할 일에 대해서 야당 의원들이 들고 일어났습니다. 그리하여 정부로 하여금 이 문제를 재조사하게 하여 사령관과 참모장 둘을 사형시켰습니다. 6·25의 피해, 수복 후의 정부 태도, 국민방위군 사건 등을 볼 때 정부를 잘못 만난 백성들의 불행을 새삼 절감했습니다. 그러나 한편 국민방위군 사건을 재심해서 사령관 등을 처단한 것을 보고 나는 큰 감명을 받았습니다. 결국 내가 느낀 것은 정치가 나쁘면 백성이 희생되고 올바른 국회를 가지면 억울한 일이 해소될 수 있다는 것이며, 결국 민주주의밖에 국민을 위한 길이 없다는 생각을 굳혔습니다.

사실 그 제2대 국회 때에는 언론이 굉장히 강했습니다. 그 당시 '3대지'라고 해서 『조선일보』 『동아일보』 『국제신문』이 있었는데 타블로이드판 지면에 주먹 같은 활자로 매일 정부를 공격했습니다. 국민들은 정부를 비판할 때에도 누구 눈치를 보는 법이 없이 다방에서도 마음 놓고 얘기했습니다. 그때는 안기부도 없었고 보안사도 없었고 국가보안법이나 반공법도 없었습니다. 오직 검찰하고 경찰이 있을 뿐이었습니다. 국민들은 그때 이박사가 애지중지하던 방위군 관련 사람들이 처형되는 것을 보고 나서 민주주의라는 게 이렇게 좋은 것이로구나 하고 느꼈던 것입니다. 전시하에도 누리는 언론과 비판의 자유 그리고 대통령이 아끼던 군 장성의 처형 등을 보고 국민들은 사기가 올랐습니다.

그때 국민들은 공산당에 대해서 마음속에서 이렇게 외쳤습니다. "너희는 자유가 없지만 우리는 전시 중인데도 이런 자유가 있다. 그러므로 우리는 목숨을 걸고 공산당과 싸우는 것이다." 이런 긍지를 가질 수 있었던 것입니다. 그래서 전쟁도 이길 수 있었습니다. 그런 걸 보면서 저는 하루속히 이런 나쁜 정치를 끝내고 민주주의를 해야겠다는 생각을 하게 되었습니다.

또 하나, 제가 글로 쓰기도 하고 여러 번 강조했던 얘기입니다만 저는 유물론도 유심론도 잘못이고 물과 심은 변증법적으로 통합되어야 한다는 생각을 가지고 있었습니다. 자유만 주장하는 것은 왼쪽 절름발이고 빵만 주장하는 것은 오른쪽 절름발이입니다. 사람이 행복하려면 빵과 자유가 함께 있어야 하고 또 건강하려면 양쪽 다리가 다 성해야 합니다. 다시 말해서 자유와 정의가 같이 있어야 한다는 겁니다. 그런 생각에서 저는 일생 동안 단순히 자유민주주의만이 아니라 정의가 수반된 민주주의를 주장해왔고 또 노동자 등 약한 사람들 편에 섰던 것입니다. 그러나 공산당에 대해서는 일관되게 반대했습니다.

저는 절대적으로 자유시장경제 신봉자이지 사회주의 경제의 지지자는 아닙니다. 유럽에서는 자유경제를 하면서도 노동당이건 사회민주당이건 모두 시장경제를 받아들이고 있습니다. 정당들은 주식의 대중화를 실천하고 사회주의의 정당들이 주장하는 사회복지를 받아들였습니다. 그리하여 오늘날에는 자본주의 정당이니 사회주의 정당이니 하는 구별이 없이 완전히 중도통합을 했습니다. 그래서 저는 정치적으로 민주주의, 경제적으로는 시장경제, 사회적으로는 복지, 철학적으로는 유물론과 유심론이 변증법적으로 통합되는 방향으로 나가야 한다고 생각하고 있습니다. 그리고 이 모든 것을 해나가는 데에 있어서 궁극적인 목적은 국민을 위한 자유와 정의의 실현 그리고 민족의 통일이어야 한다는 생각입니다.

분단은 남이 해놓은 분단인데 우리는 이를 회복하려고 노력하려는 것보다는 동족끼리 수백만을 희생시키면서 처참한 대립만 해왔습니다. 남북이 분단된 것은 이념 차이나 계급투쟁 때문도 아니고 문화나 종교가 다르기 때문도 아닙니다. 외세가 우리도 모르게 민족을 갈라놓은 것입니다. 우리는 이 점을 명심해야 합니다. 우리는 민족과 이념을 구분해야 합니다. 이념은 다르고 공산당은 반대하더라도 민족에 대한 애정과 공동운명의식은 견지해야 합니다. 이제 냉전도 끝난 이 마당에 우리는 하루속히 민족의 통일을 시작해야 합니다. 그 진행은 단계적으로 하더라도 시작만은 빨리 해야 합니다.

저는 지금까지 일관된 정치목표로 자유·정의·통일의 길을 40년 동안 걸어오면서 많은 박해를 받았습니다. 목숨까지 걸어야 했습니다. 제 목숨만 거는 게 아니라 가족과 친척들과 친구들과 모든 주변 사람들의 안위와 목숨까지 거는 일이었습니다. 하지만 견뎌왔습니다. 간혹 거울을 보면서 잘 견뎌주어서 고맙다고 제 자신에게 감사를 합니다.

역사를 객관적으로 보아야

강만길   선생님이 살아온 과정이나 환경은 그 당시로 본다면 우익에 가까운 분인데 민족문제를 생각하는 데는 상당히 객관적이고 또 그것이 선생님의 강점이라고 생각합니다.

8·15 이후 특히 1948년에 양쪽에 분단국가가 생기고 난 다음엔 정확한 의미의 민족주의는 없어졌고 결국 남은 남대로 북은 북대로 분단국가의 유일성·정당성·최고성만을 주장하는 분단국가주의가 만연하게 되었습니다. 정부가 모든 교육을 통해 그런 주장을 강조하고 주입시켜 왔기 때문에 어떤 의미에서는 분단 이후에는 분단국가주의만 있었을 뿐 한반도에 살고 있는 전체 주민을 대상으로 하는 통일적 민족주의는 없었던 것 같습니다. 이것을 회복하는 제일 빠른 길은 민족문제를 자기

가 소속되어 있는 하나의 정치권을 넘어서 객관적으로 볼 수 있는 눈을 가질 수 있어야 한다고 생각합니다.

현실적으로 정치에 참여하고 있는 분들은 학문을 하는 사람들과 달라서 그런 문제를 생각한다고 하더라도 더구나 분단시대의 어느 한쪽 체제에 속해 있는 정치인으로서는 그것을 실천에 옮기기가 대단히 어려울 것으로 생각됩니다. 저는 선생님이 현실 정치에 참여하고 계시면서도 분단국가주의적 한계를 넘어선 객관적이며 전체적인 민족관을 가질 수 있게 된 것은 정치인으로서의 강점이라고 생각합니다. 어떻게 그것을 뛰어넘어 한반도 전체로 사고영역을 넓히시게 되었는지 그 계기를 말씀해주십시오.

김대중 저는 어떤 사물이나 상황을 볼 때 한쪽에 치우치지 않고 균형 있게 보려고 합니다. 앞에서 유물론과 유심론에 대해 말씀드릴 때에도 어느 한쪽에 치우쳐선 안 된다고 했지만 무엇이든 균형 있게 보면 객관적이 될 수밖에 없습니다.

저는 역사에 많은 관심을 가지고 있습니다. 역사를 대하면서 특히 느끼는 것은 당대에 권세를 누렸던 사람들이나 비참하게 매도당했던 사람들이 후세인에게는 어떻게 평가되는가 하는 것입니다. 하나님 눈에는 천 년이 한순간입니다. 역사를 보면 억울하게 매도되었던 사람들이 반드시 다시 평가됩니다.

중국의 진시황은 2천 년 동안 만고의 폭군으로서 매도되었습니다. 그러나 지금은 진시황을 세계 역대 군주 중에서 가장 탁월했던 군주의 한 사람으로 평가하고 있습니다. 조조도 『삼국지』 본지에서는 그렇지 않은데 연의에서는 몹시 나쁜 자로 나옵니다. 사실은 『삼국지』 소설을 쓴 사람이 유비를 통해서 한나라 유씨왕조의 정통성을 세우려고 조조를 천하에 못되고 악랄한 사람으로 몰았던 것입니다. 유비·손권·조조, 이 세

사람 중에서 제일 탁월한 지도자는 조조였습니다. 둔전(屯田)제도를 창
시해서 병사들이 전쟁이 없을 때는 농사를 지어 자기 식량을 조달하고
백성을 괴롭히지 않는 일까지 했습니다. 조조는 적어도 다른 두 사람보
다 나으면 나았지 못한 것이 하나도 없습니다. 여하튼 그렇게 억울하게
당한 조조도 재평가되고 있습니다.

이완용도 자기가 한 짓 때문에 자기 자신이 준엄한 심판을 받고 있음
은 물론 죄 없는 자손들이 지금까지 매도당하고 있습니다. 반면에 안중
근 의사는 만고의 애국자로서 영원히 추앙받고 있습니다. 역사에서의
평가는 작게는 내 자손들이 나를 어떻게 평가하느냐 하는 것입니다. 더
크게는 민족이나 세계가 어떻게 평가하느냐 하는 것이라고 생각합니
다. 가장 중요한 것은 이 시대의 한국 사람이면 민족 최대의 아픔인 조
국통일을 어떻게 이룩하는가 하는 것입니다. 북한과 공존하고 서로 협
력하면서 민족의 운명을 같이 개척해나가야 합니다. 공산주의는 이미
멸망했습니다. 중국도 월남도 변하고 있습니다. 북한도 시간문제입니
다. 우리는 자신과 민족애를 가지고 남북문제를 풀어나가야 합니다.

제가 5년 동안 대통령을 했느냐 안 했느냐 하는 것은 중요한 문제가
아닙니다. 제가 민족을 위해서 어떻게 살았는가가 중요합니다. 민족을
위해 사소한 차이를 버리고 헌신한 사람들은 모두 역사에서 승리했습
니다. 그들은 현실적으로 성공하지 못했더라도 역사를 통해서 승리했
습니다. 이순신 장군으로 말하면 지금의 해군 참모총장밖에 못 됩니다.
윤봉길 의사나 안중근 의사는 시골 면장도 못 지냈습니다. 그래도 이완
용에 비하면 몇백 배나 역사를 통해서 성공한 분들입니다. 영의정 백 명
을 합쳐도 이순신 장군 하나만 못할 것입니다.

사물을 이러한 역사적 시각에서 보면 뭐가 되고 안 되고는 그리 중요
한 문제가 아닙니다. 어떻게 살았느냐가 중요합니다. 행동하는 양심으

로 당당하고 바르게 살다 죽으면 젊어서 죽건 늙어서 죽건 무엇이 되건 못 되건 그 인생은 성공한 것입니다. 인간은 완전히 훌륭할 수는 없습니다. 그러나 훌륭하게 살다 보면 올바른 길을 가게 됩니다. 저는 그런 생각을 가지고 살아왔기 때문에 항상 마음이 평안합니다. 저의 인생은 나름대로 값있었고 성공하였다는 생각을 가지고 있습니다.

저는 1980년에 사형언도를 받아 죽음을 앞두고 있었습니다. 협력하면 살려주겠다고 매일 졸라대면서 대통령만 포기하면 된다는 것입니다. 나머지는 무엇이든지 시켜주겠다는 것이었습니다. 당신도 가족이 있지 않느냐고 하면서 그렇게 하자고 설득했습니다. 저도 살고 싶었지만 도저히 국민을 배신할 수는 없었습니다. 그것이 바로 인간의 자유의지라고 할 수 있는데, 살고는 싶으면서도 "나를 죽이시오, 국민을 배신할 수는 없소"라고 말했던 것입니다. 그리고 역사는 박정희씨나 전두환씨보다는 반드시 저를 더 바르게 평가해주리라고 확신했었습니다. 저는 스스로에게 타일렀습니다. 나는 최소한 역사에서의 나의 승리를 알고 죽는다, 많은 바르게 산 사람들이 그랬듯이 나도 역사의 승자가 되는 것이다, 인생은 어차피 한 번 죽는 것 아닌가, 이렇게 역사 속에서 승자가 된 자기를 믿고 죽을 수 있으니 나는 얼마나 다행인가, 이렇게 생각하니 마음이 아주 편해졌습니다. 그래서 재판이 없는 날은 매일 잠만 잤습니다. 그랬더니 하루는 헌병이 와서 "아니, 선생님은 이 판에 잠이 옵니까" 하고 묻기까지 했습니다. 나는 웃으면서 "잠 안 자면 누가 나를 살려주는가"라고 대답했습니다. 그러면서도 한편으로는 얼마나 속을 태웠던지 육군교도소에 있는 8개월 동안 몸무게가 6킬로그램이나 줄었습니다. 소신 가지고 견뎌냈지만 한편으로는 갈등도 많이 느꼈습니다. 일생에 다섯 번 죽음의 고비를 넘겼지만 다른 때는 순간순간의 고비였는데 8개월을 죽음과 마주하면서 견뎌내는 것은 참으로 힘든 일이었습니다. 굳은 신앙심, 인생에 대한 확고한 철학 그리고 나름대로의 투철한 역사관과 국민과 민족에의 사랑 없이는 견디기 힘든 일이었습니다.

강만길 결국 분단시대에 정치를 하면서도 민족문제를 객관적으로 볼 수 있는 것은 사물을 역사적으로 보는 안목을 가졌고, 그러면서 역사 발전의 방향성에 대한 이해가 당대의 어느 정치가보다 앞서 있기 때문이라고 할 수 있지 않은가 합니다. 역사발전의 방향성 문제를 두고 이야기하면 자본주의와 사회주의의 관계 문제 그리고 민주주의의 옳은 의미와 역사성 문제 등을 언급하지 않을 수 없을 것 같은데요.

20세기는 민주주의 승리의 역사

김대중 우리는 민주주의에 대해서 다시 한번 그 가치를 인정하고, 한국 민주주의의 맥을 어떻게 잡아나가야 할 것인가에 대해서도 생각해야 합니다. 20세기는 민주주의 승리의 역사입니다. 소련이 망한 것은 사회주의가 자본주의에 패배한 것이 아닙니다. 민주주의를 하지 않은 사회주의와 자본주의는 망하고 민주주의를 한 사회주의와 자본주의는 성공했습니다.

민주주의를 안 한 자본주의의 대표적인 예가 히틀러의 나치즘과 군국주의 일본의 독점자본주의인데 두 나라 모두 세계 강대국이었지만 참담하게 패배하고 말았습니다. 그럼 왜 민주주의를 하면 이기고 민주주의를 안 하면 지는가 하면 민주주의를 하면 백성들의 의사가 위에 반영되기 때문입니다. 만일 반영이 안 되면 그런 정부는 선거를 통해서 바꿀 수 있습니다. 다시 말해서 백성들의 뜻에 의해 정권이 바뀌고 정책도 달라질 수 있는 것입니다. 보수당이든 혁신당이든 모두 마찬가지입니다. 백성들의 의사를 무시하고는 존재할 수 없는 것입니다. 따라서 정치는 백성들의 뜻에 따라 계속 변화·발전합니다. 그러니 거기에 백성들의 좌절이나 불만이 있을 수 없고 적극적인 지원 속에 정치는 발전해나갑니다.

민주체제 아래에서의 자본주의 경제체제에 있어서 원래는 자본가가 주식을 독점했었지만 지금은 대중화되어서 선진국에서는 한 개인이 갖고 있지 못한 것이 보편적인 상황입니다. 또한 과거의 자본주의는 자본가가 직접 경영을 했지만 주식이 대중화되고 난 후부터 주주들이 뽑은 전문경영인이 운영하게 되었습니다.

민주체제 아래서의 사회주의도 과거에는 생산수단의 소유가 국가에 의해서 독점되었고 기업의 경영도 국가가 임명한 관료에 의해 행해졌던 것을 고쳐서 대중적 소유와 전문경영인 경영으로 바뀐 것입니다. 그리고 기업이 얻은 소득은 당연히 다수의 주주에게 공정하게 분배됩니다. 이 점에 있어서 자본주의도 사회주의도 마찬가지입니다. 이렇게 하여 소유와 경영과 분배가 중도 통합되는 것입니다. 이렇게 국민들의 뜻에 의해 이루어지는 자본주의는 이기고 공산주의나 독점자본주의는 모두 망했습니다. 문제를 그렇게 볼 때 민주주의의 중요성을 절감하게 됩니다.

19세기까지는 그렇지 않았지만 20세기부터는 민주주의가 세계적으로 보편화된 이념이 되었습니다. 20세기 역사에서 초반에는 1차대전, 중반에는 2차대전, 종반에는 냉전, 이 세 가지 고비에서 모두 민주주의가 이겼습니다. 20세기는 민주주의 승리의 역사이며 거기에 따르는 자유시장경제 성립의 역사라고 봐야 합니다. 그런데 문제는 영국이나 프랑스·일본·미국 등 자기들로서는 그만하면 민주주의를 하고 있다는 나라들이 바로 아프리카나 중남미·아시아 등 약소국가의 여러가지 희생

위에 잘산다는 것입니다. 말하자면 국내에서만 민주주의를 하고 밖에 나가서는 민주주의를 안 하는 것입니다. 이것이 오늘날 세계 최대의 문제인 남북문제인 것입니다. 절대 다수의 인구를 점한 남쪽 국가들이 소수의 북쪽 국가들에 의해 지배당하고 수탈당하고 있는 것입니다.

이제는 민주주의가 자기 국경을 넘어서 이웃과 세계를 포함한 민주주의가 되어야 합니다. 통신·교통의 발달이 이것을 가능하게 합니다. 민주주의는 국민국가의 민주주의로부터 주변 국가들을 포함한 연방제 민주주의 그리고 전세계를 포함하는 세계적 민주주의, 이렇게 3중의 구조로 발전해나가야 할 것입니다. 유럽에서는 EC를 거쳐 유럽연방의 정치적 통합까지 나아가고 있는 과정입니다. NAFTA도 그렇게 될 가능성이 있습니다.

내 국민의 자유, 내 국민의 복지만 생각하는 민주주의는 이제 한계에 온 것입니다. 이렇게 되려면 철학이 달라져야 합니다. 이런 생각에서 저는 지난 대통령선거 공약으로 신인도주의를 주창했던 것입니다. 신인도주의에 있어서는 자기 국민의 자유와 복지의 실현, 또 국제사회에서는 남쪽의 제3세계 나라들에 대한 자유와 번영과 복지의 실현의 보장이 이루어져야 합니다. 그리고 나아가서 지구상에 있는 모든 자연의 존재들, 동식물과 흙과 땅과 물과 공기 등의 생존과 번영도 보장해주어야 합니다. 우리는 지구를 너무도 수탈하고 학대하고 파괴하고 있습니다. 우리가 지금 귀 기울여 듣고 눈여겨보면 지구에 있는 만물들이 사람 때문에 못 살겠다고 아우성치는 소리가 귀를 쟁쟁히 찌를 것이며 그들의 처참한 모습이 우리들의 눈에 비칠 것입니다. 우리의 어머니인 지구에 감사하고 사랑해야 합니다. 그리고 지구 위의 만물과도 같이 살고 같이 번영해야 합니다. 이것은 그렇게 하지 않으면 인류까지 멸망한다는 서구식 환경보존론으로는 부족합니다. 동양 전래의 자연과 사람을 하나로 생각하는 자연존중과 애호의 사상, 또는 모든 만물에 부처님이 깃들었다는 불교의 사상 등이 바탕이 되는 새로운 인도주의와 민주주의의 철학이 형성되어야 합니다. 나는 영국의 케임브리지대학에 있을 때 몇몇 석학들과 이 문제를 논의하면서 의견의 일치를 본 일이 있습니다. 그리하여 이러한 새로운 민주주의를 코스모폴리탄 데모크라시(cosmopolitan democracy) 혹은 글로벌 데모크라시(global democracy)라고 명명해본 일이 있습니다. 우리가 민주주의를 논함에 있어서 하나의 잘못된 주장이 있습니다. 그것은 아시아에서는 민주주의가 적합지 않다, 아시아에는 민주적인 철학도 전통도 없다 하는 잘못된 주장으로 이는 바로잡아야 합니다.

제가 1983년 미국의 하버드대학 법과대학에서 했던 연설에서도 지적했지만, 민주주의의 이념 자체는 서구사회의 창조물이지만 민주주의 이념은 서구사회의 독창물이라고 생각하는 것은 잘못입니다. 의회나 행정부 같은 민주제도는 서구사회의 창조물이지만 민주주의 이념은 서구사회만의 독창물이 아닙니다. 민주주의 이념이라는 것은 사람이 자신의 인권과 자결권에 최상의 가치를 부여하고 자기가 자유롭고 정의로운 환경 속에서 살 권리가 있으며 그러지 못할 때는 이를 변경시킬 권리가 있는 것으로, 욕구와 주장이 있는 곳이면 어디든지 민주주의 이념이 있는 것입니다.

존 로크는 '사회계약론'을 통해, 국민은 정부하고 계약을 해서 권력을 맡긴 것이다, 그러므로 권력을 맡은 정부가 잘못하면 국민은 그 정부에 시정을 요구하고 그래도 안 되면 쫓아낼 권리가 있다고 했습니다. 존 로크가 이런 주장을 내세운 것은 지금으로부터 불과 3백 년 전이지만, 동양에서는 이미 2200년 전에 맹자가 역성혁명론(易姓革命論)과 방벌론(放伐論)을 주장했습니다. 역성혁명론은 집권자의 성을 바꾸고 하늘의 명을 새로이 한다는 것입니다. 맹자에 의하면, 천자라는 것은 하늘의 아들입니다. 하늘이 그 아들에게 이 백성을 잘 다스려라 하고 천자의 자리에 앉혔는데 그것을 이행하지 않고 학정을 하거나 부패하면 다른 임금으로 바꿔야 한다는 것입니다. 즉 하늘의 명을 바꿔야 한다는 것이 역성혁명론입니다. 그리고 백성들은 하늘의 명을 대신해서 임금을 쫓아낼 수 있다고 했습니다. 즉 방벌론입니다. 그러니까 서양보다도 동양이 민주주의 이론이나 그 근본정신에 대해 훨씬 먼저 얘기하고 있는 겁니다. 또 부처님은 2천여 년 전에 태어나자마자 '천상천하 유아독존'이라고 했습니다. 얼마나 장대한 인권선언입니까. 이 세상 우주 만물 중에 내가 가장 존귀하다는 것입니다. 내 안에 우주가 있고 우주 안에 내가 있다, 우주가 바로 나다, 이러한 선언인 것입니다.

우리나라의 최제우 같은 분은 인내천(人乃天), 사람이 곧 하늘이라고 했습니다. 우리나라에도 분명히 민주주의적인 철학이 있었습니다. 단군은 하늘의 제왕, 환인의 손자로서 홍익인간의 이념을 주창했습니다. 크게 인간을 이롭게 하는 이 정신에는 링컨이 말한 '인간을 위한' 개념이 들어 있다고 봐야 합니다. 그리고 신라나 가야에서 백성들이 모여서 임금을 추대한 것은 '인간에 의한'의 뿌리가 있다고 봐야 합니다.

또 왕후장상의 씨가 따로 있느냐고 하면서 우리도 한번 정권을 잡아서 좋은 정치를 해보자, 하면서 잘 살아보자는 혁명의 구체적인 계획을 세웠던 만적의 난은 분명히 민주주의적인 권리의 주장인데 이것은 세계 노예반란사상에 찬연히 빛나는 투쟁이었던 것입니다. 우리는 전봉준의 동학혁명을 보면 참으로 기적 같다는 생각을 갖습니다. 어떻게 해서 그 당시 농촌에 있는 일개 서당의 접장 머릿속에서 반봉건·반제국주의 이념이 나왔는가 하는 것입니다. 그 당시 동학혁명의 지도자들이 주장한 반봉건투쟁의 내용이 노비해방·과부개가·토지개혁·서정혁신·부패일소 이런 등속의 주장이었던 것은 대체적으로 인정할 수 있습니다. 그리고 혁명이 일시 성공했을 때 전라도 일대에서 집강소(執綱所)라는 행정기관을 차려서 서정혁신을 단행한 것을 보더라도 그들이 민주주의적인 참여를 강력히 추진했던 것은 분명합니다. 만일 일본이 개입하지 않고 그 당시에 동학혁명이 성공해서 그들이 정권을 잡았더라면 반드시 반봉건적이고 민주적인 개혁의 방향으로 갔을 것입니다. 그리고 그때 외세가 들어왔는데 외세를 막지 않으면 우리의 독립과 경제적 자립이 없다는 생각에서 반제국주의 투쟁, 일제 반대투쟁을 했던 뛰어난 정책을 그들은 추진했었습니다. 참으로 그 당시로서는 다시없는 민주주의적인 방향을 지향했는데 이는 우리 5천 년 역사에 가장 빛나는 백성에 의한 혁명의 사실이 될 것입니다. 그런데 갑신정변을 했던 김옥균은 어떻게 평가해야 좋을지 모르겠습니다.

강만길 지금 역사학 쪽에서는 갑신정변을 최초의 부르주아 민족운동이라는 관점에서 보는 경우가 일반화되어가고 있습니다.

김대중 그렇습니까? 그런데 불과 150명의 일본군을 믿고서 그런 일을 한 그분의 판단과 일본에서의 행적에는 문제가 있다고 생각합니다. 저는 조선왕조 말기의 고종황제, 순종 대를 통해서 가장 뛰어난 민주주의 지도자는 서재필 박사라고 생각합니다. 그분은 그 시대에 뛰어난 민주주의 이념을 가지고 이를 착실히 실천했습니다. 독립협회를 만들어서 반봉건·반제국주의적인 올바른 독립투쟁을 민중과 같이 추진한 것은 참으로 돋보입니다. 민중을 위해서 한글전용의 『독립신문』을 만들어서 학문이 부족한 민중이나 여성들까지도 읽을 수 있게 했습니다. 참으로 높이 평가해야 할 분이 아닌가 생각합니다. 우리나라에서는 인물을 키우지 않는 것이 우리 민족의 가장 큰 결점 중의 하나라고 하는데, 나는 서재필 박사는 조선왕조 말기에 있어서 가장 탁월한 민주지도자로 우리가 이를 재발견하고 높이 받들어서 자라나는 우리 젊은이들에게 긍지와 방향을 주어야 한다고 생각합니다.

　강만길　어느 사회를 막론하고 역사가 발전해가는 방향으로 나아가는 일 자체가 전체적으로 보면 민주주의의 발전과정입니다. 인류의 역사가 많은 반동과 역류가 있었지만 기본적으로는 역사가 가는 방향이 있다고 여겨왔고 그래서 우리는 역사학을 과학이라고 생각합니다. 고대사에서부터 시대가 내려가면 갈수록 정치적으로는 권력의 속박으로부터 해방되는 사람들이 점점 더 많아지는 쪽으로 흘러가고 있습니다. 경제적으로는 인간사회라는 것이 시대가 내려가면 갈수록 생산력이 높아지게 마련인데, 그 높아진 생산력의 부가 한쪽으로 편재되지 않고 균배가 되는 방향으로 나아가고 있습니다. 이것이 자본주의 시대에는 사회주의적 이론과 요구로 나타난 것이지요. 사회적으로는 물론 만민평등의 사회를 지향하는 것이지요. 앞에서 원효의 예를 들었습니다만 원효와 만적도 그런 길을 걸었던 사람이라고 할 수 있습니다. 사상·문화 이런 쪽에서는 생각하고 말하는 자유를 점점 확대시켜가는 방향으로 나갑니다. 이것이 결국은 인간의 역사가 가는 길이요, 좁게 말하면 민주주의로 가는 길입니다. 모든 민족사회 전체가 그런 쪽으로 계속 가고 있습니다. 그렇게 가면 선생님이 말씀하신 것처럼 전지구적인 민주주의가 생겨나는 것입니다. 국경의 벽이 낮아지고, 민족과 민족 사이의 차별이 적어지고 없어져서 서로 국경을 그어놓고 여기는 우리가 사는 곳이니 너희들은 오지 말아라 하는 시대가 점점 없어질 것입니다. 이 지구는 그곳에 살고 있는 사람들의 공동소유물이라는 인식이 있을 때에 인간사회가 지향하는 인류의 복지와 평화가 이루어질 것입니다. 물론 거기까지 가려면 아직도 장구한 세월이 필요하다고 생각합니다.

분단국가의 통일의 예

이제 통일문제로 넘어갔으면 합니다. 제가 보기에 통일문제에서 선생님이 말씀하시는 국가연합과 북한의 연방제와 우리 정부의 남북한연합이라는 방법론이 모두 어느 시기까지는 두 개의 권력을 유지시켜가면서 하나로 만들어간다는 합의가 이루어져 있다는 점에서는 큰 차이가 없습니다. 이전에 통일을 한다는 것은 양쪽 집권층 중의 하나가 없어지거나 아니면 휴전선 때문에 존재하는 두 개의 정권이 모두 없어지고 새로운 제3의 권력이 나오는 그 두 가지 길밖에 없는 상황이었습니다. 그렇기 때문에 저는 실제로 집권세력이 평화적으로 통일을 한다는 게 실현 불가능한 일이라는 생각을 가진 적도 있었습니다.

그럼에도 불구하고 양쪽 정부가 얼마간 통일문제에 진전을 보인 것은 남쪽의 경우 또 집권층이 민간 통일운동이 제시해온 통일의 방법론을 조금씩 수용해왔고, 그 결과 국가연합이나 남북연합 선까지 왔다고 생각합니다. 선생님은 정치 일선에 계시면서 이른바 재야라고 부르는 쪽에서 벌여온 통일운동 내지 통일방법론에 대해서 어떤 생각을 갖고 계십니까.

김대중   전후에 강제로 분단됐던 나라들이 통합한 케이스를 봅시다. 월남은 군사력으로 통합했고, 독일과 예멘은 서로 타협을 해서 했는데 독일은 한쪽이 다른 한쪽을 흡수해서 했고 예멘은 서로 대등하게 했다고 봐야 합니다.

이런 세 가지 모델이 있는데 월남의 경우는 결국 한쪽이 승리는 했지만 그후 내부 문제를 볼 때 그런 식의 무력으로 한 통일은 결과가 별로 좋지 못했습니다. 월남이 다시 서방세계에다 문호를 열면서 도와달라고 한 것은 그런 통일이 성공하기 어렵다는 것을 보여주는 것입니다. 그리고 남부 월남에 대해 국법으로 특별조치를 만드는 것도 쉽게 하나로 만들 수 없다는 증거입니다. 정치적 통합이 됐다고 하지만 사회적·경제적으로는 월남도 통합이 제대로 안 된 것입니다.

독일은 흡수통일을 한 결과 큰 딜레마에 빠져 있습니다. 경제적으로도 큰 곤경에 처했을 뿐 아니라 정신적으로도 이루 말할 수 없는 갈등 속에 있습니다. 독일이 통일할 때 서독은 우리의 여섯 배 정도의 경제력을 가지고 있었는데도 지금 저런 상태입니다. 서독은 동독에 비해서 면적이 두 배나 됩니다. 우리는 북한에 비하면 20퍼센트가 작습니다. 그리고 서독은 동독에 비해서 인구가 네 배인데, 우리는 두 배입니다. 독일은 서독의 네 사람이 동독의 한 사람을 먹여 살리면 되는데, 우리는 남한의 두 사람이 북한의 한 사람을 먹여 살려야 합니다. 그리고 동서독은 우리같이 전쟁을 한 적이 없습니다. 30년 이상 동안 상대방의 텔레비전을 서로 보아왔습니다. 왕래도 어느정도 자유로웠고, 경제협력도 상당한 수준으로 하였던 것입니다. 서독이 동독을 흡수하게 된 것은 동독 사람들이 서독에 대한 열렬한 동경으로 자발적 흡수를 수락했기 때문입니다.

이와 같이 여러가지 여건이 우리보다 월등히 유리한데도 어려운 처지에 놓여 있습니다. 경제 면에서 볼 때 첫째, 엄청난 통일비용입니다. 처음 통일비용을 산정할 때는 10년 동안 매년 5백억 마르크씩 5천억 마르크면 되리라고 생각했었는데, 당장 해보니까 매년 2천억 마르크를 가지고도 모자랍니다. 10년이면 2조가 넘게 들어갑니다. 흑자이던 독일경제가 이제는 국가부채가 6천억 마르크를 넘고, 경제성장은 마이너스 상태입니다. 동독에 대한 투자는 70퍼센트가 동독인에 대한 사회적 비용이고, 겨우 30퍼센트 정도가 경제건설에 들어갑니다. 서독은 새로운 기술 개발과 산업구조 개편을 위해 엄청난 돈이 필요한데 현재 이것이 모자랍니다. 그래서 외국 자금에 의존해야 하기 때문에 분데스방크는 고금리제도를 가지고 이를 유인하고 있습니다. 서방 각국들이 금리를 내리라고 아우성치지만 체면 불구하고 고금리를 유지하고 있습니다. 이와 같이 경제적 부담은 참으로 엄청납니다.

베를린장벽이 무너질 때 서로 얼싸안고 감격의 눈물을 흘렸던 사람들이 이제는 서로 냉담한 입장에서 상대방을 비판하고 거부하고 있습니다. 과거의 동독이나 서독은 없어졌지만 동독인이나 서독인은 엄연히 있어서 한쪽은 이등국민, 한쪽은 일등국민 취급을 받고 있는 상태입니다. 과거에는 1민족 2국가였는데, 이제는 1국가 2사회가 되어버렸습니다. 서독 사람들은 동독 사람들과 언어만 통할 뿐, 나머지 철학이나 사고방식·생활양식 모두 다릅니다. 하지만 프랑스 사람과는 언어만 통하지 않고 나머지는 모두 통합니다. 양쪽 모두 통일을 후회하지는 않지만 통일을 지나치게 서둘러서 한 데 대해서는 후회하고 있습니다. 제가 1993년 9월 동독의 마지막 총리이자 동서독의 합병 문서에 조인했던 로타르 드 메지에르를 만났을 때 그는 그러한 성급한 통합을 한 데 대해서 크게 후회하고 있었으며, 같은 기민당이면서도 오늘날 기민당의 대동독정책에 대해서 큰 불만을 가지고 있었습니다. 흡수통합의 주역이 이런 상태이니 다른 사람은 가히 짐작할 수 있지 않겠습니까. 제가 사민당의 원내 부총무이자 동독 출신의 국회의원을 만났을 때 그는 이러한 동서독인 간의 갈등을 해소하는 데는 한 세대, 즉 30년은 걸릴 것이라고 했습니다.

이러한 것을 볼 때 결국 전쟁에 의한 무력통일도, 한쪽의 조급한 흡수통일도 모두 어렵습니다. 이 점에 있어서는 오히려 예멘의 오늘의 현실이 더 부작용이 적은 것 같습니다. 그러나 예멘에서의 문제는 체제가 다른 양측의 통일을 좀더 점진적으로 하지 않는 데 문제가 있는 것 같습니다. 어쨌든 양자 합의에 의해서, 그것도 양자가 지금까지 살아온 바탕이 너무 다르니 점진적으로 서로 이해해가고 동질성을 회복해가는 방향으로 가야 합니다. 문제는 통일로 가는 것이 중요한 것이지, 완전 통일까지 몇 해가 걸리는가가 중요한 것이 아니라는 겁니다. 조급하게 하면 부작용을 일으킵니다. 점진적으로 해야 합니다. 미·소가 냉전 상황에서 현상고착의 족쇄를 물려놓았는데 그 족쇄에 의해서 움쭉달싹 못하게 된 우리가 무슨 재주로 통일을 할 수 있었겠습니까. 그런데 냉전도 끝나고 그 족쇄도 풀렸습니다. 이제는 우리가 통일을 하느냐 안 하느냐가 문제이지 과거와 같이 우리의 통일을 막고 있던 장애물은 다 없어졌습니다. 우리 민족이 하나가 돼야 하는 것은 당연한 일이고, 통일을 안 할 이유도 명분도 없습니다. 뿐만 아니라 통일을 안 하면 우리나라는 얼마 못 가서 삼등국가로 전락하게 될 것입니다.

세계는 지금 경제전쟁의 시대입니다. 과거에는 군사력과 경제력이 합쳐서 국력을 상징했지만 지금은 군사력은 큰 관계가 없습니다. 우리의 경쟁국들은 주로 동남아시아였는데 이제 중남미의 국가들도 경쟁자로 등장해서 자꾸 우리를 앞질러 가고 있습니다. 이제 우리의 경쟁국가들은 국가의 인적·물적 자원을 경제발전에 총집중하고 있는데 우리만 여전히 남북이 갈라져서 싸우면서 막대한 국방비를 소모하고, 한편으로는 경제적 전쟁을 한다면 머지않아 곧 경쟁 대열에서 탈락하여 삼등국가가 될 것은 뻔한 일입니다. 그런 예가 아주 많습니다. 아르헨티나 같은 나라도 선진국의 문턱까지 갔다가 삼등국가로 전락했고, 브라질도 그랬습니다. 우리라고 안 그러리라는 법이 없습니다. 그러므로 우리가 살기 위해서 통일을 해야 한다는 겁니다.

1993년 우리나라 국방비가 10조가 넘는데, 안기부 예산까지 합치면

12조가 넘을 것입니다. 우리의 총예산의 30퍼센트를 분단비용으로 쓰고 있습니다. 분단비용이 경제건설 비용보다 더 많습니다. 남북이 국가연합을 하여, 평화공존체제를 이룩하면 5조~6조의 국방비와 분단비용을 경제건설 비용으로 돌릴 수 있습니다. 5조~6조의 비용 중에서 한 1조 내지 2조를 통일기금으로 준비하고 나머지는 중소기업 육성, 기술개발, 사회간접자본 확충, 농촌 부흥, 서민복지와 교육에 쓴다면 보람도 있고 국제경쟁력의 신장과 더불어 국내의 경제적·사회적 안정과 발전에도 크게 기여할 것입니다. 이렇게 통일을 하면 그 당장 이익이 생기는 겁니다.

북한의 노동력은 가장 저렴하고 우수합니다. 북한의 김달현 전 부총리가 1인당 백 달러만 달라고 요구하였습니다. 백 달러이면 8만 원입니다. 그런데 우리는 평균 노임이 80만 원 이상입니다. 천 달러 이상인 것입니다. 그러므로 남쪽에서 사양산업, 즉 섬유·신발·완구 등의 시설을 가지고 북으로 올라가면 당장에 국제적 경쟁력이 생겨서 불과 2~3년 안에 한 2백억~3백억 달러 수출을 증가시키는 것은 어렵지 않습니다. 150여 개의 기업들이 북한행을 신청하고 있는데 그것은 이와 같은 전망이 있기 때문입니다. 그리고 중동지역에서의 건설공사에 있어서도 북한 노동력을 활용할 수 있습니다. 파키스탄이나 방글라데시 노동자들에 비하면 북한 노동자들은 문화도 같고 말도 통하니 훨씬 유리합니다. 또 북한은 지하자원이 철광석부터 석탄·주석·아연까지 얼마든지 있고, 금강산 같은 세계 최고의 관광자원도 있습니다. 이것을 우리가 합작 투자하면 남북이 서로 많은 덕을 볼 수 있습니다.

이런 말을 하면 어떤 사람들은, 그럼 북한을 착취하라는 얘기냐고 합니다. 그러나 어느 나라건 경제발전의 초기 단계에서는 노동집약적인 산업에 의존해야 합니다. 우리도 1960~70년대에는 외국 자본에 착취당했습니다. 그러면서 커가는 것입니다. 영국의 저명한 좌파 사회학자가 한 말이 있습니다. 착취당할 가치조차 없는 나라는 구제불능이라고 말입니다. 지금 꾸바나 니까라과에서는 그냥 일을 해준다 해도 투자할 나라가 없습니다. 북한은 주택·교육·보건 등 거저 주는 국가적 혜택이 많기 때문에 우리나라 노동자같이 엄청난 집세를 부담해야 하는 상황과 같은 기준에서는 비교가 되지 않습니다. 그리고 이렇게 노임이 싸야 외자가 밀려들어옵니다. 그래서 북한은 경제가 발전됩니다.

이러는 가운데 남북이 서로 정치·경제·사회적 그리고 인적 교류를 해야 합니다. 우리는 자꾸 인적 교류부터 먼저 하자고 하는데 저쪽에서는 이것을 적극 반대합니다. 그들이 말하기를 인적 교류를 하면 남한으로부터 마약이니 매춘·청소년범죄 등 자본주의의 악의 산물들이 옮겨질 텐데 우리가 왜 하느냐고 합니다. 안 하기 위한 구실인 것입니다. 하지만 북측이 원하는 경제협력을 먼저 하기 시작하면 인적 교류도 결국은 안 할 수가 없습니다. 우리 쪽에서 그쪽으로 기업인이 가고, 기술진도 가고, 숙련 노동자와 사무원도 가는데 결국은 인적 교류를 안 할 수가 없게 되지요. 또 관광을 하게 되면 북한사회를 다니면서 구경을 하는데 어떻게 인적 교류가 안 됩니까. 제일 급한 경제부터 접촉하면 그 나머지 학문·문화·사회 그리고 인적 교류는 다 오게 마련입니다. 경제가 첫째이고 가장 효과적인 방법입니다. 한번 묶어놓으면 경제는 바꾸기 어렵습니다.

세계는 지금 아시아-태평양시대로 가고 있습니다. 인류 역사를 보면 지금부터 5천~6천 년 전부터 유프라테스강·나일강·인더스강·황하 유역에 하천문명이 발생했습니다. 그러다가 연안과 내해를 따라 동남아시아 연안이라든가 지중해라든가 이런 연안과 내해에 문명이 일어났습니다. 그다음 3백~4백 년 동안 대서양문명이 있었는데, 이제 태평양문

명시대로 들어가고 있습니다. 지금 동아시아, 즉 동북아시아와 동남아시아 양쪽의 인구가 세계 인구의 약 30퍼센트를 차지하고 있습니다. 그리고 이 지역은 평균 경제성장률이 6~7퍼센트 이상입니다. 이에 반해 유럽과 미국은 인구는 6~7퍼센트 정도, 경제성장은 1~2퍼센트 정도에 그치고 있습니다. 1992년 아시아-태평양지역과의 무역량이 유럽의 그것에 비해 약 70퍼센트가 더 많은 실정입니다. 그리고 이 격차는 자꾸 커가고 있습니다. 그러므로 클린턴은 미국을 아시아-태평양국가라고 선언하고 있습니다. 이렇게 아시아-태평양시대가 도래했는데 우리는 어떻게 하면 이 새로운 시대에 주역이 될 수 있는가 하는 중요한 도전에 직면하고 있습니다. 그것은 우리가 하루속히 남북이 합쳐서 북방을 개척하여 경쟁자에게 이겨낼 수 있는 힘을 갖는 것입니다.

우리가 이제 뻗어갈 수 있는 곳은 북방뿐입니다. 북방으로 가면 지금의 중국의 동북 3성(만주), 특히 요하 동쪽 옛날 고구려 구토였던 그곳에 굉장한 자원이 깔려 있습니다. 만주는 지금 중국의 산업중심지 중의 하나입니다. 그다음에 시베리아·연해주·몽골·중앙아시아 이런 데는 지구상에서 마지막 남은 자원보고라고 일컬어지고 있습니다. 철·비철금속·천연가스·석유·목재·석탄 그리고 금도 있고 또한 풍부한 수산자원이 있습니다. 그리고 만주의 광활한 지역은 농사를 얼마든지 지을 수 있는 상황에 있습니다. 우리의 식량안보 해결에 큰 도움이 될 것입니다. 지금 만주건 시베리아건 중앙아시아건 우리한테 와서 투자하고 개발해달라고 적극 요청하고 있습니다. 그런데 이러한 혹한지역에 가서 일해낼 수 있는 민족은 동아시아에서 우리뿐입니다. 우리 민족은 중동 같은 열사지방이나 시베리아 같은 혹한에서도 견뎌내는 특별한 능력을 가지고 있습니다. 동남아시아 사람도 갈 수 없습니다. 일본 사람도 마찬가지입니다. 어떻게 보면 하늘이 우리에게 기회를 주고 있는 것입니다.

그런데 이것도 통일이 되어야 할 수 있습니다. 통일이 되어야 우리가 북한에 고속도로도 놓고 만주나 시베리아도 북한을 거쳐 고속도로와 철도로 가고, 파이프라인도 묻고, 북한의 부동항도 사용할 수 있습니다. 천생 통일을 해야 하고 이것은 하늘의 명령입니다. 우리가 이 명령을 거역하면 우리 민족은 멸망하게 됩니다. 영국의 어떤 저명한 학자는 이런 말을 했습니다.

"역사는 모든 민족에 대해서 기회를 준다. 그 기회를 사용하고 안 하고는 그 민족에게 달려 있다. 그런데 명심할 것은 그런 기회를 선용하지 않는 민족은 반드시 역사가 준엄한 심판을 한다는 것이다."

지금 역사가 우리에게 기회를 주면서 우리들의 응답을 촉구하고 있습니다. 이제는 더이상 머뭇거리고 있을 수가 없습니다. 시대가 바뀌고 있습니다. 이제 통일은 당위만의 문제가 아니라 가능의 문제이며 절대 필요의 문제입니다. 통일을 하지 않으면 망하고, 통일을 하면 선진국가의 대열에 들면서 아-태시대의 주역이 될 수 있습니다.

통일만이 살아남는 길

통일은 빨리 시작해야 합니다. 늦으면 늦을수록 통일은 더 어려워지고 경쟁국가에 더욱더 밀리게 됩니다. 그러나 통일은 빨리 시작하되 그 진행은 단계적으로 해야 합니다. 서독과 같은 시행착오를 다시 되풀이해서는 안 됩니다. 서독 사람들도 졸속한 통일을 후회하고 있습니다. 제가 1993년 9월 폰 바이츠제커 대통령을 만났을 때 물었습니다. "만일 독일에게 또 한번 통일의 기회가 주어진다면 그때도 여전히 이번과 같이 흡수통합을 하겠습니까?" 그러자 폰 바이츠제커 대통령은 "이번 통일에는 많은 문제가 있었습니다. 다시 기회가 주어지면 매우 신중히 할 것입니다"라고 말했습니다.

우리의 통일은 7·4공동성명을 수용하면서 3원칙 3단계의 통일방안을 추진해야 합니다. 3원칙은 평화공존·평화교류·평화통일입니다. 그리고 3단계는 1단계 공화국연합제(국가연합), 2단계 연방제, 3단계 완전 통일입니다. 공화국연합제는 남북의 현 정권이 가지고 있는 국방·외교·내정의 권한을 그대로 보유하고 양측에서 동수가 나와서 연합제를 구성합니다. 연합제 운영은 양쪽의 완전한 합의로서만 하기 때문에 어느 쪽도 다수파 공작을 두려워할 필요가 없습니다. 공화국연합이 하는 일은 평화공존·평화교류·평화통일(연방제)입니다. 평화공존은 남북의 군비축소, 기습공격 방지를 위한 모든 대책, 엄중한 상호감시 그리고 상대방의 존립에 대한 확고한 보장입니다. 평화교류는 경제·사회·문화·이산가족 등 모든 분야에서 교류하여 양쪽이 다 같이 발전과 번영을 이룩하는 가운데 상호이해를 증진시키며 민족의 동질성을 회복하는 겁니다.

우리는 독일하고 다릅니다. 독일은 불과 72년 정도밖에 통일을 하지 못했고, 통일 후에도 각 지역은 철저한 자치를 하는 연방국가였습니다. 그러나 우리는 완전한 중앙집권의 통일을 해서 1300년 동안 같이 살아왔습니다. 함경도 사람 사고방식이나 목포 사람이나 부산 사람의 그것이 거의 같습니다. 제가 박경리씨의 소설 『토지』를 읽으면서 놀랐던 것은, 이 작품은 전편에서 하동 평사리의 최참판 댁을 중심으로 그 무대가 전개되는데 거기 나온 인물들의 생각이나 감정이나 행동양식이 제가 자란 전라도 신안 사람하고 똑같았습니다. 사투리만 바꿔놓으면 그대로 전라도 신안군 하의면의 이야기가 되는 것입니다.

단일민족의 진정한 의미는 피의 단일이 아니라 문화의 단일입니다. 우리 민족은 문화가 완전히 같은 단일민족이기 때문에 공화국연합제 아래 한 10년만 교류하고 협력하면 민족동질성은 급속도로 해결된다고 생각합니다. 이번에 북경에서 남북 언어학자들이 회의를 했는데 다녀온 분들의 얘기를 들어보면 남북 간의 언어에 있어서 소통이 80퍼센트까진 문제가 없고, 나머지 20퍼센트도 고질적인 것이 아니라 환경과 습관에 의해서 달라진 것일 뿐, 큰 문제가 없더라고 했습니다. 50년이나 분단되어 있었는데도 이렇습니다. 우리는 인내심을 가지고 한 10년쯤 교류·협력을 해나가면 남북 간은 크게 접근될 것입니다. 북한은 세계적 조류에 따라서 정치적인 다당제를 받아들이고 자유선거도 받아들이게 될 것입니다. 그때쯤은 김일성 주석도 권력의 자리에서 물러나게 되니 급격한 변화가 올 수 있는 것입니다.

북한이 세계경제 시장에서 살아남으려면 중국과 같이 시장경제를 받아들여야 합니다. 이런 조짐은 이미 나타나고 있습니다. 최근에 북한의 김일성 주석은 중국의 경제발전을 굉장히 찬양했습니다. 처음 있는 일입니다. 서방세계가 북한과 수교를 하고 경제적 투자를 하게 되면 북한은 이를 받아들이기 위해서도 시장경제체제를 수용하지 않을 수 없습니다. 오늘의 중국과 같이 될 것입니다. 경제가 바뀌면 정치도 사회도 급격히 바뀝니다.

민주주의와 시장경제는 동전의 양면입니다. 민주주의가 자유가 있어야 시장경제 발전, 특히 다가오는 정보화시대에서의 성공을 기약할 수 있습니다. 시장경제를 하게 되면 민주주의적 자유는 억제할 수 없게 됩니다. 이렇게 되면 제2단계의 연방제를 하더라도 서로 무리가 없이 실행할 수 있습니다. 그러면 국방과 외교 그리고 중요한 내정은 중앙 연방정부가 장악하게 됩니다. 나머지 국민의 일상생활에 관여하는 문제는 북한은 북한대로 남한은 남한대로 아직도 여러가지 차이가 있을 테니까 남북 양측의 지역 자치정부가 이를 관장하게 됩니다. 남북에 있는 정부는 공화국연합 때는 완전한 독립정부였지만, 이제는 지역 자치정부로 격하되는 것입니다. 연방제하에서 남북은 급속히 하나가 되어갈 것입니다. 왜냐하면 그때는 유엔에도 하나로 들어가고 각국과의 외교도 하나로 합치게 됩니다. 그리고 연방이 되면 연방대통령과 연방의회 의원을 남북 양쪽에서 뽑게 됩니다. 이때에는 오늘의 미국이나 서독 같은 체제로 될 것인데 이렇게 몇 년을 하다 보면 완전 통일은 어렵지 않게 이루어지게 될 것입니다.

나는 이것을 국민이 알기 쉽게 하기 위해서 하나의 부부관계로 비유하여 설명하겠습니다. 1945년 당시 한민족이라는 부부가 있었는데 매우 금슬이 좋았습니다. 그런데 그해 8월 15일 돌연 외부의 폭력에 의해서 강제로 갈라지게 되었습니다. 처음에는 울고불고하면서 안타까워했는데 시간이 가면서 서로 상대방의 생각을 비난하기 시작했고 마침내 큰 싸움을 치르자 그때부터 철천지원수가 되었습니다. 그러나 한편으로는 다시 결합해서 살아야겠다는 간절한 열망도 가져보았으나, 둘을 갈라놓은 배후 외세가 두 사람의 덜미를 움켜쥐고 놓아주지 않기 때문에 어떻게 할 도리가 없었습니다. 그러나 이제 배후 두 세력의 움켜쥐던 손은 풀렸고 이제는 마음만 먹으면 다시 재결합할 수 있게 되었습니다. 뿐만 아니라 재결합 외에는 선택의 길이 없습니다. 다른 사람과 재혼할 수도 없고, 그대로 갈라진 채로 살다가는 둘 다 망하게 되어 있습니다.

그런데도 사이가 나쁩니다. 그래서 우리는 그들에게 해결의 길을 제시했습니다. 재결합은 하루빨리 시작하자, 그러나 완전히 하나가 되어서 옛날같이 한방에서 동거하는 생활까지는 단계적으로 나가는 것이 좋다, 두 사람은 제1단계로 한 집안에 들어가되 건너방에서 서로 마주 보면서 완전히 별개의 생활을 하는 것이 좋다(공화국연합제), 어느 쪽도 상대방의 살림에 간섭하지 않는다, 다만 세 가지 원칙은 지켜야 한다, 하나는 절대로 싸우지 않고 평화적으로 공존해야 한다, 둘째는 서로 필요한 것은 합의해서 최대한으로 교류를 확대시킨다, 이렇게 평화공존과 평화교류를 하는 가운데 온전한 부부관계 회복을 위한 단계, 즉 제2단계의 준비를 한다(연방제), 제2단계에서는 서로 대청마루로 나와서 좀더 밀접한 관계로의 진전을 협의한다, 즉 집을 지키는 일을 같이 참여한 하나의 조직에서 한다(연방정부), 그리고 이웃과의 교섭도 똑같이 한다, 중요한 집안 살림 문제도 그 조직에서 다룬다, 이런 일들을 위해서 그 책임 맡을 사람들을 선출한다(연방대통령·연방국회), 그러나 일상적인 집안 살림 문제는 여전히 각기 자율적으로 한다(지방자치정부), 이러한 과정에서 첫째 단계는 한 10년쯤 걸릴 것이고, 둘째 단계는 4~5년이면 끝날 것으로 본다, 그러한 연후에는 더이상의 별리가 필요가 없기 때문에 한방으로 들어가서 같이 살림을 한다(완전 통일)는 것입니다.

이렇게 내다볼 때 먼지 우리는 제1단계인 공화국연합제의 실현에 전력을 다해야 합니다. 그런데 왜 국가연합이 아닌 공화국연합이냐 하면, 국가연합이라는 것은 완전한 독립국가가 연합한 것으로서 법률적으로 볼 때 영구분단을 전제로 하는 것이 될 수 있기 때문입니다. 우리는 서로 상대방을 독립정부로는 인정할 수 있지만 영원히 남이 될 독립국가로는 인정할 수 없습니다. 과거 서독도 동독과의 관계를 완전 독립국가 관계로 하지 않았습니다. 그리고 남북연합이라고 안 하는 이유도 이 연합은 북한의 현 정권과 남한의 현 정권을 그대로 유지하면서 두 공화국이 연합하자는 정치적 의미를 갖고 있기 때문입니다. 어쨌든 현 상태로 빨리 연합으로 들어가야 합니다. 제1단계로 군비축소나 평화정착을 유지하고 다른 한편으로는 남북 상호간의 접촉을 전분야에 걸쳐서 추진해야 합니다. 정치·경제·사회·문화·이산가족의 교류와 더불어 텔레비전이나 신문도 교류해야 합니다. 그러나 무엇보다도 경제교류를 적극 추진해서 양측이 다 같이 번영되고 잘살게 되는 것이 제일 중요한 일입니다.

핵 문제는 남북한 일괄타결해야

제가 영국에 있을 때 국제전략연구소(IISS) 한국 문제 전문가들의 얘기를 듣고 깜짝 놀랐습니다. 그들은 말했습니다. 핵 문제를 해결하는 길은 경제 문제다, 빨리 경제교류를 해야 한다, 북한도 돈벌이하게 되면 전쟁할 생각을 안 한다, 중국을 보라, 그들이 문화혁명 때에 얼마나 극악했던가, 하지만 경제개방을 시작한 후부터 저렇게 달라지지 않았느냐. 최근에 우리나라하고 밀접한 관계에 있는 외국의 지도자들을 만났는데, 모든 서방세계가 북한과 외교를 하는 원칙에 동의합니다. 국교란 동맹도 아니고 우방국가란 의미도 아닙니다. 현존하는 나라면 체제에 관계없이 서로 인정하고 교류하는 관계를 맺는 것입니다. 1973년 6·23선언으로 우리는 남북한이 세계 각국과 교차 승인하자고 제안했습니다. 미국과 서방세계가 모두 이를 지지했습니다. 20년이 지난 지금 대한민국은 전·현 공산국가 등 모든 나라와 국교를 맺었습니다. 그런데 북한은 그토록 애써도 단 하나의 서방국가와도 국교를 맺지 못했습니다. 우리가 북한보고 하자고 했습니다. 우리가 먼저 하자고 해놓고 북한과 하나도 못 맺은 것은 그쪽에서 볼 때는 매우 불공정한 것입니다. 사람이건 나라건 배부르면 웃고 배고프면 화냅니다. 경제교류를 해서 북한을 배부르게 만드는 것이 한반도 평화와 핵 문제 해결의 근본대책이 됩니다.

흔히들 말하기를 김일성 주석이 죽기 전에는 절대 아무것도 변하지 않을 것이라고 합니다. 그런데 김일성 생전에 얼마나 큰 변화를 하고 있습니까. 이것을 인정하면 외세가 갈라놓은 분단을 우리가 인정하는 격이 되는 것이다, 이렇게 주장했었습니다. 세 가지 큰 양보가 있었습니다. 첫째 북한은 유엔 동시가입은 죽어도 못한다, 이것은 영구분단이다, 제국주의자들의 음모다, 그렇게 40년을 반대했는데 1991년에 유엔 동시가입을 했습니다. 교차승인도 절대로 안한다, 이것도 영구분단의 음모다, 그렇게 북한은 반대를 했었는데 지금 저들이 미국을 비롯한 서방과 국교를 맺으려고 얼마나 몸부림치고 있습니까. 또한 북한은 남한을 합법정부로 인정하지 않겠다, 이것을 인정하면 외세가 갈라놓은 분단을 우리가 인정하는 격이 되는 것이다, 이렇게 주장했습니다.

세 가지 큰 양보를 한 목적은 온건파의 주장에 의해서 그렇게 하면 서방세계와 국교도 맺을 수 있고 경제협력도 얻어낼 수 있으며 그들이 가장 위협으로 생각하는 팀스피리트훈련도 중지시킬 수 있다고 기대했기 때문입니다. 그리하여 강경세력의 조건부 동의를 얻어낸 것입니다. 그랬는데 아무것도 얻어내지 못하고 돌아온 것은 팀스피리트훈련의 재개였던 것입니다. 그리하여 강경세력이 들고 일어나서 핵확산금지조약(NPT) 탈퇴를 선언하게 되었고 전쟁 불사를 공공연하게 얘기해서 한반도를 극단적인 긴장 상태로 몰고 가게 된 것입니다. 북한은 지금 팀스피리트훈련을 중지하고 외교·경제관계를 맺겠느냐, 아니면 우리는 미국의 고립화 정책에 의해 이대로 죽을 수 없으니 죽든 살든 전쟁으로 끝장을 내겠다, 이런 태도를 보이고 있습니다. 문제는 북한이 무력에 호소할 때 그들도 멸망하지만 우리에게도 치명적인 타격을 줄 수 있다는 것입니다. 이것은 한국의 입장이나 민족 전체의 입장에서 절대로 회피해야 합니다. 경제제재를 한다 해도 중국이 협력하지 않으면 할 수 없습니다. 그런데 중국은 무조건 제재에는 반대하고 있습니다. 오직 우리 측이 북한의 핵 야망의 포기와 외교·경제의 협력과 팀스피리트 중지를 맞

바꾸는 제안을 했는데도 북한이 안 들을 때만 경제제재에 동의할 수 있는 것입니다. 이렇게 보면 우리는 북한에 대해서 단독으로는 효과적인 압력수단도 갖지 못하면서 우리와 협력해서 잘 해나가겠다는 온건파만 궁지에 몰고 강평파만 득세하게 만든 졸렬한 정책을 그간 취해온 것입니다. 『손자병법』에도 적을 몰 때는 퇴로를 열어주어야 한다고 했습니다. 그러지 않으면 적은 결사항전을 하게 되어서 수많은 희생자를 내고 오히려 우리 측이 큰 타격을 입을 수 있는 것입니다.

우리가 역지사지(易地思之)해서 지금 대한민국이 북한의 사정에 있다고 생각해봅시다. 전세계의 자본주의 국가가 다 망해서 미국이며 유럽이며 일본이 전부 새빨갛게 되고 소련은 세계의 유일한 강자로 남아 있습니다. 그리고 북한은 남한보다 경제가 10배쯤 크고 모든 물자가 풍부합니다. 그런데 우리는 백성이 먹지 못해 굶주리고 있고 기름이 없어 전등도 제대로 못 켜고 기차도 버스도 달리지 못합니다. 전차나 비행기의 훈련도 제대로 못 합니다. 그런데 잘사는 북한이 세계 유일의 강국인 소련하고 손잡고 남한 상륙작전의 팀스피리트훈련을 한다면 우리가 얼마나 겁나겠는지를 생각해보면 압니다. 이렇게 역지사지해서 생각해보면 문제해결점이 나옵니다.

문제해결점이 무엇이냐 하면 서로 각자의 요구사항을 동시에 얘기하자는 겁니다. 우리가 북한한테 꼭 받아야 할 것은 두 가지입니다. 하나는 절대로 핵무기 보유를 어떠한 경우에도 인정할 수 없다는 것이며, 둘째는 무력에 의한 남침은 용납하지 않겠다, 이것을 북한이 확고히 보장하면 우리는 두 가지를 줄 수 있다. 하나는 외교·경제협력관계의 시작이다, 그다음은 팀스피리트의 중지다, 이렇게 주고받아야 합니다. 나는 북한이 NPT 탈퇴를 선언한 1993년 3월부터 일관되게 이러한 일괄타결을 주장해왔습니다. 미국의 카터 전 대통령을 비롯해 조야의 많은 분들이 저의 이 안을 지지했습니다. 그리고 우여곡절 끝에 사태는 이런 방향으로 가고 있습니다. 우리는 하루속히 북한과 외교·경제관계를 시작해야 합니다. 그래서 북한을 개방의 길로 이끌어야 합니다. 그러면 북한은 제2의 중국이 되어 온건하고 합리적인 방법으로 나오게 됩니다. 그리고 궁극적으로는 민주주의와 시장경제의 방향으로 변할 것입니다.

중국이나 월남은 지금 공산주의 포기 과정에 있습니다. 공산주의가 자본주의와 다른 것은 생산수단의 국유, 운영의 국영체제, 경제의 국가통제에 의한 계획경제인데 중국과 월남은 이제 생산수단의 사유화와 시장경제제도를 받아들이기 시작하고 있습니다. 이것은 공산주의로부터의 본질적인 이탈입니다. 그리고 이제부터 진입해야 할 정보지식산업·우주항공산업·생명공학 등 첨단기술체제로 들어가려면 정보가 물 흐르듯이 흘러야 하고 창의가 솟아야 하는데 이러기 위해서는 민주주의가 절대로 필요합니다. 민주제도만이 그 성공을 보장하는 것입니다. 미국은 2차대전 이후 공산권을 다루는 데 있어서 두 가지의 상이한 정책을 썼습니다. 외교·경제·문화·학문 등 모든 교류를 하고 돈도 많이 빌려주었습니다. 이렇게 해서 공산권 내에 계속 서방의 영향을 침투시키고 그들을 변화시켰습니다. 그 결과 총 한 방 안 쏘고 세계 역사상 가장 강국의 하나였던 구 소련제국을 그대로 몰락시켰습니다. 어느 역사에도 그 예가 없는 큰 승리를 한 것입니다.

그러나 북방정책을 가지고는 완전히 실패했습니다. 월남에서는 국력을 가지고 싸웠지만 졌습니다. 쿠바에서는 30년 이상 바람을 불어넣었지만 변화를 못 시켰습니다. 북한도 변화를 못 시켰습니다. 이제 우리는 분명히 깨달아야 합니다. 외교·경제협력을 통해서 북한을 변화시키는 것만이 한반도의 평화와 남북의 화해협력 그리고 착실한 통일에의 길인 것입니다. 핵 문제의 해결은 줄 것은 주고 받을 것은 받는 일괄타결의 방법으로 해야 합니다. 줄 것은 외교·경제관계의 시작과 팀스피리트 훈련의 중지 두 가지입니다. 받을 것은 북한 핵 야망의 완전 포기와 남한에 대한 무력위협의 종식입니다. 나는 우리 측이 이와 같이 제안할 때 북한은 반드시 받아들인다고 믿습니다. 그리고 중국도 적극 지지할 것입니다.

공화국연합 통일방안과 북한 연방제방안의 차이

강만길 선생님의 공화국연합 통일방안과 북한에서 말하는 연방제방안의 다른 점이 무엇입니까? 그다음 구체적인 방안이 있어야 할 텐데 북한의 연방제에서는 남북의 대표자 외에 해외교포까지 포함한 대민족회의를 두어야 한다고 했습니다. 그렇게 한다면 선생님의 방안에서는 그것이 행정부적인 조직인지 아니면 의회적인 조직인지 하는 문제를 구체적으로 말씀해주십시오.

김대중 북한의 통일방안과 저의 통일방안을 말하면, 북한의 연방제 주장은 저의 3단계 통일방안 중 제2단계에 해당됩니다. 그러므로 큰 차이가 있습니다. 그리고 북한이 말한 연방제를 당장 실시한다는 것은 현실적으로 불가능한 것입니다. 어떻게 지금 국군과 인민군을 하나로 통합하며 서로의 이해와 입장이 다른데 어떻게 외교를 하나로 통합할 수 있습니까. 그런데 다행히 북한이 최근 몇 년 동안 연방제에 대한 고집을 상당히 버리고 저의 공화국연합제를 긍정적으로 논의할 용의가 있다고 공식·비공식으로 여러 차례 말하고 있습니다. 미국 카네기평화재단 같은 기관에서도 북한에 대하여 연방제의 무리를 지적하고 저의 안을 수락하도록 촉구해오고 있습니다.

공화국연합제에서는 행정부적인 조직과 의회적인 조직이 다 있어야 합니다. 남북 양 공화국에서 동수의 대표가 나와서 연합의회를 구성하고 그 연합체의 결의에 따라 일을 집행하는 행정부가 필요합니다. 모든 결의는 만장일치로 행해야 합니다. 양 공화국 정부는 자기 쪽 대표가 거부권까지 행사하여 결의한 일이기 때문에 일을 적극적으로 집행할 것입니다.

연합정부가 하는 일은 평화공존·평화교류·평화통일에 대한 협의와 집행입니다. 군축, 상호감시, 각 분야의 교류 그리고 제2단계의 연방제에 대한 준비, 이런 것이 연합의회와 연합정부의 소관사항입니다.

강만길 북한에서 말하는 대민족회의와 다른 것입니까?

김대중 다릅니다. 만일 북한에서 대민족회의를 하자고 하면 남한 내에서 이의를 달고 의심하는 사람들이 생깁니다. 그리고 해외교포들과 국내 민간단체들은 통일문제에 대해서 지원과 협력을 할 수 있지만 정부가 하는 정책이나 행정의 집행에 개입할 수는 없습니다. 그러지 않으면 혼란과 부작용이 생깁니다.

강만길 이런 방법도 있을 것입니다. 남북한은 행정구의 도의 수가 거의 비슷한데 민족 구성원 전체 의견의 합일체라는 의미에서 남북한 각 도의 대표와 일정 비율의 해외교포 대표로 구성하여 이것이 양 정부의 위에 있는 의회와 같은 역할을 하고, 그 결의에 따라 양쪽 정부에서 나온 대표가 양 정부 위에 구성되는 행정부적인 역할을 하는 기구를 구성하는 이러한 이중구조로서 군사권·외교권과 일부 행정권을 가질 수도 있지 않겠는가 그리고 나머지 행정권을 차차 합해갈 수 있지 않겠는가 하는 생각을 해보았습니다.

김대중 그 방법에는 문제가 있는데, 양 정부는 자기가 원하는 사람을 내보내야 합니다. 그러므로 도 대표나 해외교포를 출석시키는 것은 어디까지나 양 정부가 알아서 할 일입니다. 모든 일은 법적 권능을 가진 양 정부가 책임지고 처리해야 합니다. 다만 이런 법률적 행위 외에 양 공화국별로 또는 합동해서 각계각층의 대표와 해외동포를 망라한 통일경제협의기구를 만들어서 국민의 의사를 고르게 반영시키는 일은 꼭 필요하다고 생각합니다. 그러나 여기서 결의된 사항들이 양 정부나 연합기구를 법적으로 구속할 수는 없습니다. 그렇지만 그 영향은 아주 클 것입니다. 한편 양 정부가 통일방안을 작성할 때나 혹은 남북한 간에 합의했을 때는 국민투표에 부쳐서 국민의 승인을 받는 것은 필요한 일이라고 생각합니다.

강만길　결국은 상층구조가 생겨서 양 정부가 가지고 있는 권한의 상당한 부분이 상층부로 점차적으로 이양되어야겠지요. 사실 통치권을 쥐고 있는 쌍방의 정치권력이 살신성인을 해야 한다는 말이 되는데 현실 정치에서 살신성인을 기대하기는 어려운 일이지요. 지금까지 우리의 통일문제가 구체적으로 진행되지 못하는 이유도 그 점 때문일 것입니다.

김대중　그런 정도의 권한을 내놓으면서 양측이 제1단계 연합체로 들어가지 않으면 우리나라는 계속 분단되어 있게 됩니다. 그전하고 달라서 계속 분단되어 있으면 앞에서 말한 이유 때문에 남북 모두 국제조류와 경쟁에서 밀려나서 쇠망의 길을 가게 됩니다. 그렇게 되면 남한은 남한대로 북한은 북한대로 인접 강대국의 지배 속으로 영원히 들어갈 위험이 있습니다. 이것은 결코 상상이 아닙니다. 능히 가능성이 있는 일입니다.

외국의 저명한 학자는 동아시아는 앞으로 일본과 중국의 대결장이 되는데 그때는 지정학적 이유로 해서 한반도가 다시 19세기 말과 같은 양자 각축의 장이 될 수 있다, 그러나 이때 한반도가 통일해서 힘을 가지게 되면 양측이 서로 통일한국의 호의를 사려고 애쓸 것이다라는 말을 하고 있습니다. 얼마나 중요한 이야기입니까. 우리가 통일해서 힘을 가지면 미·일·중·러 주변 4대국의 구심점이 됩니다. 그러지 못하고 분열이 있으면 다시 조선왕조 말엽같이 주변 4대국이 서로 지배하려고 이리떼같이 덤빌 것입니다. 남북은 단결하고 단계적으로 착실하게 통일의 길을 걸어야 합니다. 그리해야 막대한 군사비를 절약해서 경제를 비약적으로 발전시킬 수 있고 남북 간의 경제협력으로 다 같이 큰 덕을 볼 수 있으며 북방으로 진출해서 이미 말한 대로 세계 선진국의 대열에 서고 아시아-태평양시대의 주역이 될 수 있습니다. 통일 안 하면 망하고, 통일하면 단군 이래 최대로 일어설 수 있습니다. 단계적으로 하면 어렵거나 위험한 일도 아닙니다. 통일의 시작은 서두르고 진행은 단계적으로 해야 합니다.

강만길 선생님은 공화국연합제를 10년 정도로 잡으셨는데 그 이후에 3단계 통합이 이루어지는 과정도 같다고 생각됩니다만, 언제나 파탄의 고리가 되는 것은 역시 헤게모니 문제이고, 또 그것은 바로 체제 문제로 연결됩니다. 통합 과정에 있어서 우리가 지향해야 할 정치체제와 경제체제는 어떤 것이어야 하는가, 그다음은 국제사회 특히 동북아시아 속에서의 통일국가는 어떤 대외관계를 가져야 하는가에 대해 구상하신 것이 있으면 말씀해주십시오.

김대중 제1단계 공화국연합제 아래에서는 외교·국방·내정은 현재의 남북 두 정부가 완전히 장악하는 것입니다. 그리고 공화국연합제에서의 모든 결정은 만장일치로 하기 때문에 헤게모니 싸움은 있을 수 없습니다. 공화국연합제를 한 10년쯤 해나가면 북한의 절대적인 필요에 의해서 경제체제는 중국과 같이 시장경제체제로 변화해갈 것입니다. 그렇지 않으면 이미 말한 대로 정보화시대·첨단산업시대에서 더구나

UR(우루과이라운드)이 타결된 마당에 국제경쟁을 해나갈 수 없습니다. 정보화시대를 이겨내려면 정보가 물 흐르듯이 있어야 하고 창의가 솟아야 하는데 이것은 민주체제하에서만 가능합니다. 따라서 북한도 언론의 자유, 여론의 존중, 자유선거, 다당제 등을 받아들이게 될 것입니다. 이것은 누구도 막을 수 없는 대세인 것입니다. 우리는 북한에 대해서 어떠한 체제를 강요할 필요가 없습니다. 강요 안 해도 북한이 세계 각국과 외교·경제의 거래를 하고 남한과 교류하고 김일성 주석이 퇴장하고 나면 자연히 그렇게 변할 것입니다. 그때 우리는 연방제로 들어가는 것입니다. 연방제하에서의 방향은 이미 말했기 때문에 되풀이하지 않겠습니다.

우리 민족은 작은 존재가 아닙니다. 남북한이 합치면 약 7천만의 인구인데, 이는 세계의 180여 나라 중에서 12번째의 대국인 것입니다. 남한의 4400만만 하더라도 세계 22번째인 것입니다. 남한의 GNP는 세계 15위고 무역고는 세계 13위입니다. 그러므로 남북이 단합하고 통일의 길로 나가면 동아시아에서 일본·중국과 더불어 지도적 위치를 다투게 될 대국이 될 것입니다. 안보 면에서는 현재의 한미관계를 굳게 유지하면서, 먼저 동북아시아의 다자간 안보체제, 즉 우선은 통일한국과 미·일·중·러 4대국 간의 6자 혹은 5자 안보체제를 실현하여 이 지역에서의 평화와 우리 민족의 안전을 확보해야 합니다. 이는 나아가서 동남아시아 국가와도 안보협력을 발전시켜나갈 것입니다. 경제적으로는 아-태지역에서의 경제협력체제를 강화시켜나가야 하는데 우리는 우리의 국익을 위해서나 아시아지역에서의 특정 국가의 단독지배를 막기 위해서 미국이 이러한 경제협력기구에 한 주역으로서 같이 참가하는 것을 추진할 필요가 있습니다.

남북한 통일에 대한 4대 강국의 입장

강만길 주변 국가들과의 문제도 있습니다. 근대 이후로 한반도의 지정학적인 위치가 많은 역사변혁에 하나의 초점이 되어왔습니다. 예를 들어 일본은 한반도를 포함한 대륙 쪽의 힘이 강하면 한반도가 자기들의 심장부를 찌르는 칼로 보이고, 자기들이 강할 때는 한반도가 대륙으로 건너가는 다리로 보인다는 말을 했습니다.

앞으로 우리 민족이 통일이 되는 경우 여러 주변 국가들로서는 인구 7천만의 대국이 생기는 것이 반드시 좋은 일만은 아닐 것입니다. 특히 일본으로서는 위협을 느낄 것입니다. 뿐만 아니라 미국의 경우도 그렇습니다. 미국은 1992년 대선에서 문민정권이 들어서리라는 것과 그렇게 되면 대북관계도 과거의 군사정권보다는 훨씬 잘 풀리는 방향으로 가리라는 걸 알고 있을 것입니다. 그런데 문민정권이 들어선 이후 갑자기 북한의 핵 문제가 대두되었습니다. 물론 전에도 그 문제가 전연 없었던 것은 아니지만 그리 표출된 문제는 아니었습니다. 지금 미국은 핵 문제를 내세워 김영삼정권의 대북관계 문제를 불끈 쥐고 있는 것처럼 보이기도 합니다. 또 현재의 상황이 미국이 북한하고 직접 교섭을 하고 남한정부는 완전히 빠진 상태로 전개되고 있기도 합니다.

우리가 이런 주변 정세를 어떻게 헤쳐나가야 할지, 주변 국가들 특히 일본이나 미국과의 관계를 어떻게 이끌어나가야 할지 그 점에 관해 견해를 말씀해주십시오.

김대중 통일문제를 논하는 데 있어 우리는 두 가지를 명심해야 합니다. 통일은 우리의 권리입니다. 우리는 전쟁범죄 국가가 아닙니다. 따라서 독일같이 외부의 눈치를 볼 이유가 없습니다. 그 독일조차 통일했습니다. 왜 우리가 못합니까. 문제는 남북이 서로 민족적 양심과 공동운명 의식을 가지고 이제 얼마든지 가능해진 자주통일의 길을 가는 것에 달려 있습니다. 또 하나는 우리 주변 국가들이 우리의 통일에 대해서 모두 그들의 이해와 일치된 면과 상반된 면의 두 가지를 가지고 있습니다. 우리는 주변 4대국의 이러한 관계를 면밀히 검토하고 슬기로운 정책을 세워서 한반도 통일이 자신들의 이익과 일치할 수 있다는 것을 확신시켜서 그들이 자발적으로 우리의 통일에 협력하도록 이끌어가야 합니다. 슬기와 인내심과 고도의 외교능력이 우리 민족에게 요구되는 것입니다.

이제 각국별로 이야기해보겠습니다. 먼저 일본의 경우를 봅시다. 한국 사람들이 공산주의자건 비공산주의자건 상당수가 일본에 대해 가지고 있는 나쁜 감정이나 경계심을 생각한다면 우리의 통일을 꺼려할 가능성도 큽니다. 하지만 일본은 지금 세계의 대국이 되어 유엔의 상임이사국으로 나가려 하고 있습니다. 영국이나 프랑스 같은 나라들은 과거에 식민지였던 수십 개의 나라들과 지금도 잘 지내고 있지만 일본은 과거의 식민지가 우리하고 대만 둘뿐인데도 제대로 잘 지내지 못하고 있습니다. 특히 우리나라하고는 문화의 뿌리도 유사하고 가까운 거리에 있으면서도 관계가 아주 좋다고 할 수 없습니다. 이런 것은 일본이 세계적 지도국가로 나가는 데 있어서 결정적인 약점이 됩니다.

사실 MIT대학의 레스터 서로 교수는 일본이 세계의 대국으로 나가는 데에 결정적인 약점의 하나가 세계적인 문화가 없는 것과 한국·대만 같은 인접 국가와 손잡고 같이 발전해나가는 협력체제를 갖추지 못한 것이라고 했습니다. 일본 사람들한테 이 얘기를 했더니 그들도 공감하는 태도를 보입니다. 그러므로 우리는 통일된 한국이 일본과 서로 밀접하게 협력할 수 있으며 4대국 어디에 대해서도, 어느 나라에 대해서도 불리한 태도를 결코 취하지 않을 것이란 확고한 입장을 설득시킨다면 일본은 우리 통일을 반대하지 않을 것입니다. 다 아는 대로 일본은 우리의 분단에 책임이 있습니다. 그런데 이제 통일까지 방해해서 우리 민족의 원한을 사려고 하지는 않을 것입니다. 우리 민족의 확고한 통일의 의지 그리고 일본과 협력해서 같이 아시아-태평양시대의 협력관계를 구축하겠다는 우리의 확고한 입장을 보임으로써 일본의 협력을 얻어내야할 것입니다.

중국 문제도 그렇습니다. 거기에도 양면이 있습니다. 우리나라의 현재의 분단 상황이 제일 유리하다고 생각할 나라가 어떻게 보면 중국입니다. 왜냐하면 친중국적인 북한이 지정학적으로 완충지대 역할을 해주고 있기 때문입니다. 만일 북한이 남한에 의해서 통합되고 미국이나일본의 영향력이 우리와 같이 서쪽의 황해 북단까지 가고 압록강까지간다면 중국으로서는 중대한 위협이 되는 것입니다. 이것이 얼마나 중국으로서는 받아들이기 어려우냐 하는 것은 중국의 6·25 참전으로 입증되었습니다. 그러나 한반도의 분단에 의한 불이익도 큽니다. 중국으로서도 한반도에 언제 전쟁이 일어날지 모르는 불안정한 상태는 중국의 안정과 경제발전에 지대한 영향을 미치는 것입니다. 그러므로 통일후의 한국이 우호관계를 유지할 수 있다는 보장만 있으면, 중국은 한국이 통일되는 것이 자국의 안보와 통일한국과의 경제적 협력이라는 관점에서 오히려 바람직한 것입니다.

저는 1993년 10월 미국 워싱턴에서 과거 한국과 중국의 미국대사직을 지낸 제임스 릴리 전 대사를 만났는데 그는 중국의 태도에 대해 이런 이야기를 해주었습니다. 중국은 북한이 핵을 가지는 것을 절대로 반대한다, 중국은 현재와 같은 불안한 분단 상태보다는 남북한이 통일을 이뤄서 안정되길 바란다, 물론 통일한국이 반중국적이면 곤란하다, 그리고 중국은 북한의 김일성 주석이 한 5~6년 더 그 자리에 있어서 대내외

관계를 해결해놓고 물러가기를 바라고 있다. 나는 릴리 전 대사의 이 말에 일리가 있다고 생각합니다. 중국을 통일에 협력시키는 것은 우리의 슬기와 외교 역량에 달려 있습니다.

　역사를 보면 7세기에 당나라가 쳐들어왔던 것을 빼고는 신라통일 이후 1300년 동안 중국은 우리를 침략한 적이 없었습니다. 오히려 명나라는 임진왜란 때 우리를 도와주려고 출병했다가 망국을 촉진시켰습니다. 중국은 오랫동안 우리의 우방이었던 것입니다. 이제 우리가 한 가지 주의해야 할 점은 만주가 고구려의 구토였다느니 발해가 어쨌다느니 하면서 마치 옛날의 만주 지배를 다시 바라는 것 같은 인상을 주는 말을 함부로 해서는 안 된다는 것입니다. 중국은 그러한 우리의 태도에 매우 경계를 하고 있습니다. 러시아의 연해주에 대해서도 마찬가지입니다. 괜히 되지도 않을 그런 얘기를 함부로 하지 말아야 합니다. 그런 태도는 상호협력과 우리의 국익에 전혀 도움이 안 됩니다. 그리고 중국이나 러시아로 하여금 우리의 통일을 경계하도록 하는 역효과만 일으키게 할 뿐입니다. 이 점은 한국 사람이 생각하는 것보다 훨씬 심각합니다. 러시아도 중국도 마찬가지로 통일된 한국이 자국의 국익과 일치될 수 있다고 판단하면 이를 반대할 이유가 없습니다.

　그다음 미국 문제인데, 미국이야말로 국익에 있어 우리나라하고 가장 합치할 수 있는 나라입니다. 왜냐하면 아시아의 평화를 위해서는 미국이 담당하고 있는 안보 역할이 중요하기 때문입니다. 예를 들어 소련이 붕괴된 지금에 와서는 NATO(북대서양조약기구)는 강력하게 유지되고 있습니다. 그것은 미국이 있음으로써 영국·프랑스·독일 그리고 러시아를 조정할 수 있기 때문입니다. 그러한 미국의 역할이 유럽 같은 집단안보체제가 없는 아시아에서는 더욱 필요한 상황입니다.

　우리는 우리의 국익이 무엇인가 하는 것만을 생각해야 합니다. 외교에 있어서 중요한 것은 국익뿐입니다. 이익이 맞으면 협력하고 안 맞으면 따지고 대립하는 것입니다. 친미니 반미니, 친일이니 반일이니 이야기할 필요가 없습니다. 4대국 모두하고 우호관계를 추진하고, 4대국 모두에 대해서 태도를 취해야 합니다. 그러나 우리는 앞으로도 우리 국익을 위해서 미국과 현재의 특수한 관계를 유지해나가야 합니다. 미국과의 특별한 협력이 국익을 위해서 필요하다는 것은 최근에 북한의 지도층조차 자기들의 국익을 위해서 공공연히 이야기를 하고 있습니다. 그리고 우리는 민족과 협력해서 하루속히 남북한과 미·일·중·러 6자가 동북아시아에서의 다자간 안보체제를 만들어 서로 침략의 위협 없이 협력할 수 있도록 해야 합니다. 누구든 6자 안보체제를 깨면 공동으로 제재할 수 있는 것입니다. 다만 이 6자 문제를 한반도 통일 문제하고 혼동해선 안 됩니다. 한반도 통일은 어디까지나 남북 2자가 해야 하는 것으로 나머지 4자는 통일에 협력하는 종속변수가 될 수 있을 뿐 우리의 통일을 좌지우지하는 것이 되어선 안 됩니다. 독일의 경우, 전쟁범죄 국가이고 4개국이 독일의 통일에 대해서 반대하거나 승낙할 권리가 있었기 때문에 2+4가 필요했었지만 우리에 대해서는 그러한 관계를 강요할 권리는 누구도 없습니다. 안보문제와 통일문제는 다릅니다.

경제 문제에 있어서는 동남아시아와 동북아시아 각국이 다른 아시아-태평양 국가들과 같이 협력체제를 강화시켜나가야 합니다. 이 경우에도 미국이 아-태지역에서 한 주역의 역할을 하고 이 지역의 경제협력체제의 형성에 적극 나서는 것은 아시아의 어느 특정 국가가 지배적 영향을 행사해서는 안 된다는 우리의 입장과도 일치하는 것입니다. 이렇게 미국과의 협력은 통일 전이나 통일 후에도 우리의 국익하고 상당 기간 일치하므로 우리는 국익에 맞지 않는 한미관계의 악화를 초래할 태도는 자중해야 합니다.

통일 이후 우리 외교의 기본 노선은 매우 적극적인 것이어야 합니다. 말하자면 4대 강국의 이해관계가 우리의 주도적인 노력으로 갈등이 아닌 협력체제로 나아갈 수 있도록 되어야 할 것입니다.

다른 나라도 마찬가지지만, 한 가지 미국을 생각할 때 절대로 잊어선 안 되는 것이 미국은 자국의 국익과 일치하지 않는 일은 안 한다는 겁니다. 6·25 때도 미국은 우리 한국을 위해 출병했다기보다는 소련과의 냉전 대결에 있어서 미국의 권위와 이익을 위해서 참전했던 것입니다. 그것은 우리의 국익과도 일치했기 때문에 우리는 이를 환영했었습니다. 우리는 4대국 사이에서 모든 나라와 능동적으로 화해하고 협력해야 합니다. 다만 우리의 국익을 따져볼 때 상당기간 미국을 중시해야 한다는 것이 제 생각입니다.

21세기는 아시아-태평양시대가 될 것

강만길 과거 40년 동안 한반도지역은 미·소의 대립구도 속에서 분단되어 있었는데 소련이 무너지고 난 지금에 와서는 그러한 대립구도 역시 무너졌습니다. 오히려 중·일의 대립구도가 그것을 대신할 가능성이 있다는 것 때문에 오늘날 경제 문제를 얘기하는 사람들은 한반도지역의 통일과 안전을 위해서는 한·중·일 3국의 지역공동체가 필요하다고까지 말합니다. 물론 미국은 환태평양기구 등을 구상하며 동북아시아지역에서 발언권을 갖기 위해 노력하고 있습니다. 중·일의 대립구도로 가는 경우, 한반도지역이 분단된 채로 있으면 북한은 중국 세력권에, 남한은 일본 세력권에 포함되어 통일이 어려워질 것이며, 동북아시아공동체를 지향한다 해도 남북한이 통일되지 않은 상태에서의 4개국 공동체는 불가능하다고 생각합니다. 앞으로 21세기로 들어가서 동북아시아지역의 국제관계와 공동체 문제 그리고 중·일의 대립구도 문제와 미국과 일본의 환태평양권에 대한 선생님의 생각을 말씀해주십시오.

김대중 20세기는 민주주의가 이념적으로나 실제적으로나 전세계적으로 보편화된 시대였습니다. 이를 위해서 양차대전, 냉전에 의한 3차례의 격동과 막대한 희생을 지불했습니다. 경제도 1848년 맑스가 「공산당선언」을 발표한 이래 150년의 대결 끝에 공산 소련은 붕괴하고 시장경제가 전세계를 지배하게 되었습니다. 약소민족들도 양차대전과 소련 붕괴의 결과로 모두 해방과 독립을 얻었습니다. 그러나 아직도 각국에서의 빈부격차는 심하고 제3세계는 선진국 수탈의 대상이 되어서 남북관계는 해가 갈수록 더욱 심각해지고 있습니다. 20세기는 인류 역사상 전례가 없이 환경을 파괴했고, 자본주의적 타락은 마약·폭력·매춘·청소년범죄 등을 만연시켰습니다. 탈자본주 경향 속에 일어난 격동하는 변화는 세계 사람들을 심한 불안과 갈등 속에 몰아넣고 사이비 종교와 현세기복적인 타락된 종교들이 사람들의 마음을 사로잡고 있습니다.

21세기는 이러한 20세기의 부정적 유산을 올바르게 처리할 책임을 지고 있습니다. 민주주의는 자국만이 아니라 제3세계 등 모든 사람에게 고르게 그 권리와 복지를 보장해야 할 것입니다. 그리고 우리의 어머니인 지구와 화해해서 동식물과 물·공기·흙 등 자연의 존재들을 보호하고 발전시키는 역할을 해야 할 것입니다. 인간을 위해서만이 아니라 자연을 우리들의 형제와 벗으로 생각하고 더불어 같이 발전해나가야 할 것입니다. 여기에는 아시아 사람의 자연과의 일체 사상, 불교의 만물 속에 부처님이 있다는 사상 등이 새로운 지구시대 민주주의의 사상과 이념의 토대가 되어야 할 것입니다. 나는 신인도주의를 주장했는데 이를 토대로 지구적 민주주의까지 발전시켜야 한다는 것은 이미 앞에서도 말한 바 있습니다.

경제는 정보화시대·지식산업시대·우주항공산업시대·생명공학시대라는 새로운 시대로 들어갈 것이고 지금과는 아주 다른 시대가 올 것입니다. 앞으로 문화와 종교가 경제 못지않게 사람들의 마음을 지배하게 될 것입니다.

21세기를 지배할 나라는 누구인가 하는 문제가 석학들 사이에 논의되고 있습니다. 전 하버드대학 교수 조지프 나이와 『제3의 물결』의 저자 앨빈 토플러는 미국은 정신적 활력에 있어서나 자원의 보유에 있어서나 정보산업의 능력에 있어서나 단연코 앞서 있기 때문에 미국의 시대가 온다고 말하고 있습니다. 전 유럽부흥개발은행 총재 자끄 아딸리는 미국의 시대는 가고 일본과 유럽의 시대가 온다, 유럽이 러시아 등 동유럽까지 포함하게 되면 유럽의 시대가 올 것이다, 영국의 금융시장으로서의 기능, 독일의 수출능력과 높은 생산성, 프랑스와 이딸리아의 산업디자인, 여기에다 러시아의 자원과 기초과학의 힘을 보태면 유럽 시대가 올 것이 틀림없다고 말하고 있습니다. 폴 케네디는 일본·한국 등 아시아 나라와 독일·스칸디나비아 각국 등 무역강국들의 시대가 올 것이라고 말하고 있습니다. 대니얼 벨은 아시아-태평양과 유럽과 미국의 3국의 시대가 온다고 말하고 있습니다. 그런데 21세기 초에는 이 3자의 경합시대가 될 것이라는 점에는 모두 큰 이의가 없는 것 같습니다.

저는 21세기는 아시아-태평양의 세기가 될 것이라 믿습니다. 지금 아-태지역은 세계 총 GDP의 50퍼센트를 차지하고 무역량이 40퍼센트를 차지합니다. 특히 동아시아가 그 중심이 되어야 할 것입니다. 21세기의 초기는 3국 관계시대가 되겠지만, 머지않아서 아시아-태평양시대가 됩니다. 그리고 이 아시아-태평양시대에서 큰 역할을 할 나라는 미국·일본·중국입니다. 이들이 상호협력 속에 공동발전을 추구할지, 대립과 갈등으로 치달을지는 아직 확실히 모릅니다. 이 점의 장래는 아시아 집단안보체제를 통해 평화가 정착될 수 있느냐 그리고 APEC(아시아태평양 경제협력체) 등의 기구가 얼마만큼 실질적인 경제협력기구로 나갈 수 있느냐에 달려 있을 것입니다. 중국은 덩 샤오핑 사후, 안정을 유지할 수 있느냐의 여부가 그 장래를 좌우할 것입니다. 우리 한국도 통일을 성취하면 이러한 아시아-태평양시대의 주역의 대열에 진입할 것이고 그렇지 않으면 좌초될 가능성이 큽니다.

민주주의가 자본주의 승리의 근본 원인

강만길　이제 사회주의는 무너지고 자본주의체제만 남았다 해도 과언이 아닙니다. 어떤 의미에서는 자본주의체제가 일부 자기수정을 하면서 오히려 강화될 수 있었던 것은 사회주의의 도전과 그것에 대응하려는 노력 때문이었다고 생각합니다. 그런데 혼자 남은 자본주의체제가 선생님이 말씀하신 경제적 민주주의와 정치적 민주주의를 해나가는 자기정화를 할 수 있는 기능을 유지할 수 있겠는가 하는 의문이 생깁니다. 자본주의가 대단히 좋지 않은 방향으로 가다가 사회주의의 등장으로 오히려 위기의식을 느끼고 케인스 이후로 대응책을 마련해감으로써 더 오래 살아남을 수 있었다고 봅니다. 또 도전세력이 없어진 이런 조건 속에서도 자본주의가 재활 내지 재생해나갈 능력을 가질 수 있겠는가 하는 문제와 오히려 사회주의가 없어짐으로써 자본주의의 모순이 더 격심해질 가능성은 없는가 하는 의문이 생깁니다.

21세기의 세계사를 역사적인 입장에서 보면 자본주의체제가 무궁하리라고 전망하기는 어려울 것 같습니다. 역사는 늘 변하기 때문입니다.

그런 과정에서 저는 현실사회주의가 아닌 사회주의 본래의 정신이나 체제가 되살아날 가능성은 없는가 하는 생각을 해보았습니다. 어떤 의미에서 저는 인류가 지금까지 고안한 여러가지 체제 중에서 적어도 이론적인 면에서는 사회주의가 가장 앞선 것이라고 생각합니다. 사회주의의 원래의 이상은 인간의 해방, 부의 균등화, 사회의 평등화입니다. 그것이 현실체제화되면서 여러가지 문제가 생겨 지금에 와서 무너지게 된 겁니다.

앞으로 본래적 의미의 사회주의도 되살아나지 않고 자본주의만의 체제로 계속 있을 수 있을 것인가 하는 이런 문제에 대해 생각한 바가 있으시면 말씀해주십시오.

김대중 아주 좋은 말씀입니다. 사회주의는 분명히 커다란 공헌을 했습니다. 자본주의가 오늘날 같은 승리를 얻은 데는 사회주의로부터의 자극에 의한 공로가 컸습니다. 그리고 본시 사회주의는 맑스 이전의 로버트 오언·쌩시몽·푸리에 등의 공상적 내지는 이상적 사회주의에서부터 퍽 도덕적이었고 정의지향적이었습니다. 맑스에 이르러 사회주의는 이론적으로 거의 완벽했으며, 철학·정치학·경제학·사회학 등 사회과학 발전에 지대한 공헌을 했습니다. 그런데 여기서 우리는 하나의 의문을 제기하지 않을 수 없습니다. 그것은 자본주의는 사회주의로부터 도전받으며 많은 것을 배우고 또 이에 대해서 효과적으로 대응함으로써 자기발전을 해왔는데 왜 공산사회주의는 그러한 훌륭한 이상과 이론을 가지고 있으면서 자본주의나 국민으로부터 온 도전에 제대로 응전하지 못해서 졌느냐 하는 것입니다. 그것은 민주주의를 안 했기 때문에 그렇습니다. 민주주의를 하지 않는 체제는 반드시 독재화하고 부패하고 정의를 경시하게 됩니다. 그런데 공산사회주의는 이러한 잘못에 대해서 밑으로부터의 비판과 시정을 요구할 수 있는 피드백 작용이 봉쇄되어 있으며 국민이 원할 때 정권을 바꿀 수도 없습니다. 그러므로 혁명이 일어나거나 아니면 내부적 붕괴로 갈 수밖에 없는 것입니다. 자본주의뿐만 아니라 서구사회의 사회주의가 성공한 것도 민주제도를 받아들였기때문에 그렇습니다. 그러므로 자본주의의 오늘의 성공은 공산사회주의의 도전의 덕택이라는 것보다는 그 도전을 민주제도를 통해서 여과하고 수용한 데 원인이 있었다고 보아야 할 것입니다. 결국 민주주의가 자본주의 승리의 근본 원인인 것입니다.

자본주의는 사회주의의 도전만 수용한 것이 아니라 자본주의 자체로부터 오는 도전도 계속 수용해서 오늘날 자본주의가 자본주의를 버리는탈자본주의시대로 들어가고 있습니다. 이제 선진국의 대기업들은 주식이 수십만에게 분산되어 주식소유자는 있어도 자본가는 없습니다. 경영도 자본가 경영이 아닌 주식을 갖지 않는 전문경영으로 넘어갔습니다. 분배도 대중화되고 자본가의 것이 아닙니다. 그뿐만 아니라, 이제 대기업들은 노동자의 돈이 과반수의 주식을 갖는 예도 많습니다. 이제 기업을 움직이는 주체세력은 자본이나 노동이 아니고 지식과 정보인 시대로들어가고 있습니다. 탈자본주의시대로 들어가고 있는 것입니다. 이러한변화는 앞으로도 계속될 것입니다. 오직 두 가지만 남고 모든 것이 변할것입니다. 그것은 정치적 민주주의와 소비자의 기호에 맞춰서 변화하는시장경제의 두 가지입니다. 이러한 가운데 사회주의 이상은 민주정치의기능을 통해서 계속 실천되고 확대되어나갈 것입니다.

강만길 큰 눈으로 보면 역사의 발전이란 정치적 민주주의, 경제적민주주의, 사회·문화적 민주주의의 발전이라고 할 수 있습니다. 다만자본주의체제 아래서 그것이 잘 안 되었기 때문에 사회주의 이론과 체제가 등장했습니다. 그러나 현실사회주의도 특히 정치적 민주주의를크게 제한했고 그 때문에 경제·사회·문화적 민주주의도 제약될 수밖에 없었던 것이 사실입니다. 사회주의의 견제와 도전이 없는 자본주의가 자발적으로 정치·경제·사회적 민주주의를 잘 해나갈 수 있겠는가를 실험하는 시대가 바로 21세기가 아닌가 합니다.

21세기를 담당할 사람들은 바로 지금의 젊은 사람들입니다. 선생님이나 저나 통일을 갈망하고 있습니다마는 사실은 통일문제를 담당할 사람들은 역시 21세기를 살아갈 젊은 사람들이라는 생각이 듭니다. 통일이 된 후의 그 뒤처리도 역시 그들이 해야 할 것입니다. 사실 어떤 의미에서는 분단의 책임이 없는 그들에게 결국 민족문제를 마무리짓는 책임을 떠맡긴 셈입니다. 저도 포함됩니다마는 식민지시대·분단시대를 살아온 기성세대로서 그들에게 하시고 싶은 말씀이 있으면 해주십시오.

신세대들에게 미래상을 제시해주어야

김대중 제일 어려운 질문인 것 같습니다. 요즘 신세대들은 참 재미있는 세대이지요. 자기 느낀 대로 행동하고, 그 행동에 대해 스스로가 책임을 지려고 하며, 싫고 좋고의 감정 표현이 분명한 점 등은 굉장히 사랑스러운 장점으로 생각하고 있습니다. 이 세대들은 우리하고 달라서 텔레비전시대, 즉 시각문화에 젖어 있기 때문에 책을 안 읽는 것 같습니다. 대개 만화나 스포츠신문 같은 걸 읽고 정치에는 관심이 없다고 얘기합니다. 그래서 이런 점을 그 사람들하고 어떻게 해결해나가야 할지가 중요한 문제인 것 같습니다. 강교수님께서도 말씀하셨듯이 어쨌든 그 사람들은 앞으로 이 나라의 장래를 맡아서 잘 해주어야 할 사람들입니다.

저는 이 문제에 관해서 두 가지를 말씀드리고 싶습니다. 하나는 우리하고 다르다고 해서 그들을 부정적으로 보고 비난하거나 경원할 것이 아니라 적극적으로 좋은 점을 평가해주고 그들을 이해하려고 해야 한다는 것입니다. 물론 이른바 오렌지족처럼 마구 타락해서 마약을 복용하고 난잡한 생활을 하는 것은 비난받아야 합니다. 하지만 신세대 같은 이런 젊은이들에 대해서는 그들과 구별해서 적극적으로 평가해줘야 한다고 생각합니다. 내가 알기로는 신세대들이 가장 거부감을 느끼는 것은 기성세대들이 무조건 그들을 의심하고 부정적으로 보면서 이해를 해주지 않는 점이라고 합니다. 그래서 그들은 기성세대들이 싫다고 말합니다. 설사 그들에게 잘못이 있다 하더라도 그들을 그렇게 만든 것은 오늘의 사회인 것입니다. 우리는 책임감을 느끼면서 그들을 이해해야 합니다. 뿐만 아니라 정도의 차이는 있지만 우리의 젊었을 때도 그 당시의 기성세대들이 볼 때 문제가 많았던 것입니다. 그들을 이해하려고 하면 직접적이든 간접적이든, 예를 들면 신문이나 텔레비전이나 잡지 같은 데서 양쪽 세대들이 만나서 얘기하는 장을 자주 만들어줘야 합니다. 특히 요새는 텔레비전 매체가 있기 때문에 대화를 통한 상호이해가 훨씬 쉽게 이루어질 수 있습니다. 이 점을 특별히 강조하고 싶습니다.

둘째는 우리가 신바람 나는 민주주의를 펼쳐나가면서 젊은이들의 신명을 북돋워주어야 됩니다. 각자의 개성을 최대한도로 살려야 합니다. 옛날 우리 시대는 소품종 대량생산의 시대였습니다. 그러므로 그러한 양산체제에 버금갈 수 있는 평균화된, 약간 몰개성적인 노동자나 사무원의 대량생산이 필요했습니다. 그러나 지금은 다릅니다. 다양화시대이고 다품종 소량생산 시대이고 개성 있는 제품의 생산 시대입니다. 그러므로 우리 젊은이들도 이에 알맞은 인재가 필요하게 된 것입니다. 신세대의 출현은 이러한 생산체제와 문화의 다양화에 따른 필연적인 현상일지도 모릅니다. 사실 요즘은 기업들도 과거와 같이 아주 고분고분하고 규격화된 사람이 아니라 개성이 있는 인물을 찾고 있는데, 이것은 모두 신세대와 더불어 경제체제의 도전에 대한 응전이라고 볼 수도 있습니다.

근대 이후는 이성과 합리주의의 시대였습니다. 이것이 너무 지나쳐서 감성과 이미지를 과소평가했습니다. 오늘의 신세대들이 이성이나 합리주의를 거부하고 느끼는 대로 행동하고 본 대로 판단하는 피상적인 태도는 다분히 이러한 근대주의에 대한 반발로 볼 수 있습니다. 나는 양측 모두에 문제가 있다고 생각합니다. 20세기를 살아온 우리의 경험에서 볼 때 인간은 이성 외에 감성이 분명히 있습니다. 이 둘이 조화될 때 인간의 정신은 완전과 균형을 찾을 수 있습니다. 사람은 합리적인 동물이지만 이미지에 의해서 행동하는 감각적인 면도 있습니다. 이 두 가지의 조화가 완전한 인간상을 만들 것입니다.

사실 자세히 살펴보면 지금까지 우리 사회에서는 이 두 가지를 조화하는 사람들이 인간으로서 존경과 높은 평가를 받았습니다. 이순신 장군은 철저한 합리주의적인 전략가이었지만, 한편으로는 시와 문장에도 뛰어났고 백성들을 자식같이 사랑한 풍부한 감정의 소유자였습니다. 링컨도 간디도 모두 뛰어난 현실감각을 가진 지도자였지만 한편으로는 다시없이 아름다운 영혼과 이웃에 대한 애정을 가졌던 분입니다. 나는 우리의 신세대들이 기성 질서에 대한 반발만을 내세울 것이 아니라 한편으로는 이성과 합리의 자세도 아울러 가지면서 이 두 가지를 조화하는, 그러한 인간적 발전을 할 수 있도록 우리 사회가 도와주어야 한다고 생각합니다. 그 가장 확실하고 효과적인 길은 우리가 완벽한 민주주의를 해서 그들에게 신바람이 나도록 해주어야 한다는 것입니다. 우리는 그들에게 우리가 나아가는 목표를 소화하고 수정하도록 완전히 그 권리를 보장해주어야 합니다. 그리고 권리 행사를 통해서 책임도 지도록 해야 합니다. 이렇게 해나가면 앞으로 그들에게 무엇이 돌아온다는, 어떠한 좋은 세상이 온다는 그런 미래상을 제시해주어야 합니다. 그러면 그들은 신바람이 날 것입니다. 우리가 그들에게 선물하고 그들이 21세기를 좀더 좋은 세기로 이끌어갈 수 있는 길은 신바람 나는 민주주의가 아니겠는가 생각합니다.

강만길 긴 시간 동안 많은 말씀을 해주셔서 대단히 감사합니다.

마지막으로 제가 느낀 점을 말씀드리자면 짧은 시간의 대화 속에서나마 선생님의 어떤 깊이를 이해할 수 있을 것 같았습니다. 사람 사이의 이해를 돕는 데에는 만나서 대화를 하는 것이 가장 첩경이라고 하는데 사실은 그게 그리 쉬운 일은 아니라고 생각합니다. 얼마만큼 서로 호흡이며 생각이 맞아야 하는데 저는 선생님과의 대담을 진행하면서 호흡이 잘 맞을 수 있는 분이다 하는 생각을 했습니다.

저는 학생들을 가르치면서 늘 기성세대와 젊은 세대의 생각이 같으면 그 민족사회는 정체되어 망한다고 말합니다. 두 세대 사이의 생각이 다르다는 것을 전제해놓고 그다음에 같은 부분을 살려나가야 한다고 말합니다. 선생님도 두 세대 사이의 차이를 인정하고 그다음에 두 다른 세대 사이에서 얼마나 교감을 가질 수 있는가 하는 것이 중요한 문제라는 말씀을 하셨는데 같은 의미의 말씀인 것 같습니다. 대단히 감사합니다.

김대중 감사합니다.

"총련 고향방문단 매달 보낼 준비 돼 있다"

　토오꾜오 신주꾸에 위치한 케이오오플라자호텔 46층 1호실. 역사적인 만남은 이곳에서 이뤄졌다. 재일본조선인총련합회(이하 총련) 서만술 의장과 본지(『민족21』) 강만길 발행인은 정겨운 인사를 나누며 대화를 시작했다.

　강만길　반갑습니다. 만나뵙게 되어 영광입니다.

　서만술　저도 영광입니다. 만나뵙게 되어서 반갑습니다. 이 자리를 빌려 늦게나마 『민족21』 발간을 축하드립니다.

　강만길　고맙습니다. 총련 의장께서 남쪽 언론과 정식으로 인터뷰하시는 것은 처음이죠? 감회가 어떠십니까?

＊ 이 글은 2001년 7월 16일 토오꾜오에서 이루어진 재일본조선인총련합회 서만술 의장과 강만길 교수의 특별대담(정리 김지형 『민족21』 기자)으로, 『민족21』 2001년 8월호에 실렸다.

6·15 있었기에 가능한 만남

서만술 지난해 북남상급회담에서 합의한 총련 고향방문단에 관해 발표할 때 제1부의장 자격으로 남쪽 기자들 앞에 선 적이 있습니다만 이같은 대담 형식은 사실 처음입니다. 역시 지난 6·15북남공동선언이 있었기에 이런 만남이 가능한 것으로 생각합니다. 대단히 반가운 일이며 이같은 기회를 마련해주어서 감사합니다.

'총련'이라고 하면 아무래도 좀 낯설다. 군사정권 시절 판치던 반공드라마의 단골 소재로 등장했던 탓일까? 강만길 발행인도 이 점을 의식해서인지 "총련이란 어떤 조직인지 소개해달라"는 주문으로 본격적인 대담에 들어갔다.

서만술 총련은 1955년 5월 25일에 결성됐습니다. 하지만 그 배경은 8·15해방 직후의 재일 조선인운동으로 거슬러 올라가야 합니다. 해방되던 해 10월 15일 재일동포들은 조련(조선인련맹)을 결성하고 민족적 애국운동을 벌였습니다. 그런데 미군과 일본 당국은 1949년 9월 조련을 강제 해산시키고 나아가 조선학교들을 강제 폐쇄시켰습니다. 재일 조선인운동은 이러한 어려움을 극복하고 통일에 기여하기 위해 총련을 결성했습니다. 그때 내건 구호가 '재일동포들의 민주주의적 민족권리와 조국의 평화적 통일을 위하여'입니다. 총련의 결성목적과 노선이 이 구호에 잘 나타나 있습니다.

강만길 무엇보다 총련 동포들이 어려운 이국 땅에서 대를 이어 민족성을 지키고 있는 점을 높이 평가합니다. 제 생각에는 교육의 힘이 크다고 봅니다. 또한 총련의 조직적 노력도 있었을 텐데요?

서만술 총련은 중앙과 지방본부, 지부, 분회에 이르는 각급 조직들을 일본 전역에 걸쳐 동포들이 사는 곳마다 꾸려놓고 있습니다. 그리고 상공인, 청년, 녀성, 예술인, 체육인, 종교인을 비롯한 각 계층 동포들을 망라해 산하단체로 결집시키고 있습니다. 또 경제·금융, 교육, 과학, 언론·출판, 무역상사 등 다방면에 걸쳐 전문기관과 사업체들을 운영하고 있습니다. 이같은 단결력이 조직적인 힘으로 작용한다고 할 수 있습니다.

강만길 재일동포들의 99퍼센트가 고향을 남쪽에 둔 분들로 알고 있습니다. 그런데 왜 총련이 북을 지지하는가 하는 점에 대해 많은 남쪽 사람들이 궁금해하고 있습니다.

재일동포 99퍼센트, 남녘이 고향

서만술 조국광복 후 많은 동포들은 남쪽이 미군의 점령하에 있고 조국이 분열된 현실을 불안해하면서 통일 후에 돌아가겠다며 일본에 남았습니다. 이러한 재일동포들을 끊임없이 동포애적 시책으로 보살펴준 것은 북측이었습니다. 이런 생활 체험이 동포들의 마음을 북으로 끌리게 하고 총련 주위에 뭉치게 한 것으로 볼 수 있지 않을까요?

강만길 제가 일본에 처음 온 건 1970년도였는데 그때만 해도 총련 동포들의 숫자가 압도적으로 많았던 것 같습니다. 그런데 최근에는 과거에 비해 많이 위축됐다는 평가도 나오고 있습니다만.

서만술 지난해 말 현재 일본에 거주하는 조선 및 한국 국적의 외국인 등록자는 63만 5269명입니다. 제가 강조하고 싶은 점은 이른바 국적을 기준으로 총련계요, 민단계요 하는 식으로 구분하는 것은 재일동포들의 력사와 현실을 도외시한 탁상의 통계잡이라는 것입니다. 한때 '한일조약' 체결 이후 남쪽 당국과 일본정부가 재일동포들에게 한국 국적을 강요한 일이 있습니다. 그때 적지 않은 동포들이 협박과 교활한 권유에 의해 또는 취업과 상기업의 경영상 편의를 위해 조선 국적을 한국 국적으로 변경하였습니다. 그러나 그들이 다 자기의 주의주장과 신조를 버린 것은 아닙니다. 실제로 국적 변경 후에도 그들은 자녀들을 총련의 민족학교에 보냈으며 한국 국적을 소유하면서 총련 단체에서 활동하고 있는 사람들도 많습니다. 또 총련 소속 조선대학교와 조선고급학교에서 우리말과 글을 배운 졸업생만 해도 10만 명이 넘습니다.

강만길 남쪽 동포들은 대체로 재일동포사회라고 하면 총련과 민단의 대립, 갈등을 먼저 떠올립니다. 모국이 나눠지니까 남의 나라 땅에서 사는 우리 동포들도 제대로 대접받지 못하는 것이라고 생각할 때 모국에 살고 있는 사람들이 해외동포들에게 참으로 못할 짓을 했다고 봅니다.

서만술 물론 우리나라가 북과 남으로 동강난 상태에서 어떤 때는 서로 대결해왔기 때문에 재일동포사회도 그 영향을 받아온 것만은 사실입니다. 그러나 명백한 것은 총련은 과거나 오늘이나 재일동포사회에 대립 구도를 그려본 적도 갈등을 조장해본 적도 없다는 것입니다. 총련의 입장은 오직 민족애와 동포애입니다. 지난 1991년 치바 세계탁구선수권대회 때 북남이 유일팀으로 출전하면서 총련과 민단은 처음으로 공동응원 실현을 위해 노력했습니다. 다만 민단 중앙이 언제나 대결적인 입장을 취해왔다는 점만은 그들도 부인하기 힘들 것입니다. 역대 민단 단장 중에는 공식석상에서 민단의 목적을 '총련의 와해'라고 로골적으로 표현한 사람이 있을 정도입니다.

이 대목에서 서의장은 민단과 총련의 갈등관계를 솔직히 표현했다.

그러나 그는 민단의 못마땅한 점을 언급할 때마다 항상 '민단 중앙'이라고 했다. '민단'과 '민단 중앙'을 구분하고 있다는 얘기다. 대담 중에 이 문제를 해결할 수 없었던 기자는 대담이 끝난 후 배석했던 『조선신보』 강두환 편집국장에게 넌지시 물어보았다. 그의 답변이다. "우리는 민단의 아래 단위 조직이나 거기에 속한 동포들을 비난하지 않습니다. 다만 민단 중앙의 문제만큼은 명확히 합니다." 이어지는 대화를 통해서도 총련의 이런 원칙을 확인할 수 있었다.

강만길 지난해 6·15남북공동선언이 동포사회에도 큰 영향을 미쳤을 것 같은데 그 이후 총련과 민단의 분위기는 어떻습니까?

서만술 력사적인 6·15공동선언이 발표된 이후 기층 동포사회의 분위기는 좋습니다. 일본 곳곳에서 총련과 민단의 공동축하행사와 련합모임들이 동포애 넘친 분위기 속에서 조직되었고 서로가 통일을 위해 단합하고 행동할 것을 결의했습니다.

참정권 부여는 '현대판 황민화'

강만길 현재 동포사회에서 이른바 '참정권' 문제를 둘러싸고 논란을 벌이고 있는 것으로 알고 있습니다. 총련에서는 반대하는 것으로 듣고 있습니다만, 어떤 이유 때문입니까?

서만술 중요한 지적입니다. 현재 민단 중앙은 참정권을 강하게 고집하고 있습니다. 재일동포의 경우 '국정'은 안 되고 '지방참정권'만 행사하자는 논리입니다. 세금도 내고 있으니까 외국인으로서 권리 행사를 하면 좋지 않은가, 재일동포들이 유권자 집단이 되면 무시할 수 없을 것이라는 논리입니다. 우리는 그렇게 보지 않습니다. 한마디로 백해무익합니다. 생각해보십시오. 각자가 속한 도, 현, 시, 정의회 선거들과 시장, 지사 선거 등등 지방참정권이 부여되면 투표하기 바쁠 것입니다. 자연히 동포들 사이에서 일본 정당에 대한 지지 여부를 놓고 논란을 벌이게 됩니다. 현재 우린 민족단체로 뭉쳐 있는데 일본 정치로 관심이 쏠리게 된다는 것입니다. 결국 일본으로의 귀화를 조장할 것으로 우려하고 있습니다. 권리라면 권리지만 일본인이 1억 2천이고 재일동포수가 63만으로 2백분의 1 남짓합니다. 이 표를 가졌다고 해서 권리가 보장된다? 난센스입니다. 그래서 우리는 참정권을 결국 '황민화운동의 현대판'이라고 보고 있습니다.

강만길 충분히 인정합니다. 재일동포들이 참정권을 얻는 문제와 재미동포들이 시민권을 얻는 문제는 다르다고 봅니다. 역사적 조건이 다른 것 아닙니까?

서만술 그렇습니다. 일본 당국의 태도는 주객이 전도된 것입니다. 우리는 그들에게 "먼저 조·일 국교정상화부터 하라"고 말합니다. 참정권을 먼저 주겠다는 것은 말이 되지 않습니다. 동포사회를 분열시키겠다는 의도라고밖에 볼 수 없습니다.

기자가 곁에서 본 서만술 의장은 '꼿꼿한 선비' 같은 인상이었다. 조용하면서도 정연한 어조로 대화를 나누는가 하면 두 시간가량 이어진 대담 시간 내내 한 번도 자세를 흐트러뜨리지 않는 단아한 성품의 소유자였다. 그러나 '참정권' 문제에 대해 얘기할 때는 무척이나 단호한 태도를 보였다.

강만길 6·15 이후 총련 동포 고향방문단 사업이 그간 네 차례 진행

됐습니다. 어떻게 평가하고 계신지 궁금합니다.

서만술 솔직한 심정을 이야기한다면 지난해 북남 수뇌부들의 력사적인 평양 상봉이 실현되고 6·15북남공동선언이 발표되었을 때만 하더라도 우리는 환호를 터뜨렸지만 총련 동포들의 고향방문이 그토록 빨리 성사될 줄이야 꿈에도 생각하지 못했습니다. 그간 네 차례에 걸쳐 도합 342명의 총련 동포들이 고향에 다녀왔습니다. 그런데 지금과 같은 속도와 규모로는 고향방문을 희망하는 재일동포들의 소원을 풀기 어렵습니다. 그들 가운데는 고향방문 1주일 전에 사망한 동포도 있습니다. 그래서 우리는 남측 창구인 적십자사에 더 자주 방문단을 조직하자고 요청합니다. 우리는 한 달에 한 번 아니면 두 달에 한 번으로 하고 인원 수도 1백여 명 정도로 늘릴 것을 희망하고 있습니다.

강만길 남측 정부가 과감하게 일을 추진하기는 아직까지 어려운 여건입니다. 여전히 냉전적인 인식에 사로잡혀 있는 사람들이 있습니다. 그러나 화해의 문은 이미 열렸다고 생각합니다. 그런 의미에서 고향방문 사업이 좀더 확대되었으면 하는 심정을 충분히 이해합니다. 고향방문 사업 외에 남측과 다른 교류사업을 진행할 계획은 없습니까?

서만술 우리는 북남공동선언의 실현에 이바지하기 위해 6·15 이후 남측과 교류를 넓히는 데 노력하고 있습니다. 지난해 총련 금강산가극단 서울 공연과 지난 5월 홍창수 선수 방어전에 대규모 응원단이 서울을 방문했습니다. 그런데 최근 남측 당국에 의해 두 차례나 교류가 무산되었습니다. 사단법인 한국민족아리랑연합회에서 통일아리랑축전에 총련 작곡가를 초청하였길래 쾌히 받아들였지만 끝내 남측 당국의 허가가 나오지 않았습니다. 또 울산시 축구협회가 총련 축구협회 역원들을 정식 초청했으나 남측 대사관에서 승인하지 못하겠다며 리유 설명도 없이 막무가내로 나왔습니다. 참으로 유감스러운 일입니다.

남측과 교류, 최근 두 차례나 불허

강만길 그런 일들이 있었습니까? 저도 유감입니다. 그러나 앞으로 남측과의 교류 실현을 위해 계속 노력해주십시오. 제가 요즘 대학을 맡고 보니까 젊은 사람들이 남과 북 그리고 해외동포들과 교류해야 할 필요성을 절실히 느끼고 있습니다. 통일조국은 그들이 책임져야 하는 것 아닙니까? 총련의 조선대학생들과 남측의 대학생들이 서로 내왕하면 좋을 것 같습니다.

서만술 여건이 조성되기만 하면 되지 않겠습니까?

강만길 총련 제19차 전체대회 때 의장께서 하신 보고 가운데 김정일 국방위원장께서 "총련의 사업방법을 근본적으로 전환할 데 대한 강령직인 말씀을 주시었다"는 부분이 있는데 이 내용에 대해 남측에서는 궁금해하고 있습니다.

서만술 김정일 국방위원장께서 총련에 대해 제일 관심하시는 문제는 1세들과 달리 조국의 귀중함을 체험하지 못한 새 세대들이 동포사회의 주역으로 등장하게 된 현실입니다. 국방위원장의 강령적 말씀이란 바로 이 과제를 해결하자면 총련이 변화된 현실에 맞게 사업방법을 새 세대들의 지향과 요구에 맞게 바꾸어야 한다는 지적으로 볼 수 있습니다. 이 내용은 지난 19차 전체대회 때 향후 진로와 방침으로 정한 민족성 고수 방침, 새 세대 중심 방침, 생활봉사 방침과 재일동포사회의 새 모습 건설 방침 등으로 구체화되고 있습니다.

강만길 총련이 처음부터 민족교육사업에 커다란 관심을 돌리고 노력해온 점을 높이 평가하고 있습니다. 그런데 현재 교육을 받고 있는 세대는 4세대일 텐데 점차 세대가 바뀌면서 어려운 점이 많지 않을까 생각됩니다.

서만술 사실 자꾸 세대가 바뀌면서 일부에서는 조국의 귀중함을 잘 모르고 민족성도 희박해진다며 우려하는 목소리가 있습니다.

강만길 최근 미국에서는 3, 4세대가 오히려 우리말과 문화를 배우려고 애쓰고 있다고 합니다. 점차 민족적 자각이 일고 있다는 것입니다. 러시아의 4, 5세에도 그같은 풍조가 일고 있는 것 같습니다. 일본에서도 그렇게 되지 않을까요? 앞으로도 우리 민족교육을 위해 더 많이 애써주시길 당부드립니다.

서만술 알겠습니다. 우리 총련이 그간 민족교육에 힘써온 과정은 피눈물 나는 력사입니다. '고생 끝에 락이 온다'고 하는데 우리는 이국 땅에서 태어났지만 조선학교에서 배우고 참된 민족의 아들딸로 훌륭한 애국인재로 배우며 자라는 학생들의 모습을 바라볼 때마다 기쁨과 보람의 눈물을 짓습니다. 지금 일본에서는 교육의 황폐화가 큰 사회적 문제로 되고 있습니다. 그럴수록 재일동포들은 민족교육의 정당성과 우월성을 굳게 확신하고 있습니다.

최근 일본의 전반적인 경제 악화와 더불어 총련계 조선은행 신용조합이 많이 흔들리고 있다는 소식이 남쪽 언론에 자주 소개된 바 있다. 일부 언론에서는 이를 '총련 붕괴의 신호탄'으로 설명하기도 했다. 이 문제를 강발행인은 놓치지 않았다.

서만술 본래 재일동포들의 상기업은 일본 기업의 하청업을 하는 령세업자가 압도적으로 많습니다. 거기에다가 민족적 차별이 심하고 일본의 은행들은 우리 동포기업에 융자를 잘 해주지 않았습니다. 동포들은 민족금융기관인 조은(조선은행) 신용조합에 의거하여 상부상조하면서 자금 문제를 비롯한 절실한 문제들을 해결해왔습니다. 그렇지만 일본 경제금융 환경이 악화될 때 먼저 희생당하는 것이 우리 동포 하청업이고, 자금조달의 길이 두절당하는 것이 동포기업입니다. 조은은 거액의 불량채권을 안게 되고 토지가격의 폭락은 조은과 상공인들의 자산 규모를 격감시켰습니다. 그러나 머지않아 호꾸또오, 추우부, 니시, 킨끼, 칸또오 지방 등에서 조은 신용조합들이 새출발을 하고 재건할 것입니다.

강만길 재일동포들뿐만 아니라 남측으로서도 조·일 국교정상화는 큰 관심사입니다. 남측의 경우 지난 1965년의 한일회담은 크게 잘못되었습니다. 일본의 식민지 지배에 대한 사과와 반성이 일체 없었을 뿐만 아니라 배상도 이루어지지 않았습니다. 조·일 조약을 맺을 때는 반드시 시정돼야 한다는 지적이 많습니다.

일본정부, 해외공민에 맞는 권리 보장해야

서만술 조·일 국교정상화에 대한 총련과 재일동포들의 립장은 시종일관합니다. 일본 당국은 일제가 저지른 과거 죄과를 인정하고 우리 민족 앞에 사죄하여야 하며 그에 대한 응당한 배상을 해야 합니다. 일본은 재일동포들의 특수한 력사적 처지와 자주독립 국가의 해외공민이라는 지위에 맞게 제반 민족적 권리와 국제법에서 공인된 인권과 모든 민주주의적 권리를 법적으로나 사회제도적으로 보장해야 합니다.

대담이 막바지에 이르자 강만길 발행인은 서의장의 개인사에 대해 관심을 표명했다. 사실 그간 남쪽에서는 서의장의 이력이 제대로 알려져 있지 않았다. "언제 어떻게 일본에 오게 되었으며 그간의 활동과정을 듣고 싶다"는 강발행인의 질문에 대한 서의장의 답변.

서만술 출생은 경상북도 영일군입니다만 본래 고향은 경주군 현실입니다. 현실에는 서씨들이 많이 살았습니다. 본은 이천입니다. 소학교는 경주에서 다녔어요. 열네 살 때 가난해서 중학교 갈 형편이 못 되었습니다. 그때 야마구찌현에 고모가 사셨는데 그분이 초청해주셔서 야마구찌 현립 오노다중학교를 졸업할 수 있었습니다. 열여덟 살에 학교를 졸업했는데 그 나이가 다감한 나이 아닙니까? 조국이 해방되자 '어느 길로 가겠나' 생각하다가 조선혁명의 길을 택했습니다. 바로 조련을 찾아가 청년부에 들어갔습니다. 그후 1년간 교편을 잡기도 했습니다. 절에 조선 학생들을 모아놓고 '가갸거겨'를 가르치기도 했습니다. 그때를 잊을 수 없습니다.

총련이라는 재일동포 조직을 이끌고 있는 지도자로서가 아니라 1세대 재일동포로서의 개인사를 담담하게 털어놓는 그는 재일동포의 한스런 역사를 고스란히 간직한 한 전형이었다.

서의장은 "지금도 젊은 동포들이 '칠십 평생에 가장 기뻤던 날이 언제냐'고 물어오면 항상 '1945년 8월 15일'이라고 답한다"고 했다. 총련에게 '민족'은 선택의 문제가 아니었다. 재일동포들은 일제식민지 통치의 직접적인 피해자며 가장 처참한 희생자일 수밖에 없다는 생각이 들었다.

이어서 그는 지나온 길을 간략히 소개하며 감회를 토로했다.

서만술 저는 주로 야마구찌, 히로시마현 등지에서 지역활동을 하다가 1970년대 총련 중앙 조직국장, 사무총국장, 부의장, 제1부의장을 거쳐 오늘에 이르렀습니다. 그저 동포들이 바라는 일에 10분의 1이라도 보답한다는 생각으로 일하고 있습니다.

강만길　고향에 가보고 싶다는 생각은 안 드십니까?

서만술　왜 안 그렇겠습니까? 열네 살 때 두고 온 고향 산천초목이 지금도 눈에 삼삼하고 어릴 적 동무들의 목소리가 귀에 쟁쟁합니다. 그렇지만 우리 총련 동포들 가운데 고향에 가고 싶은 분들이 어디 한두 분이겠습니까? 의장인 내가 먼저 갈 수는 없습니다. 마지막에 가겠습니다. 남북관계가 호전되고 그런 상황이 고정화되면 우리들에게도 기회가 오지 않겠습니까?

강만길　끝으로 남쪽 정부당국에 하고 싶은 말씀이 있다면 부탁드립니다.

"따뜻한 눈길로 보아주십시오"

서만술　아까도 말했지만 남쪽 당국에서 총련 동포 고향방문단 사업이 계속 순조롭게, 동포들의 절실한 희망에 맞게 진행되도록 횟수도 늘리고 매차 방문자 수도 늘리는 데 힘써주기를 바랍니다. 이 기회에 말하고 싶은 것은 남쪽 당국이 재일동포사회에서 민족성을 지키고 참된 단합과 화목을 이룩해나가려는 총련의 활동을 깊이 리해해주기 바란다는 것입니다. 또 한 가지 남쪽 당국이 '참정권 부여'를 일본정부에 요청하고 있는 것은 일본의 현대판 황민화 책동인 '일본 국적 획득 특례법' 법제화에 구실을 준다는 점에서 아주 잘못된 일입니다. 깊은 통찰을 부탁합니다.

강만길 지면으로나마 남쪽의 고향 동포들에게도 한 말씀 해주십시오.

서만술 남쪽 동포들은 총련과 재일동포들에게 언제나 그리운 부모, 형제·자매들이고 가장 친근한 고향 벗들입니다. 남쪽 일부에서는 우리를 '조총련'이라고 부르면서 오해가 많은 것 같습니다. '빨갱이'라고 하기도 하고. 그간 우리 총련 동포들이 고향 방문을 네 차례나 했으니 많이 풀렸으리라 생각합니다. 우리는 어디까지나 민족의식을 갖고 살자는 것입니다. 우리의 애국애족을 리해해주십시오. 총련과 재일동포들을 따뜻한 눈길로 보아주면 감사합니다.

강만길 오랫동안 말씀 감사합니다.

서만술 이런 자리를 만들어주셔서 매우 고맙습니다.

대담을 끝내며 강발행인은 서의장에게 "마치 고향 선배를 만난 느낌"이라며 덕담을 건넸다. 서의장은 환한 웃음으로 답했다. 남쪽에는 참으로 '버거운' 존재였던 총련 의장은 이렇게 우리 앞에 모습을 드러냈다. 대담 내내 서의장은 '솔직함'과 '진지함'을 보여주었다. 연배에 비해 작지 않은 키, 강단 있어 보이는 체구에 노년의 중후함과 위엄을 동시에 갖춘 인물이었다.

6·15가 아니면 불가능했을 만남. 이제 남과 북, 해외의 화해와 단합은 현실로 다가오고 있다.

한국은 지금,
20세기 세력과 21세기 정권의 갈등 상태

"35년간이나 일본의 지배를 받고 난 뒤, 해방을 맞이한 우리 민족은 당연히 스스로 국민주권국가를 건설했어야 했는데, 분단이 되어버렸어요. 결국 20세기 후반에 이르면서 국민주권국가를 만들기는 했지만, 남북이 분단된 상황에서 서로 줄기차게 대립을 거듭해왔습니다.

이처럼 통일된 민족국가를 만들지 못하고 있다는 사실은 근현대사를 통틀어 제일 불행한 사실이라 하겠지요. 그러나 다행스러운 점은 20세기를 보내면서 6·15남북공동선언을 통해 통일될 기미를 보이고 있다는 사실일 겁니다."

강만길 총장에게 가장 먼저 건넨 이야기는 "한반도의 근현대사를 어떻게 규정하고 있으며, 현재는 어떤 단계에 이르렀고, 남은 역사적 과제는 무엇일까"라는 두루뭉술한 질문이었다. 대답은 명쾌했다. 답은 19세

---

* 이 글은 강만길 교수에 대한 인터뷰 기사(인터뷰 김재중 『월간 말』 기자)로, 『월간 말』 2004년 12월호에 실렸다.

기에서 20세기에 이르는 우리의 근현대사는 '국민주권국가 건설'의 과정이었으며, 남은 21세기의 과제는 '통일된 민족국가 건설'이라고 축약할 수 있었다. 그렇다면 국가와 민족이라는 개념이 아닌, 계급과 민중의 문제는 어떻게 바라보아야 할까. 멀고 희미한 곳에서 가깝고 선명한 쪽으로 화제를 돌렸다.

21세기 과제는 평화적 통일국가 건설

"해방 이후, 30년이 넘게 이어져온 군사독재를 청산하는 과정이 개혁적이지 못했습니다. 최초의 민간정권인 김영삼정부는 과거의 군사정권 세력과 타협을 통해 탄생했다는 한계를 지니고 있었죠. 이런 취약점 때문에 군사정권의 두 대통령을 감옥에 보내긴 했지만, 그렇게 개혁적인 큰 성과를 거두지는 못했습니다.

그 이후에 김대중정부가 서게 되었는데, 두 가지 불행을 가지고 있었어요. 첫번째는 역시 독자적으로 서지 못하고, 과거 5·16의 핵심이 주축인 정치세력과 연합을 해서 성립되었다는 점이었지요. 다른 하나는 김영삼정부의 말기에 시작된 'IMF체제'를 떠안고, 그것을 해결하는 과정에서 성립되었다는 불행이지요. 결국 그 'IMF체제'를 해결하기 위해서 신자유주의적 경제체제를 선택할 수밖에 없었다고 볼 수 있는 거죠.

그다음에 노무현정권이 성립하게 되었는데, 이 정권은 과거의 비민주적 세력과 연합이나 합당 없이 탄생한 그야말로 새로운 정권이에요. 한편, 세계사는 국가사회주의가 약화되면서 신자유주의로 강하게 흘러가고 있는 상황입니다 이런 세계사적 물결에서 노무현정권도 크게 벗어날 수 없는 상황에 놓여 있다고 볼 수 있습니다.

물론, 이런 신자유주의적 흐름은 상당한 시간이 걸리겠지만 언젠가는 제동이 걸리게 되겠지요. 그러나 김대중, 노무현 정권이 강하게 일고 있는 세계사적 흐름에서 자유롭지 못하다는 점은 두 정권의 불행인 동시에, 어쩌면 우리 민주주의 역사에 제약점이 되고 있다고 볼 수 있습니다. 결국 비민주적인 과거에 대한 청산과 신자유주의 극복을 함께 수행하지 못하고 있다는 점이 '한계와 불행'이라고 할 수 있을 겁니다."

결국 우리를 옥죄고 있는 '민중 문제'의 배경엔 뿌리치기 힘든 '신자유주의의 막강한 힘'이 도사리고 있다는 의견인 셈이었다. 어쨌든 강총장은 김대중정부의 성립 이전과 이후에 명확한 역사적 선을 긋고 있었다. 그것은 20세기와 21세기를 나누는 경계선인 동시에, '분단의 시기'와 '통일의 시대'를 나누는 분수령이기도 했다. 때문에 강총장은 최근 벌어지고 있는 4대 개혁입법에 대한 사회적 갈등 양상을 "20세기 낡은 세력과 21세기 새로운 정권의 갈등"으로 규정하고 있었다. 그렇게 규정하고 있는 이유를 구체적으로 들어보자.

김대중과 노무현의 발목 잡은 신자유주의

"국가보안법 문제가 제일 중요하겠지요. 이 문제는 평화통일 문제와 연관시켜서 해결해야 합니다. 다른 여러가지 문제 중에서도 특히 '정부 참칭 반국가단체' 조항이 문제인데요. 전쟁을 통해 통일을 하겠다면 그 존재 이유를 찾을 수 있을 겁니다. 그런데 전쟁을 통해 통일을 이룰 수 없다는 것이 6·25전쟁의 교훈 아닙니까. 독일식 흡수통일도 마찬가지지요. 방식이야 평화적이겠지만, 결과를 놓고 볼 때 흡수하는 쪽이 영토

주권과 체제를 강요하는 방식이므로 전쟁을 통한 통일과 다르지 않습니다. 한반도에서는 실현가능성 또한 없지요. 결국 비전쟁, 비흡수 통일 방식을 선택해야 하는데, 그 상대를 '정부 참칭 반국가단체'로 규정해놓고서는 평화통일을 할 수가 없는 겁니다.

다음은 언론개혁 문제인데요. 개혁의 대상으로 지목받고 있는 언론들은 지난 군사정권을 비호하고 그에 동조해온 반민주적 언론입니다. 그들은 언론개혁을 두고 탄압이라고 반발하고 있지만, 사실 반민주적 언론에 대한 개혁이고 견제라 해야겠지요. 문제가 되고 있는 언론들이 다 군사독재정권과 영합했던 언론들이잖아요. 언론자유 문제와 반민주적 언론에 대한 청산 문제는 엄격하게 구분되어야 합니다.

사립학교 문제는 이렇게 봐야 합니다. 어느 재단을 막론하고 학교를 설립하는 순간부터 학교는 사유재산이 아닌 공공재산이 되는 겁니다. 사유재산을 사회에 환원했기 때문에 사회가 설립자를 존경하고 동상도 세워주는 것 아닙니까. 그런데 학교를 사유재산으로 생각하고, 이것이 보장되지 않을 경우 심지어 '학교를 폐쇄하겠다'고 말하는 사람들까지 있다는데, 그들에게 도대체 학교를 운영하는 목적이 무엇이냐고 묻고 싶어요.

과거청산 문제도 심각하지요. 우리 정도의 문화 수준을 가진 민족이 다른 나라의 강제지배를 받게 되었다가 해방이 되었을 때, 강제지배세력에 영합했던 세력은 당연히 숙청되어야 합니다. 독립운동에 좌우익이 모두 참여했지만, 김구 등 우익전선까지도 '해방은 혁명'이라고 했지요. 다시 말해 반민족세력을 반드시 숙청해야 한다는 뜻입니다.

그러나 해방 이후의 모든 정권이 이 작업을 하지 못했죠. 그들은 과거청산을 하지 못하는 이유에 대해 두 가지를 들었는데, 경제성장이 급하다는 것과 사회분열이 일어날 것이라는 우려를 내세웠습니다. 청산이 안 되다보니 역사적으로 무엇이 옳고 그른지 구분이 모호해져버렸어요. 사회정의가 서지 않았다는 말도 되겠지요. 21세기 정권이라고 할 수 있는 노무현정부에서는 늦었지만 반드시 청산을 하고 가야 되겠다고 보는 것이지요."

개혁 흐름에 대한 이른바 보수 수구세력의 강력한 반발에 대해 강총장은 "역사적 안목으로 보면 그리 큰 문제가 못 된다"고 하며 "길게 보면 다 물러갈 세력"이라고 못박았다. 다음과 같은 이유 때문이었다.

"역사의 흐름을 보면 언제나 반대세력은 있게 마련입니다. 그리고 그 세력이 한때는 이길 수도 있습니다. 그러나 그 시간은 한때에 불과할 뿐, 결국 역사는 가야 할 방향으로 가야 할 만큼 가고 맙니다. 그렇기 때문에 역사라는 게 있고, 또 우리가 가르치고 배우는 것 아닙니까."

고희를 넘긴 역사학자의 너털웃음이 이어졌지만, 그 웃음이 무엇을 의미하는지 단견으로 헤아리기 힘들었다.

─미국의 부시 대통령이 재선에 성공하면서, 한반도와 그 주변 질서에 커다란 영향을 끼칠 것으로 예상됩니다. 일각에서는 그렇기 때문에 노무현정부가 더 자주적인 대미 외교를 펼쳐야 한다고 주장하기도 합니다. 미국과 연동된 한반도의 미래를 어떻게 전망하십니까.
"역시 역사적으로 봐야 하는데, 20세기의 세계를 지배해온 미국의 지위가 언제까지 유지될 수 있을지 아무도 장담할 수 없는 상황이죠. 예컨대 미국의 저명한 사회학자 월러스틴 같은 사람은 미국이 월남전과 9·11사태, 이라크전쟁을 거치면서 패권이 점차적으로 무너지고 있다고 말하고 있어요. 이런 관점에서는 부시의 재당선으로 더욱 공고해진 미국의 강경노선은 그들의 몰락을 더욱 재촉하고 있을지도 모를 일입니다. 지나치게 강하면 부러지는 법이죠. 그래서 긴 안목으로 보면 너무 당황해할 필요는 없습니다. 역사가 해결하겠죠.

시야를 동북아시아로 옮겨 살펴볼 필요도 있지요. 한국과 미국이 정상적인 관계가 아닌 특수한 관계라는 것은 누구나 다 아는 사실입니다. 이런 관계로 한반도가 미·일에 치우치게 통일된다면, 과거에 마치 북진통일이 된 것과 마찬가지 상황이 초래됩니다. 중국이 불안해할 수밖에 없는 것입니다. 이런 맥락으로 중국의 고구려사 왜곡 이유를 해석할 필요가 있습니다.

마찬가지로 일본 역시, 한반도가 중·러에 치우치게 통일되면 동북아시아에서 고립될 수밖에 없는 처지에 놓입니다. 일본이 자꾸 우경화하고 대미의존도를 높이는 이유 중 하나가 바로 여기에 있는 거죠. 그래서 한반도에서는 미·일과 중·러 중 어느 한쪽에 편중된 상태로는 평화적 통일을 이루기 힘들다는 겁니다. 그렇다면 지금저럼 한미동맹만을 강조하는 특수한 관계를 가지고는 평화통일이 불가능하다는 결론에 이르는 거죠. 결국 우리에게 '자주'는 특수관계가 아닌 정상적인 한미관계를 뜻하며, 그렇게 될 때 비로소 평화통일이 달성될 수 있는 것입니다."

"북한이 붕괴해도, 빈 자리는 중국이 채울 것"

— '민족문제의 해결'을 진지하게 생각하는 분들이 최근 들어 가장 혼란을 느끼는 부분은 '북한 인권 문제'인 것 같습니다. 미국이 '북한인권법'을 통과시키며 이 문제를 국제적 이슈로 부각시키고 있기는 하지만,

체제 붕괴를 목적으로 하는 그들의 방법이 옳은 방향은 아닌 것으로 보입니다. 북한 인권 문제를 어떻게 접근해야 할까요.

"북한의 인권 문제 이전에 생존권 문제와 체제보장 문제를 먼저 생각해야 하지 않을까 합니다. 생존권 문제와 체제보장 문제가 해결되고 난 뒤에 인권 문제가 논의되는 것이 순서라고 생각해요. 북한의 인권 문제를 고민하는 사람들은 일단 그들의 생존권과 체제를 보장하기 위한 노력을 해야 하고 또 원조계획도 세워야 한다고 생각합니다.

현재 '북한인권법' 등 북한 인권 문제를 체제 붕괴와 연결하려는 움직임이 있는데, 북한의 입장에서는 그런 움직임이 강해진다면 문을 더 굳게 닫을 것입니다. 만일 북한체제가 붕괴된다 할지라도, 남한이 그 빈자리를 채우기는 어려울 겁니다.

과거 김일성 주석이 사망했을 당시, 북한 정권의 붕괴를 가정한 두 가지 씨나리오가 논의된 바 있죠. 하나는 북한이 붕괴되면 중국이 군사적으로 북한 땅을 점령할지 모른다는 것이었고, 다른 하나는 중국이 그렇게까지는 못 하더라도 친중국 군사정권을 세울 것이란 가설이었습니다. 중국은 북한 땅을 미국과 일본 사이의 완충지대로 두고 싶어합니다. 6·25전쟁 당시 이런 목적을 위해 중국이 얼마나 많은 희생을 치렀습니까. 그런 사정은 지금도 다르지 않아요. 그렇기 때문에 북한 인권 문제는 체제 붕괴를 목적으로 할 것이 아니라 경제지원 등 생존권 보장 및 인도주의적 목적으로 고민되어야 하는 것입니다."

마지막으로 강만길 총장은 젊은이들에 거는 기대감을 한껏 강조했다. 그의 이야기는 대학사회의 한 구성원으로 몸담고 있는 입장에서 할 수 있는 '긍정을 위한 긍정'만으로 들리지는 않았다.

"머리를 물들이는 등 자기 개성을 표출하는 젊은이들을 향해 퇴폐적이라 비난하는 목소리도 있지만, 나는 그렇게 보지 않아요. 그들의 방식이 최루탄 속의 시위로 대표되는 선배들의 방식이 아니라고 해서 민족과 미래에 대해 고민하지 않는다고 말할 수 없는 거죠. 인터넷을 무기로 하는 젊은이들이 노무현정부의 출범에 한몫했고, 두 여중생의 죽음을 계기로 대등한 한미관계를 고민하기 시작한 것 아닙니까. 이미 그들은 21세기를 살아가야 할 어느 정도의 방향을 찾았을 겁니다."

강만길 총장은 20세기 우리의 역사를 '한(恨)의 역사'라고 규정한 바 있다. 이 한을 대물림하지 말아야 한다는 이유에서였을까. 그는 20세기와 21세기의 경계를 명확하게 가르며 한쪽은 분단과 반민주에 대한 저항이었으며, 다른 한쪽은 평화통일과 민주주의 발전을 향한 길이라고 설명했다. "21세기를 사는 젊은이들이 낡은 옷을 걸치고 있을 이유가 뭐냐"라고 일갈하는 참뜻은, 아마도 '현재를 사는 젊은이들이 평화와 통일의 시대를 살아살 수역'이라는 의미였을 것이나.

서로 다른 두 체제의 공존이 통일의 시작

    고희(古稀)를 훨씬 넘긴 원로 사학자이지만 강만길(72, 고려대 명예교수·
친일반민족행위진상규명위원장) 위원장은 강단에 섰을 때보다 더 바빠 보였
다. 지난 2월 광복60주년기념사업추진위원회 공동위원장으로 임명된
데 이어 지난 4월 28일에는 친일반민족행위진상규명위원회 위원장으
로 임명된 것이다. 두 기구 모두 식민과 분단의 20세기 현대사를 다루어
야만 하는 기구이기에 우리 사회의 대표적인 원로 사학자인 그의 힘이
절대 필요했을 것이다. 더구나 '과거사' 문제가 여야 간의 정치쟁점으로
변질되고, 보수·진보 간의 이념대립마저 깔려 있는 오늘의 현실에서 평
생을 학문적 양심으로 살아온 그의 역할이 더욱 커질 수밖에 없다.
    하지만 역사의 길이 늘 그렇듯 강위원장이 가야 할 길도 순탄하지만
은 않아 보인다. 얼마 전 "김일성 주석의 항일 빨치산 운동도 독립운동
으로 인정해야 한다"는 그의 견해에 대해 보수언론과 보수단체에서 기

---

* 이 글은 강만길 교수에 대한 인터뷰 기사(인터뷰 안영민 『민족21』 편집장)로, 『민족
  21』 2005년 6월호에 실렸다.

다렸다는 듯 들고 일어나지 않았던가. 인터뷰를 시작하면서 이 일을 상기하자 강위원장은 너털웃음부터 터뜨렸다.

"김주석이 항일운동을 한 것은 부인할 수 없는 역사적 사실 아닙니까? 정말로 몰라서 그런다면 무식한 거고, 알고도 그런다면 비열한 행동이죠."

—그래도 예전과는 다르게 보수언론의 흠집 내기가 별다른 관심거리가 되지 못했습니다.

"그만큼 우리 사회가 성숙해졌다는 증거겠죠. 그래도 집으로는 계속 협박 전화가 걸려와 가족들이 고생 좀 했습니다."

민족사의 분수령 '6·15'

'성숙'의 원동력이야말로 6·15공동선언이 아닐까. 짧지 않은 5년의 시간 동안 남북이 이룩한 화해협력의 성과가 이제 역사적 사실을 있는 그대로 받아들일 수 있는 분위기를 만든 것이다.

—6·15공동선언이 체결된 지 어느새 5년이 됐습니다. 대통령 수행단으로 직접 현장에 있었기에 감회가 남다를 것으로 생각됩니다만.

"당시에는 너무 흥분돼서 6·15의 역사적 의미랄까, 그런 걸 생각해볼 겨를도 없었어요. 지금에 와서 되돌아보면 6·15공동선언은 한마디로 우리 민족사의 분수령이었다고 봅니다. 6·15공동선언이 나오기 전까지 20세기 역사는 식민과 분단, 냉전과 대립의 역사였죠. 그 역사를 완전히 바꿔놓은 것이 바로 6·15선언입니다. 21세기 새로운 화해와 통일의 역사가 시작됐다는 것, 한반도에 새로운 평화가 도래하고, 우리 민족의 통일이 마침내 시작됐다는 것을 만천하에 알린 것이 바로 6·15인 거죠. 그 역사의 현장에 역사학자로서 직접 참여할 수 있었다는 것이 지금까지도 가슴을 뛰게 만듭니다."

역사를 기록하고 보존하고 평가하는 역사학자로서 역사의 분수령이 되는 현장에 섰다는 것만큼 감동적인 일은 없으리라. 그래서인가, 5년 전 그날의 기억을 되살리는 강위원장의 어투와 표정에서 청년의 열정이 느껴져왔다. 노 역사학자의 '강의'를 계속 들어보자.

"저는 6·15선언으로 통일은 시작됐다고 봅니다. 통일을 서로 다른 남북의 두 체제가 하나로 통합되는 일로만 생각한다면 통일은 영원히 불가능해집니다. 우리는 통일문제를 결과가 아닌 과정으로 보아야 합니다. 60년 분단의 강을 뛰어넘는 것은 작은 징검돌을 놓는 것에서부터 시작할 수밖에 없습니다. 그렇게 다리를 만들어가는 과정이 바로 통일의 역사인 거죠. 통일의 과정은 크게 보면 두 단계입니다. 첫째는 평화정착의 단계이고, 둘째는 둘로 나뉜 나라를 하나로 묶어내는 일입니다. 그 첫 단계가 6·15공동선언으로 비로소 시작된 겁니다. 6·15가 없었다면 철도 연결이나 개성공단 같은 사업은 꿈도 못 꿀 일 아닙니까."

연합제와 연방제의 공통성 찾기

—6·15공동선언의 정신과 내용을 제대로 실현하는 것이 앞으로의 핵심과제일 텐데 지난 5년을 돌아보면 미흡한 것이 많았습니다. 예를

들어 '남측의 연합제 안과 북측의 낮은 단계의 연방제 안이 서로 공통성이 있다고 인정하고 앞으로 이 방향에서 통일을 지향시켜나가'기로 했지만 이에 대한 논의는 거의 진전되지 못했습니다.

"통일방안이란 어떤 방식으로 통일할 것인가의 문제입니다. 지금까지 베트남식도 있었고, 독일식도 있었지만 결국 모두 흡수통일이었습니다. 지금은 남북 모두 누가 누구를 집어삼키는 흡수통일은 안 한다고 공언하고 있지 않습니까? 6·15선언 2항은 그런 바탕에서 서로의 통일방안에서 공통점을 찾아보자고 합의한 겁니다. 베트남식도 아니고, 독일식도 아닌, 우리식의 통일방식을 찾아보자는 건데 사실 지난 5년 동안 이 부분에 대한 고민이 남쪽에서는 많이 부족했습니다. 국가보안법 때문이죠. 학자들도 그렇고 일반 국민들도 그렇고, 구체적인 통일방안에 대해 활발하게 토론하고 싶어도 연방제를 적화통일을 위한 북의 통일전선전술이라 규정한 국가보안법이 여전히 살아 있으니 입을 다물 수밖에 없었던 거죠."

─그렇다면 그 공통성이라는 것을 어떤 부문에서 찾을 수 있겠습니까?

"연방제와 연합제의 차이라는 것이 연방제는 외교권과 군사권을 연방정부가 관장하자는 것이고 연합제는 각자가 갖는다는 것 아닙니까? 또 높은 단계의 연방제는 당장 하자는 것이고, 낮은 단계는 서서히 해결해나가자는 겁니다. 이처럼 연방제와 연합제가 외교권과 군사권이 어디에 귀속되는가에 따라 차이가 존재하지만 상황에 맞게 충분히 적절한 공유점을 찾을 수 있다고 봅니다. 예를 들어 아직도 전방에서는 군사적 대치가 존재하지만 남북이 상호 비난방송 중단과 선전물 철거를 이뤄내지 않았습니까? 또 꽃게잡이 철에 서해에서 되풀이돼온 우발적 충돌을 방지하기 위해 함선 연락부호를 통일시킨 것이나 산불 진화를 위해 비무장지대 헬기 진입을 허용한 것 등은 낮은 수준이지만 군사권을 통일시켜나가는 사례가 될 것입니다. 외교권도 마찬가집니다. 예전에는 사사건건 대립했지만 6·15선언 이후 일본의 군국주의 경향에 맞서 유엔에서 공동보조를 맞추기도 하고, 올림픽 때는 단일기를 앞세우고 「아리랑」을 부르며 함께 입장하기도 했습니다. 앞으로 북미관계가 정상화되면 평화협정 체결과 상호감축이 실현될 텐데 그럴 경우 연합제와 연방제의 공통성을 더 많이 찾아내고 실천할 수 있을 겁니다."

서로를 인정하는 자세가 6·15의 최대 성과

—통일방안과 관련해 남북 간에는 여전히 근본적인 인식의 차이가 존재하는 것 같습니다. 남쪽의 경우 통일이라고 하면 결국 체제가 통합되는 1국가 1체제를 떠올리고, 북은 1국가 2체제를 염두에 두고 있습니다. 이 차이를 어떻게 좁힐 수 있겠습니까?

"외국의 경우처럼 종교 문제나 인종 문제가 갈등의 원인이 된 것이 아니라 체제가 다른 데서 비롯되는 문제이다보니 그런 차이가 나올 수밖에 없겠죠. 이 차이는 통일을 장기간의 과정으로 볼 때 좁혀질 수 있습니다. 통일은 일단 서로 다른 두 체제의 공존에서 시작할 수밖에 없습니다. 그리고 장기간의 공존 과정을 통해 서서히 하나의 체제로 통합될 때 비로소 통일은 최종적으로 완성되는 겁니다. 6·15선언에서 남북이 합의한 것도 바로 이 대목인 것입니다."

강위원장은 6·15 이후 여러 차례 북을 다녀왔다. 『민족21』이 주최한 남북역사학자학술대회를 비롯해 그 성과로 만들어진 남북역사학자협의회 공동행사 등 학술행사 때마다 남쪽의 대표로 참석했다. 그만큼 6·

15 이후 남북이 변해가는 모습을 실증적으로 체험했을 것 같다. 그는 지난 5년 동안 남북이 얻은 가장 큰 성과로 '서로의 차이를 이해하고 인정하는 자세를 배운 것'을 꼽았다.

"사람들의 내왕이 많아지면서 남쪽 사람들은 북의 사정을 많이 알게 됐고, 또 북에서도 남쪽 사정을 많이 알게 됐습니다. 사실 이보다 더 큰 성과는 없을 겁니다. 서로 만나서 부대끼다보니 더이상 예전과 같은 대결의식이나 냉전의식이 통할 수 없게 된 거죠. '가서 보니 아니더라'는 겁니다. 이런 성과가 없었다면 개성공단도 불가능했을 겁니다. 군사 요지에 수백만 평의 부지를 만들어 남북의 사람들이 함께 일하고 있는데, 서로의 차이를 인정하고 이해하려는 자세가 없었다면 절대 불가능한 사업입니다. 얼마 전 개성에 갔을 때, 식당에서 식사를 하는데 북쪽 봉사원들이 우리를 대하는 자세나 우리가 그들을 대하는 자세나 전혀 어색한 게 없더군요. 벌써 통일이 이만큼이나 진전되었구나 하는 생각이 들어 가슴이 뭉클했습니다."

— 의식의 차이를 많이 좁혀냈다고는 하지만 아직도 해결되지 못한 본질적인 문제가 남아 있다고 봅니다. 특히 북이 내세우는 '민족공조'와 남쪽 사회를 수십 년간 지배해온 '한미동맹'이 남북의 인식 차를 그대로 드러내주고 있지 않습니까? '우리 민족끼리'라는 구호에서 보듯 북은 민족공조 문제를 전략적 가치로 두고 있지만 남쪽은 한미동맹의 공고한 틀에서 여전히 벗어나지 못하고 있습니다.

"사실 남과 미국의 관계는 정상적인 국가관계라고 볼 수 없죠. 현재의 한미관계를 한중관계나 한영관계와 같다고 볼 수는 없잖아요? 그런 점에서 현재의 한미동맹체제를 유지하면서 통일한다는 것은 결국 한반도 전체가 미국의 세력권에 들어가는 일이 되는 겁니다. 북의 반발이 있을 것은 물론이고 중국도 러시아도 결코 이를 용납할 수 없을 것이니, 한반도는 영원한 대결의 땅으로 남게 될 겁니다. 결국 한미관계가 정상적인 국제관계로 변화해야 한반도의 평화적 통일도 가능할 텐데 이를 위해서는 우리 사회 내에 광범위한 '탈미운동'이 필요합니다.

민족공조와 한미동맹, 그리고 '탈미운동'

— '탈미운동'이오?

"그렇습니다. 하지만 여기서 '탈미'란 '반미'하고는 다른 개념입니다. 2002년 미군 장갑차에 깔려 죽은 여중생을 추모하던 촛불시위는 대단히 중요한 '탈미운동'이었어요. 당시 보수세력과 언론들은 이 시위를 반미운동으로 몰아갔지만 저는 반미가 아니라 한미관계를 정상적인 국제관계로 만들기 위한 '탈미'였다고 봅니다. 이건 우리의 당연한 권리이자 정당한 목소리인 겁니다."

— '탈미'라는 규정은 상당히 의미가 있다고 여겨집니다. 사실 예전 1980년대 대학가에서는 무조건적인 반미가 많았습니다. 그런데 요즘 대학생들은 콜라나 햄버거, 랩 등 미국식 문화를 즐기면서도 미국의 잘못된 정책에 대해서는 과감하게 비판을 하거든요. 예전의 반미와는 다른 문화적 기류로도 읽혀집니다.

"'탈미'라는 관점에 서서 민족공조와 한미동맹이라는 대립도 점진적으로, 순차적으로 풀어나가야 할 것입니다. 그 방향은 왜곡된 한미동맹을 점점 약화시켜 정상적인 한미관계로 변화시키면서 민족공조를 서서히 강화하는 것입니다. 그러자면 북에서도 남이 미국과의 관계를 하루아침에 끊을 수 없다는 점을 이해해주어야 합니다. 얼마 전 노무현 대통령이 천명한 '동북아 균형자론'도 결국 그런 고민의 산물이었다고 봅니다. 미·일·중·러라는 4강의 틈바구니에서 동북아의 진정한 평화와 한반도의 통일을 이루자면 균형자로서의 역할을 고민할 수밖에 없습니다. 그런데 이 역할을 제대로 하자면 필연적으로 남북의 공조가 강화되어야 합니다. 그런 점에서 저는 '동북아 균형자론' 속에 남북공조 강화의 의지도 담겨 있다고 봅니다."

— '동북아 균형자론' 속에 남북의 공조도 당연히 고려사항이 되었겠지만 노무현정부가 그럴 만한 의지와 철학을 갖고 있냐는 지적도 많습니다. DJ 시절에는 그만한 철학과 실천 의지가 있었기에 6·15공동선언도 합의했고, 북미 간 대립 속에서도 적극적인 중재 역할을 할 수 있지 않았습니까?

"남북관계에 대한 노대통령의 철학과 의지를 우려하는 사람이 적지 않지만 저는 그 문제를 다른 방향에서 이해하고 싶습니다. 우선 참여정부 초기에 국내 정치에서 우여곡절이 많았고, 한미관계도 혼선이 많았습니다. 남북관계도 마찬가지였죠. 하지만 이런 문제들이 정책방향의 문제라기보다는 정치적 경험 부족에서 비롯된 것이라 생각합니다. DJ는 40여 년간 정치를 해왔지만 노대통령의 경험은 그보다 훨씬 짧습니다. 통일문제도 DJ는 평생의 화두로 삼아왔지만 노대통령은 그렇지 못합니다. 참모진도 정치적 경험이 풍부한 사람들보다는 젊은 운동권 출신들이 많다보니 혼선이 많았을 것이고요. 하지만 참여정부도 6·15공동선언을 좌표로 삼아 남북 간의 교류협력을 확대하겠다는 의지는 분명하다고 봅니다. 그런 방향성은 잡았지만 참여정부 출범 이전부터 꽉 막혀 있던 북미관계의 한계를 넘기가 쉽지 않았을 겁니다. 앞으로 북미관계가 조금씩 풀려간다면 참여정부도 남북관계에서 의미있는 진전을 이루어낼 것이라 믿습니다."

"참여정부의 6·15 실천 의지 믿어"

노무현정부에 대해 강위원장은 여전히 기대를 걸고 있었다. 하지만 그 속에는 '지금이야말로 6·15공동선언의 중단 없는 실천이 절실할 때'라는 간절한 바람이 깔려 있었다.

인터뷰를 마무리하면서 최근 위원장에 임명된 친일반민족행위진상규명위원회 활동방향을 물어보았다. 여야 간의 타협을 거치면서 애초의 취지와 목적이 훼손된 측면도 있지만 그는 "반민특위 이후 최초로 국가적 차원에서 진행하는 친일파 연구"라며 그 의의를 강조했다.

"광복 60돌이 되도록 제대로 된 친일파 연구가 없었잖아요? 국가가 주는 돈을 가지고 80명의 전문가가 괜찮은 보고서만 낸다 해도 1차 목표는 달성한다고 봅니다. 일단은 거기까지라도 역사를 진전시켜야죠. 어떤 자들이, 무엇 때문에, 왜, 어떻게 친일행위를 저질렀는지 제대로만 정리를 해도 후세에 귀감이 될 것이라 믿습니다."

'제2의 반민특위'라는 그의 말이 긴 여운으로 다가왔다. 비록 첫번째 반민특위는 좌절됐지만 두번째 반민특위는 제 몫을 반드시 이루어낼 것이라는 믿음은 바로 그가 있기 때문이다. 여사(黎史, 黎는 얼굴이 검은 사람들, 즉 민중의 별칭, 따라서 여사는 민중의 역사를 의미한다)라는 그의 호처럼 평생을 민중과 역사의 대의 속에서 살아온 강만길 위원장. 식민과 분단의 20세기와 6·15 통일시대의 21세기가 교차하는 지점에서 그는 오늘도 민족의 미래를 묵묵히 응시하고 있다.

III
학은과
인연

우리의 현대사 어떻게 볼 것인가

자주의식의 원점

강만길 바쁘신 가운데 이처럼 시간을 내주셔서 고맙습니다. 오늘은 선생님을 모시고 제자 된 입장에서 몇 가지 평소에 궁금했던 일, 그리고 역사학을 연구하는 사이에 마음속에 품게 된 몇 가지 의문점 등을 선생님께 여쭈어보고자 합니다.

우선 저희들 자신이 역사학이라는 학문을 탐구하는 캠퍼스에 몸을 담고 있긴 하지만, 선생님께서 학교 문을 나와 교단 생활 하시던 때와 비교해서 여러모로 유리하다고 볼 수 있는데도 평생을 외곬 연구 생활을 지탱하기가 어렵지 않나 생각됩니다.

그런데 선생님께서는 대학 생활을 시작하신 1930년대 초부터 지금까지 반세기를 외곬으로 살아오셨습니다. 선생님께서 살아오신 지난 반세

---

* 이 글은 남사(藍史) 정재각(鄭在覺) 선생과 강만길 교수의 사제 대담으로 『신동아』 1977년 6월호에 실렸으며, 남사 정재각 선생 추모문집간행위원회 편 『남사 정재각 그는 누구인가』(주류성 2012)에 재수록되었다.

기는 또한 우리 민족사에 있어 일대 격동기였던 만큼 그동안 대학에 몸 담고 계시면서 몸소 겪으시고 목격하신 세태의 변화도 역사가의 안목으로 보셨을 테고 그에 대해 느끼신 점이 있으실 텐데 그 가운데는 저희들 후학들에게 말씀해주실 만한 일들도 있지 않을까 하고 생각됩니다.

이야기가 많겠습니다만 우선 역사학을 전공하시게 된 동기부터 듣고 싶습니다. 선생님께서 학부에 진학하셨던 1930년대의 대학진학자 대부분이 식민통치에 순응하면서 안전한 생활방편을 찾는, 아무튼 관리 자리나 또는 일제 총독 치하에서의 생활방편을 얻자는 생각들을 하였지 않나 싶습니다.

그런 속에 유독 선생님께서는 남들이 잘 하지 않는 역사학을 왜 택하셨는지, 또 그 당시로서는 지금과 달라서 연구 생활이 보장되어 있지도 않은 상태에서 어떻게 그토록 어려운 학문의 길을 선택하시게 되었는가 하는 점이 궁금합니다.

정재각　누구나 지난날을 회고는 하지만 얼마나 원상(原狀)에 충실하게 하느냐는 상당히 어려운 일이 아닌가 싶어요. 그런 난점을 무릅쓰고 구태여 나의 학창 시절을 이제 와서 돌이켜본다면 이런 것이 아니었나 싶은데…… 내가 대학에 들어갈 무렵인 1932년을 전후해서 '만보산(滿寶山) 사건'(1931. 7.)이며 '만주사변'(1931. 9.), 그리고 만주국 건국(1932. 3.) 등 그야말로 동아시아의 판도가 대대적으로 달라지는 시기였거든. 그때 대학 예과 생활을 시작하면서 몇 안 되는 한국 학생으로서 일본 학생들과 피부를 맞대고 생활하는 가운데 무엇보다 그네들보다 내가 떨어질 수는 없다는 라이벌의식이 싹텄고 여기에 민족적인 차별의식이며 반항감 같은 것도 겹쳐서 내 가슴 깊숙이 민족의식의 불길이 타올랐다고 보아요.

그런 의식이 불타고 있기 때문에 남들이 법과다 무어다 해서 실리적인 경향으로 요령 좋게 나가는데 그때의 나는 '나만은 그러지 않겠다'는 젊음의 혈기랄까, 아니 용기랄 수 있겠지, 그런 생각 끝에 내 딴에는 거창한 문제의식을 붙들고 싸우겠다는 뜻에서 민족문제를 연구해야겠다고 마음먹었지. 그런데 그때 이 문제를 올바르게 탐구하자면 세계 속의 한국사인데, 이러자니 너무 광범해지는 것 같아 동양의 역사 흐름 속에서 이 문제를 연구하자는 생각이 들었지.

다시 말하면 동양사의 테두리 안에서 우리의 민족문제, 역사발전을 생각해보자는 뜻이었지.

일제 치하 학문의 황무지

강만길 저희들이 해방 후에 대학에 들어갈 때는 내 뜻만 확고하면 학문을 할 수 있고 또 학문을 탐구함에 있어 그 전망도 어둡지는 않다고 생각했습니다. 그런데 선생님께서 대학에 입학하셨을 때는 학교를 나와도 별로 전망도 없는 상태였고, 또 만주사변 이후 일제의 전쟁준비로 식민지 통치가 악화돼가고 있을 때였습니다.

그런데 동양사를 전공하셨기 때문에 취직도 어려웠을 터인데 학교를 나오셔서 어떻게 하셨는지요.

정재각 그 당시 국내 대학에 진학한 사람은 우선 수적으로 많지 않았죠. 그나마 대부분 일본에 건너갔는데 일본에 간 사람이나 국내의 학부에 있는 사람이나 그중 90%가 법률 공부를 하는 실정이었지. 그중에 지극히 소수인 나 같은 사람이 몸담은 인문 계통에 나갔고 역사 공부하는 사람의 수는 열 손가락으로 헤아릴 정도밖에 안 되었지. 그리고 그 적은 수의 사람도 대학을 나와도 갈 데가 없었고 게다가 그런 역사 공부

따위를 한다는 자체를 일본 사람들이 달갑게 여기지 않았으니까.

젊은 객기의 저항의식에서 내가 선택한 길이었지만 졸업 뒤에 애로가 이만저만 아니었지. 그때의 관립대학 출신은 법과나 자연과학 이외는 취직이 어렵고 문과 출신은 간혹 총독부의 도서과란 데서 일하는 사람도 있었지. 나도 권유를 받았지만 내키지 않아 거절했고, 한국인이라서 공립학교 계통에는 취직이 안 되는 실정. 이 계통에 취직하려면 고등사범 출신이라야 쉬웠거든. 그래서 대구에 있는 사립 계통의 '계성학교(啓聖學校)'에서 와달라는 요청이 있어서 나는 가고 싶은데 그때 학무과장으로 있던 일인 관리의 반대로 갈 수 없었지요. 그러던 중에 마침 그 관리가 징병에 끌려가는 바람에 가까스로 계성에 한자리를 얻어 겨우 교단에 설 수 있었지.

교단 생활을 시작한 지 얼마 안 되어 학생들이 그때의 국사(일본사를 지칭) 아닌 우리의 국사를 가르쳐달라고 졸라서 몇 안 되는 국사 교재 감을 뒤진 끝에 총독부 검열을 필한 이창환(李昌煥)씨의 국사교본을 택해서 학생들한테 과외 독서교재로 '세창서관(世昌書館)'에서 어렵게 구해서 나누어 주었지요. 그런데 학생들이 이 책을 책가방에 넣고 통학하던 중 열차간에서 어떤 학생이 이동 형사반에 적발되었지. 이상하게 총독부 검열을 필한 책인데도 책 내용 가운데 일본이 우리나라를 식민화한 과정을 기술한 대목에서 '침투(浸透)' 운운한 게 그 형사의 눈에 걸린 거죠. 그 일 때문에 근 한 달 동안 취조를 받는 시달림 끝에 아무 이유 없이 "나가라……"는 것이었지. 그뿐인가, 학교를 나가더라도 절대로 저들 때문에 나간다는 말을 입 밖에도 내지 말고 소리 없이 가라는 거였지. 괜한 소리로 학생들이 감정을 일으키게 되면 학원소요 사태가 난다는 걸 경계하자는 뜻이었지.

나도 내 문제로 인해서 학생들이 다치는 것을 달갑게 여길 수 없어서 분노를 꾹 참고 아무 말 없이 떠난다니까 학생들은 왜 가느냐고 야단이었지만, 끝내 개인사정 때문이라고 구차한 설명만 되풀이한 채 떠나는데 학생들이 역두(驛頭)에까지 몰려나와 전송해주었지요. 그렇게 해서 나 한 사람의 희생으로 학교 측이나, 학생들도 아무 일 없이 그 사건을 넘기게 되었지요. 그런 뒤에 서울로 돌아와서 겨우 사립학교에 자리를 얻어 교원 생활을 하면서 내 나름대로 전공인 동양사 공부와 함께 우리 국사에 관한 공부도 계속했지요. 혼자 공부하는 길밖에 없었지.

일제말기에는 우리 국사에 대해 공부한다는 것조차도 경계받거나 탄압대상이었고, 동양사도 저들의 '대동아공영권(大同亞共榮圈)'이니 '팔굉일우(八紘一宇)'니 하여 일본 중심의 아시아 역사를 해야 된다는 식이었으니까 동양사건, 우리 국사건 아예 암흑의 시대였지요.

그러다가 해방을 맞고 보니까 서울의 대학에서는 와세다대학(早稲田大學), 경성제대(京城帝大), 토오꾜오제대(東京帝大) 출신 간의 학벌 갈등이 있었고, 게다가 '국대안(國大案)' 소동도 있고 해서 망설여질 수밖에 없었지요. 다행히 그런 학벌 다툼이 없었던 고려대에서 신석호(申奭鎬) 선생께서 와주지 않겠느냐 해서 또 사람도 없고 해서 나 같은 사람이 대학 교단에 서게 된 셈이지……

역사학의 토픽은 시대의 반영

강만길 선생님께서는 1947년에 고대로 오셔서 저희 사학과를 창설하셨고 동양사를 강의해주셨습니다. 전공으로 동양고대사를 하셔서 제가 선생님의 강의 중 가장 열심히 들은 것은 비트포겔(K. A. Wittfogel, 1896~1988)의 '오리엔탈 데스퍼티즘'(Oriental Despotism, 동양적 전제정치)

과 『이십오사(二十五史)』 가운데 식화지(食貨志) 강의였습니다.

저희들은 그 강의를 통해서 역사학을 연구함에 있어 역사를 어떻게 볼 것인가를 배웠고 역사와 사회경제의 상관관계에 대해서도 깊은 관심을 갖게 되었습니다.

그러나 해방 후의 사회혼란이 연잇는 속에서 공부했던 저희들이 얼마큼 제대로 배웠는지 적이 걱정이고, 더욱이 제가 모자란 탓으로 제대로 소화하지 못해서 아직 우리 제자들의 학문적 성취가 미급한 게 아닌가 하는 생각을 갖게 됩니다.

정재각 나 자신이 교단에 사람이 없다보니까 한자리 차지한 것이니까…… 어떻든 간에 나로서는 이렇게 보아요. 역사학계에 몸담고 있으면서 역사 공부를 하다 보면 그 공부의 진전도(進展度)에 따라서 연구대상의 토픽이 어느정도 달라짐을 경험했지요. 물론 연구하는 학자 자신이 처해 있는 사회의 변화나, 시대적인 배경도 있지요.

내가 '식화지'를 택한 것은 동양사 연구에 있어서 사회경제적인 측면을 중요시해야 된다는 내 나름의 학문적인 관심을 나타낸 것이지요.

역사의 변화를 전체적으로 제대로 보려면 그 당시 사회경제를 파악하지 않으면 안 된다는 거죠. 역사는 관념이 아니잖아요. 그때그때 사람이 살고 있는 사회를 보고 그 사회 속에서 사람이 어떻게 행동하고 그 행동, 그 사상이 오늘에 어떤 의미를 주느냐를 올바르게 보자는 것이지요.

'오리엔탈 데스퍼티즘' 강의를 한 까닭은 동양의 역사 흐름을 보는 눈, 즉 동양사 연구의 특징을 어떻게 볼 것이냐를 시사해주고 또 여기에 공산주의자들의 유물론적 변증법 사관(史觀)을 극복할 수 있는 비판사관의 새로운 차원을 알아야겠다는 뜻이었지.

우리로서는 우리가 살고 있는 동양사회를 알아야겠고, 또 우리 자신이 경험한 공산주의를 어떻게 극복하느냐는 점이 당연히 관심의 초점이 되지 않을 수 없어요.

물론 해방 후의 혼란, 그리고 우리 사학계의 미비 상태로 말미암아 우리의 방법론, 우리 손에 의한 조사 자료를 정비하지 못한 채 다른 나라, 선진국가의 딴 학자가 이룩한 학문성과를 받아들여 공부할 수밖에 없었지만…….

이론과 현실의 유리

강만길 제가 보기에는 일제시대의 사학은 이론 면이 약했지 않나 싶습니다. 물론 그 당시 역사학 연구 자체부터 제약을 받았고 또 연구자의 수효도 적었기 때문이겠지요. 그때에 비하면 저희들이 공부할 때는 이론 공부를 비교적 넓게 할 수 있었지 않았느냐 하고 생각됩니다.

그렇지만 사회가 혼란했기 때문에 저희들도 비록 이 이론, 저 이론에 대해 공부했으면서도 뚜렷하게 주관을 세운다 하는 것이 어려웠던 것 같습니다. 혼란한 시대일수록 민족사회의 장래를 전망하는 근대학문의 역사가 깊은 다른 나라의 경우 새로운 사관을 정립하는 데 정진하는 예도 있는 줄 압니다마는 애석하게도 저희들의 경우는 미흡했던 것을 통감하지 않을 수 없습니다.

저희 사학계도 일찍이 일제 치하에 일본 사람들이 내세웠던 실증사학(實證史學) 풍이 그때에도 풍미했는데, 해방되고도 우리 사학계에 남아 있는 것이라든지 문제점이 많다고 생각됩니다.

정재각 일제 치하에서는 공산주의는 더 말할 나위도 없고 일본이 타민족의 내셔널리즘도 일체 터부시했기 때문에 자연히 사학계의 학자들로서는 이른바 실증사학에 치중할 수밖에 없었지. 그런데 우리나라에서는 해방되고 나서도 사실상 그 학풍을 그대로 답습하여 지금도 지배적이 아닌가 보아요.

강만길 해방된 뒤 우리나라에 여러가지 외래사상이 밀려들어왔습니다. 사회적인 혼란에 사상의 혼란도 겹치게 된 것입니다. 이런 와중에 사학계뿐만 아니라 우리나라 학계 전반에 걸쳐 문제되는 것은 이론과 현실이 유리되어 있었다는 것이었습니다. 뿐만 아니라 6·25동란으로 인한 중간 공백, 연구 생활 자체가 중단되고 그나마 연구자료가 유실돼 버리는 재난이 겹쳐 그 어려움이 더욱 가중되었다고 볼 수 있습니다.

그러나 학문하는 입장에서는 어떻게 하면 이론과 현실을 밀착시킬 수 있느냐는 것이 문제되어야 한다는 것입니다. 이런 점을 염두에 두고 선생님께서 해방 후의 사학과의 학과과정 창설 활동, 6·25전쟁 중의 피난학교 시절, 그 이후의 연구 생활에서 느끼신 점은 어떠하셨는지요?

정재각 해방 뒤 대학이란 것이 그 자체의 사명이랄까, 대학의 기능 같은 걸 거의 모두 우리 현실을 고려하기보다는 서구제도를 번안해서 억지로 조립해 만든 셈이었지요. 그 초기의 참여자로서 이런 소리를 하기는 안됐지만 그때 머릿속에서는 이렇게 하는 게 아닌데, 또는 이런 식으로 해야 할 터인데, 이런저런 생각이 있었지만 학교 안팎 사정이 생각을 한 뒤에 결정할 수 있을 만큼 여유 있는 상황이 아니었어요.

침묵이냐, 행동이냐

그러다보니까 실천이랄까, 실제로 하는 일은 생각과 달리 빗나가는 경우가 허다했지요. 더욱이 6·25 때는 내가 몸담아 있던 고대의 경우 부산, 대구에 근거지를 두었지만 나는 학생을 모집하느라고 광주, 전주로 나가야 했고, 그때는 전시 중이라 징집 관계도 있고 생활난도 겹쳐서 도중에 그만두는 학생도 많았어요.

그처럼 학생의 집결이 어려운가 하면, 전시 중의 특수사정으로 발언권이 강했던 상이군인들은 아무런 기초도 없이 무턱대고 입학시켜달라, 그것도 무시험, 학비면제로 다니겠다고 사뭇 협박하다시피 했어요.

그런 고생을 치르고 서울 수복 뒤 서울에 돌아오니까 이번에는 외부로부터의 정치적 압력이 밀어닥쳐와서 늘상 긴장 상태 속에 안간힘을 다해 겨우 교단을 지키는 실정이었죠. 그러다보니까 학문과 현실은 절로 거리가 멀어지게 되고 학자로서는 침묵 아니면 행동, 그것도 지지만 택할 수 있는 그런 행동의 영역이 있었을 뿐이었죠.

아마 이런 정도의 고초는 나뿐만 아니지요. 이즈음 학생들의 말마따나 기성세대라고 하는 6·25를 겪은 교수들이면 누구나 그런 경험을 겪어왔어요. 어떻게 보면 지나온 행적에 대한 변명이 될지도 몰라. 그러나 뭐라 해도 학문연구의 전당인 대학을 살려놓고 보자는 절박한 지상 과제를 위해서 침묵, 그것도 강요된 침묵의 고통을 견디어낸 거지요. 그 고통은 6·25의 재난에 비하면 약과라고 한다면 강변이 될까.

아무튼 대학이 온전해야 학문연구가 가능하기 때문이야. 대학이 없어지면 학자는 어디에 서겠는가.

강만길 확실히 6·25동란의 민족적 교훈은 오늘의 우리에게 남과 다른 우리 입장을 일깨워주는 바 있습니다.

대학이 있어야 학문이 있고, 학문이 있어야 지식인이 살 수 있습니다. 4·19 역시 우리 민족의 하나의 분수령이었다고 볼 수 있고 또한 대학 존망의 고비였습니다. 이와 관련해서 4·19는 또한 대학사회의 분수령이요, 민족사적으로 볼 때 민주시대, 또는 민중시대의 개막을 알리는 커다란 역사 전환의 기점이 된다고 볼 수 있습니다.

물론 4·19에 대한 역사적인 평가에 관해서 여러 측면에서 논란이 되고 있습니다마는 4·19혁명 당시의 학생들이나 교수들의 요구가 이미 그 이전에 대학사회에서 논의되었던 것이 집약된 것이었고, 그 요구에 나타난 민주화에의 의지는 4·19 이후의 역사 방향에 작용해왔다고 볼 수 있습니다.

오늘의 사태는 그러한 역사적 맥락에서 보아야 한다고 생각되는데 이런 역사의 전기에 처하여 민중 속에 사는 지식인으로서는 어느 때보다 행동이 중요시될 것 같습니다. 바로 오늘의 시점에 처하여 지식인이 어떻게 행동해야 할 것인가, 그리고 역사를 통해서 우리가 무엇을 배워 현실에 적용할 것인지 어떤 가르침이랄까, 아니면 과거의 경험을 되살려야 할 필요성을 느끼고 있습니다.

이런 점과 관련해서 선생님께서 4·19 당시 교수단 데모를 주동하신 경위와 그러한 행동을 하신 뒤에 아무 미련 없이 학문 생활로 되돌아가신 뒷이야기 같은 것을 들려주시기 바랍니다.

이미 과거지사로 역사 속에 묻혀버렸기 때문에 모르고 지나는 것 같은데 4월 25일의 교수단 데모를 하기까지의 준비과정이며, 또 데모 뒤의 사회상황으로 보아 홀연히 학원에 복귀한다는 것이 결코 쉬운 일이 아니었다고 봅니다. 그 당시의 이야기를 저희들 후학을 위해서 말씀해 주시면 좋겠습니다.

지식인의 행동과 민중의식

정재각 나로서는 4·19에 대한 역사적인 평가에 대해서 아직 그 시기가 이르지 않나 해서 망설여져요. 그건 그렇다 치더라도 1960년의 4·

19혁명 그때까지 이미 민중들은 적어도 민주주의 정치의 단순한 개념만은 알고 있었다는 것입니다. 물론 오늘에 와서 그동안의 정치가 어떠했건 간에 민중의식은 더욱 고조되었다고 보아요.

그런데 그때도 정치하는 사람들이 그 점을 간과하고 있거나, 또는 그걸 모르고 있었다는 게 문제입니다. 당시 이승만(李承晚)씨는 민중의식의 변화에 아랑곳하지 않았어요. 여기서 정치와 민중의식 간의 격차가 심각해지고 정의감에 불타는 청년·학생층이 꿈틀거리게 된 것입니다. 자유당정권은 그러한 내부사정을 덮어두고 공산주의 세력과의 전쟁 위협만을 이용해서 정권유지에 급급했던 거죠. 이와 같은 갈등과 대립의 폭발은 실상 시간문제였던 겁니다. 3·15데모는 그 바람을 청년·학생층으로, 4·19는 전국적인 사태로 번지게 한 거죠.

3·15에서 4·19에 이르는 동안 숱한 희생자들이 나왔지만 뚜렷한 혁명주도세력이 형성되지 않은 상태였기 때문에 이미 민심이반 사태의 결정적인 고비를 넘겼음에도 불구하고 이승만씨는 자기가 아니면 안된다는 환상을 버리지 못했거든. 그래서 자유당 총재직을 팽개쳐버렸지만 국부(國父)로서 대통령직은 놓지 않겠다는 식이었지. 홉스의 말처럼 권력욕은 죽음으로써만이 그치는 것 같아요.

그때 나는 길에서 학생들이 다치고 쓰러지는 걸 직접 목격했고 그 일을 직접 보고서야 도저히 침묵, 방관만 할 수 없었던 거야. 그래서 이종우(李鍾雨), 조윤제(趙潤濟), 최재희(崔載喜), 정석해(鄭錫海) 그밖에 몇 교수 등과 모여서 우리도 학생들의 핏값을 그냥 넘길 수 없지 않느냐는 의견에 일치를 보고 각각 책임지고 소속 대학의 교수들을 데모에 동원하도록 하였지. 그때 분위기로는 실제로 결사적이었다고 볼 수 있지.

데모를 하루 앞둔 24일까지만 해도 도저히 마음 놓을 수도 없고, 또 아무리 비밀리에 연락했지만 과연 사전에 누설되지 않고 거사할 수 있겠는지, 또 데모 당일에 과연 몇이나 나올 수 있겠는지 초조해하는 그때의 한 시간, 한 시간이 몇십 년이나 되는 것처럼 힘들었지.

더구나 데모 주동이 사회활동이 없는 교육자 일색이었기 때문에 스스로 생각해보더라도 조직이니, 동원이니 하는 데 능하다고 볼 수 없고, 더구나 남을 선동한다는 것은 생각조차 못할 일이었거든. 다만 역사의 증인이 되자는 결의, 그것 하나뿐이었지.

아마도 한말(韓末)의 유생들이 항일의병을 일으킨 것도 그러지 않았을까 싶어요. 다만 우리의 경우는 학생들의 피의 보답으로 조건반사적인 행동이었다고 할까…… 하여간 용히 4월 25일의 교수단 데모는 성공했고 급기야 이승만씨도 하야성명을 내게 되었지.

민주회복과 통일문제

강만길 선생님의 말씀과 같이 4·19의 역사적 평가는 아직 이를는지 모릅니다. 그러나 그때를 계기로 해서 민중이 무엇보다 민주주의를 통해서 각자 내 주권부터 찾자는 의식이 터져 나왔고 그러한 민중의식이 그 이후에 계속 성장해왔다고 볼 수 있습니다.

그런데 4·19를 주동한 학생·지식층은 그러한 민중의식과 밀착하여 데모를 일으켰고, 그 선두에 서서 민주회복 및 주권회복 운동을 펴서 기성체제를 무너뜨리는 데 성공을 거둘 수 있었다고 볼 수 있습니다.

그렇게 하여 시작된 4·19혁명은 그뒤로 점차 달라져갔습니다. 특히 1961년 초에 이르러 민주회복운동의 차원에서 자연히 민족통일운동의 차원으로 넘어가고 통일문제가 전면으로 부각된 것입니다.

그 이유는 민주화를 저해하는 기본 요인이 남북분단에 있음을 간파

하고 민주화운동을 근본적으로 달성하기 위해서는 민족통일운동을 앞세워야 한다는 명쾌한 논리가 성립된 것입니다. 다만 유감스러운 것은 통일운동에 기성 지식층의 적극적인 참여가 적었고 주로 젊은 학생층이 주동이 되었다는 점이 아닌가 합니다.

대학교수를 포함한 지성 지식인층의 현실감각, 역사의식에 한계가 있었고, 그러나 그때부터 지식층의 큰 테두리 안에서 간격이 생겼다는 점은 주목되어야 하고 그 이후의 사태는 바로 그 점에 문제가 있었지 않았느냐고 생각됩니다.

정재각 당시 하나의 참여자로서 사후에 공평무사한 평가를 하기가 어렵다는 점을 전제하고서라도 한 가지 사실만은 꼭 짚고 넘어가야 할 것 같아요.

4·19 직후 동족 간의 혈연의식으로, 이데올로기보다 피가 진하다는 일념에서 다른 것이 어떻든 간에 같은 또래 같은 피의 젊은 사람들이 판문점에서 회담하자는 주장은, 그걸 내세운 학생들의 순수함을 믿어 의심치 않아요. 그러나 그렇게 일이 쉽게 직선석으로 이루어지겠느냐, 아무래도 현실을 떠나 너무 동떨어진 이상론이 아니냐는 거죠.

좁게 볼 때 학생 신분으로는 생활 부담이나 사회적인 책임의식 같은 게 적은 입장이기 때문에 그런 말이 쉽게 나온 게 아니겠느냐, 더욱이 그들은 6·25 때 생활의 책임자로서 6·25의 비극을 깊게 의식할 만큼 성숙하지 못한 연령층이기 때문이 아니겠느냐…… 이에 반해 6·25를 경험한 세대들은 그런 주장이나 운동에 동조할 수 없었지 않았느냐고 보아요.

이는 역사의식에 있어 세대 간의 격차라고 해야 할는지 모르지. 그런데 그때 그런 주장, 그런 운동을 학생데모 주동자들이 오늘날 40대 초반의 사회중진으로 된 입장에서 그대로 지키고 옳다고 생각하는지, 내 생각으로는 좀 달라지지 않았겠느냐고 보아요.

지식층의 분열은 민주 사멸(死滅)

강만길 4·19를 통해서 지식인들은 민족분단이 민주화를 저해하는 현상을 막고자 해서 먼저 민주회복운동을 일으켰고, 여기에 단결할 수 있었지만 통일문제로 인해서 분열이 되고 참여의 대열에서 뒤로 물러서는 상황으로 바뀌었습니다. 이 분열에 즈음해서 5·16이 일어났고 그러한 사태는 바로 지식층의 분열을 더욱 심화시키지 않았느냐는 것입니다.

역사를 공부하는 입장에서 볼 때 그런 상황에서 지식인의 역할이 어떠해야 했는가를 다시금 생각하지 않을 수 없습니다.

다시 말하면 지식인들이 당면하고 있는 분단된 현실생활에 너무 젖어 도리어 변화에 대해서는 인색해져버린 게 아니냐는 것입니다. 학생들이 통일문제를 부상시키고 판문점회담을 내세우는 사태를 보고 너무 당황했던 게 아닌가, 언젠가는 부닥쳐야 할 변화에 대해서 지레 겁먹었던 게 아닐까 하는 것입니다.

그리하여 그 이후의 사태를 허용했고 지식층의 사회참여는 지리멸렬해졌던 게 아니었던가 하는 반성과 안타까움을 느끼는 것입니다.

정재각 그 점은 사실 그렇다고 보아요. 전쟁을 경험한 지식인층에서는 너무나 6·25의 상흔에 젖어 있었다는 점을 부인할 수 없어요. 우리의 경우 아닌 일본이나, 미국의 지식인들이라면 그 당시의 상황을 다르게 보고 다른 행동을 했을 것입니다. 그러나 우리의 경우는 그러하지를 못했고 아직도 그 상흔을 잊지 못하고 있지 않나 생각돼요.

강만길 이제 역사가 한 바퀴 돌아서 다시 재현됐다고나 할는지. 어떤 사람은 최근 사태를 4·19 직후 현상과 같다고까지 말하고 있습니다. 오늘날 지식인들로서는 다시금 참여의 행동이냐 아니면 관망해야 할 것이냐, 역사의 선택을 요청받고 있다고 볼 수 있습니다.

특히 역사를 공부하는 지식인의 입장에서 볼 때 이 1980년대는 우리 민족사 발전에 있어 중대한 분수령이 되지 않겠느냐 하고 봅니다.

다시는 민주의 사장(死藏)이 이 땅에 되풀이되지 않도록 하기 위해서 학생이건, 교수이건 간에, 신진이든 기성이든 간에 지식층 전체의 사명으로 이 시점에 서서 또다시 역사의 과오를 되풀이해서는 안 되겠다는 어떤 컨센서스가 긴요하다고 느껴집니다. 이 점에 대해서 역사를 공부하는 지식인의 입장에서 어떻게 생각하고 계시는지요?

정재각 앞서도 말했지만 전쟁을 체험한 지식인들이 6·25의 상흔에 너무 치우쳐 있는데 우리나라 전체로 볼 때 4·19 때보다 지금은 많이 달라졌어요. 민중의식도 그렇거니와 생활수준도 그렇고 또 우리 국민의 활동영역이나 경제규모, 학원 사정도 달라졌어요.

그러나 선진 서구사회에 비해 보면 아직도 우리는 단세포적이라고 할까, 아직도 터부가 많고 또 그런 생활의 타성에 젖어 있어서 학원 내부를 보더라도 교수는 그 자신의 권위에 대해서 또 충성심의 문제 등에 대해서 잠자고 있는 상태라고나 할까, 선진사회의 대학에 비하면 여러 면에서 격차가 있음을 시인하지 않을 수 없어요. 그런 가운데서도 민족의식은 높아졌고 민족역량도 대단히 커졌어요. 따라서 지식인들로서는 더욱더 지혜와 역량을 다해서 역사를 전진시켜나가는 사명감을 가져야겠다는 거지요.

교수라고 해서 교과서만 충실히 가르치면 할 일 다 했다고 생각해서는 안 돼요. 자본론을 금과옥조로 삼는 공산주의에 얽매이지 말고 미래의 성취, 즉 앞으로의 할 일에도 사명을 느끼는 자세를 가져야겠어요.

오늘날에 와서 지식인의 역할은 계몽운동과 같이 민중에게 일방적으로 사상을 강요하는 것이 아니에요. 이제는 민중의 의식 수준이나 그 역량이 높아졌기 때문에 어느정도 사상이 그들에게 선택당해서 그들에게 기여할 수 있는 그런 민중시대에 있다는 사실을 우리 지식인들이 올바르게 인식해야 해요.

지식인은 민중의 안내자

강만길 선생님 말씀에 동감입니다.

지식인이 엘리트라 해서 일종의 선민의식을 가진다거나, 또는 지도 자연하는 때가 지나갔다는 것입니다. 이제 지식인은 지도자라기보다 안내자로서, 다만 민중보다 한발 앞서 역사의 흐름을 먼저 알아차리고 안내해야 할 책임이 주어져 있지 않느냐는 것입니다.

그런데 그 안내 자체가 지식인이 취해야 할 책임이자 실천이라고 생각합니다. 지식인과 민중 사이의 관계가 이제부터 그같은 방향으로 나가는 것이 바람직하고 또 그렇게끔 역사의 흐름이 달라져가고 있음을 볼 수 있습니다.

그런데 우리나라 사회에서는 각 계층 간의 조화와 갈등도 문제가 되겠습니다마는 이와 더불어 우리나라 사회 전반에 걸쳐 세대 간의 거리감이랄까 의식구조의 격차랄까 하는 문제도 간과할 수 없을 것 같습니다.

흔히 기성세대와 젊은 세대 간의 거리감이 논란되고 있습니다. 앞에서 선생님이 말씀하신 것처럼 4·19 당시 6·25를 몸소 겪은 세대와 그렇지 않은 젊은 세대 간에 나타난 통일문제에 대한 인식태도의 차이로 말미암아 4·19 그후 사태의 진전에 영향이 미쳤던 게 아니었는가 하는 생각도 했습니다마는 오늘의 이 시점에서도 다시금 제기되고 있습니다. 제 표현이 적절할는지 모르겠습니다마는 기성세대는 젊은 세대가 같은 생각을 해주기를 바라고, 또 젊은 세대는 기성세대가 같아지기를 바라는 그런 경향이 이즈음에 강하게 드러나고 있는 것 같습니다.

이를테면 어느 쪽에서나 강요하려는 경향이 있지 않나 하는 것입니다. 우리 현실사회에서는 대화라든가, 상호 간의 이해 같은 게 모자라는 경직된 분위기가 있지 않나 하는 느낌이 듭니다. 젊은 세대의 생각이 옳다 해서, 노년, 장년 등 각층의 세대로 이루어진 이 사회를 전적으로 젊은 세대 위주로 할 수도 없지 않겠느냐 하는 생각도 있을 수 있고 그렇다고 해서 40세 미만의 젊은 세대, 이른바 한글세대들이 80%를 넘는 우리나라 사회구조에 비추어볼 때 기성세대 위주의 사회체제나, 기성관념을 너무 오랫동안 고집하게 되면 도리어 종국에는 사회분열이나 파탄을 자초하게 되지 않을까 하는 우려를 갖게도 됩니다.

이즈음의 대학 문제가 그 하나의 실례라고 봅니다. 특히 대학의 운영 면에 그러한 갈등이 지극히 우려할 만한 사태로 심화되고 있지 않나 생각됩니다. 대학의 경우 운영권은 기성세대의 손 안에 있지만 대학의 힘이랄까, 대학사회의 구성체 주축은 학생 편에 있습니다.

따라서 기성세대와 젊은 세대 간에 대화와 상호이해의 조화를 잃게 되면 바로 그것이 대학의 위기가 아닐까 하는 것입니다.

역사발전은 변증법인가

정재각 그 문제는 일종의 플렉시빌리티(flexibility)와 모빌리티 (mobility)와 관련되지요. 현대사회에 있어서 권위의 부재 또는 약화 현상이 문제되고 있는데 바로 오늘의 우리 현실에서도 나타나고 있다고 보아요.

그러나 강요하지 않는다고 해서 방치하면 되느냐 하면 그것도 안 돼요. 그래서 아널드 토인비가 말한 것처럼 역사발전의 도전과 응전의 논리가 논의되게 마련인데, 사회의 발전이 있으려면 그런 과정이 변증법적으로 처리되어야 해요. 물론 어느 쪽에서도 만족한 성과를 기대할 수는 없지만 상호이해와 관용으로 양보와 타협의 성실한 합의 형성이 필요해요. 이같은 원칙 아래 대학 문제도 발전적인 해결의 실마리를 잡을 수 있고, 대학이 그러한 사례를 보여주고 얼마큼 성공적으로 할 수 있느냐에 따라 대학사회가 사회에 대해 발언권을 가질 수 있게 되지 않을까.

현대사회는 선진사회건 후진사회건 거의 동시적으로 무차별하게 지식정보 및 매스컴의 홍수 시대에 살고 있잖아요. 이런 사회상황 속에서 지식인이건, 기성인이건, 또는 젊은 세대건 간에 상호의존적이면서도 각각 그 자체의 고유한 사회적 기능을 발휘하느냐, 못하느냐, 그리고 전체의 조화에 얼마나 기여하느냐에 따라 존재 이유가 결정된다고 보아요. 이런 때일수록 자기에게 성실하고 전체, 또는 사회에 봉사하는 자세가 중요하다고 보아요.

실증사관의 극복

강만길　역사발전에 관련되는 현실사회 문제를 사례를 들어 하나하나씩 지적해서 거론하자면 한량없을 것 같습니다. 그래서 넓은 안목에서 생각해보고 싶은데…… 오늘을 사는 우리가 시대에서 역사 속의 실수를 하지 않아야 한다는 것입니다. 역사의 흐름에 따라야지 거슬러서는 안 된다는 말입니다. 이렇게 볼 때 '역사 속'이라는 것에 대해 누구보다 역사학자가 그것을 올바르게 제시해야 할 의무가 있다고 생각됩니다. 물론 지식인 일반의 역사의식과도 관련되겠습니다마는 역시 역사를 공부하는 역사학자의 역사의식에 더 문제가 있다는 생각입니다.

민족사회의 어제와 오늘 그리고 내일의 문제와 직접적인 연결성이 없는 역사학, 사실 구명에만 치중한 역사학, 소위 '상아탑' 속에만 파묻혀버린 역사학만이 옳은 역사학이라는 고집은 이제 버릴 때가 된 것 같습니다.

우리 사학계에는 일제시대부터 답습해온 실증 위주의 학풍이 아직도 강력하다고 봅니다. 이에 대하여 단재(丹齋) 신채호(申采浩)나 백암(白巖) 박은식(朴殷植) 등으로 이어지는 민족사관이 있고, 또는 백남운(白南雲), 전석담(全錫淡) 등의 이른바 사회경제사관의 학풍도 있었습니다. 이 중에서 사회경제사관이 특정 이데올로기와의 관련성에 따라 실천성이 높다고 논의되고 있습니다.

그런데 이미 지식층에서나 민중 편에서 기성 실증사학에 의한 역사해석에 대해 불만이 나타나고 있습니다. 그만큼 우리나라의 지식층, 민중의 요구가 높아지고 있다는 사실을 드러내고 있는 것입니다.

그러면 다른 어떤 사관에 의해서 역사의 의미를 찾느냐 하는 태도 문제는 역사학자의 책임이 아닐 수 없습니다.

정재각 흔히들 실증사학에 입각한 역사연구는 대체로 단편적이거나 부분에 매어달리는 경향이 있다고 해요. 이에 대한 불만으로 민족이상의 비전이나 이데올로기 지향의 관점을 내세우는 사관 문제가 나오게 돼요.

이에 대해서 나는 역사학자로서는 쌍전(雙全)해야 되지 않겠느냐 하고 늘 생각해요. 왜냐면 동양사나 국사를 연구하자면 과거의 사실, 즉 사실(史實)의 발굴이 아주 급한 실정이에요. 방법론이나 사관이 아무리 좋더라도 사실자료가 충실하지 않으면 추상으로 빠질 위험이 있어요.

우리로서는 우리 민족의 자기정립을 우선시해야 하므로 민족사관이 문제되지만 그것을 세계사와의 관련 아래 보아야 되지 않겠느냐 하는 것입니다. 맑스나 토인비 같은 사람의 세계사관의 일반원칙에 너무 치우치다 보면 개인이랄까, 민족의 특성이랄까, 창조성이 무시되기 쉬워요. 그래서 용어에 합당할지 모르지만 내 생각으로는 역사를 보는 눈이 입체적이랄까, 또는 총체적이어야 한다고 보아요.

그러니까 실증사관을 극복한다고 해서 간단히 되는 것이 아니라 좀 더 풍부한 사료, 좀더 높은 차원의 안목에서 역사를 보아야 한다는 거죠. 개체와 전체, 개인과 사회, 민족과 세계를 동시에 보고 평가해야 된다는 말이지요.

역사의 보편성·특수성 문제

강만길 선생님의 말씀은 역사학계에서의 오랜 논쟁점인 역사의 보편성과 특수성 문제에 귀일된다고 생각됩니다. 최근 우리 사학계에서 관심을 모으고 있는 민족사관과 관련해서 볼 때 우리 한민족(韓民族)의 특수성에 치우치면 이에 따르는 장·단점이 있고 또한 편견의 위험성도 생기지 않을까 하는 생각이 듭니다. 그러나 보편성을 너무 중시한다는 것도 문제점이 있습니다. 그런데 여기서 한 가지 짚고 넘어가야 할 점은 우리 사학계에서는 역사의 특수성·보편성 문제를 너무 갈라놓고 보는 게 아닌가 하는 느낌이 든다는 것입니다.

제 개인의 사견입니다마는 특수성에 입각한 학문탐구의 진전이 보편성의 보완으로 승화될 수 있는 방법론상의 새로운 전개가 가능하지 않겠느냐 하는 생각을 합니다. 예를 들어 일제하의 한국독립운동을 볼 때 우리의 자주독립운동이 역으로는 일본군국주의의 강권 아래 짓눌린 일본의 자주민권운동을 도와주게 되는 효과를 가져온다는 한일관계의 또 다른 시각이 성립되지 않겠느냐는 것입니다.

이같은 관점으로 전후의 아시아 민주화과정을 조명한다면 상당히 설득력이 있고 국제간의 공감도 일으킬 소지가 있다고 생각됩니다. 말하자면 특수싱과 보편성의 조화는 이런 식으로 가능해지며 선생님이 말씀하신 입체적, 또는 총체적인 관찰의 귀착으로 좀더 차원 높은 하나로 승화될 수 있지 않겠느냐는 것입니다.

그러니까 우리의 변천과정을 관찰함에 있어 민족사관에 의한 역사 조명을 고집하면 세계사적 일반론에 동떨어지는 듯한 어떤 위화감을 느끼게 하는 점이 있는데 새 시대를 맞는 이 시점에 와서 반드시 이를 극복하여 특수성과 보편성을 조화시킨 새로운 사관의 정립이 긴요한 우리 사학계의 당면과제라고 생각합니다.

정재각　참으로 어려운 문제지. 물론 실증사학에 대한 재평가, 민족사관의 효용성에 대한 반성도 거론되어야 하고 어느 쪽이 옳다, 그르다 하고 고집할 때도 아니지요.

그러나 이 시점에서 우리는 반성보다는 각자 학문탐구, 사료의 발굴 등에 힘을 모아야 해요.

요컨대 사관이란 것도 크게 보면 그때그때의 시대변천의 반영이 아니겠느냐고 보아요. 그러니까 일제 치하에서 강자로서 일본 측은 실증사관이나 황도사관(皇道史觀)을 내세우게 되고 우리 쪽에서는 피압박민족의 입장에서 마땅히 민족지상주의적인 사관, 애국 일변도의 역사관을 내세울 수밖에 없었지 않겠느냐는 거지.

강만길 그러나 욕심일는지는 모르지만 역사학자라면 시대의 변천에 적어도 한발이라도 앞서서 얘기할 수 있어야 하지 않겠느냐, 또 이야기가 무슨 예언이나 점치는 따위가 아니라 학문적인 타당성과 합리성을 가지고 있는 것이라야 되지 않겠느냐는 겁니다.

대중기반 없는 엘리트란 허구

정재각 바로 그런 견해가 일종의 엘리트의식이라는 것과 일맥상통하는데…… 본래 엘리트란 프랑스말의 함축에는 그 사회의 어떤 계층이나 집단의 피라미드 정상에 있는 사람을 나타낸 것이라고 해요.

그러니까 엘리트란 그가 속해 있는 계층이나 집단이라는 발판이 반드시 전제된다는 거죠. 따라서 엘리트의식이란 대중기반, 대중의식과 동떨어진 별개의 것일 수 없으며 그렇다고 엘리트의 시계(視界)는 대중의 그것과 같을 수는 없어요.

정상이랄까, 대중보다 좀더 넓은 시야를 가지기 때문에 지식인이 대중보다 한발 앞서 미래의 방향을 잡아야 하는 것이 당연한 의무이자 책임이지.

더구나 역사를 공부하면서 과거로부터 현재의 위치를 파악하고 그 맥락에서 현재로부터의 미래를 설계하는 계기를 마련하는 것이 역사학자의 책무라고 보아야겠지.

강만길 저도 그 점을 통감하고 있습니다마는 늘 모자라지 않느냐고 자책을 합니다. 더욱이 이즈음의 세태를 볼 때 엘리트란 사람들이 도리어 대중의식을 따라가지 못하는 상태가 아니냐는 느낌이 자주 듭니다.

역사를 공부하는 입장에서 우리 민족이 당면한 문제가 무엇인가, 또는 앞으로 나갈 방향이 무엇인가, 이런 점에 대해 뜻있는 이야기를 해야 되지 않겠느냐 하는 것입니다. 해방 이후, 오늘에 이르기까지 우리 민족은 남북분단의 멍에에 매여 있고 이 분단 속의 생활에 길들여진 상태라고 해야 할는지, 이 점에 관해 엘리트 쪽이 더 낫다고도 할 수 없고 대중의식이 뒤져 있느냐 하면 그렇게만 볼 수도 없는 국면이 있습니다.

의당 역사학자로서, 특히 제 민족의 역사를 공부하는 입장에서는 분단 상태를 고정된 것이라 보아서는 안 되지 않겠느냐는 것입니다. 다시 말하면 분단을 넘어설 수 있는 통일의 비전, 또 그런 시각에서 민주화의 방향도 설정되어야 한다고 생각합니다.

이 점에 관해서 선생님은 고려대에서 정년퇴임하실 때 퇴임 강연을 통해 이미 말씀하신 바 있습니다마는 오늘날에는 절박한 당면과제인 것 같습니다.

민족·통일의 민족사관

정재각 아까 이야기한 민족사관 문제인데 일제 치하에서 그 당시로서는 존재이유가 있었고 아직도 존속되어야 할 이유가 있다고 보아요.

일반성의 원칙에서 볼 때 도태될 위험성이랄까, 부적합한 면이 있을지 모르지만 우리의 입장에서는 우리 민족이 하나의 통일체로서 계속 지탱하기 위해 필요로 하는 사관으로서 이를 대치할 수 있는 학문적인 성과가 없는 한 그것이 있지 않으면 안 된다는 것이죠.

우리 민족이 하나로 지탱하기 위해서는 분단의 현실에 매이지 않는 역사의식이 필요해요. 우리가 분단의 현상에 너무 매이다 보면 양쪽의 장벽에 막혀 한민족 전체를 보는 시야를 잃게 돼요.

우리는 현재의 민주화시대에 있어 기왕 6·25의 상흔에 매이지는 않는 하나로 보는 시각을 정립할 때가 왔다고 보고, 이같은 일련의 한국현대사에 대한 종합적인 새 연구가 있어야 한다고 보아요.

또 통일문제에 관한 한 역시 이데올로기보다는 피가 진하다는 지극히 평범하지만 그것 때문에 좀더 위대할 수 있는 소지를 살릴 수 있는 방향에서 추구되어야 해요.

한민족의 통합은 세계평화의 시금석

강만길 남북분단의 현상에 매이지 않는 민족공동체를 하나로 보는 사안(史眼)을 갖는다는 것은 이 나라 역사학자에게 지상의 당위이며 또한 의무라고 봅니다. 여기서 우리가 반드시 유의해야 할 점은 우리의 민족문제를 해결하기 위해 타민족에 상충이나 저촉되는 일이 가능한 없는 방향에서 민족의 통합이 전개되어야 하고 또 그러한 가능성도 있지 않나 생각합니다.

아까도 잠깐 언급했습니다마는 한민족의 자주독립운동이 또 한편으로는 일본의 군국주의 탈피를 돕는 방향이 된다고 했는데, 이제 통일문제와 관련시켜 세계를 볼 때, 남북 간의 평화적인 민족통합은 동북아시아에 있어서 분쟁 상태를 탈피할 뿐 아니라 극동평화의 디딤돌이 되고 나아가 세계평화에 기여하는 커다란 역사적 계기가 되지 않겠느냐는 것입니다.

물론 이같은 과정이 이론상으로는 가능하다고 보더라도 실제로는 지극히 실천하기 어렵고 1970년대까지의 진전을 보면 분단 상태의 고착화 과정이 부단히 계속되어왔지 않나 하는 생각입니다.

그러나 세계사적으로 이미 동서해빙의 공존관계는 기정사실화되었고 이제는 어느 쪽에서도 상대를 압도하거나 제압할 수 있다는 상황이나, 논리는 성립되기 어렵다고 봅니다. 문제는 우리 민족의 통일지향적인 역사의식이 얼마큼 투철하냐 하는 데 달려 있지 않겠느냐, 그렇다면 그러한 통일지향성이나, 통일에의 문제를 더욱 굳건하게 하는 역사학도들의 공동노력, 꾸준한 인내가 있어야 하지 않겠느냐는 것이고, 따라서 바로 여기에 1980년대의 역사학계가 담당해야 할 시대적 과제가 있다고 생각합니다.

정재각 참으로 바람직한 이야기요. 바로 그러한 시각에서 우리나라 역사연구의 기본 방향이 서야겠어요.

그러나 그러한 노력이 입으로만 그칠 때는 탁상공론(卓上空論)이 되기 쉽고 이상론에 치우친 학자, 백면서생의 구두선(口頭禪)에 흐르기 쉬워요. 그와 같은 공론화(空論化)의 위험을 극복하고 내 나라, 내 겨레 민중과 현실에 밀착된 이론의 창출을 위해서는 이 시점에서는 과거의 유산(遺産)을 딛고 새로움을 내다보는 역사학자로서의 진지한 학문탐구 자세가 필요해요.

강선생 같은 젊은 학자, 젊은 학도들이 한결같이 그러한 자세로 역사를 연구하고 현실에 대처한다면 우리 민족의 전도에 새 빛이 있겠다는 기대를 걸고 있어요. 우리 같은 기성세대는 이제 연구의 일선에 서지 못하지만 그런 분위기를 조성하는 역할이나 맡을까……

강만길 선생님의 그 말씀을 후학들에 대한 채찍과 격려로 달게 받겠습니다.

앞으로도 선생님의 그와 같은 격려와 지도 있으시기를 바라면서 오늘은 이만 마치겠습니다. 오랜 시간 감사합니다.

송건호의 한국 민족주의론

1. 머리말

해방 후 상당한 기간까지도 민족주의란 말 자체가 금기시된 때가 있었다. 민족주의는 반미주의이며 반미주의는 곧 용공주의라는 식의 민족주의 인식이 거의 일반화되다시피 한 것이다. 지금에 와서 보면 그것이 어느 나라에서 있은 일인가 하고 놀랄는지 모르지만, 50대 이상 기성세대의 논술가들은 이런 유의 민족주의 인식 때문에 시달린 경험을 적지 않게 가지고 있다.

그러다가 1960년대 중반 이후 박정희정권이 느닷없이 민족주체성을 강조함으로써 민족주의론의 금기에 시달리던 사람들을 어리둥절하게 했지만 거기에는 그만한 이유가 있었다. 그것은 4·19 후 고조된 민족주의적 기운을 따돌리는 방편인 동시에 북쪽과의 민족적 정통성 문제를 경쟁해야 할 필요성을 느낀 데서 나온 것이었다.

미국 군정에 이어서 식민지시기 이래의 반민족적 세력을 그대로 안은 채 발족했던 이승만정권이 스스로의 약점 때문에 민족주의 자체를 불온시했다면 일본제국주의와 만주괴뢰국의 군인 출신을 중심으로 성립된 박정희정권은 스스로의 약점을 메우기 위해, 4·19 후 고조된 민족주의적 분위기를 따돌리기 위해 민족주체성의 확립을 표방하면서 독재체제를 확립해나가려 했던 점이 달랐다.

이와 같은 목적으로 강조되었던 박정희정권의 이른바 민족주체성이 복고주의적이고 분단국가주의 및 반민주주의적 방향으로 나아갔음은 더 말할 나위가 없지만, 해방 후의 우리 민족주의는 이와 같이 반미주의·용공주의로 금기시되기도 했고 또 독재정권에 의해 전혀 다른 방향으로, 반역사적 방향으로 끌려나가기도 했다.

민족주의가 반미주의·용공주의로 불온시되어 민족주의란 말을 쓸 수조차 없었던 시대에 비하면, 그리고 민족주의가 독재의 수단으로 쓰이던 시대에 비하면 지금의 우리 민족주의론이 그 옳은 의미와 방향을 찾아서 얼마나 거세게 전진하고 있는가를 실감하기에 충분하다.

해방 후의 우리 민족주의론이 이만큼의 방향을 잡게 된 과정은 결코 쉬운 것이 아니었다. 4·19나 광주사태와 같은 운동사적 측면이 뒷받침된 것은 더 말할 나위가 없지만, 또한 학문적·민족적 양심으로 권력의 탄압에 맞서서 과감히 옳은 의미의 민족주의론을 정립해온 이론가들의 용기와 희생이 컸음도 잊을 수 없다.

그런 의미에 있어서의 우리 민족주의론 정립에 행한 송건호(宋建鎬)의 역할은 뚜렷하다. 그는 이 시대의 민족주의운동, 민주화운동을 실천하는 한편 『민족지성의 탐구』(1975) 『한국 민족주의의 탐구』(1977) 『한국현대인물사론』(1984) 『분단과 민족』(1986) 등의 저술을 통해 우리 민족주의론을 바로잡는 데 앞장서왔지만, 이번에는 『민족통일을 위하여』(1986)에 실린 글 「분단하의 한국 민족주의」에서 이와 같은 자신의 민족주의론을 압축시키고 있다.

세속적 지위와 생활인으로서 욕심을 모두 벗고 오로지 역사를 실천하면서 사는 그도 어쩔 수 없이 회갑을 맞이하게 되었고 그를 따르는 후배들이 역사 실천의 일환으로 축하문집을 내게 되었다. 「분단하의 한국 민족주의」를 통해서 이 시대를 사는 한 사람의 양심적 민족주의자가 스스로의 민족주의론을 어떻게 정립해가고 있으며 그에게 있어서의 민족주의란 결국 무엇인가를 음미함으로써 그의 환력을 축하하려는 것이 이 글의 목적이다.

2. 민족주의의 3단계론

「분단하의 한국 민족주의」에서 송건호는 민족주의를 역사적·실천적 개념으로 파악하면서 "역사적·실천적 개념이기 때문에 어느 시대 어느 국가에나 통용될 수 있는 보편타당성 있는 이론이란 있지 않다"하고 나아가서 "국내적으로는 이것이 국민대중을 결속하고 단결시키는 기능도 가지는 한편 민중을 억압하고 인권과 언론의 자유를 봉쇄하고 독재체제를 굳히는 데도 악용되는 '합리화'와 '명분'으로서의 기능을 갖기도 한다. 또 국제적으로는 자기 민족의 역사적 영광과 전통과 문화만을 찬양하고 타민족의 가치를 전혀 인정하지 않는 쇼비니즘적 경향을 보이기도 한다. 기독교가 민족주의에 대해 일종의 본능적 위화감을 갖는 이유 중의 하나는 바로 이 점에 있다 할 것이다"하여 민족주의론의 서두를 열고 있다.

지금의 젊은 지식인들과는 달리, 일제식민지시대를 산 한국의 지식인들은 일반적으로 민족주의 인식에 있어서 어쩔 수 없는 유산을 가지고 있다. 일본군국주의가 파시즘적 침략주의를 민족주의로 가탁했기 때문에 민족주의 자체를 전혀 반역사적인 이데올로기로 이해하거나, 아니면 오히려 민족주의란 결국 자기 민족의 이익에 봉사하는 이데올로기이며 그 때문에 타민족을 침해할 수밖에 없다, 타민족의 침해를 받지 않기 위해서는 스스로 침략주의적 민족주의를 가질 수밖에 없다는 민족주의관을 가진 경우도 적지 않았다.

전자의 경우 이른바 주체성 없는 자유주의자가 되었고 후자의 경우 저항적 민족주의에만 빠지거나 군국주의체제를 지지 찬양하는, 근대 일본을 강대국으로 만든 것은 군국주의이며 해방 후의 한국을 강대화시키기 위해서는 독재주의적·군국주의적 통치 단계가 불가피하다는 생각으로까지 나아가는 경우가 있어서 민족주의론 정립에는 그만큼의 어려움이 있었다. 주체성 없는 자유주의는 민족주의를 쇼비니즘으로만 간주했고 독재주의적·군국주의적 민족주의론은 그것을 불온시했던 것이다.

송건호의 「분단하의 한국 민족주의」는 전자와 후자의 오해를 극복하고 옳은 의미의 민족주의를 도출하기 위한 방법으로 먼저 민족주의 일반의 변천과정을 설명하고 있다. 그는 민족주의를 자본형 민족주의와 병영형(兵營型) 민족주의와 민중형 민족주의의 세 가지를 들어 설명하고 있다. 그것은 민족주의의 세 유형이기도 하고 또 세 단계이기도 하다고 보아 무방할 것 같다.

'자본형 민족주의'는 대체로 부르주아 민족주의와 같은 단계의 것으로 파악하고 있는 것 같지만 우리의 관심은 역시 식민지사회에서의 '자본형 민족주의'의 실체와 작용에 있다. 그는 "식민지 내부는 그 상황이 단순하지 않다. 가장 두드러진 특징의 하나는 서구사회에서와 같은 중간층이 식민지사회에서는 결여되어 있다는 점이다" 하고, 식민지사회의 극소수 지주 및 매판자본가와 압도적 다수의 빈농 및 반실직적 상태의 노동자군에 의한 양극화 상황 속에서 극소수의 민족자본가와 소상인 및 식민지 종주국에 유학한 지식인으로 형성된 의사(擬似)중간층만이 형성되었다 하고, 결국 식민지사회에서는 '자본형 민족주의'를 담당할 만한 계층이 형성되지 않았다고 보았다.

그에 의하면 "민족주의의 커다란 에너지를 제공하는 것은 말할 것도 없이 하층의 민중이며 그들의 비참한 생활조건과 의사중간층의 불안정성은 그들의 민족주의 사상을 더욱 급진적인 것으로 만든다. 부와 어느 정도의 혜택받은 지위를 누리고 있는 소수의 토착 상류층은 식민지 종주국과의 거래를 유리하게 만들기 위해 이러한 민중운동을 이용하기도 하고 때로는 지도하기도 하나 결정적 단계가 되면 민중으로부터 등을 돌려 종주국에 굴복하거나 그들과 결탁함으로써 스스로의 양면성 또는 반민족성을 드러낸다. 식민지 상황에 있어서의 민족주의운동은 이데올로기적으로나 정치운동으로나 굴절이 심해 그들의 '급진성'은 때로 사회주의 경향으로 또는 극단적인 '쇼비니즘' 즉 '울트라 내셔널리즘적' 성향으로 흐른다."

이 말은 식민지사회의 민족주의 일반론으로 한 것이지만, 우리의 식민지시대에도 적용된다. 식민지시대는 시기적으로는 '자본형 민족주의'의 시기이지만 부르주아 중심의 민족주의는 정착하지 못했고, 식민지적 상황 때문에 민족주의가 사회주의적 방향으로 가거나 극우적인 방향으로 굴절된다고 본 것이다.

지금도 우리의 식민지시기 민족주의는 저항주의로밖에 설명하지 못하고 있으며 사회주의운동은 민족주의론의 범주 밖에 놓여 있다. 송건호의 '자본형 민족주의'의 식민지적 굴절 형태로서의 민족주의의 사회주의적 경향 문제는 앞으로 더 추구되고 이론화될 수 있을 것이다.

「분단하의 한국 민족주의」에서 논의되는 민족주의의 두번째 단계로서의 '병영형 민족주의'는 파시즘적인 침략주의적 내셔널리즘을 말한다. 세계사에서는 1920년대 말의 세계공황을 겪은 자본주의, 특히 당시의 후진적이고 약체적인 자본주의적 지역이 민족주의를 내세우면서 파시즘화한 것이다.

송건호의 「분단하의 한국 민족주의」는 '병영형 민족주의'를 설명하면서 "그들 사이에는 일종의 공통점이 있었다. 사회과학적으로 정의할 때 가령 극우 군부반동관료 등에 의한 정치적 독재, 입헌의회제도의 부인, 일당제의 확립, 이데올로기적으로는 자유주의·공산주의의 배격과 전체주의·군국주의의 고창을 특징으로 하며, 대부분의 경우 독재자의 신격화와 지도자 원리를 바탕으로 한 사회의 권위주의적 편성이 그 특징으로 되어 있다"고 요약하고 있다.

'병영형 민족주의'는 물론 식민지 종주국 측에서 나타난 민족주의의 굴절 형태로 설명된 것이지만, 식민지 피지배민족사회의 자본형 민족주의의 굴절 방향에서 나타난 두 가지 방향 중의 '울트라 내셔널리즘'적 요소가 식민지시대에는 종주국 파시즘에 굴복하거나 동조했다가 전쟁 후 민족국가 수립 과정에서의 좌우대립의 상황에서 종주국이 전쟁 전 내지 전쟁 중에 걸었던 길을 답습한 것으로 이해하는 것이 아닌가 한다.

앞에서도 말한 바와 같이 식민지시대를 겪은 민족사회의 민족주의론은 저항적 민족주의에 한정된 한편 식민지 종주국의 파시즘적 민족주의의 세례를 받은 유산이 있기 때문에 식민지에서 벗어난 후 민족국가 수립 과정의 지도원리로서의 민족주의론을 도출해내기 어렵다.

「분단하의 한국 민족주의」는 우리 민족주의 역사 위에서 '자본형 민족주의'가 정착하기 어려웠던 이유도 설명해야 했지만, 파시즘적 민족주의의 반역사성을 다음과 같이 설명하고 있다. "그런데 여기에서 간과해서 안 될 점은 이들이 민족주의를 한결같이 강조하기는 했으나 파시스트 민족주의는 역사적 발전논리를 거역하고 식민지 재탈환을 꾀한 데 지나지 않았으므로 이 민족주의는 합리성과 역사적 발전성을 무시한 환상적·열광적 선동을 주로 하는 하나의 비지성적·복고적 행동주의에 불과했다는 점이다. 파시즘 민족주의는 일관해서 반공산주의·반자유주의·반의회주의·반국제주의를 강조함으로써 일종의 증오내셔널리즘에 기울어졌고 이러한 증오주의는 적색공포·유태인공포·자유주의공포 등 '공포를 통한 억압' 속에서 유지돼나갔다.”

이와 같은 '병영형 민족주의'는 물론 식민지 종주국에서의 오도된 민족주의였다. 그러나 송건호의 관심은 그것으로 끝나지 않는다. 그는 이 오도된 민족주의를 전쟁 후의 제3세계 국가에서도 발견하고 있는 것이다. “2차대전 후 미·소 냉전체제가 점차 표면에서 사라지면서 수많은 제3세계 국가들이 출현했다. 이들은 과거의 역사로 보아 당연히 반식민주의 비동맹노선을 지향해야 하나 제3세계 국가 중 일부는 구식민지 종주국 또는 식민주의 국가의 정치·경제·군사적 예속에서 벗어나지 못하고 집권자가 권력의 기반을 자기 민족의 대중역량에 두기보다는 외세의 힘에 의지해 자기 나라 국민을 억압하는 새로운 의미에서의 매판정권으로 된다.”

파시즘이 내세운 민족주의가 옳은 의미의 민족주의가 아니었음은 2차대전의 종결로 분명한 대답이 나왔지만, 오히려 일부 식민지에서 해방된 민족사회에서 파시즘적인 오도된 민족주의가 되살아나서 그 사회의 민족주의 정립을 억압하고 있었던 사실을 분명히 지적함으로써 식민지에서 해방된 민족사회의 올바른 민족주의론을 정립하려 하고 있는 것이다.

식민지시대를 겪은 민족사회의 '자본형 민족주의'의 제약성과 '병영형 민족주의'의 반역사성을 지적한 「분단하의 한국 민족주의」는 민족주의의 제3단계로서 '민중형 민족주의'를 들고 있다. 그리고 이 3단계 민족주의는 종속이론을 바탕으로 한 제3세계 민족주의를 가리키고 있는 것 같다.

제3세계의 경우도 그 초기에는 한때 '자본형 민족주의'의 발상하에서 이루어진다. 그 이유는 "정치적 독립을 실현한 일부 후진국들에서는 정치적 주도권이 구식민지세력과 긴밀한 관련을 갖거나 식민지 치하에서 간접·직접으로 식민지 종주국과 협조관계에 있던 일부 지주, 자본가, 식민지 관료, 식민지 종주국의 교육을 받은 일부 지식인들에 의해 장악되고 그들의 의식이 독립 초기의 민족주의를 주도"하였기 때문이다.

식민지에서 해방된 민족사회의 민족주의가 빗나간 경우 '자본형 민족주의'와 '병영형 민족주의'가 혼재하는 경우도 있었지만, 또한 '자본형 민족주의'가 유지되다가 그것이 한계에 도달하는 경우 그것을 주도하던 지주, 자본가, 식민지 관료, 식민지 종주국의 교육을 받은 일부 지식인들이 역시 식민지 군부 출신들과 결탁하여 '병영형 민족주의'로 넘어가는 경우도 있었다.

어느 경우이건 이 두 가지 형의 민족주의는 식민지 종주국 내지 새로운 외세와 유착관계에 있을 수밖에 없으며, 따라서 그 비민족주의성이 노정되고 민중 주체의 반식민주의·반제국주의적 민주주의 지향의 민중형 민족주의에 의해 청산될 수밖에 없다는 것이 「분단하의 한국 민족주의」가 설파한 민족주의 3단계론의 줄기이다.

이와 같은 송건호의 민족주의 3단계론은 부르주아 민족주의와 그 변형으로서의 파시즘 민족주의가 식민지 피압박민족사회에서는 어떻게 작용했는가, 특히 그것이 식민지배에서 벗어난 후까지도 그 민족주의를 어떻게 굴절시켰는가를 논증하고, 앞의 두 단계 민족주의를 청산하고 세번째 단계의 민중형 민족주의로 가야 할 역사적·법칙적 이유가 어디에 있는가를 설명하려는 데 목적이 있음을 간파할 수 있다.

그러나 '자본형 민족주의'가 제1단계였고 제2단계의 파시즘 민족주의가 그 변형이었지만, 그것들과 3단계 민족주의는 질적이라고 말할 만한 차이가 있을 것 같다. 이와 같은 차이에도 불구하고 그것을 여전히 민족주의로 부르는 이유는 이해할 만하다 해도 그 이행(移行)과정을 변형이나 확대로 생각할 수 있을 것인가, 아니면 그 이상의 역사적 계기가 필요한 것인가를 생각하지 않을 수 없다.

3. 한국 민족주의의 굴절상

민족주의 3단계론에서 식민지시대를 겪은 사회의 민족주의가 굴절된 일반적 조건을 설명한 「분단하의 한국 민족주의」는 다음으로 해방 후 한국 민족주의의 굴절상을 구체적으로 논증하고 있다. 식민지에서 해방된 지역의 민족주의가 '자본형'과 '병영형' 민족주의의 유산 및 잔재에 의해 굴절되는 과정을 이미 설명했지만, 해방 후 한국 민족주의가 굴절된 실상을 대체로 세 가지 문제로 요약해서 설명하고 있다.

첫째는 해방 후의 정치·경제·사회·문화를 주도한 지도세력의 비민족주의적 성격이다. "8·15해방 당시 이 땅에는 얼마 되지 않는 전통적 지도층이 그나마 거의 반민족행위 경력의 소유자였으므로 순수한 민족주의 지도세력이란 사실상 존재하지 않았다. (…) 8·15 후의 한국 민족주의는 본래 민족주의의 주역이 될 수 없는 민족의 탈락자들이 주류가 되어 그 담당세력을 자처하게 되었다" 하고 그 이유로 이들 지도세력의 상당한 부분이 식민지시기에 민족운동을 포기하거나 참정권운동·자치운동·민족개조운동으로 후퇴했던 사람들이라는 점, 같은 우익이면서도 민족자주세력인 상해임정의 김구 계열이 거세되고 친미세력인 이승만이 미국의 지원을 얻어 주도권을 잡게 되었다는 점 등을 들고 있다.

지금에 와서는 이승만정권의 수립과정과 그 성격에 대한 객관적인 평가가 많은 제약 속에서도 어느정도 이루어져가고 있지만, 그 문을 여는 역할은 대단히 어려운 일이었으며, 더구나 정권의 성격을 민족주의의 굴절이란 면에서 평가하기는 더욱 어려운 일이었다. 송건호의 민족주의론은 이승만정권을 객관적으로 평가하는 문을 여는 데 선구적인 역할을 다한 것이다.

해방 후 한국 민족주의의 굴절상을 지적한 두번째 문제는 식민지시기의 부일(附日)세력이 해방 후에까지 안존한 점을 들고 있다. 이 문제 역시 지금에는 반민특위의 해체에 대한 연구 및 식민지시기 부일세력의 해방 후의 동태 등에 대한 분석 등이 어느정도 이루어짐으로써 그 실상을 이해하는 폭이 상당히 넓어져가고 있다.

그러나 이승만정권이 안으로는 부일세력의 숙청을 거부했을 뿐만 아니라 오히려 그것을 정권 기반의 일부로 삼았으면서도 겉으로는 반일정책을 표방했기 때문에 정권의 반민족적 성격이 어느정도 감추어질 수 있었으며, 이와 같은 이승만정권의 성격을 밝혀내기는 그리 쉬운 일이 아니었다.

송건호는 일찍부터 이승만정권 성립 과정에서의 반민족적 성격, 그 정권과 부일세력의 관계, 그 반일정책의 허구성 등을 지적함으로써 해방 후의 역사를 보는 젊은 사람들의 눈을 밝게 하는 데 크게 공헌해왔다. 「분단하의 한국 민족주의」에서는 이승만정권의 성격을 이론적으로 정리하면서 굴절된 '자본형 민족주의'로 성격지은 것이 아닌가 한다.

해방 후 한국 민족주의의 굴절상을 지적한 세번째 문제는 주로 경제 개발과 민족주의의 관계를 설명한 부분에서 찾을 수 있다. 그는 제2차 세계대전 후에 새로 독립한 신생국의 국가건설을 위한 모델 세 가지를 들어서 이 문제를 설명하고 있다.

그것은 첫째 미국을 위주로 한 서구 자본주의 국가의 원조에 의한, 근대화적 성장이론에 의한 개발방식이며, 둘째는 "공업·상업·금융·운수기관을 국유화하고 이를 기반으로 사회주의 경제체제를 우선 확립하는 한편 토지개혁을 실시하여 (…) 농민에게 토지를 분배하고 농업생산에 협동조합 형태를 도입하는" 사회주의적 개발방식이다.

세번째는 제1형이나 제2형처럼 뚜렷한 형태를 띠고 있지 않으나 식민지 종속국 혹은 반(半)식민지적 종속 입장에서 자력으로 해방된 여러 나라에서 시행된 제3의 길, 즉 '민족혁명형 개발'이다. 그것은 "첫째, 국가와 공공투자가 경제개발의 가장 적극적인 추진체라는 점이다. 아직도 자본가층이 충분히 성장하지 못해 이들에게서 투자자금을 기대할 수 없기 때문이다. 둘째는 주로 외국자본의 국유화 조치를 들 수 있겠다. 사회주의 방식에서는 사적(私的) 기업에 전면적인 국유화 조치를 취하나 이 제3형에서는 주로 외국자본을 국유화 조치할 뿐이며, 이러한 국유화는 주로 외세와의 투쟁 속에서 자주독립의 한 수단으로 단행되는 예가 많다. 그러나 국내 자본에 대해서는 일반적으로 국유화 조치가 취해지지 않는다. 이 민족혁명형 개발모델은 아직 체계적 이론화가 이루어지지 않고 있어 일률적으로 정의를 내릴 수는 없으나 최근 이러한 나라들에서 종속이론 등이 대두하여 점차 이론의 틀이 잡혀가고 있는 것 같다"고 했다.

제3세계론적인 개발방식을 '민족혁명적 개발'이라 보고 이승만정권의 원조경제체제와 박정희정권의 외채경제체제를 비민족주의적 성격이 높은 경제체제라 선명하게 지적한 점도 해방 후 한국 민족주의의 굴절상을 잘 설명해주고 있는 부분이다. 원조경제와 외채경제 체제가 뿌리를 내리면 내릴수록 민족경제적 토양은 약해지고 민족통일지향적 경제체제와는 거리가 멀어지고 있는 것이다.

이승만정권의 원조경제체제와 민족주의의 관계를 설명하면서 "미국에 대한 전략은 그것이 비록 군사·경제 원조로 나타난다 하더라도 그것은 미국의 철저한 국가이익 추구의 한 소산이며 그것이 단순히 한국의 민족주의 실현이나 민주주의의 발전을 위해서 주어진 원조가 아니었다는 사실을 간과해서는 안 될 것이다" 하여 미국 원조 본래의 의미를 지적하고 있지만, 박정희정권의 제1형적 경제개발 정책이 이른바 한일국교정상화를 서두르게 했고 그것이 민족주의 굴절에 얼마나 크게 작용했는가를 더 강조하고 있다.

"내외의 필요에 따라 시작된 한일 국교회복은 오늘날 한국 민족주의에 심각한 위협을 주게 되었다. 한국에서는 집권층 일부에서 '친선'과 '새 시대'를 강조할 만큼 접근을 보이고 있으나 오늘날 친한파로 알려진 일본의 현 집권층은 그 대부분이 구 일제의 철저한 국가주의적 추종자로서, 지난날 36년간에 걸친 한민족 침략과 지배를 반성은 고사하고 오히려 잘한 일이었다고 공언하는 자들이며, 한국에 대한 옛 지배를 잊지 못하고 그중의 어떤 자는 일한합중국(日韓合衆國)을 꿈꾸는 일조차 숨기지 않게 되었으니 이들이 2차대전 후의 새로운 식민주의자들이라고 보아 틀림없겠다" 하여 외채에 의한 경제개발이 신식민주의적 지배를 가져올 것을 경계하고 있는 것이다.

식민지에서 해방되면서 국토가 분단되고 이데올로기적으로 대립된 민족의 민족주의가 어떤 것이어야 하는가, 식민지배에서 해방되면서 외국군에 의해 점령되고 그 점령군의 뒷바라지에 의해 나라를 세운 민족의 민족주의가 어떤 것이어야 하는가, 식민지에서 해방된 민족의 구식민지 종주국과의 관계에서의 민족주의의 역할은 어떤 것이어야 하는가 하는 문제들이 있지만, 굴절된 민족주의체제 안에서 그 굴절상을 찾아내기란 쉬운 일이 아니었다.

민족주의가 불온시되거나 아니면 반공주의가 곧 민족주의라 말해진 분단체제 안에서 송건호의 민족주의론이 그 굴절상을 어느정도 정확하게 파악할 수 있던 것은 그가 이 시대의 지식인 일반과는 달리 일찍부터 분단체제에 매몰되지 않고 그것을 정확하게 객관할 수 있는 시각을, 민족주의자로서의 시각을 마련할 수 있었기 때문이었다.

4. 한국 민족주의의 진로

'자본형'과 '병영형' 민족주의의 한국적 굴절상을 지적한 「분단하의 한국 민족주의」는 또 이 굴절을 극복하고 한국 민족주의가 나아가야 할 방향을 제시하고 있다. 그것도 대체로 분단국가주의의 극복, 민주주의의 신장, 통일지향의 세 가지로 요약될 수 있을 것 같다.

해방 후의 한국 민족주의가 여러 방향으로 굴절되면서 심지어는 반공주의를 민족주의라 강변하는 경우도 있었고 경제적으로 문화적으로 심한 예속화 현상을 일으키면서도 억지로 민족주체성을 강조하던 시기도 있었지만, 민족주의가 그 참모습을 드러내기 어려워진 요건의 하나는 분단국가의 국가주의가 민족주의를 가탁한 일이었다.

특히 일본과 만주괴뢰국의 군인 출신으로 그 핵심부를 이루었던 박정희정권에 와서는 스스로 민족주의적 정통성이 약함을 알고 민족주체성을 강조하면서 북쪽과의 정통성 경쟁에 열을 올렸다. 그러나 그것은 민족주의라기보다 분단국가주의를 고양한 데 지나지 않았으며, 따라서 해방 후의 한국 민족주의를 올바르게 이해하기 위해서는 분단국가주의와 통일민족주의를 정확하게 식별할 수 있는 안목이 필요하다.

송건호 역시 일찍부터 이 점에 착안했다. "우선 한국 민족주의를 올바르게 이해하기 위해서 민족주의와 국민주의를 식별할 필요가 있다. 민족주의에 있어서는 민족문제를 한반도 전체를 통해서 그 운명을 생각하는 입장이며 국민주의에 있어서는 분단상황 속에서 냉전적 사고로 민족문제를 생각한다는 점이 다른 것이다." 국민주의로 표현되고는 있지만, 분단국가주의와 민족주의의 구분을 명백히 하고 있는 것이다.

그는 이 문제를 좀더 강조하기 위해 "한국인으로서 민족을 생각하지 않는 사람은 없을 것이다. 민족을 생각하면서 통일을 생각하지 않을 사람은 또한 없을 것이지만 해방 40년이 지난 오늘날까지도 통일이 안 되고 있는 것은 그 이유가 민족을 생각함에 있어 민족적 입장에 서지 못하고 국민적 입장을 벗어나지 못한 때문이었다고 볼 수밖에 없다" 하여 통일의 요건으로 분단국가주의의 통일민족주의로의 승화를 강조하고 있다.

한편 그는 더 나아가서 안보와 핵 문제까지도 분단국가적인 차원이 아닌 민족주의적인 차원에서 고려되어야 한다는 점을 설파하고 있다. "안보문제는 비단 한국이라는 지역에 국한되지 않고 남북 6천만 민족 전체의 생존을 위한 중대문제로 발전하였다. 안보문제가 국민적인 이데올로기 차원에서 전혀 길을 달리하는 민족생존 문제의 차원으로 발전하게 된 것이다. 한국과 한국민의 안전을 위해 휴전선 이북의 북한에 대한 경계를 필요로 했던 안보가 앞으로는 그 궁극적 목적이 핵전쟁을 피함으로써 남북 6천만 민족의 생존권 보장을 위해 남북한 간에 무엇인가 문제의 해결을 필요로 하는 단계로 질적 발전을 하였다."

이 짧은 문장 속에서 우리는 분단국가주의와 통일민족주의의 근본적인 차이가 어디에 있으며 송건호의 민족주의가 궁극적으로 무엇인가를 쉽사리 이해할 수 있다. 그리고 그것을 설명하기 위한 복잡한 민족주의론의 원용이 필요하지 않다. 이런 경우 분단국가주의의 극복과 통일민족주의의 정립 문제는 곧 민족의 생존 문제와 직결된 실천적 논리인 것이다.

「분단하의 한국 민족주의」가 제시한 한국 민족주의의 두번째 방향으로서의 민주주의의 발달 문제는 언뜻 생각하기에는 민족주의 발달 문제와 일정한 거리가 있는 것처럼 생각되는 경우도 있었다. 그 때문에 세계사적으로는 파시즘이 민족주의의 탈을 쓰기도 했고 반공주의·반자유주의가 민족주의로 오인되기도 했으며 분단국가의 경우 분단국가주의가 민족주의를 가탁하기도 했다.

그러나 민족주의는 민족사 및 세계사 발전의 본래의 당위적인 길로서의 민주주의 발전과 상치되는 길이 아님은 물론 그 발전에 저해되는 길일 수도 없다. 그것은 민족사 발전을 가속화시키는 이데올로기인 동시에 인류사 전체의 발전에 기여하는 이데올로기이며 세계사 발전 방향으로서의 민수수의 발전과 병행하는 이데올로기로 이해하지 않을 수 없다. 민족주의가 민주주의 발전과 상치될 때 그 본래의 방향 및 성격을 읽고 마는 경우를 세계사와 단위민족사가 함께 경험해왔다.

「분단하의 한국 민족주의」에서는 이 문제를 특히 제3세계 민족주의 발전 문제와 관련하여 설명하고 있다. "제3세계형 민족주의가 반드시 민주주의를 내용으로 건설되어야 하는 이유가 여기에 있다. (…) 신생국 민족주의는 따라서 언론의 자유, 학문의 자유를 존중해야 하고 이러한 자유로운 언론활동, 학문연구를 통해 나라의 정치적·경제적·사회적·문화적 제 상황이 솔직하고 기탄없이 분석되고 인식·비판되어 올바른 개혁의 길, 시정의 길이 무엇인가 구명되어야 한다" 하고 강조하고 있지만, 이 세계가 민중적 민족주의를 지향하고 있는 이상 그것이 민주주의적 민족주의가 되어야 함은 당연하다.

「분단하의 한국 민족주의」가 지향한 민족주의 발전의 세번째 방향, 즉 민족통일 지향은 역시 이 글이 가장 강조하고 있는 문제이다. "우리 민족이 통일을 주장하는 것은 남북이 모두 같은 민족이라느니 헤어진 이산가족이 함께 살아야 한다느니 등의 단순한 감정적 동기에서만 출발하는 것이 아니다. 통일의 주장은 민족의 생존과 발전이라는 가장 엄숙한 역사적 동기에서 출발한다" 하여 그것이 민족사 발전의 필연적인 방향임을 분명히 하고 있다.

통일이 민족사 발전의 필연적 방향이라면 그것은 또 민주주의 발전과도 불가분의 문제로 된다. "민주화운동이 즉 통일운동이요, 통일운동이 즉 민주화운동이다. 이 두 문제는 떼어 생각할 수 없다. 직접 통일운동이 가능하면 통일운동을 하는 것이고 민주화운동을 해야 할 상황에서는 민주화운동을 우선하는 것이다. 민주화가 안 되면 통일운동을 할 수 없다는 상황하에서는 민주화운동이 곧 통일운동이다." 분단시대 한국 민족주의의 방향과 실천과제를 간결하고도 극명하게 밝히고 있다.

이와 같은 민족주의관에서 보면 박정희정권 이래의 경제발전도 민주주의 발전을 희생시켰다는 측면에서뿐만 아니라 민족통일 문제와 상치된다는 점에서도 민족주의의 전진 발전과 궤를 같이할 수 없다. "개방사회에서는 급속도로 경제성장이 이룩될 수 있는 장점이 있다. 그러나 그 성장이 해외의존적이라 한다면 통일문제가 그만큼 복잡해진다. 바꾸어 말하면 분단 속에 이권이 있다고 생각하고 그러한 상황 속에 안주하려는 사고가 생긴다. 이러한 건설은 민족경제의 건설이라 할 수 없다. 분단 상황 속에서 이익을 즐기는 사람은 통일보다 분단의 계속을 바라고 오히려 외세와의 결탁에서 이익을 찾게 될 것이다."

해방 후 우리 민족주의의 최대 과제가 민주주의 발전이요 민족의 자주적·평화적 통일이라 생각해보면 이 시기의 정치·경제·사회·문화의 발전 가치는 그것이 얼마나 민주화 및 민족통일과 궤도를 같이하며 이바지할 수 있느냐에 달려 있다. 따라서 "박정권 당시 수출 1백억 달러, 1인당 국민소득 1천 달러를 넘어서면 나라는 고도성장을 이루어 중진국이 되며 소비가 미덕이 되고 민주주의는 꽃필 것이고 통일의 길은 그만큼 넓어질 것이라는 낙관론이 고위 당국자의 입에서 그럴듯하게 선전된 일이 있었다. 그러나 수출이 2백억 달러가 되고 1인당 소득이 2천 달러에 육박하는 지금, 통일의 길이 넓어지기는커녕, 민주주의의 꽃이 피기는커녕 통일은 오히려 더욱 어려워지고 사회의 민주화는 더욱 후퇴의 길을 걷고 있다고 한다" 한 것과 같이 민족경제적 성장이 아니면 통일문제에 이바지될 수 없음도 명백히 지적하고 있는 것이다.

한편 분단체제가 오래 지속되면 그 속에서 안주하려는 안일주의가 높아져서 통일문제를 민족주의와 격리시키고 앞에서도 지적한 것과 같이 분단국가주의 자체를 민족주의로 정착시키려는 경향이 퍼져가게 마련이다. 그리고 이와 같은 현상이 확대되면 통일논의 자체를 오히려 위험시하는 경향이 나타나게 마련이며, 이것이야말로 민족주의를 위기적 상황으로 몰고 가게 마련이다.

이런 경우 통일지향의 민족주의가 옳은 의미의 민족주의다 하고 설명해야 할 필요가 절실해지지만, 민족주의 연구사 위에서 일단 근대적 민족으로 형성되었다가 분단된 민족을 다시 통일시키기 위한 민족주의론은 그 예를 찾기가 어렵다. 우리 민족주의론의 경우도 통일지향의 민족주의를 민중적 민족주의, 민주주의적 민족주의로밖에 설명하지 못하고 있지만, 송건호의 민족주의론에서는 그것을 통일이 되지 않음으로써 받는 민족적 피해를 드는 것으로써 대신하고 있는 것 같다.

분단 상태에 있음으로써 받는 민족적 피해를 들면서 그는 첫째 휴전선을 가운데 둔 남북의 대치 상태 때문에 민족적 에너지가 끝없이 소모되고 있으며 그것은 단순한 민족 내부문제가 아니라 주변 열강의 전략에 민족문제가 말려들어감으로써 빚어진 민족적 낭비에 불과하다는 점을 들고, 둘째는 동족 간의 대결로 민족적 양심이 마비되어버렸음을 강조하고 있다. 남북의 대결 상태 때문에 식민지시대의 반민족적 세력이 반공기반 구축을 이유로 처단되지 못했으며 이 때문에 이후의 역사에서도 민족적 정기가 살아나지 못한 점을 말하고 있는 것이다.

셋째로 그는 남북의 군사적 대결 때문에 언제나 안보문제가 앞세워짐으로써 학문의 자유로운 발전이 저해되고 있으며 이 때문에 학문적으로 낙후한 민족이 될 수밖에 없을 것이라는 점, 넷째로 분단 상황이 민족주의 정신을 파괴한다는 점, 즉 분단 상태에서는 경제·군사적인 면에서 강대국에게 의지하게 되며, 특히 군사 면에서는 동족을 죽이기 위해 외세에 의존하는 비극이 계속되지 않을 수 없으니 동족을 적으로 증오하고 외세와 제휴하는 상황 속에서는 민족주의가 확립될 수 없다는 점을 강조하고 있다.

다섯째로 남북의 대치 상태가 지속되고 일사불란의 안보태세가 강조되고 있는 상황 속에서는 언론활동·노동운동·농민운동·학생운동 등이 제대로 발전할 수 없으며, 따라서 분단은 민주주의의 최대의 적이라 했다. 그리고 마지막으로 분단 상태가 계속되는 한 1천만 이산가족의 문제는 해결될 수 없을 것이라 지적하고 있다.

송건호의 민족주의론이 제시한 한국 민족주의의 진로, 즉 분단국가주의의 지양, 민주주의의 발달, 민족통일의 지향 등은 이제 한국 민족주의 진로의 일반론으로 정립되어가고 있으며, 그것이 실현되는 단계가 곧 민중적 민족주의 단계라는 점도 이제 그 공감대를 넓혀가고 있다.

한국 민족주의론이 여기까지 온 것은 결코 순탄한 길이 아니었다. 우리 민족주의의 대상을 한반도 전체 주민의 문제로 확대시켜가고 안보 개념을 분단국가적 차원에서 한민족 전체의 안보 개념으로까지 넓혀가는 과정은 이적행위·용공주의 등으로 오해되어 많은 제약을 받아왔다. 그러나 제약이 있었음에도 불구하고 그것이 민족주의의 올바른 길이었기 때문에 그 이해의 폭은 점점 넓어져가서 이제 민족주의론의 큰 줄기를 이루어가고 있는 것이다.

5. 맺는 말

송건호의 민족주의론이 지향하는 길은 민중형 민족주의의 길이며 그것은 분단국가주의의 극복, 민주주의의 발달, 주체적·평화적 민족통일의 달성을 과제로 하고 있다. 민중형 민족주의의 주체로서의 민중에 대한 사회과학적 분석과 그들이 민족주의의 주체가 되기 위한 과정 등에 대한 설명이 약하다는 점이 생각되지만 그것은 우리들 공동의 과제이기도 하다.

송건호의 민족주의론이 지향하는 민중형 민족주의는 그가 말하는 '자본형 민족주의' 단계와 '병영형 민족주의' 단계를 극복함으로써 실현될 수 있는 단계이지만, 20세기 후반기의 시점에서 보면 그것은 식민지에서 해방된 민족사회의 정치·경제·사회 체제 및 외교방략까지도 직접 규제하는 다시 말하면 그 방향을 제시하는 이데올로기일 수밖에 없을 것이며 여기에 '민중형 민족주의'의 실체를 명백히 해야 할 필요가 있는 것이다.

제3세계 일반에 있어서의 '민중형 민족주의'가 아직은 이론적·방법론적 모색의 과정에 있지만 '분단된 제3세계'로서의 우리 민족주의의 방향 모색과는 동질성도 있는 한편 이질성이 있음도 또한 명백하다. 특히 안보와 핵 문제에 있어서의 우리의 민족주의적 이해 문제는 제3세계 일반론만으로는 설명되기 어려운 부분이라 할 것이다.

식민지배에서 해방된 제3세계적 속성을 가졌으면서도 제1세계와 제2세계의 국제적 이해관계로 분단된 채, 이데올로기가 일반적으로 퇴색되어가는 세계사적 추세에도 불구하고 아직도 이데올로기적 대립이 첨예화되어 있는 조건 아래서 옳은 의미의 우리 민족주의의 방향 모색은 한마디로 말해서 어렵고 복잡하다. 송건호의 민족주의론 역시 이 어려운 작업에 도전하여 벽을 깨고 문을 연 업적의 하나다.

(靑巖 華甲記念文集 編輯委員會 編『靑巖 宋建鎬 先生 華甲記念文集』, 두레 1986)

청명 선생, 백학 같은 진보주의자

임창순(任昌淳) 선생님을 처음 뵌 것은 아마 1954년 후학기가 아니면 1955년 전학기가 아닌가 한다. 6·25전쟁 통에 대구로 피난했던 고려대가 서울로 복귀한 것은 1953년 후학기부터였다. 그러나 복귀한 직후에는 미국 공군이 들어 있던 안암동 교사가 비지 않아서 계동에 있는 중앙중학교 교사에서 강의를 들었는데, 임선생님을 처음 강의실에서 뵌 것이 분명 안암동 교사였다고 기억된다. 그런데 서울로 복귀한 후 당시 국사편찬위원회를 책임지고 계시던 신석호 선생님의 주선으로 전쟁 통에 흩어진 국사편찬위원회 도서를 다시 정리하는 아르바이트를 잠깐 한적 있다. 어쩌면 그때 국사편찬위원회에 오신 임선생님을 처음 뵈었을지도 모르겠다.

오래된 일이라 분명치는 않지만 임선생님 강의를 두 과목 수강한 것 같으며, 그 하나는 한국금석학이었고 다른 하나는 국사강독이었다고 기억된다. 한국금석학 강의를 먼저 수강한 것 같으며, 강의 내용에 상당한 흥미를 가져서 한때는 우리 고대사를 전공할까 생각한 적도 있었다. 그때는 전쟁 중이라 전공과목이라 해도 전임 선생님보다 강사님들의 강의가 더 많은 실정이었고, 여러 강사님들 중에서 임선생님이 어떤 분이며 어떤 학력과 경력을 가진 분인지 전혀 알지 못했다. 한국금석학 강의를 마치면서 과제물로 가능한 한 역사성이 있는 비석을 탁본해서 제출하고 리포트를 작성해 내라 했는데, 나는 김해의 수로왕비문을 탁본해 내었고 리포트는 신라 진흥왕비의 수가신명(隨駕臣名)들을 비교 분석해서 제출했다.

1955년에 들어와서 대학들이 다소 안정을 찾게 되자 문과대학의 각 과마다 연구지를 내기 시작했고 사학과도 『사총(史叢)』을 창간하게 되었는데, 임선생님이 나의 한국금석학 리포트를 『사총』에 싣도록 추천했다. 그런 사연으로 지금에 보면 정말 형편없는 글이 학부 학생의 글로서는 유일하게 『사총』 창간호에 실리게 되었고, 그것은 또 내가 쓴 글이 처음으로 활자화되는 계기가 되었다. 『사총』 창간호의 제호도 임선생님의 글씨를 받았다. 그때는 세상 모르는 학생 때라 임선생님의 필적이 전시회를 할 만한 정도인지 전혀 몰랐다.

임선생님은 국사강독 시간에 정다산의 『목민심서』를 강의하셨는데, 수강생이 불과 3~4명뿐이어서 준비하기에 몹시 숨가빴던 기억이 난다. 적당히 번역을 해서 읽어 내려가면 "잘 한다. 강독이 아니라 작문을 하는구먼" 하시다가 글자 한 자 빠짐없이 한문도 이렇게 '과학적'으로 읽어야 하는구나 하고 느낄 정도로 정확하게 정정해주시던 일이 기억난다. 군대를 갔다 와서 대학원에 진학하는 한편 국사편찬위원회에서 『조선왕조실록』 색인 작업을 맡게 되었는데, 임선생님 강의에서 단련받은 일이 도움이 되어 어려운 원전색인 작업을 감당할 수 있었다고 생각한다.

진흥왕비의 수가신명을 분석한 글을 추천받은 일도 있고 해서 이후부터 임선생님을 비교적 자주 뵐 수 있었다. 학부 상급학년이 되면서 역사 관계 책들을 열심히 읽었다고 생각되는데, 고려대 도서관에는 없었는지 혹은 있어도 금서가 되어 빌릴 수 없었는지 기억이 분명치 않지만, 백남운의 『조선사회경제사』는 어디서 구했는지 읽었고 『조선봉건사회경제사』를 읽고 싶었으나 당시만 해도 학부 학생으로서는 구하기가 어려웠다. 혹시나 하고 임선생님에게 말씀드렸더니 친절하게 하숙집을 가르쳐주시면서 와서 빌려가라 하셨다.

그때 선생님은 돈암동 쪽에서 미아리고개를 거의 다 올라가서 오른편에 있는 어느 작은 집에서 하숙 생활을 하고 계셨다. 저녁에 선생님의 하숙을 방문했더니, 그때 선생님이 역시 강의를 나가시던 성균관대 사학과 학생 성대경 형이 와 있었다. 우리 두 사람은 물론 초면이었고 아마 일부러 만날 자리를 만드신 것이 아닌가 생각되는 선생님의 소개로 서로 인사를 나누었다. 그러고 보면 임선생님으로 인해서 맺어진 성대경 교수와의 우의도 벌써 40년이 넘은 셈이다.

고려대에서 고대사를 맡으셨던 김정학 선생님이 미국유학을 가시고, 이홍직 선생님은 아직 연세대에서 오시기 전이고 해서 고려대 사학과 학생들이 고적답사를 갈 때 강사이신 임창순 선생님이 자주 동행하셨다. 그때의 대학교수님들은 대개 학생들에게 엄격하시게 마련이었는데 임선생님은 그 점에서 남다른 분이었다. 학생들과 화투놀이 '섰다'도 즐겨 하셨는데, 어찌나 '능숙'하시던지 "내가 속일 테니 자네들 잘 보아" 하고 사전 암시를 주면서 하는 놀음이었지만 선생님을 이기는 학생은 별로 없었던 것 같다.

임선생님의 '인생 역정'에 대해서는 신석호 선생님에게서 들은 기억이 많다. 신선생님과 임선생님은 동문수학이시다. 그렇다고 해서 두 분이 같은 고향은 아니었고, 신선생님은 경북 봉화 분이고 임선생님은 충북 옥천에서 나서 보은에서 공부한 분이다. 겸산이라고 기억되는 아호를 가진 한학 선생님이 봉화에서 신선생님을 가르치고 또 보은에 가서 임선생님을 가르쳤는데, 두 분이 서로 만나기 전에 겸산 선생이 이야기 해서 서로 이름을 알게 되었던 것이다.

신선생님과 임선생님이 일제시대에 이미 만났다고 들은 것 같기도 하고, 일제시대에는 서로 이름만 알고 있다가 해방 후 6·25 때 피난지 부산에서 처음 만났다고 들은 것 같기도 해서 어느 것이 사실인지 잘 모르겠다. 그러나 두 분이 서로를 위하는 마음은 특히 남달랐다고 기억된다. 임선생님은 대구 시절 이미 대학교수직에 있었지만 서울로 오게 해서 고려대와 성균관대에서 강의를 맡게 하는 데 신선생님의 도움이 있었다고 생각되며, 성균관대의 전임교수가 되는 데에도 역시 신선생님의 도움이 있었던 것이 아닌가 추측한다.

4·19 후 이승만을 하야시킨 4·25교수데모에 참가하여 저 유명한 '학생의 피에 보답하라'는 플래카드를 당시 성균관대 사학과 교수이던 임선생님이 쓴 것은 널리 알려진 일이다. 임선생님은 그후 민족자주통일중앙협의회에 가입해서 활동하다가 5·16 후 교수 자리를 쫓겨났고, 또 인민혁명당사건으로 옥고를 치르기도 했다. 재판 때는 방청을 갔었다. 야윈 몸에 흰 한복 차림으로 재판정에 들어서는 모습은 고단하면서도 고고해 보이는 백학과도 같았다. 손을 들어 방청객들에게 인사하다가 눈이 마주치자 "왜 왔어" 하시는 것처럼 태연하게 웃음을 띠시는 것을 보고 재판정에 서서도 저렇게 태연할 수 있을까 하고 생각했던 기억이 난다.

대학에서 쫓겨난 후 태동고전연구소를 차리시고 한학을 가르치게 되셨는데 처음에는 참으로 어려웠다. 한문 수강생을 한 사람이라도 더 소개하는 일로 도와드리려 애썼지만 잘 되지 않아 안타까워했던 기억이 난다. 선생님은 고생이 많으셨지만 대학교수로서 학교 강단에 그냥 계셨던 것보다 태동고전연구소를 차려 한학 교육에 전념한 것이 우리 학계와 문화계를 위해 훨씬 더 유익한 일이 되었으니 그야말로 전화위복이라 하지 않을 수 없다.

지금이야 대학에 한문학과들이 생겼지만 그때만 해도 한학을 전문으로 가르치는 믿을 만한 교육기관이 없었다. 그러나 선생님이 차린 지곡서당 하면 권위있는 한학교육기관으로 널리 알려지게 되었고, 거기서 공부한 사람들 중 문학·철학·사학·경제학 등 각 학문 분야에서 교육자나 연구자로 활동하는 사람이 굉장히 많아졌다. 한 대학의 역사선생으로서는 도저히 할 수 없는 일을 해내신 것이다.

지곡서당으로 들어가신 후에는 자주 만나뵙기 어려웠고 가끔 가서 뵙거나 아니면 서울에 나오신 기회에 더러 만나뵙곤 했는데, 한번은 긴히 의논할 일이 있으니 지속서당으로 혼자 들어오라는 연락을 받고 궁금해하면서 찾아뵈었다. 선생님은 좌정하시자마자 "강사도 선생은 선생이지" 하시는 것이다. "무슨 말씀입니까?" 하고 반문했더니 "내가 고려대에서는 자네를 강사로서만 가르쳤는데 강사도 선생은 선생이고 따라서 사제산이라 할 수 있지" 하시기에 "당연한 일입니다" 했더니, 그제야 문화재단을 만들려고 하는데 이사가 되라는 말씀이셨다.

청명(靑溟) 선생님은 알려진 것과 같이 일제시대의 근대교육은 전혀 안 받았고 전통적 방법의 한학만을 공부한 분이다. 1987년에 책으로 낸 『일제시대 빈민생활사 연구』에서도 썼지만 일제시대의 토목공사장 날품팔이 노동자들 중에도 상당한 수준의 한학 실력을 가진 사람들이 많았다. 일본식 근대교육을 받지 않아 일본어를 구사할 수 없는 재래식 지식인들이 지식인의 위치를 유지할 수 없어 공사장 노동자로 전락한 것이다. 청명 선생님도 일제시대에는 온갖 험한 일을 다하며 살다가 해방이 되고서야 그 높은 한학 실력으로 시험을 거쳐 중·고등학교 교사도 되었고 또 대학교수도 되었다. 그렇게 어렵게 얻은 대학교수 자리지만 반독재운동·평화통일운동에 몸 바쳤다가 기어이 잃고 말았던 것이다.

그래도 만년에도 선비치고는 꽤 유족한 생활을 할 수 있었고 또 어렵게 입수하여 가지고 있던 국보급 문화재를 국립박물관에 넘기고 받은 보상금이 상당했다. 재단 이사가 되라고 하시던 날, 국가에서 보상금을 받게 되었을 때는 흥분해서 밤잠을 이루지 못했다고 술회하셨다. 그 재산들을 모두 내어 문화재단을 만듦으로써 사회에 환원시키려 하니 재단의 이사가 되어야 한다는 말을 들으면서 '과연 청명 선생답구나' 하는 생각을 했다. 그런 생각을 할 만한 연유가 있었다.

아마 재단 이사가 되라고 하셨던 얼마 전이 아닌가 기억되는데 몇 사람과 함께 지곡서당으로 찾아뵌 때의 일이다. 언젠가 한번은 선생님께 물어보리라 생각했던 것이 있어 그날 결행하기로 했다. "선생님은 지금도 스스로 사회주의자라고 생각하십니까?" 하고 물었더니 순간의 망설임도 없이 "그렇다"는 직답이 나왔다. 전 고려대 교수 격암 박희성 선생도 이 질문을 하고 싶은 또 한 분이었지만 결국 그런 기회를 가지지 못한 채 돌아가셨다. 박선생님은 연만하신 후에도 택시를 거의 타지 않을 정도로 대단히 검소하게 사신 분이면서도 남몰래 어려운 사람들을 자주 도와주시던 일을 알고 있었다. 격암 박선생과 청명 임선생님이 특별히 가까운 사이였음은 널리 알려진 일이다.

청명 선생님같이 평생을 두고 모은 모든 재산을 깨끗이 털어 사회에 환원하면서도 당신을 위해서는 무덤 하나도 남기지 않기 위해 화장하라 유언하는 그런 삶이 옳은 의미의 사회주의자의 길이라고 생각한다. 근대교육을 전혀 받지 않은 청명 선생님이 언제 어떤 계기로 그런 인생관과 역사관, 세계관을 가지게 되었는지 꼭 물어봤어야 했지만 안타깝게도 그런 기회까지는 가지지 못했다. 임선생님에게서 『조선봉건사회경제사』를 빌려 본 이야기를 앞에서 했지만, 일제시대의 그 어려운 여건 속에서도 한학만 한 것이 아니라 일찍부터 독학으로 사회과학 공부를 하신 것이 아닌가 한다.

청명문화재단을 만든 후 무엇을 할 것인가 했을 때 선생님이 평생 해오신 일과 관련하여 크게 두 가지가 거론되었다. 그 하나는 역시 고전국역 사업이고 다른 하나는 평화통일에 도움이 되는 일이었다. 평화통일에 도움이 되고자 하는 사업은 구체적으로 남북화해 촉구에 목적을 둔 잡지를 발행하자는 데 합의되었고, 그 결과 『통일시론』을 준비하게 되었으며, 그 편집인이 되라 해서 또 맡지 않을 수 없었다.

재단을 만들 테니 이사가 되라고 하실 때는 선생님이 이사장을 맡으실 것이니까 그저 도와드리기만 하면 된다는 가벼운 마음으로 맡을 수 있었다. 또 『통일시론』의 편집인을 맡을 때까지도 그렇게 부담스럽지는 않았는데, 재단 사업이 미처 자리잡히기 전에 겨우 『통일시론』 창간호를 보고 선생님이 돌아가신 후 또 어쩌다보니 재단 운영의 책임까지 맡게 되었으니 무거운 책임감을 실감하지 않을 수 없다.

"강사도 선생이시" 하시면서까지 재단 이사가 되라고 하시니 맡지 않을 수 없었고, 그러다보니 『통일시론』의 편집인까지 맡게 되었는데, 선생님이 생존해 계실 때의 재단 이사나 편집인으로서는 도와드릴 수 있되 돌아가신 후 이사장으로서까지는 도와드리지 못하겠다 할 수는 없고, 결국 재단 운영의 총책을 맡게 되고 말았다. 그러나 선생님이 전 재산을 내놓으신 뜻이 무엇이며 그것으로 하고자 했던 일이 무엇이었는가를 어느정도 안다고 생각하므로 최선을 다해 그 뜻을 따르기만 하면 된다고 생각한다.

확인해보지는 않았지만 철저한 무신론자가 아니었던가 생각되는 선생님의 명복을 빌기보다 앞으로 청명문화재단의 사업이 제 궤도에 올라서 평화통일에 공헌하고 민족문화의 바른 발전에 도움이 된다면, 비록 무덤 하나 남기지 않고 가셨다 해도 청명 임창순 선생님은 영원히 사시는 것이 된다. 따라서 청명문화재단 사업이 영원히 보람 있게 계속되게 하는 일만이 바로 청명 선생님을 흠모하던 후인들에게 주어진 책임이 아닌가 한다.

(청명 임창순 선생 추모사업추진위원회 『학의 몸짓으로 높이 멀리』, 한길사 2000)

남사 정재각 선생님을 추도합니다

　지금 이렇게 유명을 달리하신 선생님에게 추도의 말씀을 올리는 일
이 전혀 현실 같지 않습니다. 평균 수명이 길어진 세상이라 해도 아직
미수(米壽)를 넘기기 쉽지 않습니다만, 가까이 모시던 사람들은 모두
선생님은 어렵지 않게 백수(白壽) 하시리라 생각했기 때문입니다.

　지난 4월 거문도 여행 때 이전과는 조금 다르게 느껴진 선생님의 건
강을 염려하는 마음 없지 않았습니다. 그러나 그것이 마지막 여행이 되
리라고는 아무도 생각할 수 없었습니다. 그래서 그때 우리 다음 여행지
를 홍도로 정하지 않았습니까.

　이렇게 선생님의 영전에 서고 보니 6·25전쟁이 한창이던 때 피난지
대구에서 선생님을 처음 뵈온 후, 살아온 50년 세월이 한걸음에 다가옵
니다. 저보다 꼭 20년 장(長)이신 선생님은 저에게는 항상 20년 후의 자
신을 미리 내다보는 하나의 표상이었다고 할 수 있습니다. 그러나 언제
나 표상 그것이었을 뿐, 선생님은 항상 접근할 수 없는 자리에 계셨습
니다.

　우선 선생님은 누구도 흉내낼 수 없는 선생님만의 격을 가지고 계셨

습니다. 그리고 어떤 경우도, 많이는 안 하셨지만 약주를 드신 경우라
해도, 그 격을 결코 무너뜨리지 않았습니다. 그런 경우 대개 모시기 어
려운 어른이 되기 쉽습니다만, 선생님은 그렇지 않으셨습니다.

선생님은 미수를 사시면서도 노인에게서 흔히 볼 수 있는 약간의 흐
트러짐 같은 것도 전혀 볼 수 없는 그런 분이셨습니다. 제자들이 함께
여행을 하면서 당신께서는 여비를 못 내시게 하면, 그게 부담이 되셔서
돌아오는 길에 반드시 조그마한 선물이라도 사서 나누어주시는 그런
분이었습니다.

경상도 유서 깊은 반가에서 장남으로 자라신 선생님은 겉으로는 무
뚝뚝해 보입니다. 또 자신에게는 대단히 엄격하고 그에 따라 몸가짐은
깔끔하시지만, 대하기 어렵지 않은 그리고 부담스럽지 않은 그런 분이
었습니다.

그러면서도 선생님은 공적인 일에는 대단한 원리주의자였습니다.
학·처장에서 총장에 이르기까지 대학의 행정직을 많이 맡으셨지만, 어
느 경우이건 원칙을 지키기에는 최선을 다하시는 그런 분이었습니다.
일제강점기시대 중학교 교사로서 반일적 강의를 하셨다가 학교를 쫓겨
나신 일이나, 이승만 독재정권에 반항하여 4·25교수데모에 참가하신
일 등도 원칙과 격을 지키려는 선생님의 자존심의 결과였다고 생각해
봅니다.

고려대학교 대학원장을 맡으셨을 때의 일이지요. 원칙을 너무 엄격
히 지키다가 같은 과 동료 교수의 박사학위 시험을 낙제시켰습니다. 그
때문에 절친했던 그분과 의절하다시피 되었습니다만, 결코 후회하지
않으면서도 안타까워하시는 것을 지켜보았습니다.

그러면서도 원칙을 무너뜨리지 않는 범위 안에서 해줄 수 있는 편의
나 도움이면, 표 내지 않고 최선을 다하시는 그런 분이었습니다. 선생님

이 영영 떠나시는 이 자리에 온 제자들 중에는 그런 온정에 젖었던 사람들이 많습니다.

선생님이 쓰신 글은 많지 않지만 대단한 명문들입니다. 선생님의 글 중에 먼저 간 동료 교수를 위해 쓰신 명추도문(名追悼文)이 있습니다. 그것을 읽고 무심결에

"선생님은 명추도문으로 친구를 보내셨지만, 훗날 선생님이 돌아가시면 누구에게 그런 추도문을 받으실 수 있겠습니까. 선생님이 손해십니다."

하고 걱정했더니 "죽지 않으면 될 것 아닌가" 하는, 선생님에게는 듣기 어려운 농담을 들은 기억이 지금도 생생합니다. 그러나 선생님, 대단히 불행하게도 그 걱정이 이제 현실이 되었습니다. 그런 명추도문으로 친구를 보내신 선생님이 이제 이 따위 졸문 추도사를 들으시면서 가시게 되었으니 말입니다. 선생님 정말 죄송합니다.

선생님은 생전에 영의 세계를 깊이 믿으셨습니다. 역사학자야말로 철저한 과학사 ㄱ것이어야 한다고 믿는 저로서는 그 점이 좀 불만이었습니다. 그러나 이제 유명을 달리하신 선생님이 스스로 믿으시던 고향, 영의 세계로 기꺼이 돌아가시리라 생각하니, 저로서는 오히려 위안이 되는 것 같습니다.

마지막 뵈온 병상에서 무엇인가 말씀을 하시고 싶은데 입술만 움직이고 신음 소리만 내실 뿐 형언이 안 되는 안타까운 순간을 겪었습니다. 그렇게 자기통제력이 높으시던 선생님으로서도 별세하시던 순간에야 뒤돌아보이는 일이 어찌 한두 가지였겠습니까. 그러나 선생님, 이제 뒷일은 모두 잊으시고 그 잘 걸으시던 걸음으로 당신께서 믿으시던 영의 세계로 편안히 환고향(還故鄉)하십시오. 그리고 그곳에서 영생하십시오. 삼가 명복을 빕니다.

2000년 9월 21일

불초제자 강만길 통곡합니다.

(남사 정재각 선생 추모문집간행위원회 편 『남사 정재각 그는 누구인가』,

주류성 2012)

신석호 선생님이 살아오신 길

1. 폭넓게 학문과 교육에 바친 한평생

치암(痴菴) 신석호(申奭鎬) 선생은 1904년 경상북도 봉화군 봉화면 사곡리에서 신세기옹의 장남으로 태어났다. 어릴 때 겸산 홍치유에게서 약 10년간 한문수학을 하고 봉화공립보통학교에 입학했다가 3·1운동으로 퇴학하고 1920년에 일본 토오꾜오에 유학하여 세이소꾸(正則) 영어학교에서 수학했다. 1년 만에 귀국하여 중동학교를 졸업하고 검정시험을 거쳐 1924년에 경성제국대학 예과에 입학했다. 중동학교 교비생으로 1929년에 경성제국대학 법문학부 사학과(조선사학 전공)를 졸업했다.

졸업과 동시에 조선총독부 조선사편수회의 촉탁에 임명되어 8·15해방 때까지 수사관보·수사관을 역임했다. 해방이 되자 조선사편수회를 국사관으로 개편하고 그 관장이 되었다. 해방 후의 활동은 크게 네 가지 분야로 나누어 말할 수 있다. 첫째는 국사관의 후신인 국사편찬위원회를 통한 사료간행 활동이고, 둘째는 고려대학교·성균관대학교 등에서의 교

육활동이며, 셋째는 학술원 부회장과 종신회원·문교부편수국장·독립유
공자상훈심의위원 등을 통한 사회활동이며, 넷째는 저술활동이다.

1945년부터 1980년까지 국사관장과 국사편찬위원회 사무국장을 맡
는 한편, 1946년부터 1966년까지 고려대학교 교수를 겸임하였고, 그동
안에도 성균관대학교·동국대학교·서울대학교 사범대학 등에 출강했
으며, 고려대학교 교수를 사임한 후에는 성균관대학교 문과대학장과
영남대학교 대학원장을 역임했다. 대학 교단에서의 활동 이외에 학술
원 활동에도 적극 참여하여 1954년에 제1회 학술원 회원으로 당선된
후 1960년에 인문과학장에 피선되었고 1963년에 학술원 공로상을 수
상했으며, 1964년에는 학술원 부회장에 피선되었고, 1966년에 종신회
원이 되었다.

『경기도사』와 『서울시사』 편찬에도 관여했으며, 1958년에는 한국사
학회를 조직하여 초대 이사장이 되었고, 1967년에는 한국사연구회 출범
에 지도적 역할을 다하고 초대 회장이 되었다. 이밖에도 국방사학회·홍
의장군곽망우당기념사업회·애국선열조상건립위원회 등 여러가지 학
술 관계 단체와 기념사업회 등에 폭넓게 관계했으며, 1961년에 대한민
국문화훈장을 받았고, 1980년에는 인촌문화상을 수상했다.

해방 후의 신생국가 건설과정에서 각종 학술 관계 사업 등을 맡을 기
성학자의 수가 극히 제한되어 있던 까닭도 있지만, 근면한 성품과 원만
한 인품으로 인해 인문과학 분야의 거의 모든 부문에서 지도적 역할을
맡게 되었고, 따라서 사회활동의 범위는 대단히 넓고 다양했다고 할 수
있다.

2. 연구활동보다 연구조성사업에 치중된 학술활동

일제시대 조선의 유일한 대학인 경성제국대학에서 조선사를 전공한 제1회 졸업생이면서 일본인 지도교수의 알선에 의해 조선사편수회에서 학문연구와 사회생활을 시작했다. 따라서 일본제국주의의 지배목적에 의해 편찬된 조선총독부판 편년체『조선사』편찬에 관여하게 되었고, 일본인 조선사 연구자 중심으로 발간된『청구학총』에 연구논문을 발표하게 되었다. 일제시대의 개인적 학문연구의 대상은「기묘사화의 유래에 관한 일 고찰」에서 대표되지만 주로 조선왕조시대의 당쟁사 분야였다.

해방 후의 학문적 활동은 우선 쫓겨가는 일본인들이 불태우려 한 사료들을 보존하는 데서 시작되었다고 할 수 있다. 패전 직후 일본인들이 조선침략의 비밀이 담긴 기밀기록들을 불태우는 것을 보고, 조선사편수회에 보관되어 있던 대한제국시기의 일본공사관 기록 사진원판 4만 4천여 장을 위험을 무릅쓰고 대피시켰다가 훗날 출판되게 함으로써 학계에 크게 공헌했다.

대학의 강단에 서는 한편 국사편찬위원회 사업을 주관하면서 각종 중요 기본사료를 출간하여 널리 보급함으로써 우리 역사학 발전에 크게 공헌했다. 1955년부터 3년간『조선왕조실록』총 48책을 영인 간행하였고, 1959년부터 2년간『비변사등록』총 28책을 간행했으며, 1961년부터는 초서로 된『승정원일기』를 정서하여 간행하기 시작했는데, 정년 때까지 30책을 간행했다.

이밖에도 1955년부터『매천야록』등의 사료를 수집하여『한국사료총서』로 17종을 간행했다. 이들 발간사업으로 우리 역사, 특히 조선왕조사 연구의 기본사료들이 연구자들의 서재에 비치되어 쉽게 이용될 수 있게 되었다. 예를 들면 일제강점시대까지 몇 질밖에 없어서 연구자들이 접근하기 어려웠던 조선왕조사 연구의 기본자료『조선왕조실록』이 이제 쉽게 연구자 개인의 서가에 비치될 수 있게 된 것이다.

해방 후에도「독도의 소속에 대하여」「한말 의병의 개황」「조선왕조 개국 당시의 대명관계」등의 논문을 생산했으나, 학술적 업적은 앞에서 든 각종 중요 사료를 간행하고 상세한 해설을 직접 집필하여 학계에 공헌한 점에서 더 크게 구할 수 있다.『한국사료총서』해설문들은 모아져서 1964년에『한국사료해설집』으로 간행되었다.

우리 근대학문의 역사가 이제 1백 년을 넘어서고 있지만, 일제 강제 지배 시기의 '종속적 학문' 시기와 해방 후의 민족상잔 전쟁 시기를 빼면 실제로는 겨우 반세기 역사에 불과하다고 할 수 있다. 그런 조건 아래서도 특히 우리 역사학이 그 반세기 동안에 상당한 발전을 할 수 있었던 중요한 배경의 하나는 국사편찬위원회 사업으로 각종 중요 사료가 대량으로 간행됨으로써 연구자들이 이에 쉽게 접할 수 있게 되었다는 점에 있다고 할 수 있다.

3. 촌로처럼 소박하고 인정미 짙은 인간상

3·1운동으로 봉화초등학교를 퇴학한 후, 소 한 마리 팔아놓은 집 돈을 '훔쳐' 일본 유학을 떠난 것이 16세 때였다는 이야기를 선생님에게서 직접 들었다. 상당히 용감한 소년이었기도 했지만, 일본 유학 1년 만에 돌아와 당시로서는 대학입학 자격이 인정되지 않는 중동학교를 다녀서 검정시험을 거쳐 경성제국대학 예과에 입학했다.

이후 대학 예과 2년과 본과 3년간을 중동학교 교비생으로서 다니고 국내 최초의 대학 졸업생이 되었다면, 학문에 대한 열정도 그만큼 컸음을 말한다. 그때 경성제국대학에 이공계가 있었으면 그쪽으로 진학했을 텐데 이공계가 없어서 문과에 갔고, 결국 우리 역사를 전공하게 되었다고 했다.

소 판 돈을 '훔쳐' 일본 유학을 간 용감한 소년, 모교 장학금으로 국내 초유의 대학을 1회로 졸업한 수재, 문과보다 이공계가 적성이라 스스로 생각한 자연과학자 형의 청년 하면, 흔히 세련된 현실주의자로 인식될 수도 있겠지만 전혀 그렇지 않았다.

그 연배들이 대개 그러했지만 선생님도 조혼이었고 부인도 연상이었다. 당시의 신식교육을 받은 지식인들은 조혼의 초혼부인과 이혼하고 신식여성과 재혼하는 경우가 적지 않았는데도 선생님은 다복하게 해로했고, 사모님이 먼저 돌아가신 후 얼마 안 있어 따라가셨다.

1960년대 초의 어느날이라고 기억된다. 원고 정리를 도와드리러 서대문 충정로의 댁에 들렀다가 대문 앞에서 허름한 한복 차림에 낡은 중절모를 쓴 노인 두 분을 만나 함께 들어가게 되었는데, 고향 봉화에서 온 선생님의 친구들이었다. 그야말로 버선발로 나와 맞더니 바로 술상을 마주하여 회포를 푸는데, 대학교수는 어디에도 없고 완연한 시골 노인 세 사람의 흥겨운 자리가 되어 원고 정리에 지장이 많았다.

지도하는 제자들의 석사나 박사 논문 제목을 정할 때는 거의 간섭하지 않았다. 그리고 사료 해석에는 정확성과 치밀성을 강조하면서도 방법론이나 논지가 설령 당신의 생각과 다르다 해도 객관적 타당성만 인정되면 관대하게 판정했다. 그래야만 새로운 경향의 학문이 나올 수 있다는 사실을 이해하는 학자였다고 하겠다.

선생님이 주관한 1960년대의 『사학연구』에 당시로서는 다소 새로운 경향이라 할 수 있는 논문이 게재될 수 있었다면, 그리고 그것이 만약 우리 사학사에 하나의 작은 획이 될 수 있었다면 그것은 우연이 아니라 할 수 있다. 제 학문의 방법론을 고집하거나 간섭하는 학자가 주관하는 연구지에 새로운 경향의 글이 실리기는 쉽지 않을 것이기 때문이다.

종래의 동양사·서양사·국사를 아우른 학회 이외에 우리 역사학 중심 학회가 필요하게 되어 한국사연구회를 만들 때, 누구의 발의였는지 기억되지 않지만 발기인들의 한 달치 봉급을 기금으로 삼게 되었다. 당신은 더 많은 금액을 내면서도 동참하는 제자들의 어려움이 안쓰러워서 "평생을 역사학 덕으로 살 터이니 그만한 감당은 해야지" 하며 '위로'하던 기억이 생생하다.

평생을 바쁘게 살았지만 제자들의 취직 문제라면 발벗고 나서서 최선을 다했고, 네 자녀를 둔 당신의 경제 사정도 넉넉할 리 없었지만 사정이 어려운 제자에게는 더러 학비도 보조해주었고, 훗날 돌려드리면 받으려 하지 않았다. 조금 나이든 제자들과는 술자리도 별 서슴없이 같이했고 자리에 어울리는 농담도 잘했다. 한마디로 말해서 제자나 젊은 사람들이 대하기에 편안한 그런 인품이었다.

작고하기 며칠 전 제자 몇 사람을 불러서 당신이 가진 돈이 얼마이니 그것을 역사학계를 위해 써라 하고 유언했고, 그 돈을 기금으로 하여 해마다 '치암학술상'이 주어지고 있다. 제자들이 유고를 모아 1996년에 『치암신석호전서』 3책을 간행했다. 〔2003. 9. 30.〕

(『白山學報』 70호, 2004)

노무현 대통령 2주기 추도사

세월이 무상해서 노무현 대통령께서 가신 지 어느덧 2주년이 되었습니다.

지금 다시 생각해봐도 전직 대통령의 급작스러운 하세는 온 세상이 놀라지 않을 수 없었던 안타깝고도 기막힌 일이었습니다. 퇴임 후에도 이 나라의 보통 사람들이 그렇게도 좋아하고 따르던 그리고 전직 대통령 중에서도 가장 젊었던 분이 현직에서 물러난 지 불과 1년여 만에 그렇게 홀연히 가셨으니 세상이 어찌 경악하지 않았겠습니까.

그 불의의 소식을 듣고 그저 망연하기만 하여서 할 말을 잊었던 지난날의 기억이 지금도 생생합니다. 물러나신 뒤에도 재직기간의 실적을 스스로 정리하기 위해 자료들을 준비했던 것으로 짐작하지마는 그 일조차 이루지 못하고 가시니 또한 앞으로 우리 역사의 올바른 서술을 위해 안타까운 일이 아닐 수 없습니다. 전직 대통령이 스스로의 치세를 정리한 또 하나의 의미있는 기록이 남을 뻔했는데 말입니다. 한 나라의 통치권자는 한 치의 가림 없이 온몸으로 역사 앞에 서게 마련이며, 한 정권에 대한 최고, 최후의 평가는 결국 역사가 하게 마련입니다. 그렇기 때문에 누가 뭐라 해도 역사 앞에 정당한 정권만이 옳은 정권이며 역사 앞에 떳떳한 집권자만이 당당한 통치자인 것입니다.

반세기 동안이나 국권을 빼앗겼다가 되찾은 뒤에 또 문민독재와 군사독재를 겪어야 했던 우리 사회가 그 불행했던 역사를 극복하고 나아가야 할 당연한 방향은 정치, 경제, 사회, 문화 면의 민주주의의 발전이며 불행한 분단민족사회로서의 당면과제인 평화통일사업의 추진 그것이었습니다.

그 점에서 '국민의 정부' 뒤에 노무현 대통령의 참여정부가 성립된 것은 남북을 막론한 우리 민족사 전체를 위해 크나큰 축복이었습니다. 노대통령께서 취임하시던 날 마침 남북역사학자협의회 관계로 평양에 있었습니다만 북녘 요인들도 노대통령 참여정부의 출범을 민족사회의 앞날을 위해 크게 기뻐해 마지않았습니다.

세계 유일 분단민족으로서의 우리 민족이 21세기의 출발점에서 지향해야 할 역사적 과제는 분단이라는 취약조건 아래에서나마 민주주의를 더 높은 수준으로 발전시키고 남북관계에서 평화주의를 정착시킴으로써 동아시아 평화와 나아가서 세계 평화에 이바지하는 일이었다고 하겠습니다.

참여정부가 그같은 시대적 과제를 충실히, 그리고 효과적으로 수행했음은 앞으로의 역사가 충분히 입증할 것입니다. 참여정부는 누가 뭐래도 남북대결의 20세기 민족사를 청산하고 평화통일의 21세기 역사를 열어나가는 그 맡은 바 시대적 책무를 충실히 다한 정부였습니다. 참여정부 5년간의 실적이 역사로 등재될 때는 이 기간에 국민 개개인의 권한이 신장되는 정치적 민주주의가, 성장을 이루면서도 분배와 복지가 강화되는 경제적 민주주의가, 그같은 정치적·경제적 발전을 바탕으로 하여 만민평등을 지향하는 사회적 민주주의가, 그리고 사상의 자유가 확대된 문화적 민주주의가 크게 신장되었음이 충분히 증명되고도 남을 것입니다.

분단민족사회 정권의 또다른 절대 과제인 평화통일 부분에도 참여정부의 업적이 크게 기록될 것이 확실합니다. 6·15남북공동선언으로 '국민의 정부'가 열어놓은 민족통일의 길을 활짝 더 넓힌 것이 참여정부였습니다. 6·25전쟁의 발발로 인해 적대될 수밖에 없었던 남북관계가 6·15공동선언을 통해 동족관계로 환원되기 시작했지마는 참여정부에 의한 10·4남북합의가 그대로 실행되었다면은 남북관계는 더 확실하고 더 돈독한 동족관계를 굳혀갔을 것이 확실합니다.

그뿐만이 아닙니다. 참여정부시기의 남북관계 발전에 의해 개성공단이 준공되고 오랫동안 끊겼던 남북철도가 연결되었으며 남북 사이에 육로 관광길이 열렸고 어느 때보다도 남북 사이의 인적 왕래가 급증했습니다. 그 때문에 휴전선은 군사대결선 내지 남북분단선의 성격이 약화됨으로써 국토의 통일이 현실적으로 착착 추진되고 있었습니다.

흔히 말하는 분단과정의 3단계, 즉 국토분단과 민족분단과 국가분단 중 민족분단과 국토분단이 급격히 해소되어가고 있었던 겁니다. 남북 사이의 적대관계 및 대립관계가 해소되고 화해와 협력이 강화됨으로써 민족통일이 단계적으로 추진되고 남북 동족들의 왕래가 빈번해지면서 국토통일이 실제로 이루어지고 있었습니다. 즉, 민족통일과 국토통일과 국가통일 중 민족통일과 국토통일이 '국민의 정부'에 이은 참여정부에 의해 실제로 급격히 추진되고 있었던 것입니다. 이 사실은 앞으로의 우리 역사 위에 노무현 대통령과 참여정부의 업적으로 뚜렷이, 그리고 영원히 기억될 것입니다.

그뿐만이 아닙니다. 노무현 대통령과 참여정부의 위상과 업적을 말할 때 우리 역사 위에 영원히 빛날 또 하나의 위대한 치적을 들지 않을 수 없습니다. 즉 지난 어느 정권도 하지 못한 과거청산 작업의 추진이 그것입니다. 하나의 민족사회가 한때의 실수로 타민족의 강제지배를 받았거나 독재권력의 횡포를 당했다면 그 기간을 통해 민족을 배반하고 외적의 지배에 협력했거나 독재정권에 동조해서 반역사적 행위를 자행한 자들에 대한 응징은 반드시 있어야만 하는 것입니다. 그리고 반역사적 권력에 의해 희생된 사람들에 대한 신원도 반드시 있어야 하는 것입니다. 그 사회가 미개사회가 아닌 문명민족사회라면 말입니다.

노무현 대통령께서는 당선자 때부터 역사적 과거청산에 대한 강한 의지를 보이며 역사학자들에게 협조를 요구했습니다. 그리하여 이른바 탄핵파동이 오히려 순작용을 해서 의회가 민주세력 중심으로 구성됨으로써 각종 위원회를 두어 과거청산 작업을 의욕적으로 추진할 수 있었던 것입니다. 정직한 정권은 올바른 역사와 그 궤도를 같이하는 것이 증명되었다고 하겠습니다.

일제강점기의 반민족행위자에 대한 청산은 해방 후 처음 성립된 정부가 당연히 해야 했고 독재정권 기간의 반민주적 행위자에 대한 청산은 민주화 후 처음 성립된 정부가 반드시 해야 할 과제였습니다. 그러나 그렇지 못하고 결국 참여정부가 그 모두를 담당하게 된 것입니다. 노무현 대통령과 참여정부의 역사의식 및 그로 인해 이루어진 과거청산 작업은 우리 민족사 위에 특별히 기록될 것입니다. 그같은 참여정부의 소신에 찬 빛나는 업적에도 불구하고 역사가 직선으로만 나아가지 못하고 굴곡이 있게 마련인 것이 안타깝습니다. 하기야 역사가 직선적으로만 나아갔다면은 그 많은 정력과 희생이 바쳐진 인류의 역사가 아직 이 단계에 있겠습니까.

참여정부 5년간에 수립된 업적이 그리고 그 역사가 각 부분에서 정체되거나 훼손되거나 후퇴되는 현실이 안타깝습니다. 10·4남북합의가 전혀 이행되지 못함으로써 평화적 민족통일과 국토통일의 길이 일시나마 막혀버렸음이 대단히 걱정되고 안타까운 것입니다.

그러나 역사는 결코 우리를 배반하지 않는다는 소신 또한 확고합니다. 노무현 대통령께서 걸어오신 길은 그리고 그 재직기간에 이루어놓은 그 업적은 누가 무어라 해도 민족사적으로나 세계사적으로 올바르고도 떳떳한 길이었습니다. 그러므로 앞으로도 성립될 올바른 역사노정에 선 정권들에 의해 반드시 계승될 것이라 확신해 마지않습니다. 노무현 대통령께서는 가셨지마는 님의 그 고귀한 뜻은, 그리고 그 빛나는 업적은 우리 역사 위에 영원히 영원히 기록될 것입니다. 우리 모두에게 그렇게도 소탈한 인품으로 비쳤던 님은 민족사 위에 영원히 사는 우리 대통령입니다. 그 모든 것을 역사의 평가에 맡기고 편히 잠드소서. 거듭 거듭 명복을 빌어 마지않습니다.

2011년 5월 23일
전(前) 친일반민족행위진상규명위원장 강만길 배

IV

되돌아보는
역사인식

眞興王碑의 隨駕臣名 연구

黃草嶺碑와 昌寧碑

1

신라(新羅)의 제24대 진흥왕(眞興王)은 휘(諱)를 삼맥종(三麥宗)이라하며 23대 법흥왕(法興王) 제(弟) 갈문왕(葛文王) 입종(立宗)의 아들로서 7세에 등극하여, 재위 37년 동안 그 국력 신장에 진력하여 크게 성공하였으니, 당시 한반도의 동우(東偶)에 위치한 신라는 중국(中國)과의직접 교통이 불가능하여 인국(隣國) 고구려(高句麗)나 백제(百濟)에 비하여 그 국세가 미쇠(微衰)하였으나 이 진흥왕 대에 이르러 일약 여제(麗濟) 양국과 정립(鼎立)케 되었던 것이다.

『삼국사기(三國史記)』에 의하면[1] 왕은 그 11년 고구려와 백제가 상전(相戰)하여(正月百濟拔高句麗道薩城 三月高句麗陷百濟金峴城) 양국이 병피(兵疲)한 틈을 타서 이찬(伊湌) 이사부(異斯夫)로 하여금 고구려의 도살성(道薩城)과 백제의 금현성(金峴城)을 공취(攻取)하게 하고 익(翌)

---

1) 『三國史記』卷第4, 新羅本紀 第4, 眞興王條.

12년에는 거칠부(居柒夫) 등에 명하여 고구려를 침략하여 죽령(竹嶺) 이북, 고현(高峴) 이남 10군(郡)의 지(地)를 탈취하였으며 또한 14년에는 백제가 앞서 고구려에게서 수복(收復)하였던 동북비(東北鄙)의 지(地)를 공취하여 그곳에 신주(新州)를 치(置)하고 아찬(阿湌) 무력(武力)으로 군주(軍主)를 삼으니 여기에서 전에 고구려 장수왕(長壽王)의 남하정책에 대비코자 맺어졌던 나제동맹(羅濟同盟)도 깨뜨려졌던 것이다.

이리하여 신라는 그 익년(翌年) 백제 성왕(聖王)의 반격을 물리치고 비로소 한강 유역을 확보하여 중국과의 직접교통로를 얻어 후일의 통삼(統三)의 기초가 확립되었던 것이다. 이와 같이 국토를 크게 확장한 왕은 신(新)영토를 척정봉강(拓定封疆)하고 그곳을 순수(巡狩)하여 기념으로 비(碑)를 세우고 신흥 신라의 위력을 과시하였으니 이것이 지금 창녕(昌寧), 북한산(北漢山), 이원(利原), 황초령(黃草嶺) 등지에서 볼 수 있는 소위 진흥왕순수비(眞興王巡狩碑)인 것이다.

이들 비는 천여 년을 전해오는 동안 혹은 파손되고 혹은 비문(碑文)이 마멸되어 완전한 비문을 판독하기는 어렵다. 그러나 이들 비문의 정확한 해석은 극히 긴요한 일임과 동시에 이들 비문에 부기(附記)되어 있는 수가신명(隨駕臣名)의 올바른 해석은 당시의 관등(官等) 혹은 경·외직제(京外職制)를 해명하는 데 크게 도움되는 일인 것이다.

비문에 기재된 수가신명은 모두 직명(職名), 출신부명(出身部明), 인명(人名), 관등명(官等名)의 순서로 되어 있으며 역시 파손 마멸되어 판독하지 못할 부분이 많으나 우선 황초령비와 창녕비의 수가신명에 대하여 살펴보고자 한다.

2

먼저 황초령비(黃草嶺碑)에 대하여 살펴보면 차비(此碑)는 함경남도 함흥군 하기천면(下岐川面) 송당리(松堂里)에 있으니 원래 진흥리(眞興里)의 황초령에 있던 것을 이조(李朝) 철종(哲宗) 3년(1852)에 관찰사(觀察使) 윤정현(尹定鉉)이 이곳에 옮겨놓았던 것이다.

비는 원석(原石)이 고(高) 5척(尺) 내외, 폭(幅) 1척 5촌(寸), 후(厚)가 상부(上部)는 약 1척 6분(分), 중부(中部) 9촌 1분, 하단(下端)이 8촌 1분이며 그 자체(字體)는 북위체(北魏體)로서 일찍이 숙종(肅宗) 시의 낭선군(朗善君)과 유명한 김추사(金秋史)에게도 알려졌었다.

차비의 수가신명은 비문 제7행 "于時隨駕沙門道人法藏慧忍"부터 비문 끝까지를 점하고 있으니 그 각 인명(人名)을 열거해보면

(1) 沙門道人法藏

(2) 同 慧忍

(3) 大等喙□□□夫 (…)

(4) (…) 知迊干

(5) 喙部服冬知大阿干

(6) 比知夫知及干

(7) 未知□奈末

(8) (…) ⅄大舍

(9) 沙喙部另知大舍

(10) 裏內從人喙部沒⅄次

(11) (…) 人喙部与難大舍

(12) 藥師沙喙部篤兄小□

(13) 奈夫 (…)

(14) 典喙部分知吉之

(15) 哀公欣平小舍

(16) □未賣 (…)

(17) 喙部非知沙干

(18) 另人沙喙部尹知奈末

등 18인이다.

사문도인법장(沙門道人法藏)과 혜인(慧忍)은 수가불승(隨駕佛僧)이니 승명(僧名)이 제일 먼저 기재되었음은 법흥왕 시에 비로소 공인(公認)되었던 신라의 불교(佛敎)가 이때에 와서는 대단히 숭상되었음을 증명하여준다 하겠다. 그리고 이 사문도인법장과 혜인은 이원비(利原碑)[2]

---

2) 이원비(利原碑)의 인명(人名)이 많이 대조되므로 이를 열거하여둔다.

　　沙門道人法藏慧忍
　　太等喙部居枇夫智伊干
　　內夫智伊干
　　沙喙部另力智迊干
　　喙部服冬智大阿干
　　比知夫智及干
　　未知大奈末
　　及球智奈末
　　執駕人喙部萬兮大舍
　　沙喙部另知大舍
　　裏內從人喙部沒兮次大舍
　　沙喙部非尺智大舍
　　駬人沙喙部爲忠知大舍
　　占人喙部与難大舍
　　藥師篤支次小舍
　　奈夫通典本波部加良智小舍
　　□□本波部莫沙智
　　及伐斬典喙部夫法智吉之

에도 있으니 불도(佛徒)의 이름에 '도인(道人)'이 붙었음은 좀 이상하나 그러나 이 '도인'을 도교(道敎)와 관계지을 수는 없을 것이다.

(3)의 '大等喙□□□夫 (…)'는 이원비에 의하면 '太等喙部居杖夫智伊干'이며 창녕비에 의하면 '太等喙居七夫智一尺干'이다.

대등(大等, 太等)은 거칠부(居七夫)의 직명(職名)이니 여기에 대해서는 창녕비 연구 장(章)에서 상고(詳考)해보기로 미룬다. '훼부(喙部)'는 거칠부의 출신부명이며 신라 육촌(六村) 중의 일(一)로서 점량부(漸梁部)이니 『삼국유사(三國遺事)』에[3]

> 茂山大樹村 長曰俱一作仇禮馬 初降于伊山一作皆比山是爲漸梁一作涿部 又牟梁部
> 孫氏之祖 (…)

라 하였다. 비문에는 모두 '훼(喙)'로 되어 있으나 '훼(喙)'와 '탁(涿)'은 동일부명(同一部名)일 것이다.

다음 거칠부는 당시의 명신(名臣)으로 『삼국사기』에[4]

> 居柒夫(或云荒宗) 姓金氏奈勿王五世孫祖仍宿角干父勿力伊湌 (…) 眞興大王六年
> 乙丑承朝旨集諸文士修撰國史加官波珍湌十二年辛未王命居柒夫(略人名八)等八將軍
> 與百濟侵高句麗百濟人先攻破平壤居柒夫等乘勝取竹嶺以外高峴以內十郡 (…) 眞智
> 王元年丙申居柒夫爲上大等以軍國事務自任至老終於家享年七十八

裏內□□□□□□□名吉之
□□□□□智沙干
助人沙喙部舜智奈末

3) 『三國遺事』卷第1, 紀異 第1, 新羅始祖赫居世王條.
4) 『三國史記』卷第44, 列傳 第4, 居柒夫條.

이라 하였음을 보아 거칠부(居柒夫)는 귀족 출신이며 문무(文武)를 겸한 중신(重臣)으로 본비(本碑) 건립 시에는 수가(隨駕) 최고신(最高臣)이었을 것이다.

그리고 비문에는 보이지 않으나 '□□□夫' 다음에는 존칭어 '지(知)'와 관등명 이간(伊干)이나 일척간(一尺干)이 있었을 것이다. 일척간은 신라의 제2위(第二位)의 관등 이척찬(伊尺湌, 或云伊湌)이다.

(4)의 '(…) 知迊干'은 직명과 부명이 보이지 않고 다만 인명에 붙은 존칭어 '지(知)', 관등명 잡간(迊干)만이 남았으니 잡간(迊干)은 제3위의 관등 잡찬(迊湌, 或云迊判 蘇判)이다. 그런데 이원비에 보면 '太等喙部居柒夫智伊干' 다음에 '內夫智伊干'이 있고 그다음에는 '沙喙部另力智迊干'이 있으며 다음에는 본비의 (5)에 보이는 '喙部服冬知大阿干'이 있고 그다음의 '比知夫知及干'이나 '未知大奈末'(本碑에는 '大'字 磨滅)은 양 비(碑)가 같은 인명이며 또한 양 비의 건립년(建立年)이 같은 것 등으로 미루어보아 '(…) 지잡간(知迊干)'은 이원비의 사훼부영력지잡간(沙喙部另力智迊干)일 것이 분명하며 그 앞에 내부지이간(內夫智伊干)이 있었을 것이나 비의 파손으로 보이지 않게 된 것이다.

(5) '喙部服冬知大阿干'은 훼부(喙部) 출신으로 이름이 복동(服冬)이며 제5위 관등 대아찬(大阿湌)에 속한다. 전술(前述)한 바와 같이 이 복동지(服冬知)는 이원비에도 보이며 창녕비에는 '碑利城軍主喙福登智沙尺干'이 있으니 복등(福登)과 복동(服冬)이 음(音)이 근사(近似)하며 출신 부명이 같은 것으로 보아 동일인이리라 생각된다. 관등이 서로 다름은 창녕비가 건립된 진흥왕 22년에는 비리성군주(碑利城軍主)이며 사척간(沙尺干)이던 그가 본비 건립 시, 즉 진흥왕 29년에는 관등이 대아간(大阿干)으로 승격된 것이라고 해석된다.

(6) '比知夫知及干'은 그 직명과 출신 부분이 생략되고 이름 비지부(比

智夫)와 존칭어 '지(知)'와 관등명만 남았으니 급간(及干)은 제9위의 관등 급찬(級湌)이다. 그런데 수가신명의 기재에 있어서 그 직(職)이 같은 자는 관위(官位)의 순으로 이를 열기(列記)하여 후자의 직명을 생략하고 전자와 후자가 출신부명이 같을 시는 후자의 부명을 생략하니[5] 즉 직명이 생략된 (4)의 '(…) 知迊干'(沙喙部另力智迊干)과 (5)의 '喙部服冬知大阿干'과 (6)의 '比知夫知及干'과 다음의 (7) '未知□奈末'은 모두 (3)의 거칠부(居七夫)와 같은 대등직(大等職)의 관인(官人)이므로 그 직명이 생략된 것이니 결국 차비(此碑)의 수가신(隨駕臣)에는 대등(大等)이 그 나타난 것만으로도 5인이 된다. 그리고 (6)의 비지부지급간(比知夫知及干) 출신부명은 (5)의 복동지대아간(服冬知大阿干)과 같은 훼부(喙部)이다.

(7) '未知□奈末'의 직명은 역시 대등이고 출신부명은 ⑥의 비지부지(比知夫知)와 같은 훼부이다. 관등명의 1자가 보이지 않으나 이는 전술한 바와 같이 대나말(大奈末)이며 제10위의 관등 대나마(大奈麻)이다.

(8) '(…) ✔大舍'도 비의 파손으로 직명, 출신부명, 인명이 모두 보이지 않으나 이원비와 대조하여 그 전후 인명이 같은 것으로 보아 이원비의 '執駕人喙部萬✔大舍'일 것이다. 그런데 '✔'가 인명의 일부라면 그 밑에는 전례대로 '지(知)'가 붙어야만 할 것이다. 본비와 이원비가 모두 차인(此人)에는 '지(知)'를 붙이지 아니하였다. 같이 대사(大舍)인 (9)의 '沙喙部另知大舍'에는 '지(知)'가 붙었으며 좀더 낮은 관등의 인명에도 '지(知)'를 붙인 예를 흔히 볼 수 있으니,[6] '지(知)'의 사용은 관등의 고저(高低)에 의하지 않았던 것 같다. 대사(大舍)는 12위의 관등이며 한사

5) 今西龍 『新羅史研究』, 東京: 近澤書店 1933, 451면 참조.

6) 이원비(利原碑)의 '本波部加良智小舍'.

(韓舍)라고도 한다.

(9) '沙喙部另知大舍'는 이원비에도 보이며 직명이 생략되었으나 역시 집가인(執駕人)일 것이며 집가인은 자의(字義)대로 왕가(王駕)의 운반인일 것이다. 사훼부(沙喙部)도 신라 육촌(六村)의 일(一)로서 돌산고허촌(突山高墟村)이니 역시 『삼국유사』에[7] 보면

突山高墟村 長曰蘇伐都利 初降于兄山 是爲沙梁部(梁讀云道或作涿亦音道) 鄭氏祖
今曰南山部 仇良伐 麻等烏 道北迴德等南村屬焉 (…)

이라 하였다.

(10) '裏內從人喙部沒ゲ次 (…)'의 이내종인(裏內從人)은 직명이니 이는 자의(字義)대로 해석하여 왕 신변의 사소사(私小事)를 맡아 보는 것이 아닌가 한다. 차인(此人) 역시 이원비에도 있으니 마멸된 관등명은 대사(大舍)이며 이름 밑에 '지(知)'가 붙지 아니하였다.

(11) '(…) 人喙部与難大舍'도 이원비에 보이며 마멸된 직명은 '旨人'이나 그 직책을 알 수 없다.

(12) '藥師沙喙部篤兄小□'의 약사(藥師)는 수가의원(隨駕醫員)으로 추측된다. 차비(此碑) 외에 이원비에도 약사가 보이나 이름이 '篤支次'로 되어 있고 또 이원비에도 약사는 그 출신부명이 기록되지 아니하여 이 두 약사를 동일인이라 단정짓기는 어려우나 차비 약사의 관위도 이원비의 약사와 같은 소사(小舍)임을 가히 추지(推知)할 수 있는 일이다. 소사는 제13위의 관등이다.

(13) '奈夫 (…)'는 비(碑)의 파손으로 직명 나부(奈夫) 이하 출신부명

---

7) 『三國遺事』 卷第1, 紀異 第1, 新羅始祖赫居世王條.

과 인명, 관등명을 모두 알 수 없으나 나부통전직(奈夫通典職)의 사람일 것이며 혹시 이원비에 있는 '奈夫通典本澈部加良智小舍'가 아닐까 한다.

(14) '(…) 典啄部分知吉之'는 직명이 전(典) 자만 남아서 잘 알 수 없으며 길지(吉之)는 이원비에도 많이 보이니 이것은 길사(吉士)와 같은 것이리라 생각된다. 길사(吉士)는 계지(稽知) 혹은 길차(吉次)로도 쓰이며 제14위의 관등이다.

(15) '哀公欣平小舍'의 애공(哀公)은 직명으로 생각되나 『삼국사기』의 신라본기(新羅本紀) 진흥왕조(眞興王條)에 "秋八月王薨諡曰眞興葬于哀公寺北峯 (…)"이라 하였음으로 보아 당시 애공사(哀公寺)란 사찰이 있었던 모양이나 이 애공흔평(哀公欣平)과 관련 여부는 알 수 없다. 흔평소사(欣平小舍)의 출신부명은 (14)의 분지길지(分知吉之)와 같은 훼부(啄部)이다.

(16) '□未賣 (…)'의 □미매(未賣)는 직명이거나 혹은 그 일부일 것이다. 부명, 인명, 관위명이 모두 보이지 않는다.

(17) '啄部非知沙干'의 출신부명은 훼부(啄部)이거나 혹은 한 자가 더 있는 사훼부(沙啄部)일 것이다. 직명이 보이지 않으며 사간(沙干)은 사찬(沙湌)이니 제8위 관등이다.

(18) '另人沙啄部尹知奈末'은 이원비에 '助人沙啄部舜智奈末'이 있으니 영인(另人)과 조인(助人)은 같은 뜻이며 윤지(尹知)와 순지(舜智)도 동일 인물이 아닐까 한다. 또한 창녕비에는 '比子伐停助人'이란 것이 있으니 이들은 모두 동직명(同職名)일 것이다.

이로써 황초령비의 수가신명을 일별(一瞥)하였으니 수가신명의 기재는 사간(沙干)이나 나말(奈末)이 소사(小舍)와 길사(吉士)보다도 뒤에 기재된 예가 있음을 보아 그 순서가 관등보다도 직위 순으로 된 것 같다.

이제 본비(本碑)에 나타난 수가신명을 그 결자(缺字)와 생략된 것을 보충하여 정리하여보기로 한다.

(1) 沙門道人法藏

(2) **沙門道人**慧忍

(3) 大等喙**部居七夫一尺干**(혹은 居七夫伊干)

(4) **大等喙部內夫知一尺干**(혹은 伊干)

(5) **大等沙喙部另力**知迊干

(6) **大等**喙部服冬知大阿干

(7) **大等喙部**比知夫知及干

(8) **大等喙部**末知**大**奈末

(9) **執駕人喙部萬ナ**大舍?

(10) **執駕人**沙喙部另知大舍

(11) 裏內從人喙部沒ナ次**大舍**

(12) **占**人喙部与難大舍

(13) 藥師沙喙部篤兄小舍

(14) 奈夫**通典本波部加良知小舍**?

(15) (…) 典喙部分知吉**士**

(16) 哀公**喙部**欣平小舍

(17) □未賣**部名人名知官位**

(18) **職名**喙部非知沙干

(19) 另人沙喙部尹知奈末

3

창녕비(昌寧碑)는 진흥왕 22년(561)에 건립되었으며 지금은 창녕군

창녕읍에 보관되어 있다. 차비(此碑)는 자연석으로 되었으며 높이는 제
일 높은 곳이 9척 9촌이며 폭이 5척 8촌, 후(厚)가 1척 내지 1척 7촌이나
된다. 그리고 창녕군에 대하여 『삼국사기』 지리지(地理志)에 보면

火王郡本比自火郡(一云比斯伐)眞興王十六年置州名下州二十六年州廢景德王改名
今昌寧郡

이라 하였으니 창녕의 고명(古名)은 화왕군(火王郡), 비자화군(比自火
郡), 비사벌(比斯伐, 本碑에는 比子伐) 등이었으며 본비 건립 시에는 하주
(下州)를 치(置)한 후였던 것이다. 또한 동서(同書) 파사이사금(婆娑尼師
今) 29년조에

遣兵伐比只國多伐國草八國幷之

라 한 비지국(比只國)은 곧 비사벌을 말한 것이니 창녕이 신라의 영토가
된 것은 이 파사 29년부터인 듯하다.

　창녕비는 타 진흥왕비에 비하여 그 수가신명이 가장 많으니 비문 제
11행 '□□葛文王'부터 이후는 모두 수가신명이다. 그러면 차비에 나타
난 수가신명을 판독할 수 있는 있는 한 열거하여보기로 한다.

　(1) (…) 葛文王
　(2) (…) 屈彌□大一□□
　(3) 沙喙智□□一尺
　(4) □□折夫智尺干
　(5) □□□智一尺干
　(6) 喙□□夫智迊干

(7) 沙喙□力智迊干

(8) 喙□里夫智□□干

(9) 沙喙都記□□□□

(10) □□□林智一吉干

(11) 沙喙利智一□□

(12) □彌利□次公沙尺干

(13) □喙□□智沙尺干

(14) 喙□体智沙尺干

(15) □□□□□沙尺干

(16) 喙比叱□□□沙尺干

(17) 本波未□智及尺干

(18) 沙喙刀下智及尺干

(19) 沙□□□智及尺干

(20) 喙鳳安智□□□

(21) □等喙居七夫智一尺干

(22) □□□□智一尺干

(23) 沙喙吉力智□□□

(24) 大等喙末得□一尺干

(25) 沙喙七聰智及尺干四方軍主

(26) 比□□軍主沙喙登□□□沙尺干

(27) 漢城軍主喙村夫智沙尺干

(28) 碑利城軍主喙福登智沙尺干

(29) 甘文軍主沙喙心麥夫智及尺干

(30) 上州行使大等沙喙宿欣智及尺干

(31) 喙次叱智奈末

(32) 下州行使大等沙喙春夫智大奈末

(33) 喙就舜智大舍干

(34) 抽悉□□西阿郡使大等喙北只智大奈末

(35) 沙喙湏兵夫智奈末

(36) 旨爲人喙德文兄奈末

(37) 比子伐停助人喙覔薩智大奈末

(38) 書人沙喙等智大舍

(39) 村主奀聰智述干

(40) 麻叱智述干

이들 인명을 해석하여보면 (1)의 갈문왕(葛文王)을 『삼국사기』에는[8]

　　　新羅追封王皆稱葛文王其義未詳

이라 하여 추봉왕(追封王)이라 하였으나 차비(此碑) 건립 시에 추봉왕
이 수가(隨駕)하였음은 있을 수 없는 일이다. 그리고 이조시대의 학자
성호(星湖) 이익(李瀷)은 그의 저서 『성호사설(星湖僿說)』에[9]

　　　新羅之世多追尊異姓皆稱葛文王本宗正統謂之麻立干葛與麻以経帶言也按周禮王
　　爲諸侯緦衰弁而加経同姓則麻異姓則葛謂葛経之王別於本宗也

라 하였으나 그러나 신라시대에는 왕과 동성(同姓) 갈문왕(葛文王)을
많이 볼 수 있다.[10]

---

8) 『三國史記』 卷第1, 新羅本紀 第1, 逸聖尼師今條.

9) 『星湖僿說類選』 卷9下.

10) 예로서 태종무열왕(太宗武烈王)의 부(父) 용춘(龍春)은 문흥갈문왕(文興葛文王).

그리고 근대의 학자들 간에도 이에 관한 구구한 설(說)들이 많으나 갈문왕은 왕과 특수하고도 가까운 인척관계에 있는 자로서 왕위에 오르지 아니한 자에게 추봉 혹은 수여한 신라 귀족들의 최고특수위(最高特殊位)의 칭호이다. 차비문(此碑文)에는 그 이름이 마멸되어버렸다.

(2)의 '(…) 屈彌□大一□□'은 직명과 부명이 보이지 않으며 굴미(屈彌)는 이름이고 다음 자는 보이지 않으나 '지(智)'(黃草嶺碑에는 '知'였으나 本碑와 利原碑, 北漢山碑에는 '智'로 되어 있다) 자이며 차인(此人)의 관등은 대일척간(大一尺干)일 것이다. 일척간(一尺干)은 이척찬(伊尺湌) 혹운(或云) 이찬(伊湌)이라 하며 제2위 관등이나, 대일척간이란 관등은 없다. 혹시 제1위 관등 이벌찬(伊伐湌)을 말함이 아닌가 한다.

(3) (4) (5)는 모두 제2위 관등의 수가신이고 (6) (7)의 잡간(迊干)은 잡찬(迊湌)이며 제3위 관등이다. 그리고 (10)의 일길간(一吉干)은 일길찬(一吉湌), 즉 제7위 관등이며 차비(此碑)에서는 출신부명에 부(部) 자가 생략되어 있다.

(12)의 사척간(沙尺干)은 사찬(沙湌)이며 제8위 관등이다. 그리고 차인(此人)에는 '지(智)' 대신 공(公)을 붙이고 있다.

(17)의 본피부(本波部)는 훼부(喙部), 사훼부(沙喙部)와 같이 신라 육부(六部) 중의 하나이니 『삼국유사』에

觜山珍支村(一作賓之又賓子又冰之) 長曰智伯虎初降于花山是爲夲彼部崔氏組

라 하였으며 최치원(崔致遠)도 이 본피부 출신이라 한다. 급척간(及尺干)은 급찬(級湌), 즉 제9위의 관등이다. 그리고 (1)부터 (20)까지는 모두 그 직명이 생략되었으니 동직인(同職人)일 것이다.

(21)의 '□等喙居七夫智一尺干'은 전술(前述)한 '대등훼부거칠부일척

간(大等喙部居七夫一尺干)'이다. 여기서 대등(大等)이란 직명(職名)에 대하여 잠깐 살펴보면 대등이란 말이 붙은 직명에는 상대등(上大等)과 사대등(仕大等), 전대등(典大等) 그리고 차비에 보이는 행사대등(行使大等)이 있다. 그런데 대등을 상대등의 차위직(次位職)이라고 간단히 규정지어버리기도 한다.[11] 그러나 상대등과 사대등, 전대등이 서로 전연 다른 직명인 것과 같이 대등과 사대등, 전대등은 물론 대등과 상대등도 아무런 관련 없는 것으로 생각하여야 할 것 같다.

상대등은 『삼국사기』 직관지(職官志)에

上大等(或云上臣) 法興王十八年始置

라 하였으며 동서(同書) 신라본기 법흥왕 18년조에는

拜伊湌哲夫爲上大等摠知國事上大等官始於此如今之宰相

이라 하였음으로 보아 상대등은 법흥왕 18년에 시치(始置)한 관직으로 국사(國事)를 총지(摠知)하는 당시의 최고 관직이니 일명(一名) 상신(上臣)이라 하였던 것이다. 그리고 또한 『삼국사기』 열전(列傳) 거칠부조(居柒夫條)에는

眞智王元年丙申居柒夫爲上大等 (…)

이라 하였으니 차비문(此碑文)에 의하여 진흥왕 시에는 대등이었던 거

---

11) 今西龍, 앞의 책.

칠부가 다음 진지왕(眞智王) 원년(元年)에는 상대등으로 승관(昇官)하였다고 생각하여 대등은 상대등의 차위직이라 할 수도 있겠다. 그러나 전술한 바와 같이 황초령비 건립 시에 대등직(大等職)의 신(臣)이 5인이나 수가하였으며 차비의 건립 시에도 (21)의 거칠부(居七夫)를 위시하여 (22)의 '□□지일척간(智一尺干)'과 (23)의 길력지(吉力智)와 (24)의 '말득지일척간(末得智一尺干)', (25)의 '칠총지급척간(七聰智及尺干)' 등 5인이 수가하였으니 신라 최고의 관직인 상대등의 차위 관직, 즉 대등직의 신(臣)이 이렇게 다수인(多數人)임도 생각해볼 일이며 또한 당시 발흥기(勃興期)에 있던 신라의 중신들이 5인씩이나 왕의 순수(巡狩)에 수가할 수 있었는지 의심스럽다. 그리고 대등이 최고직 상대등의 차위직이라면 우리는 『삼국사기』 직관지에서만은 대등에 대한 설명을 찾아볼 수 있을 것이다.

생각건대 상대등(上大等)을 상신(上臣)이라 하였음으로 보아 대등(大等)은 신(臣)이라 하였을 것이니 대등은 상대등이나 전대등(典大等), 사대등(仕大等)과 같이 뚜렷한 직책이 있는 것이 아니고 일정한 자격이 있는 사람에게 수여한 일종의 명예직이 아니었는가 한다.

전대등은 진흥왕 26년 시치(始置)한 집사성(執事省)의 차관(次官)이며 경덕왕(景德王) 6년에 '改爲侍郎'한 것으로 나마(奈麻)에서부터 아찬(阿湌)에 이르는 자가 임명되었고 사대등은 사신(仕臣)이라고도 하며 진흥왕 25년에 시치한 외관명(外官名)으로서 급찬(級湌)으로부터 파진찬(波珍湌)까지의 신(臣)이 임명되었다.

그리고 본비(本碑)에서는 (21) (22) (23)의 대등과 (24) (25)의 대등이 구별되어야 할 것 같다. 만약 이들이 동일한 대등이라면 (24)의 말득지일척간(末得智一尺干)은 구태여 다시 대등(大等)의 직명(職名)을 붙일 필요가 없기 때문이다. 이 점은 해석하기 어려우나 혹시 (21) (22) (23)

은 재경(在京)의 대등으로서 왕가(王駕)을 수종(守從)하였으며 (24)
(25)는 이 비자벌(比子伐)지방에 있던 대등이리라 생각되나 지나친 추
측일는지 모르겠다.

다음은 사방군주(四方軍主)의 이름이니 군주(軍主)는 최고의 지방장
관으로 그 시작을 『삼국사기』에서 찾아보면 신라본기 지증왕(智證王) 6
년 춘삼월조(春三月條)에

　　(…) 置悉直州以異斯夫爲軍主軍主之名始於此 (…)

라 하였다.

(26)은 비자벌군주(比子伐軍主)일 것이니 비자벌(比子伐)은 비사벌
(比斯伐)이라고도 하며 전술한 바와 같이 창녕의 고명(古名)이다.

(27)의 한성(漢城)은 당시는 지금의 북한산(北漢山)을 말함이니 진흥
왕 18년에 "廢新州置北漢山州"하였다.[12]

(28)의 비리성(碑利城)은 비열홀(比列忽)이며 주치(州治)는 지금의 안
변(安邊)이니 진흥왕 17년 추칠월(秋七月)에 치(置)하였다.[13]

그리고 (29)의 감문(甘文)은 그 주치(州治)는 경남 김천군(金泉郡) 개
녕(開寧)이니 역시 진흥왕 18년에 "廢沙伐州置甘文州"하였다.[14]

다음 상주(上州)와 하주(下州)는 낙동강(洛東江) 유성(流城)의 신라
의 영토를 이대분(二大分)한 것으로 상주는 그 치소(治所)가 사벌(沙伐,
尙州) 일선(一善, 善山) 감문(甘文, 開寧) 등지로 이동하였으나 진흥왕 시
감문이었으며 북반(北半)을 관역(管域)으로 하였고 하주는 비자벌(比

---

12) 『三國史記』卷第4, 新羅本紀 第4, 眞興王條.

13) 같은 곳.

14) 같은 곳.

子伐, 昌寧)에 치소를 두고 남반(南半)을 관역으로 하였으며 감문군주는 상주 총독(總督)이며 비자벌군주는 하주의 총독이었다.[15]

(30)의 '上州行使大等沙喙宿欣智及尺干'은 상주(上州)에 있는 행사(行使)란 직책을 가진 대등(大等)이며 (31)의 '喙次叱智奈末'도 역시 상주행사대등(上州行使大等)이나 전자와 동직(同職)이므로 생략된 것이다.

(32) '下州行使大等沙喙春夫智大奈末' 역시 하주의 행사대등이며 (33) '喙就舜智大舍干'의 직명이 하주행사대등(下州行使大等)임은 전자 (31)과 같은 이유에서이다.

그런데 상주 혹은 하주행사대등을 상주행(上州行) 혹 하주행(下州行)의 사대등(使大等)으로 보아 사대등(使大等)은 또한 음이 같은 이유에서 사대등(仕大等)이 아닐까 하는 설(說)이 있으나[16] 사대등(仕大等)은 "自級湌至波珍湌爲之"[17]라 하였으므로 (31)의 훼차질지나말(喙次叱智奈末)과 (32)의 춘부지대나말(春夫智大奈末), (33)의 취순지대사간(就舜智大舍干, 大舍)은 사대등(仕大等)이 될 수 없는 것이다.

그리고 군주와 그 주의 행사대등의 관계를 생각해보면 감문군주 심맥부지(心麥夫智)와 상주행사대등 숙흔지(宿欣智)는 그 관등이 같으나 역시 상주행사대등인(비문에는 생략) 차질지(次叱智)는 군주보다 2위 낮은 나말(奈末)이며 비자벌군주는 제8위 사척간(沙尺干)인데 하주행사대등 춘부지(春夫智)는 제10위 대나말(大奈末)이며 취순지(就舜智)는 제12위 대사(大舍)인 것으로 미루어보아 상하주(上下州)의 행사대등은 군주 밑에서 그를 보조하는 직책일 것이다.

(34)의 '抽悉□□西阿郡使大等喙北只智大奈末'은 신라 육정(六停)의 하

---

15) 今西龍, 앞의 책.

16) 같은 책.

17) 『三國史記』 卷第40, 雜志 第9, 外官條.

나인 하서정(河西停)의 군사대등(郡使大等)이 아닐까 하며 (35)의 수병부지나말(湏兵夫智奈末)도 역시 전인(前人)과 동직인(同職人)이다.

(36)의 '旨爲人喙德文兄奈末'은 지위인(旨爲人)이 그 직명이니 '지위(旨爲)'는 '절(節)' 자의 고명(古名)이며 절(節)은 지휘한다는 뜻으로 쓰인다. 그 예로는 대동강반(大同江畔)의 고구려 성벽 석각(石刻) 중에

(…) 小兄文達**節**自此西北[18]

이란 기록이 있다. 이것으로 미루어보건대 지위인(旨爲人)은 차비(此碑) 건립공사의 총지휘자일 것이다.

(37)의 '比子伐停助人'의 비자벌정(比子伐停)은 신라 육정(六停) 중 비자벌정, 즉 완산정(完山停) — 하주정(下州停)이니 정(停)은 신라의 군영이다. 조인(助人)은 전술한 바와 같이 황초령비에는 영인(另人), 이원비에는 조인(助人) 등이 있어 동일한 직명(職名)으로 추측되기도 하며 『삼국사기』 직관지 외관조(外官條)에 주조(州助, 或云州輔)란 것이 있으니,[19] 조인이란 이 주조를 말함이 아닌가 한다.

다음 (38)의 서인(書人)은 차비문(此碑文)의 서인(書人)이며 (39)의 촌주(村主)는 비자벌 근방의 촌주일 것이니 술간(述干)은 외위(外位)의 제2위로서 경위(京位)의 사찬(沙湌)과 같은 것이다.

이로써 본비(本碑)의 수가신명(隨駕臣名)을 간략하게나마 해석하여 보았다고 할 것이니 본비의 수가신명 기재 순은 먼저 내신(內臣)을 관등위(官等位) 순으로 열기(列記)한 다음 내외대등(內外大等)과 외신(外

---

18) 『朝鮮金石總覽』.

19) 州助(或云州輔)九人位自奈麻至重阿湌爲之.

臣)으로서 사방군주(四方軍主), 상하주행사대등(上下州行使大等), 조인(助人), 서인(書人), 촌주(村主) 순으로 되어 있다.

이와 같이 40여 인의 중신과 그들이 인솔한 수만의 군사가 수가하였을 왕의 순수(巡狩)는 피점령지인들에게 신흥 신라의 위력을 과시하는 호기 찬 행사였을 것이다. 〔筆者 三學年 在學〕

(『史叢』1호, 고대사학회 1955)

귀족사회의 경제적 기반: 수공업

1. 관청수공업

(1) 관청수공업 조직

신라(新羅)시대에도 이미 관수품(官需品)과 귀족층의 생활품 및 무기의 제조를 목적으로 하는 관청수공업(官廳手工業) 조직이 이루어져 있었지만, 고려(高麗)시대에 이르러서도 그 조직이 한층 더 확장 발전하였다.

신라시대에는 관청수공업을 관리하는 각 관서(官署)가 그 제조되는 물품의 종류에 따라 조직되어 있었다. 예를 들면 피혁제품의 제조를 관리하는 기관으로 피전(皮典)이 설치되어 있었고 마포(麻布) 생산을 관장하는 기관인 마전(麻典)과 견직물(絹織物) 생산을 관장하는 면전(綿典) 등이 있었던 것이다.

그러나 고려시대에는 관청수공업이 정부의 용도와 수요에 따라 분류되었고 각 관청마다 생산을 담당한 물품을 제조하는 데 필요한 각종 공장(工匠)을 전속시켰다. 예를 들면 정부의 영선작업 일체를 담당한 선공시(繕工寺)는 토공(土工), 석공(石工), 금속공(金屬工) 등을 소속시키고 있었던 것이다.[1] 고려시대의 관청수공업은 신라시대의 그것보다 한층 더 규모가 커졌고 각 관청수공업장(官廳手工業場)마다 그 기능이 다양화한 것이었다.

고려시대의 관청수공업장을 관장하던 기관과 그것에 소속된 공장의 종류는 다음과 같다.[2]

선공시(繕工寺) 이 관서는 일명 장작감(將作監)이라고도 하며 정부의 건축 및 토목 공사를 담당하는 기관으로서, 이를 관장하는 관리로서 종3품의 판사(判事) 1인과 그 밑에 정4품의 감(監) 1인, 종4품의 소감(少監) 1인, 종6품의 승(丞) 2인, 종7품의 주부(注簿) 2인이 있었고, 또 감작(監作) 6인과 기관(記官) 3인, 산사(算士) 1인이 있었으며, 이들의 지휘 감독 아래 건축 및 각종 토목 공사에 종사하는 공장, 즉 석공, 목공(木工), 토공 등이 소속되어 있었던 것이라 추측된다.

군기시(軍器寺) 일명 군기감(軍器監)이라고도 하며, 주로 무기를 제조하는 기관이다. 관리로서는 판사(종3품) 1인과 감(정4품) 1인, 소감(종5품) 1인, 승(정7품) 2인, 주부(정8품) 4인, 감리(監吏) 8인, 기관 4인, 산사 2인이 있었고, 그 밑에 피갑장(皮甲匠), 모장(牟匠), 화장(和匠), 백갑장(白甲匠), 장도장(長刀匠), 각궁장(角弓匠), 칠장(漆匠), 연장(鍊匠), 노통장(弩筒匠), 전장(箭匠), 전두장(箭頭匠), 피장(皮匠) 등의 공장이 소속되어 있었다.

장복서(掌服署) 왕족의 의복류를 제조 조달하는 기관으로서 상의국(尙

---

1) 趙璣濬『韓國經濟史』, 日新社 1962, 149면.
2) 『高麗史』志 卷30, 百官1; 『高麗史』志 卷34, 食貨2.

衣局)이라고도 한다. 관리직으로서 정6품의 봉어(奉御) 1인, 정7품의 직장(直長) 1인, 서령사(書令史) 4인, 기관 2인, 주의(注衣) 1인과 공장으로서 수장(繡匠), 복두장(幞頭匠), 화장(靴匠), 대장(帶匠), 화장(花匠), 피혜장(鞁鞋匠), 홀대장(笏袋匠) 등이 소속되어 있었다.

공조서(供造署) 중상서(中尙署)라고도 하며 귀족계층이 사용하는 각종 장식품을 제조하는 기관이었다. 관리관으로서는 정6품의 영(令) 1인과 정8품의 승(丞) 2인, 사(史) 6인, 기관 2인, 위사(爲士) 1인이 있었으며, 공장은 화업(畫業), 소목장(小木匠), 위장(韋匠), 홍정장(紅鞓匠), 주홍장(朱紅匠), 조각장(雕刻匠), 나전장(螺鈿匠), 칠장, 화장(花匠), 지장(紙匠), 주렴장(珠簾匠), 죽저장(竹篨匠), 어개장(御蓋匠), 황단장(黃丹匠), 소장(梳匠), 마장(磨匠) 등이 전속되어 있었다.

장야서(掌冶署) 철물과 금은세공품을 제조하는 기관으로서 그것이 폐쇄되었을 때는 대신 영조국(營造局)이 설립되었다. 관리관으로서는 종7품관(品官)의 영 2인과 정8품관의 승 2인, 사 4인, 기관 2인, 산사 1인이 있었고, 공장으로서는 은장(銀匠), 화장(哰匠), 백동장(白銅匠), 적동장(赤銅匠), 경장(鏡匠), 피대장(皮帶匠), 금박장(金箔匠), 생철장(生鐵匠) 등이 있었다.

도교서(都校署) 그것이 폐쇄될 때는 대신 잡작국(雜作局)이 설치되었던 바와 같이 궁중과 궁부(宮府)에서 사용하는 각종 잡세공품(雜細工品)을 제조하는 기관으로, 관리관으로서 종8품의 영 2인, 정9품의 승 4인, 감작 4인, 서령사 4인, 기관 2인이 있었고, 그 밑에 전속 공장으로서 목업(木業), 석업(石業), 조각장, 석장, 장복장(粧覆匠), 이장(泥匠) 등이 있었다.

도염서(都染署) 각종 염료를 제조하고 염색작업을 담당하던 기관으로서 어떤 때는 잡직서(雜織署)와 병합하여 직염국(織染局)이 되기도 하였다. 그 관리관으로서는 정8품관의 영 1인과 정9품관의 승 2인, 사 4인, 기관 2인이 있었는데, 이들 밑에 일정한 수의 염료장(染料匠)과 염색장(染色匠)이 소속되어 있었으리라 추측된다.

잡직서(雜織署) 각종 직물의 제조를 담당한 기관으로, 관리관으로서 정8품의 영 2인과 정9품의 승 2인, 사 4인, 기관 2인이 있었고 공장으로는 극장(劇匠), 수련(繡練) 등이 소속되어 있었다.

액정국(掖庭局) 국초에는 액정원(掖庭院)으로 불리었고 궁중에 있어서 왕명(王命)을 전달하고 왕이 사용하는 문방구와 열쇠 등의 관리를 담당하는 한편 궁중용 견직물 등을 관장하던 기관으로서, 정6품의 내알자감(內謁者監) 1인, 정7품의 내시백(內侍伯) 1인, 종8품의 내알자(內謁者) 1인, 감작 1인, 각 3인씩의 서령사, 기관, 급사(給使) 등 관리직이 있었으며, 그 밑에 금장(錦匠), 나장(羅匠), 능장(綾匠) 등이 소속되어 있었다.

봉거서(奉車署) 왕실용의 거류(車類)를 관장하던 기관으로서 상승국(尙乘局)이라고도 하였다. 관리관으로서는 정6품의 봉어 1인, 정7품의 직장 2인, 서령사 4인, 승지(承旨) 50인 등이 있었고 공장으로는 대첨장(大韂匠), 안비장(鞍轡匠), 안욕장(鞍褥匠), 안교장(鞍轎匠), 마장(馬匠) 등이 소속되어 있었다.

이와 같은 조직상황을 통하여 살펴보면 고려시대의 관청수공업은 주로 무기 제조와 귀족품의 생활품 제조를 중심으로 편성되어 있었으며, 그 관리직의 배속도 또한 대단히 강화되어 있었던 것이라 할 수 있다.

(2) 관청수공업에 있어서의 작업조건

고려시대의 관청수공업에 종사하는 공장들은 신라시대의 관청수공업에서 실시된 노예적 급부(給付) 형태에서 벗어나서 노임적(勞賃的)

형태로 발전하고 있었다.[3]

관청수공업에 동원된 공장들은 관부(官府)에 의하여 노예적으로 예속된 것이 아니라 모두 전업적(專業的)이고 독립적인 수공업자로서 평상시에는 도시에서 주로 주문생산에 종사하다가 경제외적 강제권에 의하여 일정한 기간 동안 관청수공업장에 동원된 것이었다.

그러므로 이들의 제조활동은 신라시대의 그것과 달리 완전히 관부에 예속된 상태의 것이 아니라 공역일(公役日)을 제외하고는 자기 경리(經理)에 종사할 수 있었으며 공역에 종사하는 경우에 있어서 이들에게 지급되는 급부 역시 노예적인 급부 상태에서 임노동적(賃勞動的)으로 변화하고 있었던 것이다.

고종(高宗) 36년(1249) 강화도(江華島)에 있던 정부가 개성(開城)으로 옮길 때 그 궁궐복구 공사에 종사한 공장들에 대하여 은 20근(斤), 포(布) 2백 필(疋)을 하사한 것이나[4] 원종(元宗) 15년(1274)에 원(元)나라의 요청에 의하여 일본 원정을 위한 전함 3백 소(艘)를 건조할 때 이에 동원된 공장과 인부 3만 5백 명에게 3개월분 급료 3만 4312석(碩) 5두(斗)를 지급한 사실[5] 등을 미루어보면 이들은 부역(賦役) 동원된 것이기는 하지만 일정한 노임을 받고 있었음을 알 수 있다.

한편 고려시대의 공장, 특히 수도에 거주하는 공장 중에는 중앙관청의 수공업장에 전속된 자들이 있었고 이들에 대해서는 일정한 녹봉(祿俸)이 지급되었으며 전지(田地) 대신으로 지급되는 녹봉을 별사(別賜)라 하였다.[6]

---

3) 趙璣濬, 앞의 책 151면.
4) 『高麗史』 世家 卷23, 高宗 36年 夏4月 丙辰條.
5) 같은 책, 世家 卷27, 元宗 15年 正月條.
6) 같은 책, 志 卷34, 食貨3, 祿俸條.

그러나 예외적으로 공장들에게 전지가 지급되는 경우도 있었으니 예를 들면 문종(文宗)시대 전시과(田柴科)를 다시 정할 때 대장(大匠), 부장(副匠), 잡장(雜匠) 등에게 전(田) 17결(結)을 지급하도록 규정하였다.[7]

전시제도(田柴制度)의 대상이 된 이들 공장은 대체로 관청수공업장에 부역 동원된 일반 공장들 중에서 기술적으로 가장 뛰어난 장기근무자들이었으며, 또 무기 제조 분야 등 가장 중요한 생산분야에 종사하였던 자들이었을 것이다. 그리고 일정한 전지를 지급받은 이상 이들은 평생을 관청수공업에 종사하였던 것이라 생각된다.

고려시대에도 공장안(工匠案)이 작성되어 있었던 것으로 미루어보아[8] 공장들의 공역에의 동원은 이 공장안에 의하여 이루어졌던 것이라 생각되며, 관청수공업장에서는 그 공정(工程)도 비교적 세분화되어 있었으니 예를 들면 군기시에서 궁류(弓類)를 제조하는 데 있어서도 각궁장(角弓匠), 궁대장(弓袋匠), 노통장(弩筒匠), 전장(箭匠), 전두장(箭頭匠)으로 세분화되어 있었던 것이다.

관청수공업장에 종사하는 공장들은 그 취업기간과 기술 수준에 따라 지유승지(指諭承旨), 지유부승지(指諭副承旨), 행수지유(行首指諭), 지유(指諭), 행수교위(行首校尉), 행수대장(行首大匠), 행수부장(行首副匠) 등으로 그 계층이 나누어져 있었으며 일반 공장들은 이들의 지휘 아래 관수품 제조에 종사하였던 것이다.

한편 관청수공업에 종사하는 공장들은 박두(襆頭)를 착용하지 못하는 등 사회적·법률적 제재를 받으면서도 공장직의 영역에서 벗어나 관직에 오르는 경우도 있었다. 간관(諫官)들이 공로(功勞) 있는 공장일지

(…) 以至雜職胥吏 工匠 凡有職役者 亦皆有常俸 以代其耕 謂之別賜
7) 같은 책, 志 卷32, 食貨1, 田柴科條.
8) 같은 책, 志 卷29, 選擧3.

라도 관직에 나아가지 못하게 할 것을 주장하고, 이미 관직에 나아간 자는 이를 박탈할 것을 요구하고 있는 사실이 허다한 것이다.[9]

"고려의 공예 기술이 대단히 뛰어났으나 모두 공가(公家)에 귀속되었다"[10]고 말한 바와 같이 전체 고려시대를 통하여 가장 기술이 우수한 공장들은 관청수공업장에 동원되었으며, 따라서 관청수공업장은 고려시대의 가장 대규모적이며 또 그 기술 수준이 높은 수공업장(手工業場)이었다.

관청수공업은 중앙관청의 그것이 대표적인 것이었지만 지방관청에서도 무기와 관수품 생산을 위한 작업이 이루어져서 지방 공장(工匠)을 동원하였다.

관청수공업장에서의 생산활동이 시장생산은 아니었고, 따라서 중앙과 지방을 막론하고 관청수공업장에서의 작업기간이 길어질수록 도시나 농촌에서의 민간수공업(民間手工業)의 발달은 저해되는 것이었다.

2. 민간수공업

(1) 농촌 수공업

고려시대에 이르러서 농촌사회에서도 일부의 수공업 분야에서는 전업적(專業的) 수공업자 즉 공장(工匠)이 존재할 수 있는 여건이 갖추어

---

9) 한 가지 예를 들면, 같은 책, 志 卷29, 選擧3, 辛禑 5年 正月條에 "諫官言 工匠之徒 雖或有勞 勿許授職 其已授者 追奪職牒"이라 하였다.

10)『宣和奉使高麗圖經』卷19, 民庶, 工技條.
　　高麗工技至巧 其絶藝 悉歸于公

져갔다.

따라서 각 지방관청 예하(隸下)에도 공장이 등록되어 있어서 종종 지방관청의 수공업 생산에 동원되었으며, 평상시에는 농촌사회의 주문생산 등에 종사하였다.

충렬왕(忠烈王) 22년(1296)의 중찬(中贊) 홍자번(洪子藩)의 건의에 의하면 당시 유동장(鍮銅匠)들이 지방에 많이 살고 있었는데 각 주현(州縣)의 관리들이 유동(鍮銅)을 거두어 기명(器皿)을 만들었으므로 민간의 기명이 날로 줄어들고 있다 하고 그 대책으로서 유동장들을 일정한 기간을 정하여 서울에 돌아오게 할 것을 제의하고 있다.[11]

이것에 의하여 유동장들이 서울로 옮기게 되었는지는 의문이지만, 원래 귀족계층이 모여 살고 있는 서울에만 이들 공장이 집중되어 있었으나 지방에 있어서의 철기(鐵器) 수요가 증가함에 따라 지방으로 옮겨가는 자가 생겨났고 그것이 곧 지방 관리들의 수탈의 대상이 되었던 것이다.

기록이 부족하여 상세한 사정을 알 수 없지만 지방에 발달한 전업적 수공업자는 철기장(鐵器匠) 이외에도 농기구를 제조하는 야장(冶匠)을 비롯하여 도기장(陶器匠) 등이 있었으며 이들 역시 일정한 기간 지방관청에 동원되어 관수품 제조에 종사하였던 것이다.

한편 삼국시대부터 발달하였던 소(所)의 수공업 생산도 고려시대에 이르러서 더욱 발달하였다. 소에서의 수공업 생산도 농민수공업은 아니었으며, 소는 지방의 특수지역에 국가의 요구에 응하는 상공(常貢) 및 별공(別貢) 수납의 대상지로서 존재하였다.

---

11) 『高麗史』志 卷38, 刑法1.
　　忠烈王二十二年五月 中贊洪子藩 條上便民事 一近有鍮銅匠 多居外方 凡州縣官吏 及使命人員 爭斂鍮銅 以爲器皿 故民戶之器 日以耗損 宜令工匠 立限還京

각 소는 모두 그 특유의 생산물을 가지고 있었으며 그것에 따라 명명되었다. 예를 들면 금소(金所), 은소(銀所), 동소(銅所), 철소(鐵所), 사소(絲所), 지소(紙所), 와소(瓦所), 탄소(炭所), 염소(鹽所), 묵소(墨所), 자기소(瓷器所), 어량소(魚梁所), 강소(薑所) 등이었다.[12]

소에서 수공업 생산에 종사하는 공장들도 비교적 전업적인 수공업자들이었다고 생각되지만, 관부에 대하여 상공 및 별공 수납의 의무를 안고 있었던 이들은 지방의 일반 공장보다 한층 더 나쁜 조건에 처해 있었던 것이라 생각된다.

예종(睿宗) 3년(1108)의 기록에 의하면 동소, 철소, 자기소, 지소, 묵소 및 잡소(雜所)에 대한 별공색(別貢色)의 수탈이 극심하였으므로 장인들이 모두 괴로움을 견디지 못하여 도망하였다 하고 각 소의 별공물(別貢物)과 상공물(常貢物)의 양을 다시 작정할 것을 요청하고 있다.[13]

이와 같은 기록으로 미루어보면 소(所)는 순수한 민간의 수공업생산장(手工業生産場)이었다고는 볼 수 없다. 관청수공업장에서 필요로 하는 원료를 생산, 공납(貢納)하였거나 혹은 직접 수공업품을 생산하여 납부하는 국가에 예속된 수공업생산장이며, 그곳에 살면서 수공업품 생산에 종사하고 있는 공장들 역시 중앙의 관청수공업장이나 지방관부의 수공업장에 동원되는 일반 공장과는 차이가 있을 것이라 생각되고 있다.

예를 들면 경상도 하양현(河陽縣)의 이합은소(梨合銀所)가 본래는 현이었으나 그 주민 중에 국명(國命)을 어긴 자가 있어서 그 현이 은소(銀

---

12) 『新增東國輿地勝覽』.

13) 『高麗史』志 卷32, 食貨1.

　　睿宗三年二月 (…) 銅·鐵·瓷器·紙·墨·雜所 別貢物色徵求過極 匠人艱苦而逃避 仰所司
　　以其各所 別常貢物 多少酌定奏裁

所)로 격하되고 그 주민이 모두 소민(所民)으로 전락하였으며[14] 이와 같은 사실은 고려시대를 통하여 허다하였다. 그리고 실제로 소의 주민은 군현(郡縣)의 주민에 비하여 여러가지 사회적 차별 대우를 받고 있었으며, 또 죄인을 수용하는 곳으로도 소가 이용된 것 같아서 경상도 양산(梁山)에 있었던 어곡소(於谷所)는 속호(俗號)를 수경옥(水輕獄)이라 하며 본래 죄인을 감금해두는 곳이었다는 기록도 있다.[15]

이와 같이 소(所)의 주민들이 신분적으로 대체로 천민층에 속한 것이라 생각되고 있지만 그들의 수공업 생산활동 자체는 노예노동적인 것이었다고는 생각되지 않고 있다. 그들의 생산활동은 자기 경영에 의하여 이루어졌으며 다만 그들에게 부과된 공납품(貢納品)을 제조 납부하는 것이었으니, 부담에 있어서의 경중(輕重)의 차이는 있었겠지만 일반 농민들과 같은 여건 밑에 있었던 것이라 생각되고 있다.

소의 수공업 생산은 일반 농민수공업에 비하여 한층 더 전업적인 것이었고 그러므로 그 기술과 생산품의 질에 있어서도 농민수공업보다 우수한 것이었으리라 추측된다.

따라서 관부 수요품이나 귀족층의 생활품으로 관청 수공업생산품과 함께 소의 생산품 즉 그 별공품(別貢品)이 충당되었으며, 이와 같은 여건은 또 농민수공업의 발전을 자극하지 못한 원인이 되기도 하였다.

농촌지역에도 전업적인 공장(工匠)이 일부 발달하고 있었고 또 소에서의 수공업 생산이 이루어지고 있었지만 농촌 수공업의 중심은 역시 농민의 가내수공업(家內手工業)이었다.

---

14) 『新增東國輿地勝覽』卷27, 河陽縣 古跡條.
　　永州梨 旨銀所 古爲縣 中以邑子違國 命廢而藉民稅白金 稱銀所者久
15) 같은 책, 卷27, 梁山郡 古跡條.
　　於谷所 在郡西五里 有小域 俗號水蛭獄 古爲所時 囚罪人之地

농민의 가내수공업 생산은 대체로 자가수요를 위한 의료(衣料) 생산과 관부에 납부하기 위한 포물류(布物類)의 생산이었다. 농민들이 가내수공업으로 생산하는 의료는 대개 마포류(麻布類)와 저포류(苧布類) 그리고 견포류(絹布類) 등이었으며, 그것은 또 관부에 공납되어 군복지(軍服地) 등으로 이용되었다.

농촌의 가내수공업에서 생산하는 직물류가 일부 귀족층의 의료로 충당되기도 하였지만 대부분의 귀족층의 의복지는 관청수공업 생산품이나 소(所)에서의 별공 등으로 충당되었으므로 농촌 가내수공업에 있어서의 기술적인 향상을 자극할 만한 기회는 적었다.

(2) 寺院手工業

고려시대에는 불교가 국교화하여 모든 사원(寺院)이 국가와 귀족들의 보호를 받고 있었으므로 사원경제(寺院經濟)가 크게 발달하였다. 불교가 발달하고 사원경제가 향상되었으므로 사원의 수와 승려의 수가 증가하였고, 따라서 사원의 수공업품 수요가 증대되어 스스로 이를 자급하기에 이르렀으니 여기에 사원수공업이 발달하게 된 것이었다.

사원수공업은 대개 직포업(織布業)과 제와업(製瓦業) 그리고 제염업(製鹽業), 양조업(釀造業) 등에서 발달하고 있었는데 처음에는 자체 내의 수요를 충족하기 위하여 운영된 것이었으나 차차 생산이 증대하여 민간의 수요품을 조달하기에 이르렀다.

사원에서의 직포업은 본래 승려들과 사노비(寺奴婢) 등의 의료(衣料)로 공급하기 위하여 발달한 것이었는데 사원마다 직기(織機)를 두어 주로 이승(尼僧)과 사비(寺婢) 등이 직조한 것이었다.

『고려사(高麗史)』 열전(列傳)의 제국대장공주조(齊國大長公主條)에

의하면 어느 이승이 공주에게 화문(花紋)이 들고 대단히 섬세한 백저포
(白苧布)를 보이면서 사비가 직조한 것이라 말한 기록이 있으며[16] 한강
변에 있었던 미타사(彌陀寺)란 이사(尼舍)에서도 이승들이 질 높은 면
포를 제조 판매하였다는 기록도 있다.[17]

당시의 포물 생산이 주로 농촌의 가내부업으로 이루어졌던 것을 생
각해보면 이승이나 사비들에 의한 사원직포업(寺院織布業)이 오히려 전
업적인 것이었다 할 것이다.

사원제와업(寺院製瓦業) 역시 사원의 건축자재를 제조하기 위하여 발
달한 것이었으나 점차 그 기술이 발달하여 일반 민간제와장의 제품보
다 우수한 것이 생산되었다.

충렬왕 3년(1277)의 기록에 의하면 대연(大然)이란 승려를 강화도에
보내어 유리와(琉璃瓦)를 제조하게 하였는데 황단(黃丹)을 이용하고 광
주(廣州) 의안(義安)에서 생산되는 원료토(原料土)를 사용하여 제조하는
유리와는 상인들이 판매하는 와류(瓦類)보다 우수한 것이었다 한다.[18]

유리와는 청와(靑瓦)나 혹은 유약(釉藥)을 사용한 와류 등을 가리킨
것이라 생각되지만 어떻든 사원의 제와업은 이후 조선시대까지 연결되
어 조선초기의 제와장인 별와요(別瓦窯)는 승려들에 의하여 운영되었다.

한편, 사원양조업(寺院釀造業) 역시 크게 발달하여 사원 영리사업의
핵심을 이루었다.

---

16) 『高麗史』列傳 卷2, 后妃2, 忠烈王 齊國大長公主條.
　　有一尼 獻白苧布 細如蟬翼 雜以花紋 公主 以示市商 皆云前所未覩地 問尼何從得此 對曰
　　吾有一婢 能織之 公主曰 以婢遺我如何 尼愕然 不得已納焉
17) 『朝鮮佛教通史』下編.
　　南山之下 漢江之上荳毛 浦有一尼舍 名曰 彌陁寺 尼姑等 皆以織極細綿布爲業
18) 같은 곳.
　　遣僧大然于江華 燔琉璃瓦 其法多用黃丹 乃取廣州義安土燒作之 品色愈於南商所賣者云

고려시대에는 사원의 양주(釀酒)를 금지하는 조처가 자주 내리고 있는데 예를 들면 현종(顯宗) 원년(1010)에 승려의 양주를 금지한 것이나[19] 동왕 12년(1021)의 "復禁寺院釀酒"[20]한 조처 및 인종(仁宗) 9년(1131)의 "內外寺社僧徒 賣酒鬻葱"[21]한 경우 등을 들 수 있다.

사원양조업의 규모가 어느 정도였는지 정확하게 알 만한 기록이 남아 있지 않지만 현종 18년(1027)의 양주(楊州)지방의 보고에 의하면 이 지방의 장의(壯義), 삼천(三川), 청연(靑淵) 등 사원에서 금령을 어기고 360여 석이나 양주한 사실이 드러나 처벌을 받은 일이 있는 것으로 보아[22] 각 사원에서의 양조업은 비교적 큰 규모의 것이었으며, 전국 사원에서의 양조용 미곡소모량도 막대한 것이었다고 추측된다.

한편 제염업(製鹽業)에 있어서도 사원이 차지하는 위치는 높은 것이었다. 예를 들면 몽고(蒙古)의 지배 밑에서 고려의 주권강화 정책을 감행하였던 충선왕(忠宣王)은 그 즉위년(1298)에 염(鹽)의 국가전매법(國家專賣法)을 실시하여 재정 사정을 개선하려 하였는데, 이때의 전지(傳旨)에서 "우리나라의 모든 궁원(宮院)과 사사(寺社) 및 권세가(權勢家)가 염분(鹽盆)을 사사로이 설치하여 그 이익을 독점하고 있으므로 국가재정이 넉넉하지 못하다. 장차 내고상적창(內庫常積倉)과 도염원(都鹽院) 안국사(安國社)와 모든 궁원 및 내외 사사가 소유하고 있는 염분을 모두 입궁(入宮)시킬 것"이라 하였다.[23]

---

19) 『高麗史』志 卷39, 刑法2, 禁令條.
　　禁僧人奴婢相爭 又禁僧尼釀酒
20) 같은 곳.
21) 같은 곳.
22) 같은 책, 世家 卷5, 顯宗 18年 6月 癸未條.
　　楊州奏 壯義·三川·青淵等寺僧 犯禁釀酒 共米三百六十餘石 請依律斷罪 從之
23) 같은 책, 志 卷33, 食貨2, 鹽法條.

그리고 이때 정부 소유로 만든 전국의 염분 수는 모두 6백여 개소에 달하고 있는데, 본래 이 가운데 사원에서 경영하던 염분이 얼마나 있었는지 분명하지 않지만, 국가와 귀족층의 보호를 받고 막대한 사원전(寺院田)과 사노비(寺奴婢)를 보유하고 있던 고려시대의 사원은 염분 소유에 있어서는 궁원과 권세가에 뒤지지 않았던 것이다.

(『한국사 5: 고려 귀족국가의 사회구조』, 국사편찬위원회 1975)

忠宣王元年二月 傳旨曰 古者 権鹽之法 所以備國用也 本國諸宮院·寺社及權勢之家 私置鹽盆 以專其利 國用何由可贍 今將內庫常積倉 都鹽院安國社及諸宮院·內外寺社 所有鹽盆 盡行入官

귀족사회의 경제적 기반: 상업과 대외무역

1. 국내 상업

(1) 도시 상업

고려(高麗)시대에는 서울인 개성(開城)을 비롯하여 서경(西京)인 평양(平壤), 동경(東京)인 경주(慶州), 남경(南京)인 한성(漢城) 등 큰 도시가 발달하였다. 이들 도시는 행정중심지로서 관아도시(官衙都市)였지만, 이곳에는 현물(現物)로서 수납(收納)되는 조세(租稅)를 비롯하여 많은 물자가 집중되었다. 따라서 자연히 활발한 교역이 이루어졌으며 이때문에 상업기관이 발달하였으니 그 대표적인 것이 시전(市廛)이었다.

시전은 이들 도시민들의 생활품을 판매하기도 하지만 한편 관수품(官需品)을 조달하고 조세와 공납품(貢納品) 등 국고(國庫)의 잉여품을 처분하는 기능을 가지는 것이었으니 관아도시에 있어서도 시전의 존재는 불가결한 것이었다.

개성의 경우 시전이 설치된 것은 국초부터여서, 기록에 의하면 태조

(太祖) 2년(919)에 그곳을 수도로 개발할 때부터 시전이 설치되었다.[1]

설치 초기의 시전 규모에 관해서는 기록이 전하지 않아서 그 상세한 것을 알 수 없으나, 12세기 초엽에 개성시전(開城市廛)의 북랑(北廊) 건물 65간(間)이 불타버렸다는 기록이 있고[2] 13세기 초엽의 기록에도 개성의 광화문(廣化門)에서 십자가(十字街)에 이르는 도로의 좌우변에 1008영(楹)의 장랑(長廊)을 건축하였는데 이 역사(役事)에는 개성 시내 오부방리(五部坊里)의 양반들이 처음으로 그 비용을 부담하였다 한다.[3]

이와 같은 사실로 미루어보면 개성의 시전도 장랑건물로 구조되어 있었고 관부(官府)가 이를 건조하여 시전상인들에게 대여하였던 것이라 생각되는데, 이 경우 시전물건을 대여받은 상인들은 일정한 공랑세(公廊稅)를 바쳤을 것이다.

개성시전의 규모를 한층 더 상세히 전해주고 있는 것은 역시 12세기 초엽의 기록인 『고려도경(高麗圖經)』이다. 이 기록에 의하면 개성의 시전들은 광화문에서 부급관(府及館)까지 장랑을 이루고 있으며 각 상전(商廛)의 문루(門樓)에는 영통(永通), 광덕(廣德), 홍선(興善), 통상(通商), 존신(存信), 자양(資養), 효의(孝義), 행손(行遜) 등의 전호(廛號)가 쓰인 간판이 붙어 있었다고 한다.[4]

---

1) 『高麗史』世家 卷1, 太祖 2年 春正月條.
　　定都于松嶽之陽 創宮闕 置三省六尙書 官九寺 立市廛 辨坊里 分五部 置六衛
2) 같은 책, 志 卷7, 五行, 睿宗 7年 9月 乙丑條.
　　京市樓北廊六十五閒火
3) 같은 책, 世家 卷21, 熙宗 4年 秋7月 丁未條.
　　改營大市左右長廊 自廣化門 至十字街 凡一千八楹 (…) 凡五部坊里兩班 戶歛米粟 就賃供役 兩班坊里之役 始此
4) 『宣和奉使高麗圖經』卷3, 城邑, 坊市條.
　　王城本無坊市 惟自廣化門至府及館 皆爲長廊 以蔽民居 時於廊間 榜其坊門 曰永通 曰廣德 曰興善 曰通商 曰存信 曰資養 曰孝義 曰行遜

시전상업은 흔히 어용상업(御用商業)이라 하는 바와 같이 관부가 그 필요에 의하여 개설한 상업기관이었으므로 그것에 대한 관부의 관여도도 대단히 높은 것이었다.

시전을 감독하는 관서로서 경시서(京市署)가 있어서 항상 물가를 조종하였다. 예를 들면 충렬왕(忠烈王) 8년(1282)에는 도평의사사(都評議使司)에서 경시서로 하여금 농사의 풍흉도(豊凶度)에 따라 미곡가를 정하게 한 것이나[5] 우왕(禑王) 7년(1381)에 개성 시내의 물가 등귀를 막기 위하여 경시서로 하여금 물가를 평정(評定)하게 한 후 이를 어긴 사람은 처형하게 한 사실 등은[6] 그것을 잘 말해주고 있다.

한편 고려시대의 시전이 가지는 이와 같은 관부와의 관계로 미루어 보아 이들 시전들도 전매(專賣)특권 같은 것을 누리고 있었던 것이라 생각되지만, 이 사실을 구체적으로 전해주고 있는 기록은 없다.

다만 고려시대의 도시 상업에 있어서도 매점(買占)상업이 성행하고 있었다. 충숙왕(忠肅王) 8년(1321)의 기록에 의하면 개성 시내에 4개처의 염전(鹽廛)이 있었는데 그곳에서 판매하는 소금이 모두 권세가에 의하여 매점되었으므로 관부에서 발급하는 표첩(標牒)을 가지지 않은 자에 대한 소금 판매를 금지한 일이 있다.[7]

고려시대에는 송(宋)나라·일본(日本) 등 외국과의 교역이 발달하였

---

5) 『高麗史』志 卷33, 食貨2, 市估條.
　忠烈王八年六月 都評議使司榜曰 民生之本 在於米穀 白金雖貴 不救飢寒 自今銀瓶一事折米 京城率十五六石 外方率十八九石 京市署 視歲豊歉 以定其價
6) 같은 곳.
　辛禑七年八月 京城物價踊貴 商賈爭利錐刀 崔瑩疾之 凡市物 令京市署 評定物價 識以稅印 始許買賣 無印識者 將鉤脊筋殺之 於是懸大鉤於署以示之 市人震慄 事竟不行
7) 같은 책, 志 卷33, 食貨2, 鹽法條.
　忠肅王八年三月 民部以京中四鹽鋪所賣鹽 皆歸權勢親故 不及踈賤 榜曰 非受本部牒者 不得賣

으므로 도시 상업계도 직접 외국무역과 연결되어 거래가 활발히 전개되었다. 『고려도경』의 기록에 의하면 외국의 사절이 고려에 오면 으레 큰 시장이 형성되고 공예품과 직물류 및 금은세공품의 거래가 활발히 이루어지는데, 그 가운데는 왕부(王府)의 물건으로서 거래의 대상이 되는 것도 있었다 한다.[8]

시전은 도시에 있어서의 상설전포(廛舖)이지만 이밖에도 도시 안의 일정한 장소에 시장이 서고, 이곳에서는 일반 도시민의 일상 생활용품이 매매되었다.

여러 도시 중에서도 개성의 시전상업이 가장 활발하게 발달하였다. 개성시전은 중앙정부의 조달상(調達商)으로서의, 혹은 수도를 찾아오는 외국인을 대상으로 하는 국내 최대 규모 상인으로서의 위치를 유지하였으며, 따라서 정부의 보호를 받으면서 그들의 활동을 외국무역으로 연결시켰던 것이다.

이에 비하여 서경, 즉 평양의 상업활동은 그다지 활발하지 못하였다. 숙종(肅宗) 7년(1102)의 한 기록에 의하면 서경민(西京民)의 습속이 상업에 힘쓰지 않아서 그 생활이 넉넉하지 못하다는 유수관(留守官)의 보고에 따라 화천별감(貨泉別監) 2명을 임명하여 시사(市肆)를 감독하게 하고 서경의 상업 발전을 도모하였다.[9]

고려시대의 도시 상업은 일반적으로 시전들이 관아도시 내부에 있어서의 관부 조달상으로서의 성격을 가진 것이었으나, 관부가 상품의 최

---

8)『高麗圖經』卷3, 城邑, 貿易條.
　　高麗故事 每人使至 則聚爲大市 羅列百貨 丹漆繪帛 皆務華好 而金銀器用 悉王府之物 及時鋪陳 蓋非其俗然也
9)『高麗史』志 卷33, 食貨2, 市估條.
　　肅宗七年九月 制曰 四民各專其業 實爲邦本 今聞西京習俗 不事商業 民失其利 留守官其奏 差貨泉別監二員 日監市肆 使商賈 咸得懋遷之利

대 소비자였고 또 관아도시가 가장 많은 소비인구를 포용하고 있는 곳이었으며, 농민의 생산물이 현물로 납부되고 농촌사회에서는 화폐가 거의 유통되지 않았음에도 불구하고 관아도시 내부에서는 화폐유통이 일반화하고 있었던 점, 관아도시의 상업이 외국무역과 직결되고 있었던 점 등 여러가지 경제적 여건 때문에 고려시대에 있어서의 가장 활발한 국내 상업의 일환을 이루고 있었던 것이다.

(2) 지방 상업

개성·평양·경주 등 몇 도시의 상업이 상설전포로서의 시전상업 중심으로 발달하고 있었던 데 반하여 농촌지방의 상업은 비상설적 장시(場市)를 중심으로 발달하였다.

농촌지방의 일정한 교통중심지에 정해진 시기마다 장시가 서고 주변의 1일 왕복 거리에 있는 농민들이 모여 물물을 교환하는 형태의 상업이 발달하였던 것이다.

『고려도경』저자의 표현에 의하면 고려시대의 농촌지방에는 상설적인 상점이 없고 하루 동안만 서는 장마당에 남녀노유(男女老幼)와 관리 및 수공업품 생산자 등이 모여 각자의 가진 것으로 다른 물품을 교환하여 금속화폐는 없고 저포(紵布)와 은병(銀甁)으로 값을 치른다고 하였다.[10]

이와 같은 장시가 대개 며칠 만에 한 번씩 열렸으며 또 전국적으로 그 수가 얼마나 되었는지 전혀 확인할 길이 없지만 개시일(開市日)과 장시의 수는 농촌 상업의 발전 정도에 따라 빈번하고 또 많아졌을 것이다.

---

10)『高麗圖經』卷3, 城邑, 貿易條.
　　其俗無居肆 惟以日中爲虛 男女老幼 官吏工技 各以其所有 用以交易 無泉貨之法 惟紵布銀鉼 以准其直

농촌 장시에 있어서의 교환의 매개체는 포물(布物)이 주가 되었고 은병이 일부 유통되었지만 엽전과 같은 주조(鑄造)화폐는 통용되지 않았으므로 화천지법(貨泉之法)이 없다고 표현하였던 것이며, 이 사실은 또 고려시대에 있어서의 해동통보(海東通寶)와 같은 주화(鑄貨)의 통용 한계를 말해주는 것이라 하겠다.

한편, 농촌 장시에는 물물교환하는 농민과 자기의 생산품을 판매하는 일부의 소생산자들 이외에 이 장시들 사이를 순회하며 그 상권을 연결하는 행상(行商)이 있었고 또 농민층이 관부에 바치는 공물(貢物)을 대납(代納)하는 상인들이 있었다. 고려시대에도 농민들이 각 주현(州縣)에 매년 상공(常貢)으로 바치는 우피(牛皮)·근각(筋角) 등을 평포(平布)로 절가(折價) 대납하는 제도가 있었던 것이다.[11]

지방 장시에서 활동한 비교적 전업적(專業的)인 상인으로서의 행상은 주로 부상(負商)들이었다고 생각되지만 그들에 관한 상세한 기록은 전하지 않고 다만 공양왕(恭讓王) 때 황해도 영정포(寧丁浦)의 소금을 부상으로 하여금 운반하게 하였다는 기록이 있으며 또 당시 부상들이 전국적으로 활동하고 있었던 흔적도 보인다.[12]

조선왕조(朝鮮王朝)가 성립된 15년 후인 태종(太宗) 7년(1407)에는, 행상활동이 성하여 전국적으로 미치고 있으며 특히 중국(中國)과의 국경지방에까지 드나드는 사실을 들고 이를 억제하기 위하여 전국적으로 행상들에 대한 행장(行狀)제도를 실시하고 있다.[13] 이와 같은 사실로

---

11) 『高麗史』志 卷32, 食貨1.
　　文宗二十年六月 判諸州縣 每年常貢 牛皮·筋角 以平布折價代納
12) 惠商公局 序 完文.
　　使負商運鹽寧丁浦 其說不記於靑管 微著於骨亭滄翁日記中可頌 天道循環 無往不復
13) 『太宗實錄』卷14, 太宗 7年 10月 己丑條.
　　平壤府尹尹穆 上便宜事目八條 (…) 一貪財小人 惟利是求 輒憑行貨 往來諸道 以民間日用

미루어보면 고려시대에도 행상활동이 활발하였던 것으로 추측되며 조선왕조의 성립과 더불어 그 억상정책(抑商政策)에 의하여 통제된 것이었다.

지방의 행상활동과 관련하여 발달한 것이 원(院)이었다. 원(院)은 정부가 지방의 교통 및 상업 중심지에 설치하여 여행자와 행상들의 숙소로 이용하게 한 것인데, 원주인(院主人)을 정부가 모집하여 이들이 경영하게 하는 한편 대로(大路)에 설치된 원에는 5결(結), 중로(中路)의 원에는 4결, 소로(小路)의 원에는 3결의 원전(院田)을 배당하여 그 경비에 충당하게 하였던 것이다.[14]

(3) 사원 및 승려의 상행위

고려시대의 상업 발달에 있어서 승려 및 사원(寺院)의 상업활동을 들지 않을 수 없으니 승려의 상행위와 사원의 고리대업(高利貸業)은 그 규모에 있어서는 대단히 큰 것이었다.

사원들은 대부분 수공업생산장을 가지고 있었다. 그것은 본래 사원의 수요품을 자급하기 위하여 구비된 것이었으나 잉여생산이 이루어져서 그 생산품을 민간에 판매하기에 이르렀고, 이와 같은 여건을 계기로 하여 점차 사원 생산품과 관계없이도 승려의 상행위가 자행되었으며, 그것은 또 전체 상업계를 통하여 큰 비중을 차지하게 되었던 것이다.

현종(顯宗) 18년(1027)의 기록에 의하면 양주(楊州)지방의 장의(莊

不切之物 誑誘愚民婦女 謀奪人産 是可慮也 願自今 凡行貨者痛禁 拔本塞源使安其業 如有違令敢行貨者 以盜論 政府議得 東西北面 境連彼土 其面入歸行商者 京中漢城府外方都觀察使·都巡問使印信行狀成給 無行狀者 一依啓本痛禁

14) 『高麗史』志 卷32, 食貨1, 公廨田柴條.

義)·삼천(三川)·청연사(靑淵寺) 등에서 법금(法禁)을 어기고 쌀 360여
석을 양주(釀酒)하였다가 처벌된 일이 있으며[15] 문종(文宗) 10년(1056)
에도 국역(國役)을 피하는 무리들이 사원에 의탁하여 고리대업이나 농
목(農牧)을 경영한다는 기록이 있다.[16] 또한 충선왕(忠宣王) 원년(1309)
에 각염법(榷鹽法)을 실시할 때도 그 전지(傳旨)에서 "예부터 각염법은
국가의 경비를 충당하기 위하여 실시하는 것인데 우리나라는 모든 궁
원(宮院)과 사사(寺社)와 권세가가 염분(鹽盆)을 사사로이 설치하여 그
이익을 독점하니 국가 재정이 어찌 넉넉할 수 있겠는가"[17] 하고 사원
등의 제염과 판매를 금지하고 염분을 모두 관부에 귀속시켰다.

　승려들의 영리행위가 거의 모든 부문에 걸쳐 널리 성행하였고 그것
이 여러가지 폐단을 초래하였으므로 정부는 빈번하게 승려들의 상행위
를 금지하는 조처를 취하였다. 그러나 승려나 사원의 상행위는 이미 일
반화하였고 또 사원의 경제적 여건에 있어서도 불가결한 것이 되어 정
부의 금령(禁令)은 이행되지 못하였다.

　예를 들면 승려들이 주류(酒類)를 판매하고 또 '원문(願文)'이나 '권
선부(勸善符)' 등을 팔기 위하여 경외(京外)의 시정(市井)과 민가에 출
입하여 치부하는 일이 많았으므로 충선왕 4년(1312)에는 '승인추고도감
(僧人推考都監)'을 설치하여 승려들의 상행위를 금지하려 하였으나[18]

15) 같은 책, 世家 卷5, 顯宗 18年 6月 癸未條.
　　楊州奏 狂義·三川·靑淵等寺僧 犯禁釀酒 共米三百六十餘石 請依律斷罪 從之
16)『高麗史節要』卷4, 文宗 10年 9月條.
　　制曰 釋迦闡敎 淸淨爲先 遠離垢陋 斷除貪欲 今有避役之徒 托號沙門 殖貨營生 耕畜爲業
　　估販爲風
17)『高麗史』志 卷33, 食貨2, 鹽法條.
　　忠宣王元年二月 傳旨曰 古者榷鹽之法 所以備國用也 本國諸宮院·寺社及權勢之家 私置鹽
　　盆 以專其利 國用何由可贍
18) 같은 책, 志 卷39, 刑法2.

효과를 거두지 못한 것 같아서 이후에도 충숙왕 3년(1316)에 유직인(有職人)과 함께 승려의 상판(商販)을 금지한 것을 비롯하여[19] 계속 승려들의 상행위가 논의의 대상이 되고 있었다.

한편 사원과 승려들에 의한 고리대업도 그 상행위에 못지않게 성행하고 있었다. 고려시대에도 일반적으로 고리대업이 발달하여 정부가 '자모정식지법(子母停息之法)'을 만들어 식리율(殖利率)을 공정화(公定化)하고 있었지만[20] 사원이나 승려들에 의한 고리대업이 그 중심을 이루고 있었던 것이라 하겠다.

명종(明宗) 18년(1188)에는 승려들이 추악(麤惡)한 지포(紙布)를 부민들에게 강제로 대여하고 취리(取利)하는 일을 금지한 기록이 있고[21] 최우(崔瑀)의 얼자(孼子)로 승려가 된 만종(萬宗)과 만전(萬全) 등이 무뢰(無賴)한 악승(惡僧)들을 모아 그 문도(門徒)로 삼고 고리대업을 영위하여 많은 금은(金銀), 곡백(穀帛)을 축적하는 한편 그 문도들이 이름있는 사찰을 모두 점거하였는데 그들이 경상도에 비축한 미곡 50여만 석(碩)을 백성들에게 대여하여 취식(取息)하였다는 기록도 있다.[22]

불교의 사회적 지위가 높았던 고려시대에 있어서 불승(佛僧)들이 사

___

忠宣王四年九月 置僧人推考都監 禁諸寺勸化僧 來集京師 聚錢財 肆爲穢行者

19) 같은 곳.
    忠肅王三年三月 禁有職人及僧人商販

20) 같은 책, 志 卷33, 食貨2, 借貸條.
    凡公私借貸 以米十五斗 取息五斗 布十五匹 取息五尺 以爲恒式

21) 같은 책, 志 卷39, 刑法2, 禁令條.
    明宗十八年 三月 制曰 (…) 道門僧人 諸處農舍冒認 貢戶良人以使之 又以麤惡紙布 強與貧民 以取其利 悉皆禁止

22) 『高麗史節要』卷16, 高宗 27年 12月條.
    崔瑀孼子僧萬宗·萬全 皆聚無賴惡僧爲門徒 唯以殖貨爲業 金銀穀帛 以鉅萬計 門徒分據名寺 (…) 慶尙州道所畜米穀五十餘萬碩貸民收息

찰의 경제력을 배경으로 하여 고리대업에 종사할 수 있는 여건은 충분히 갖추어져 있던 것이며 특히 사찰에 있어서의 보(寶)의 발달은 고리대업을 촉진시켰던 것이다. 사찰에 있어서의 보는 경보(經寶)·팔관보(八關寶)·광학보(廣學寶) 등의 불보(佛寶)가 발달하였는데 보의 본래의 목적이 일정한 기본적인 재단을 마련하고 그것에서 얻어지는 이식(利息)으로서 특정 사업을 경영해나가려는 것이었으므로 자연히 식리적(殖利的)인 성격을 가지게 된 것이었다.

불보의 재원은 정부나 귀족들의 시납(施納)으로 마련되는 것이었다. 예를 들면 정종(定宗)이 7만 석의 곡물을 국내의 큰 사찰들에 시납하여 경보와 광학보의 재원으로 삼게 한 일 등이다.[23] 그러나 이와 같은 불보의 재원이 그 식리과정에서 고리대업으로 변하는 것이었으니, 이 불보의 전곡(錢穀)을 승려들이 차인(差人)들을 시켜 지방의 각 주군(州郡)에 장리(長利)를 놓음으로써 백성들을 괴롭히고 있었던 일 등이[24] 그것을 말해주고 있는 것이다.

고려시대의 사원이 가지는 경제적 위치는 대단히 높은 것이었지만, 특히 상공업 부분에 있어서는 사원이 지물류(紙物類), 도와류(陶瓦類) 등의 생산장으로서 중요한 위치를 차지하였고 승려들에 의한 상행위와 식리사업 역시 활발히 이루어지고 있었다.

---

23) 『高麗史』 世家 卷2, 定宗 元年 1月條.
　　以穀七萬石 納諸大寺院 各置佛名 經寶及廣學寶 以勸學法者
24) 『高麗史節要』 卷2, 成宗 元年 6月條.
　　崔承老上書 (…) 佛寶錢穀 諸寺僧人 各於州郡 差人勾當 逐年息利 勞擾百姓 請皆禁之 以其錢穀 移置寺院田莊 若其主典有田丁者幷取之 以屬于寺院莊所 則民弊稍減矣

2. 외국무역

(1) 송과의 교역

신라(新羅)시대에도 이미 중국대륙과의 교역이 활발히 전개되었지만, 고려시대에 들어와서도 그것은 계속되었고 특히 고려와 송(宋)나라의 교역이 역사상 그 유례를 보기 드물게 발달하였다. 고려가 건국한 후 송나라와의 교역이 처음으로 열린 것은 962년(고려 광종 13년, 송나라 태조 3년)부터였다. 두 나라 사이에 외교관계가 수립된 것은 요(遼)·금(金) 등 북방 유목민족과의 정치적 관계 때문이기도 하였고, 따라서 공식적인 외교관계는 국가 사이의 정책적 변화에 따라 끊어지기도 하였다. 그러나 민간 중심의 교역관계는 비교적 외교관계의 영향을 덜 받으면서 활발히 전개되었다. 고려와 송나라 사이의 민간상인의 교역관계를 이와 같이 활발하게 한 원인은 두 나라 측이 모두 가지고 있었다.

고려 측의 경우 신라시대부터의 활발하였던 해상활동을 계승하여 태조(太祖) 초부터 벌써 중국 측과의 교역을 벌일 수 있었던 점을 들 수 있다. 예를 들면 태조 7년(924)에 이미 고려의 상선이 중국의 등주(登州)에 가서 교역을 하였으며, 같은 해에 고려 사선(使船)이 청주(靑州)에 가서 무역을 벌인 기록이 있는 것이다.[25] 한편 이와 같이 건국초기부터 활발히 전개된 고려 민간상인들의 외국무역은 고려왕조의 기반이 확고해짐에 따라 더욱 발전하였고 마침내 역사상 가장 활발한 외국무역이 전개되기에 이르렀다. 조선시대에는 철저한 쇄국주의 때문에 민간상인들의

---

25) 『册府元龜』 卷999, 互市條; 金庠基 『高麗時代史』, 東國文化史 1961, 200면 주22.

대외무역이 전적으로 금지되었던 사실과 비교해보면 '고려(高麗)'가 한반도를 가리키는 이름으로 외부세계에 알려지게 한 고려 상인들의 대외활동은 높이 평가할 만한 것이며, 그 활동의 중심 대상지가 바로 송나라였던 것이다.

한편 송나라의 경우도 북방에 있어서의 요·금과의 대치 상태에도 불구하고 국내 상업이 크게 발달하였을 뿐만 아니라 정부가 적극 대외무역을 장려하였다. 특히 고려와의 사이에는 비록 민간상인이라 하더라도 요·금과의 외교관계와 관련하여 공식 외교의 일익을 담당하는 경우도 있어서 그 교역이 특히 활발하였다.

한반도와 중국 사이의 항로는 고대사회에서부터 이미 열려 있었고, 특히 통일신라시대를 통하여 더욱 발달하였지만 고려시대에도 그것을 이어받아 대개 북선항로(北線航路)와 남선항로(南線航路)의 두 길을 이용하였다. 북선항로는 대체로 왕조의 초기에 사용된 항로로서 예성강(禮成江)에서 황해도의 옹진(甕津) 앞바다를 돌아 대동강구(大同江口)의 초도(椒島)에 이르고, 여기에서 서남쪽으로 직선으로 항해하여 중국의 등주 산동(山東) 방면으로 가는 항로였다. 이 항로는 신라시대에도 가장 빈번하게 이용되던 것으로서 고려초기에 그대로 계속된 것이다.

한편 남선항로는 예성강에서 서해안의 도서지역을 거쳐 흑산도(黑山島)에 이르고 여기에서 서남쪽으로 항해하여 중국의 명주(明州)에 도착하는 항로였다. 남선항로는 대체로 왕조의 후기에 많이 이용된 항로로서 대개 고려 및 송나라와 요·금의 관계가 악화하여 북선항로의 이용이 위험해짐으로써 개척된 항로라 생각되기도 하지만, 한편 이 항로가 항해에 편리하고 또 무거운 화물을 많이 적재할 수 있기 때문에 개척된 것이라 생각되고 있기도 하다.[26] 뿐만 아니라 이 무렵 남중국 연안은 서남아시아 제국과의 무역이 크게 발달하고 있어서 고려의 대송(對宋)무역 중심지가 되고 있었으므로 이곳에 직접 갈 수 있는 항로의 개척이 요청되었기 때문이기도 하였다.

고려와 송나라 사이에 안전한 항로가 열리게 되자 고려의 상인들이 이 항로를 통하여 특히 남중국(南中國)지역과 교역을 벌여 중국 상품은 물론 그곳에 모여드는 동남아시아지역의 상품을 무역하여 고려의 문화와 경제 발전에 큰 영향을 주었다. 고려 상인의 활동도 활발하였지만 고려와 송나라 사이의 무역활동은 대체로 송나라 상인들이 그 주도권을 가졌다고 할 수 있다.

송나라 상인들이 고려와의 무역에 본격적으로 활약하기 시작한 것은 대체로 11세기 초엽, 즉 고려 현종 때부터였다. 1012년(현종 3)부터 1278년(충렬왕 4)까지 약 260여 년 동안에 고려에 온 송나라 상인의 수는 고려 측의 기록에 의해서만 통계하여도 약 5천여 명에 이르고 있으며, 그들이 온 횟수도 120여 회나 된다.[27]

그리고 송나라 상인은 1년 중 7월부터 8월 사이에 가장 많이 왔던 것으로 통계된다. 기록상에 나타나는 120여 회의 내항(來航) 횟수 중 7월과 8월에 온 것이 거의 절반을 차지하고 있었다. 그것은 대체로 이 시기의 서남 계절풍을 이용하여 항해한 데 원인이 있으며, 이밖에도 특히 11월에 내항한 예가 많은데 그것은 이때 고려에서 국가적 행사로 실시되는 팔관회(八關會)에 참여하기 위한 것이라 생각되고 있다.[28]

송나라 상인들의 고려와의 무역은 대개 고려정부를 대상으로 하여 방물(方物)·토물(土物) 등을 바치고 하사품을 받아 가는 일종의 진헌무역(進獻貿易)과 고려의 민간상인을 대상으로 하는 교역으로 나눌 수 있

---

26) 震檀學會 編『韓國史 中世篇』, 乙酉文化社 1961, 390면 참조.

27) 金庠基『東方文化交流史論攷』, 乙酉文化社 1948, 65면.

28) 같은 책 66면 참조.

다. 진헌무역은 팔관회 때의 경우를 예로 들 수 있다. 팔관회 행사가 실시되면 으레 송상(宋商)을 비롯한 여진인(女眞人)·탐라인(耽羅人) 등이 방물을 바치는 순서가 있었고 고려 조정에서는 이들에게 하사품을 내렸다. 송나라 상인들과 고려의 민간상인들 사이에 이루어지는 교역도 활발하였던 것이라 추측된다. 송나라 측의 기록에 의하면 개성에는 중국인 수백 명이 있는데 복건(福建)지방 사람이 많으며 상행위를 목적으로 온 사람을 가만히 그 능력을 시험해보고 녹(祿)과 벼슬로 유인하거나 혹은 억지로 평생 머물게 한다고 하였다.[29] 고려에 중국인으로서 귀화한 사람이 많은 것은 이들 상인의 귀화가 많았기 때문이라 할 것이다. 고려에 내항한 송나라 상인은 남중국의 천주(泉州)와 복주(福州)·명주·대주(臺州) 지방 출신이 많았다.

고려와 송나라의 무역에 서로 거래된 상품은 송나라 상인이 고려의 조정에 바친 진헌품(進獻品)과 고려 조정이 그들에게 내린 하사품을 통하여 추측할 수 있다. 고려에서 송나라 상인들에게 하사하는 물품은 금(金), 은(銀), 동(銅), 인삼(人蔘), 송자(松子), 피물(皮物), 칠기(漆器), 유황(硫黃), 저마포(苧麻布), 지물(紙物), 나전기(螺鈿器), 선자(扇子), 완초석(莞草席), 금은장도(金銀粧刀), 필묵(筆墨) 등을 들 수 있다. 민간무역에 있어서도 대체로 이들 물품이 수출된 것이라 하겠다. 반면 송나라 상인들이 고려의 조정에 바친 물품은 능견면라(綾絹綿羅) 등 각종 비단과 특히 송나라 시대에 발달한 자기(磁器)를 비롯하여 약재(藥材), 서적(書籍), 악기(樂器), 의대(衣帶), 옥서(玉犀), 안마(鞍馬), 차(茶), 촉(燭) 등을 들 수 있다. 민간의 교역에 있어서도 비단과 약재 등이 그 대종을 이루

---

29) 『宋史』 高麗傳.
　　王城有華人數百 多閩人 因質舶至者 密試其所能 誘以祿仕 或強留之終身云云

었을 것이다.

한편 송나라 상인들은 중국의 생산품만을 고려에 수출하는 것이 아니라 서남아시아지역의 생산품을 중개 무역하기도 하였다. 그 상품은 대개 향약(香藥), 침향(沈香), 서각(犀角), 상아(象牙)와 앵무(鸚鵡), 공작(孔雀) 등의 조류 등이었는데, 그것은 아라비아·자바 등지의 상인에 의하여 남중국지방에 전래된 것이었다.

송나라 상인들이 고려에 가져오는 상품은 그 대부분이 고려 귀족들의 생활품이어서 그들의 사치생활에 충당되었다. 따라서 송나라 상인들의 교역 때문에 고려의 재정적인 손실이 컸음도 간과할 수 없다. 예를 들면 1113년(예종 8)에 궁중의 사치생활을 위하여 화원(花園)을 만들고 각종 화초를 재배하는 한편 송나라 상인에게서 사치품을 사들여서 내대금폐(內帶金幣)가 허비된다 하였다.[30] 1231년(고종 18)에도 송나라 상인이 집권자 최우(崔瑀)에게 수우(水牛) 4마리를 바쳤던바 최우는 그 댓가로 인삼 50근과 광포(廣布) 3백 필을 준 기록이 있다.[31]

송나라 상인들의 고려에의 내항이 빈번하고 그 수가 많아짐에 따라 자연히 밀무역도 성행하였던 것 같다. 1205년(희종 1)에는 예성강의 감검어사(監檢御史) 안완(安琓)이 송나라 상인의 밀수상품을 적발하여 그들에게 태형(笞刑)을 가한 기록이 있다.[32] 송나라 상인들의 무역품이 고려 관부의 수탈의 대상이 되기도 하였다. 예를 들면 1260년(원종 1)에

---

30) 『高麗史』世家 卷13, 睿宗 8年 2月 庚寅條.
　　(…) 置花園二于宮南西 時宦寺 競以奢侈媚王 起臺榭峻垣墻 括民家花草 移栽其中 以爲不足 又購於宋商 費內帑金幣不貲
31) 『高麗史節要』卷16, 高宗 18年 7月條.
　　宋商 獻水牛四頭 崔瑀給人參五十斤·廣布三百匹
32) 『高麗史』世家 卷21, 熙宗 元年 8月條.
　　宋商船 將發禮成江 監檢御史安琓 行視闌出之物 得犯禁 宋商數人 笞之太甚

는 송나라 상인 진문광(陳文廣) 등이 대부사(大府寺)와 내시원(內侍院)에 능라견(綾羅絹) 6천여 필을 빼앗기고 당시의 집권자인 김인준(金仁俊)에게 호소하였으나, 그도 그것을 금할 수 없었다는 기록이 있다.[33] 무신정권(武臣政權)이 무너지고 몽고(蒙古)의 영향력이 커짐에 따라 송나라 상인들이 여러가지 핍박을 받게 된 것이라 생각되며, 이와 같은 사정이 곧 고려와 송나라 사이의 교역을 쇠퇴시킨 원인이 된 것이다.

(2) 거란 및 여진과의 교역

고려와 거란(契丹)의 교섭이 처음으로 이루어진 것은 922년(태조 5)에 거란이 낙타와 말, 그리고 모직물을 보내옴으로써 시작되었다.[34] 그러나 거란이 발해(渤海)를 멸망시키고 고려의 북진정책과 충돌함으로써 처음부터 두 나라 사이의 평화적인 교역은 이루어질 수 없었다. 942년(태조 25)에 거란이 다시 사신을 보내어 낙타 50필을 바쳤을 때 고려 측에서 그 사신 일행을 귀양 보내고 낙타를 모두 굶어 죽게 한 사실이 그것을 잘 말해주고 있다.[35] 이와 같은 두 나라의 관계가 결국 여러 차례의 무력충돌을 가져오게 하였던 것이다.

두 나라 사이의 전쟁이 끝난 후 피차간에 사절이 왕래하였지만 교역은 역시 활발하지 못하였다. 유목민족으로서의 거란은 농경민 사회인

---

33) 같은 책, 世家 卷25, 元宗 元年 10月 甲寅條.
　　宋商陳文廣等 不堪大府寺·內侍院侵奪 道訴金仁俊曰 不予直而取綾羅絲絹六千餘匹 我等 將垂橐而歸 仁俊等 不能禁.
34) 같은 책, 世家 卷1, 太祖 5年 2月條.
35) 같은 책, 世家 卷2, 太祖 25年 10月條.
　　契丹遣使來遺橐駝五十匹 王以契丹嘗與渤海連和 忽生疑貳 背盟殄滅 此甚無道 不足遠結 爲隣 遂絶交聘 流其使三十人于海島 繫橐駝萬夫橋下 皆餓死

고려에 대하여 경제적 욕구를 충족하기 위하여 진공(進貢)이나 개시무역(開市貿易) 등 여러가지 방법의 교역을 요구해왔다. 그러나 고려 측으로서는 송나라와의 교역에서 그 경제적·문화적 욕구를 충족하고 있었으므로 거란과의 관계는 탐탁치 않은 것이었다. 그러므로 거란 측이 압록강 연안에 호시장(互市場)을 설치할 것을 요구하였으나 모두 거절하고 끝까지 의례적인 소위 국신물(國信物)을 교환하는 데 그치고 말았던 것이다.

국신물의 교환에 있어서 고려정부가 거란에 보낸 물품은 명시된 기록이 없으나 거란 측에서 고려에 보낸 물품은 대체로 차로(車輅), 관복(冠服), 요대(腰帶), 견직물(絹織物), 안구(鞍具), 마필(馬匹), 은기(銀器), 궁전(弓箭), 양(羊) 등이었다. 전후 2백 년간에 걸친 고려와 거란의 관계는 대부분 긴장상태가 계속될 뿐이어서 통상과 무역관계에 있어서는 그다지 긴밀하지 못하였다.

한편 고려와 여진(女眞)의 관계는 거란과의 그것에 비하여 훨씬 오래고 밀접한 것이었다. 고구려(高句麗)의 지배를 받은 말갈(靺鞨)의 후신인 여진 역시 목축생활 중심의 부족생활을 하고 있었으므로 농경사회인 고려에 대하여 부단하게 경제적·문화적 혜택을 입지 않을 수 없었으며 따라서 두 지역 사이의 교역은 간단없이 계속되었던 것이다.

고려와 여진의 사이에 교역이 이루어진 최초의 기록은 10세기 중엽에 나타난다. 즉 948년(정종 3)에 동여진(東女眞)의 대광(大匡) 소무개(蘇無蓋) 등이 말 7백 필과 방물을 가져와서 바쳤다. 이에 고려 조정에서는 이들 말을 3등으로 나누어 값을 치렀는데, 1등 말은 은주자(銀注子)와 금(錦)·견(絹) 각 1필을, 2등 말은 은발(銀鉢)과 금·견 각 1필을, 3등 말은 금·견 각 1필을 준 기록이 있다.[36]

이후 여진의 각 부족은 고려와의 교역을 계속하여 주로 마필과 철갑

(鐵甲), 번미(蕃米), 부금(麩金), 궁시(弓矢), 선박(船舶), 표피(豹皮), 수달피(水獺皮), 청서피(靑鼠皮), 낙타(駱駝), 황모(黃毛) 등을 진헌하였다. 특히 고려정부가 여진에 대하여 토벌과 위무(慰撫) 정책을 아울러 실시하면서 내부(內附)해오는 여진 부족에 대해서는 납공(納貢)의 방법을 통한 고려와의 교역을 권장함으로써 내부하는 부족이 많아지며 교역의 폭이 넓어갔다.

고려에 내부하는 여진 부족에 대하여 납공 형식의 교역을 허가하는 경우 일정한 제한을 가하고 있었다. 예를 들면 1081년(문종 35)에 동여진의 추장(酋長) 진순(陳順) 등 23명이 와서 말을 바쳤는데 이때부터 여진인이 조공을 바치러 오는 경우 15일 이상 서울에 머물지 못하게 하였다.[37] 여진인들이 진헌물을 가지고 개성에 오면 이들을 객관(客館)에 머물게 하고 관리의 입회 아래 물품을 교환하게 하였던 것이라 추측되며, 이와 같은 방법의 교역이 금(金)나라가 성립될 때까지 계속되었던 것이다.

1115년(예종 10)에 완안부(完顔部)의 아골타(阿骨打)에 의하여 금나라가 건국되고 난 다음에는 고려와의 교역관계도 종래의 납공 방법에서 송나라의 경우와 같은 국신물 교역으로 바뀌었다. 그리고 여진 때와 같이 저쪽에서만 일방적으로 교역을 위하여 오는 것이 아니라 고려 측에서도 사신이 파견되어 일종의 사행무역(使行貿易)이 실시된 것이었다. 1183년(명종 13)의 한 기록에 의하면 매년 금나라 사신으로 가는 사람들

---

36) 같은 책, 世家 卷2, 定宗 3年 9月條.
　　東女眞大臣蘇無蓋等 來獻馬七百匹及方物 王御天德殿閱馬 爲三等評定其價 馬一等 銀注子一事 錦絹各一匹 二等 銀鉢一事 錦絹各一匹 三等 錦絹各一匹
37) 같은 책, 世家 卷9, 文宗 35年 5月條.
　　東女眞酋長陳順等二十三人來獻馬 制曰 凡蕃人來朝者 留京冊過十五日 竝令起館 以爲永式

이 상품 교역의 이익을 노려 국내의 토산품을 많이 가져가므로 그것을 수송하는 데 많은 폐단이 생긴다 하여, 그 폐단을 없애기 위하여 사신이 휴대할 수 있는 물품의 양을 제한하고 그것을 어긴 사람은 파면시킬 것을 요청하였으나, 사신 일행의 요청에 의하여 그들의 휴대품의 양이 다시 예와 같이 되었다고 한다.[38]

금나라의 건국이 이루어진 후에는 두 나라의 사신의 왕래와 관련하여 사무역(私貿易)도 상당히 발달한 것으로 생각되지만, 고려와 송나라 그리고 금나라 사이의 삼각 외교관계가 미묘하여 고려 측으로서는 언제나 중립정책을 취하였으므로 교역관계도 이와 같은 외교적 문제에 제약되어 항상 일정한 한계성을 가지고 있었던 것이라 하겠다.

(3) 몽고와의 교역

몽고(蒙古)는 고려와 관계를 맺게 되자 우선 그 경제적 욕구를 충족하기에 급급하였다. 몽고의 공격으로 금나라가 약화되자 그것에 복속되어 있던 거란의 유민들이 반란을 일으켰고, 이들이 몽고군에게 쫓겨 고려 경내로 도망해 옴으로써 그들에 대한 토벌작전에서 몽고군과 고려군은 처음 만났고, 이를 계기로 하여 두 나라 사이의 교섭이 열렸다. 몽고는 교섭 당초부터 고려에 대하여 과중한 공물의 납부를 요구하였다. 1221년(고종 8)에 고려에 온 몽고의 사신 저고여(著古與) 일행은 수달피 1만 영(領), 세주(細紬) 3천 필, 세저(細苧) 2천 필, 면자(綿子) 1만 근, 용단묵(龍團墨) 1천 정, 필(筆) 2백 자루, 지물(紙物) 10만 장, 양료(梁料)

---

38) 『高麗史節要』卷12, 明宗 13年 8月條.
    宰樞奏 每歲奉使如金者 利於懋遷 多齎土物 轉輸之弊 驛吏苦之 挾帶私横 宜有定額 違者
    奪職 從之 居無何 將軍李文中 韓正修等 使金 恐失厚利 請復舊例 王又許之

인 자초(紫草) 5근과 홍화(紅花)·남순(藍筍)·주홍(朱紅) 등 각 50근, 그 밖에 자황(雌黃)·광칠(光榛)·동유(桐油) 등 각 10근을 요구하였다.[39] 이 경우는 물론 교역이 아니고 일방적인 진헌물의 요구이지만 그것을 통하여 몽고가 필요로 한 고려의 생산품을 대체로 짐작할 수 있다.

교섭이 열린 당초에 있어서의 고려와 몽고의 교역관계는 이처럼 몽고 측의 일방적인 요구에 의한 수탈적인 것이었고, 그것에 대하여 고려정부가 어느정도 응하였지만 결국에는 무력 침략을 받게 되었다. 무력 침략이 계속됨에 따라 고려정부는 강화도(江華島)로 들어가 저항을 계속하였고 이 동안 거의 모든 국토가 몽고군의 점령하에 들어가 무제한 적인 약탈이 감행되었다.

무신정권이 무너지고 몽고와의 화의가 이루어진 후 공납 형식의 교역이 이루어졌다. 충렬왕 때 몽고의 황제에게 바친 물건을 보면 금잔(金盞), 은루규화잔(銀鏤葵花盞), 금병(金瓶), 금루은준(金鏤銀尊), 호(壺), 탕병(湯瓶), 주병(酒餠), 반루은준(半鏤銀尊), 호병(胡瓶), 은우(銀盂), 은종(銀鍾), 자라(紫羅), 세저(細苧), 표피(豹皮), 수달피(水獺皮) 등으로 되어 있다.[40] 이들 물품은 몽고 성종(成宗)의 즉위식에 대한 진헌물로 바쳐진 것인데 몽고 황실에서는 그 댓가로 은 3만 냥을 하사하였다.

고려가 몽고와 화의를 맺고 두 왕실 사이에 결혼관계가 이루어진 후

---

39) 『高麗史』世家 卷22, 高宗 8年 8月條.
　　己未 蒙古使著古與等十三人 東眞八人 幷婦女一人來 甲了 王迎詔于大觀殿 (…) 蒙古皇太弟鈞旨 索獺皮一萬領 細紬三千匹 細苧二千匹 綿子一萬觔 龍團墨一千丁 筆二百管 紙十萬張 紫草五觔 紅花·藍筍·朱紅各五十觔 雌黃·光漆·桐油各十觔
40) 같은 책, 世家 卷31, 忠烈王 20年 4月條.
　　癸巳 王與公主 如上都 迎皇太子 甲午 皇太子 卽皇帝位 是爲成宗 王與公主 獻金盞 銀鏤葵花盞 各一副 金瓶 金鏤銀尊 壺 湯瓶 酒瓶 各一事 半鏤銀尊 胡瓶 各一事 銀盂八十一事 銀鍾十八事 紫羅九匹 細苧八十六匹 豹皮十八領 水獺皮八十一領 (…) 乙巳 帝賜王銀三萬兩

에는 고려 왕과 왕족들의 몽고행이 잦았고 그때마다 많은 수행원들이
따라가서 교역행위를 하였다. 1296년(충렬왕 22)의 경우를 예로 들면 왕
과 원(元)나라 출신 왕비가 몽고에 갈 때 이를 수행한 사람은 종신(從臣)
243명, 겸종(傔從) 590명이며 이에 필요한 말이 990필이나 되었다. 그리
고 바친 방물은 금종(金鍾)·금병(金瓶) 각 2사(事), 누은호(鏤銀壺)·은탕
병(銀湯瓶) 각 1사, 은잔(銀盞) 1부(副), 은호병(銀胡瓶)·은대준(銀大樽)
각 1사, 반루은호병(半鏤銀胡瓶) 2사, 은대종(銀大鍾) 1사, 은우(銀盂) 50
사, 호·표피(虎豹皮) 각 13영(領), 수달피 76영, 자라(紫羅) 10필, 백저포
(白苧布) 1백 필, 대모초자(玳瑁鞘子) 10수(遂) 등이었고, 이와 같은 방물
에 대한 답례품은 금 4정(錠), 금단(金段) 2필, 견(絹) 2필을 내리는 한편
종신(從臣)들에게는 은 50정, 금단 18필, 수단(繡段) 10필, 능소단(綾素
段) 578필, 견 486필을 내리고, 또 부시(婦寺)에게 능견(綾絹) 각 27필, 그
리고 복종(僕從)들에게 목면(木緜)과 견 각 411필을 내렸다.[41]

　방물과 하사품의 교환은 곧 고려와 몽고 사이의 공식적인 교역관계
라 할 수 있겠지만, 한편 이와 같은 공식적 교역 이외에도 2백 명이 넘는
종신과 특히 6백 명에 가까운 겸종들에 의하여 사사로운 교역이 이루
어졌을 가능성은 충분히 있는 것이라 하겠다. 그러나 고려와 몽고의 교
역은 두 나라 왕실 사이의 특수한 관계 때문에 대개 궁중무역(宮中貿易)
중심으로 유지되었던 것 같다. 충혜왕(忠惠王) 때의 기록에 의하면 내탕
금(內帑金)을 가지고 원나라에 드나들면서 상행위를 하는 사람들에게
모두 장군직(將軍職)을 준 기록이 있다.[42] 몽고와의 교역이 왕실의 자본
을 사용하는 어용상인에 의하여 주로 이루어졌음을 알 수 있게 한다. 다

---

41) 같은 책, 世家 卷31, 忠烈王 22年 11月條·12月條.
42) 같은 책, 世家 卷36, 忠惠王 4年 9月條.
　　以商賈 賚內帑入元行販 並授將軍

만 이 교역에 있어서의 왕실의 역할이 대금업적인 것이었는지 혹은 직접 그것을 지휘하는 것이었는지는 의문이다. 결국 고려와 몽고의 교역은 두 나라의 정부 사이에서 이루어지는 방물과 하사품의 형식을 통한 것과, 두 나라 사이의 사행에 수행하는 상인들에 의하여 이루어지는 경우로 나눌 수 있으며 후자의 경우도 그 자금은 주로 왕실에서 조달된 것이라 할 것이다.

(4) 일본 및 대식국과의 교역

고려의 건국 당초에는 일본과의 교역이 구체적으로 이루어지지 않았던 것 같다. 975년(광종 26)에 일본의 교역사(交易使)가 고려에 왔었다는 기록이 있으나 구체적으로 교역을 한 내용은 없으며,[43] 이후 11세기 즉 고려 문종(文宗)시대에 이르기까지는 뚜렷한 교역관계가 이루어지지 못하였다.

고려와 일본의 교역관계가 기록상에 뚜렷이 나타나는 것은 문종 10년(1056)에 카쓰하라노 아손 요리따다(藤原朝臣賴忠) 등 30명이 금주(金州) 즉 지금의 김해(金海)에 왔던 일부터라 하겠다.[44] 이때 어떤 물품들이 교환되었는지 전하지 않지만 김해지방에는 일본의 사절을 위한 객관(客館)이 있었던 것 같다. 일본과의 교역물품 종류가 밝혀져 있는 기록은 이보다 17년 후 즉 1073년(문종 27)에 보인다.

이때의 동남해도부서(東南海都部署)의 보고에 의하면 일본국인(日本國人) 오오 소꾸뻬이(王則貞)와 마쓰 나가또시(松永年) 등 42명이 와서

---

43) 『日本紀略』 後篇6, 天延 2年 閏10月 甲戌條.
44) 『高麗史』 世家 卷7, 文宗 10年 10月 己酉條.
　　日本國使 正上位權隷 藤原朝臣賴忠等 三十人 來館于金州

나전안교(螺鈿鞍橋), 도(刀), 경갑(鏡匣), 연상(硯箱), 즐(櫛), 서안(書案), 화병(畫屏), 향로(香爐), 궁전(弓箭), 수은(水銀), 나갑(螺甲) 등을 바칠 것을 청하고 이끼노시마(壹歧島) 구당관(句當官)도 후지이 야스꾸니(藤井安國) 등 33명을 보내어 방물을 바치려 하였다. 이에 고려정부에서는 이들이 해로(海路)로 서울까지 올 수 있게 허가하였다.[45] 이때 온 오오 소꾸떼이는 일본 측 기록에 의하여 상인이었음이 분명하며 그는 문종 34년(1080)에도 고려에 온 기록이 있다. 즉 이때 고려의 예빈성(禮賓省)에서는 문종의 풍질(風疾)을 치료하기 위하여 왜상(倭商) 오오 소꾸떼이에게 첩(牒)을 주어 일본 측에서 의인(醫人)을 구하려 하였으나 일본에서는 그 첩서(牒書)에 그들을 경멸한 문구가 있다는 이유와 정식 사신을 파견하지 않고 상인 편을 이용하였다는 이유로 의인의 파견을 거절하였다는 것이다.[46]

어떻든 그 무렵부터는 민간상인에 의한 일본과의 교역이 점점 빈번해졌다. 오오 소꾸떼이 등이 온 다음 해에도 일본 선두(船頭) 시게또시(重利) 등 39명이 와서 물건을 바쳤고,[47] 그다음 해에도 일본 상인 오오에(大江) 등 18명과 아사모또 시꾜오(朝元時經) 등 12명이 와서 토물(土物)을 바쳤으며 또 59명의 일본 상인이 왔다는 기록이 있다.[48] 무신정권시대에 들어가서 반독립적 위치를 가지고 있던 각 지방의 추장들, 특

45) 같은 책, 世家 卷9, 文宗 27年 7月條.
   東南海都部署奏 日本國人王則貞·松永年等 四十二人來 請進螺鈿鞍橋 刀 鏡匣 硯箱 櫛 書案 畫屏 香爐 弓箭 水銀 螺甲等物 壹歧島句當官 遣藤井安國等三十三人 亦請獻方物東宮及諸令公府 制許由海道至京
46) 金庠基『高麗時代史』198면 참조.
47) 『高麗史』世家 卷9, 文宗 28年 2月條.
   日本國船頭重利等三十九人 來獻土物
48) 같은 책, 世家 卷9, 文宗 29年 閏4月條·6月條·7月條 참조.

히 큐우슈우(九州) 지방의 추장들이 고려와의 교역을 벌임으로써 두 나라 사이의 교역관계가 활발해진 것이었다.

11세기 중엽, 특히 문종시대를 통하여 일본 측과의 교역이 가장 빈번하였지만 이후에도 그것은 다소 빈도가 떨어지기는 하였지만 꾸준히 계속되었다. 구체적인 사례를 들면 1084년(선종 원년)에 일본의 치꾸젠슈우(筑前州) 상인 노부미찌(信通) 등이 수은 250근을 바친 것[49]을 비롯하여 1085년(선종 2)에는 대마도(對馬島)의 구당관(句當官)이 사신을 보내어 감귤(柑橘)을 바쳤고,[50] 이보다 2년 뒤에도 일본 상인 시게모또(重元)·치까무네(親宗) 등 32명이 와서 방물을 바쳤고,[51] 또 대마도의 겐뻬이(元平) 등 40명이 와서 동남해도부서(東南海都部署)에 진주(眞珠), 수은, 보도(寶刀), 우마(牛馬) 등을 바쳤으며[52] 다시 2년 후에는 일본 다자이후(大宰府)의 상인이 와서 수은, 진주, 궁전, 도검(刀劍)을 바쳤다.[53]

이후에도 두 나라 사이의 민간상인들에 의한 교역은 일정한 수준대로 유지되었으며 그것은 대체로 고려말기의 왜구(倭寇) 침략기까지 계속되었다. 고려와의 교역에 실제로 참여한 일본 상인은 대체로 일본 중앙정부나 지방 추장세력의 보호를 받거나 그 어용적인 상인들이었다고 생각되지만, 왜구는 대체로 이들의 기반에서 벗어난 일부의 해적(海賊)세력이었으며 따라서 왜구의 날뜀이 두 나라 사이의 교역이 끊어지게 하였던 것이다. 고종(高宗) 14년(1227)에는 일본국에서 국서(國書)를 보내어 왜구의 침략 행위를 사과하고 다시 수호(修好)하고 호시(互市)할 것

49) 같은 책, 世家 卷10, 宣宗 元年 6月條.
50) 같은 책, 世家 卷10, 宣宗 2年 2月條.
51) 같은 책, 世家 卷10, 宣宗 4年 3月條.
52) 같은 책, 世家 卷10, 宣宗 4年 7月條.
53) 같은 책, 世家 卷10, 宣宗 6年 8月條.

을 청원한 일이 있다.[54] 그러나 이후 왜구의 침략은 계속 빈번해졌고 따라서 정부 사이의 혹은 민간상인 사이의 교역은 완전히 단절된 것이다.

대식국(大食國) 즉 사라센제국(帝國)의 상인들이 송나라와 교역관계를 맺어오다가 송나라 상인들의 고려 진출에 힘입어 고려에까지 그 무역로를 연장하게 되었다. 대식국인이 고려에 처음 나타난 것은 1024년(현종 15)이었다. 이해에 열라자(悅羅慈) 등 1백 명의 대식국인이 고려에 와서 방물을 바쳤다.[55] 1백 명의 대식국인이 본국에서부터 고려와의 교역을 목적으로 출발하였는지, 송나라에 와 있던 상인이 모여 왔는지 의문이지만 처음으로 교역을 열면서 1백 명이나 왔던 사실은 그 교역의 규모도 그만큼 컸음을 짐작하게 한다. 더구나 다음 해 두번째의 내항 때도 역시 하선라자(夏詵羅慈) 등 1백 명이 와서 방물을 바쳤음은[56] 흥미롭다.

1백 명씩 두 차례 내항한 대식국 상인이 구체적으로 무엇을 바치고 또 무엇을 가져갔는지 알 수 없지만, 대식국 상인의 교역품목이 밝혀진 것은 그들의 세번째 내항 때였다. 즉 정종(靖宗) 6년(1040) 대식국 객상(客商) 보나합(保那盍) 등이 와서 수은·용치(龍齒)·점성향(占城香)·몰약(沒藥)·대소목(大蘇木) 등을 바쳤는데 이에 대하여 고려 측에서는 금백(金帛)을 후하게 내렸다 한다.[57] 대식국 상인들이 고려에 내항한 기록은 단 세 번밖에 없지만 그것은 고려시대 대외무역이 폭이 넓고 다양하였음을 말해주고 있다.

(『한국사 5: 고려 귀족국가의 사회구조』, 국사편찬위원회 1975)

---

54) 같은 책, 世家 卷22, 高宗 14年 5月條.
　　日本國寄書謝賊船寇邊之罪 仍請修好互市
55) 같은 책, 世家 卷5, 顯宗 15年 9月條.
56) 같은 책, 世家 卷5, 顯宗 16年 9月條.
57) 같은 책, 世家 卷6, 靖宗 6年 11月條.

일본 측 문헌을 통해 본 독도

1. 머리말

독도(獨島)의 귀속 문제를 둘러싼 한일 양국 간의 견해 차이는 그 타결점을 찾기 어려울 정도로 크며 그럼에도 불구하고 지금까지 양국의 학자들까지도 이 문제에 깊은 관심을 가지고 상당한 분량의 연구업적을 남겼다. 두 나라 사이의 영토분쟁과 관계있는 학문적 연구가 그 객관성을 유지하기란 사실 어려운 일이다. 그들이 이용하는 자료란 것 자체가 객관성을 가지기 어려운 점이 있고, 반면 설사 객관성을 가진 자료가 있다 하여도 그것을 이용하는 과정에서 그 객관성이 퇴색되어버릴 가능성도 높다.

이와 같이 영토분쟁과 관계있는, 객관성이 유지되기 어려운 연구의 경우 특히 상대국 측의 자료만을 가지고 입론(立論)하기란 자국 측의 자료만으로 입론하는 경우에 못지않게 어려운 일이며 어쩌면 그 연구결과가 거의 무용한 것이 되어버릴 위험성마저 있다. 그러나 다른 한편으로 생각해보면 국가적·민족적 이해관계가 얽힌 문제를 대상으로 하는 연구일수록 상대국 측의 자료를 철저히 분석하고 또 존중함으로써 연구의 객관성을 높이는 하나의 길을 얻을 수도 있다고 하는 생각도 가질 수 있다.

한일 양국이 모두 독도에 관한 기록을 많이 가지고 있지는 못하다. 그러나 이 많지 못한 자료를 가지고도 지난날 이 섬이 두 나라 사람들에게 얼마만큼 또 어떻게 알려져왔는가 하는 문제를 어느정도 정확하게 밝힐 수 있다고 생각한다. 본고는 일본 측의 자료 중에서 독도와 직접 관계된다고 생각되는 자료만을 중심으로 하여 '시마네현고시(島根縣告示)'가 있기 이전까지 일본인들이 독도를 어느정도 인지(認知)하고 있었는가 하는 문제를 밝히는 데 그 주안점을 두었다.

자료를 다루는 과정에서 가능한 한 객관성을 유지하려 노력하였지만, 이미 같은 자료가 지나치게 자의적(自意的)으로 해석된 글을 읽은 경험이 있어서 그것에 대한 약간의 반발도 있을 수 있을 것 같고, 특히 한일 두 민족 간의 불행한 역사 경험이 자연히 잠재의식화하고 있음을 부인할 수 없어서 객관성의 문제에는 그만큼 자신 없음이 솔직한 심정이다. 그러나 일본 측의 자료들을 이 섬의 귀속 문제와는 일단 상관없이 자료 그대로 읽고 이용하려 노력하였음도 또한 덧붙여 말해두고 싶다.

2. 메이지유신 이전 문헌자료에서의 독도

일본의 논저들이 근대 이전 일본인, 주로 시마네현(島根縣) 지방의 어민들이 독도(獨島)를 인지하였으리라는 논거를 찾는 방법으로서 우선 그들의 울릉도(鬱陵島) 내왕(來往) 사실들을 드는 데서 출발하고 있다. 예를 들면 여말선초(麗末鮮初)의 왜구(倭寇) 출몰기에 울릉도가 그 근거지의 하나가 되었다거나 혹은 임진왜란(壬辰倭亂) 때 울릉도가 일본군의 기지가 되었다는 사실들을 들고 있는 것이다. 그러나 이와 같은 주장들의 사료적인 근거는 극히 약한 것 같다.[1] 일본 측 문헌에 울릉도와 따로 오늘날의 독도가 인지된 최초의 기록은 대체로 1667년, 즉 조선왕조 현종(顯宗) 8년에 일본 이즈모번(出雲藩)의 번사(藩士) 사이또오 호오센(齋藤豊仙)이 편찬하였다고 하는 『인슈우시청합기(隱州視聽合記)』라는 책인 것 같다. 1667년 8월에 명을 받아 오끼노시마(隱岐島)를 순행하고 그 견문록(見聞錄)으로 썼다는 『인슈우시청합기』의 권1 국대기(國代記)에는 다음과 같은 내용이 있다.

隱州 在北海中 故云隱岐島 (…) 從是南方至雲州美穂關三十五里 辰巳至伯州赤崎浦四十里 未申至石州溫泉津五十八里 自子至卯無可往地 戌亥間行二日一夜有松島

1) 大熊良一「竹島(獨島)と鬱陵島の文獻學的考察」,『竹島史稿』, 東京: 原書房 1968, 54면에 "この倭寇の根據となったのは, 國外にあっては南鮮の多島海の諸島であるが, 鬱陵島もまたその一つとなっていた, そして足利幕府時代には日本と朝鮮との間に政府間において和親通交がすすめられたが(貿易港は薺浦＝乃而浦, 富山浦＝釜山, 鹽浦＝蔚山のいわゆる三浦)對馬島主の宗氏は, その間にあって特殊權益をもっていたこの宗はかってはこの鬱陵島への日本移民の入居を求めているさらに鬱陵島について(朝鮮史の壬辰丁酉の亂すなわち文祿の役＝一五九二年 慶長の役＝一五九七年)の記事は 豊臣秀吉の大陸遠征のさいにこの島が基地となつたともいわれている"라고 하고 울릉도가 왜구의 근거지가 되었다는 증거로 무라따 시로오(村田四郎)의 「왜구(倭寇)」(大正 三年)와, 타께꼬시 요사부로오(竹越與三郎)의 『왜구기(倭寇記)』(白揚社 昭和 十三年), 그리고 나까무라 히데따까(中村榮孝)의 『일선관계사의 연구·상(日鮮關係史の硏究·上)』(東京: 吉川弘文館 昭和 四十年)을 들고, 임진왜란 때 울릉도가 왜구의 기지가 되었다는 증거로서 "この秀吉の認可を受けて渡航した商人は磯竹彌左衛門と稱する人物であろが, かれは朝鮮と日本との國交の回復後, 德川幕府政府によって密貿易商, いわゆる潛商として處刑されている"라고 하고 나까무라 히데따까의(『일본과 조선(日本と朝鮮)』(昭和 四十年)을 들고 있으나 울릉도가 왜구의 근거지가 되었다는 자료도 불충분하고 임진왜란 때 울릉도가 왜군의 기지가 되었다는 사실도 보는 바와 같이 잠상(潛商)의 사례를 들고 있을 뿐이다.

又一日有竹島(俗言磯竹島 多竹·魚·海鹿) 此二嶋無人之地 見高麗如自雲州望隱州
然則日本之乾地 以此州爲限矣 (…)

이 기록에서 보이는 죽도(竹島)는 오늘날의 울릉도임이 분명하며 여기에서의 송도(松島)는 일본의 오끼노시마에서 술해간(戌亥間) 즉 서북방으로 선박으로 2일(日) 1야(夜) 거리에 있다고 하였는데, 선박의 규모나 파도 혹은 풍속 등이 일정하지 않아 꼭 2일 1야의 거리인지는 분명치 않지만 이후에도 지금의 독도에 비정(比定)되는 도서(島嶼)를 일본 측에서 송도로 부른 기록들이 있는 점 등으로 보아 일단 지금의 독도를 가리키는 것으로 보아도 무방할 것 같다.

이 기록에서는 독도(송도)와 울릉도(죽도)가 모두 무인도라 하였는데 독도는 물론 무인도였으리라 할 수 있겠지만 이때 울릉도까지도 무인도였는지는 의문이다.[2] 어떻든, 이 기록에 의하면 이 2도에서 고려(高麗)를 보는 것이 일본의 운슈우(雲州), 즉 이즈모(出雲) 지방에서 인슈우(隱州) 즉 오끼노시마를 보는 것과 같고 그러므로 일본의 건지(乾地), 즉 서북 땅은 '此州' 즉 인슈우로써 한계가 된다고 하였다.[3] 다시 말하면 『인슈우시청합기』에서 오늘날의 독도가 송도(松島)란 이름으로 인지되고 있던 사실은 인정될 수 있으나, 그러나 그것은 울릉도, 즉 이 기록에서 말하는 죽도(竹島)와 함께 일본 영토의 서북방 한계 밖에 있는 것으로 인식되어 있었음을 알 수 있다. 『인슈우시청합기』에서는 일

2) 일본 측의 『죽도도설(竹島圖說)』에 의하면 1667년보다 26년 후인 1693년에 출어(出漁) 하였던 일본 어부가 울릉도에서 조선 어부를 만났고, 이때부터 울릉도 귀속 문제를 두고 두 나라 사이에 외교분쟁이 생긴다. 생각건대 1693년 이전에도 조선 어부들이 울릉도에 출어하거나 거주하였을 가능성이 있다.
3) 『인슈우시청합기』란 책에서의 '此州'는 독도와 울릉도가 아니라 바로 인슈우(隱州)를 가리키는 것으로 보는 것이 타당하다.

본 영토의 서북 한계가 지금의 오끼노시마라 알고 있었던 것이다.

『인슈우시청합기』 다음으로 독도에 관한 기록이 보이는 일본 측 자료는 일본의 호오레끼(寶曆) 연간(年間), 즉 1751년부터 1764년 사이, 조선왕조 영조(英祖) 27년부터 동 40년 사이에 저술된 것으로 보고 있는 『죽도도설(竹島圖說)』을 들 수 있다. 그것에 의하면

> 隱岐國松島ノ西島ヨリ海上道規凡四十里許リ北方ニ一島アリ名テ竹島ト曰フ此
> ノ島日本ニ接シ朝鮮ニ隣シ (…)

라 하고 송도의 서도(西島)는 "松島ノ一小屬島ナリ土俗呼テ次島ト做ス"라고 설명되어 있다. 여기에서의 송도가 독도를 가리키는 것이라 일본 측의 저술들은 대체로 단정하고 있다. 독도가 동서(東西)의 두 섬으로 이루어져 있는 것은 사실이나 서도(西島)의 넓이가 5만 4백 평(坪)이고 동도(東島)의 넓이가 1만 6200평이어서 오히려 서도가 더 크다. 따라서 서도가 송도의 '一小屬島'라고 표현한 것은 사실과 다르다. 또한 이 기록에서 울릉도를 가리키는 것이라 생각되는 '죽도'가 일본에 접(接)하였고 조선에 인(隣)하였다고 표현한 것도 '接'과 '隣'의 의미가 적합하다고 볼 수 없으며

> 竹島ヨリ朝鮮ヘ海上道規四十里許ト云此設ハ享保九年昔屢渡島セル一老曳ニ詰
> 問セラレシトキ其答ニ伯州會見郡濱野目三柳村ヨリ隱岐ノ後島ヘ三十五六里アリ是
> 遠見ノ考ヲ以テ竹島ヨリ朝鮮山ヲ見ハ少ク遠ク見エルハ凡四十里許カト云リ謙按ニ
> 那朝鮮ト云ルハ恐ハ朝鮮ノ鬱陵山ナラン

라고 한 것과 같이 '죽도'에서 바라보는 조선 산이 곧 조선의 울릉산(鬱

陵山)이라 한 것도 '죽도'와 울릉도를 전혀 별개의 것으로 생각한 것이 아닌가 생각하게 한다. 그러나『죽도도설』의 다른 부분에는

米子ヨリ出雲ヘ出隱岐ノ松島ヲ歷テ竹島ニ至ルナリ但隱岐ノ福島(一謂福浦)ヨリ松島マテ海上道規六十里許松島ヨリ竹島マテ四十里許ト云云

는 기록이 있어서 여기에서는 독도와 울릉도의 위치를 어느정도 정확하게 알고 있었음을 인정하게 한다.

연대적으로 보아서『죽도도설』다음으로 독도를 인지하였다고 생각되는 일본 측 자료로서는 1823년, 조선왕조 순조(純祖) 23년에 이루어진『오끼고기집(隱岐古記集)』인 것 같다. 오오니시 쿄오호(大西敎保)란 사람이 앞에서 보인『인슈우시청합기』를 저본(底本)으로 하고 다시 오끼(隱岐) 지방 어부들의 실견담(實見談) 등을 들어 증보 정정한 것이라 한4)『오끼고기집』에서의 독도와 울릉도에 관한 기록을 들어 보면 다음과 같다.

(…) (隱岐) 島之惣周里拾六里程又未申ノ方五拾八里にして石州溫泉津に至る辰巳ノ方四拾里伯州赤崎あり卯方凡百里にして若州小濱に至り丑寅の方凡百三拾里餘能州に當る亥の方四十餘里にして松島あり周り凡壹里程にして生木無き巖嶋といふ又酉の方七十里餘に竹嶋といひ傳ふ竹木繁茂して大島の由是より朝鮮を望めは隱州より雲州を見るより尙近しと云今は朝鮮人來住すと云云

『인슈우시청합기』를 저본으로 하여 이루어진『오끼고기집』에서의

---

4) 川上健三『竹島の歷史地理學的硏究』, 東京: 古今書院 1966, 5면.

독도는 "주위 1리, 생목(生木) 없는 암도(巖嶋)"로 표현되어 『인슈우시청합기』의 그것보다 조금 더 구체적으로 소개되어 있다. 그러나 『인슈우시청합기』의 기록과 특히 다른 점은 "日本之乾地 以此州爲限"이란 구절이 빠지고 대신 울릉도(죽도)에는 조선인이 살고 있음을 분명히 한 점이다. 다시 말하면 『오끼고기집』에서도 『인슈우시청합기』에서의 일본 영토의 '오끼노시마(隱岐島) 한계 인식'이 없어져버린 것이라 볼 수 있다.

한편 이 무렵의 일본 측 자료 가운데 독도를 한층 더 선명히 설명해주고 있는 것은 1828년, 조선왕조 순조 28년에 인부에 세끼료오(因府江石梁)가 편술(編述)하였다고 하는 『죽도고(竹嶋考)』이다. 그것에 의하면

松島ハ隱岐國ト竹島トノ間ニ有小嶼ナリ其島一條ノ海水ヲ隔テテ二ツ連レリ此
瀬戸ノ長サ貳町幅五拾間程アリト云此島ノ廣サ竪八拾間横貳拾間餘アリト或圖ニ見
エタリ兩島ノ大サハ均シキニヤ未ソノ精證ヲ得ス

라고 하여 앞의 다른 기록들보다 독도에 대한 인지도가 한층 더 상세해졌음을 볼 수 있다. 그러나 이들 기록들이 모두 저자들이 직접 독도를 실제로 답사하고 쓴 것이 아니라 전문(傳聞)에 의하여 쓰여진 것임을 알 수 있다.

이후 1831년, 조선왕조 순조 31년경에 세끼슈우(石州) 쿤가군(君珂郡) 하다마(濱田)의 운송선 도매상(廻船問屋) 아이즈야(會津屋)의 하찌에몬(八右衛門)이란 자가 중심이 되어 울릉도 어업을 빙자하고 도검(刀劍), 궁총류(弓銃類)를 어선에 싣고 외국인과 무역하려 하다가 발각되어 토꾸가와막부(德川幕府)의 쇄국정책 때문에 하찌에몬과 하시끼 산베에(橋木三兵衛) 등이 사형되고 오까다 슈우사이(岡田秋齋), 마쓰이 즈쇼(松

井圖書) 등이 자살한 사건이 있었으며, 이 사건을 계기로 메이지유신(明治維新) 때까지 울릉도에 항해하려는 자가 일절 없어졌다 한다.[5]

근대 이전의 일본인들이 울릉도가 아닌 독도를 언제부터 인지하였는 지는 분명하지 않지만 대체로 17세기 후반기에는 울릉도 이외에 독도를 인지하기 시작하였던 것 같고 이후 그 인지도가 차차 선명해져간 일면도 있었다. 그러나 근대 이전에 있어서의 일본인의 독도 인지는 이즈모(出雲) 지방 어민들에 한정된 것이었고 중앙정부적인 차원의 인지는 아니었던 것도 사실이다.

또한 울릉도가 조선의 영토로 확정되고 토꾸가와막부의 쇄국정책과 울릉도 항해 금지책이 강화됨에 따라 이즈모 지방 어민들의 울릉도 출어(出漁)가 불가능해져갔고 하찌에몬 사건에서 보는 바와 같이 혹시 울릉도 항해를 기도하다가 발각되면 극형을 받게 됨으로써 일본 어민의 울릉도 출어는 완전히 끊어졌던 것이라 생각된다. 그리고 일본 어민의 독도 인지가 대개 울릉도 내왕을 계기로 이루어졌으므로 그들의 울릉

---

5) 『죽도고증(竹島考證)』 하권(下卷)에 의하면 "天保二年八右衛門周防守江戶ノ邸ニ至リ 父情助多年思遇ノ厚キヲ謝シ因テ上言ス濱田沖竹島ハ海中魚多ク其利甚多シ願クハ渡海ノ 免許ヲ得ンコトヲ乞フ (…) 然ルニ同所ハ渡海制禁ノ地ナリト許サス八右衛門ニ歸國ヲ命 ス八右衛門更ニ在邸ノ吏大俗作兵衛三澤五郎左衛門松井莊右衛門等ニ漁業ノ有利有益ナル ヲ告ク三人其說ヲ喜ヒ家老岡田賴母ノ家人橋木三兵衛林品兵衛ニ談シ賴母ヲ說カシム賴母 (…) 遂ニ之ヲ客レ密ニ同僚松井圖書ト議シ陽ニ之ヲ制シ陰ニ黙許ノ意アリケレハ八右衛門 ハ我事成レリト雀躍シ漁業ヲ名トシ密ニ刀劍弓銃ヲ始メ皇國産ノ諸品ヲ諸國ニ購ヒ道中ハ 濱田用物ト稱シ濱田ノ繪符ヲ付驛遞ニ附シ遂ニ之ヲ漁船ニ移シ竹島ニ至ルヲ名トシテ密ニ 外國人ト貿易ス然ルニ比事忽千大坂町奉行矢部駿河守ノ爲メ發覺シ六月十日逮捕鞫審ノ上 其連累一同寺社奉行井上河內守ニ引渡ス (…) 同月廿八日秋齋自殺圖書モ亦廿九日自殺ス" 라 하였고 「조선죽도도항시말서(朝鮮竹島渡航始末書)」도 이 사건의 전모를 기록한 것 으로서 하찌에몬(八右衛門)과 하시끼 산베에(橋木三兵衛)는 이 사건으로 사죄(死罪)에 처해졌다 하였다. 한편 『죽도고증』에서는 이 사건기록의 말미에 "此事ヤ朝鮮政府ニ關涉 スルニ至ラスト雖其重刑ニ處セラルノヲ以テ爾來維新ニ至ル迄又人ノ竹島ノ事ヲ言フ者ナ シ"라고 하였다.

도 내왕이 끊어진 뒤에는 독도도 자연히 잊혀지게 되었던 것인데 메이지유신 무렵에 와서는 본래부터 독도의 존재를 알지 못하였던 일본 중앙정부는 더 말할 것 없고 시마네현(島根縣) 지방민까지도 독도를 거의 알지 못하였으니 이 점에 관해서도 메이지 초기 일본에 있어서의 '송도'에 대한 논의에서 잘 드러나고 있다.

3. 메이지 초기 문헌자료에서의 독도

1905년 일본의 메이지(明治)정부가 '시마네현고시(島根縣告示)'로 독도를 일본 영토로 편입한 뒤 1906년에 최초로 독도와 울릉도를 답사하고 『죽도 및 울릉도(竹島及鬱陵島)』를 쓴 오꾸하라 후꾸이찌(奧原福市)는 1699년에 울릉도를 둘러싼 조선과 토꾸가와막부 정부 사이의 외교문제가 완전히 타결된 경위와 그 이후의 독도와 울릉도 사정에 관하여 다음과 같이 말하고 있다.

韓人は本國に近きを以て 續續渡航者增加し, 遂に東南海岸に出で, 日本人占有の漁區に侵入し, ここに兩國漁民の紛擾を生じ日本人は衆寡敵せざるを以て 歸航の止むを得ざるに至り, 優柔軟弱なる德川幕府の外交政策と相俟ちて, 竹島即ち鬱陵島は全くわが領土をはなれて, 朝鮮の版圖に歸し, 伯州地方の漁民等が苦心慘憺たる對外的經營も空しく, 水泡に歸してまた顧みるものなきに至れり 爾來石州沿海の人, また渡航を企てしも, 幕府の禁制にあひ, 天保以來數十年間, 竹島は殆んど本邦人に忘却せられ, 海軍水路部の朝鮮水路誌及び海圖に, 鬱陵島一名松島として發表せられしより, リアンコール巖は, 自然舊記の竹島にあたるものと誤認せられ而して, 竹島は旣に元祿中より朝鮮の版圖と認められし故, リアンコール巖をも朝鮮の版圖と認む

るに至れるなり6)

　이 글 속의 '리안꼬오루(リアンコール)'암(巖)은 곧 독도를 가리키며 일본의 겐로꾸(元祿) 연간부터 조선의 판도로 인정되었다는 '죽도'는 울릉도를 가리킨다. 따라서 '시마네현고시' 직후에 쓰여진 이 글을 통하여 우리는 다음과 같은 두 가지 점을 읽을 수 있다. 첫째 근대 이전에 있어서의 일본 시마네현 지방 어민들의 독도 인지가 울릉도에의 출어를 통하여, 또 항상 울릉도와 함께 이루어졌고 따라서 1699년에 그들의 울릉도 출어가 완전히 금지된 이후에는 독도가 일본 어민들에게 망각되어버렸다는 점이며, 둘째 그 때문에 해군수로부(海軍水路部)의 『조선수로지(朝鮮水路誌)』에서도 독도, 즉 송도가 울릉도로 오인되었고 울릉도가 조선의 영토로 인정됨으로써 독도, 즉 '리안꼬오루'암도 따라서 조선의 영토로 인정되었다는 사실을 분명히 하고 있는 점이다. 그러나 송도(독도)가 울릉도로 오해되었고 울릉도가 조선의 영토이기 때문에 송도노 소선의 영토라고 인정된 것이 아니라 일본에 있어서노 언제나 독노는 울릉도와 따로 떼어서 그 귀속 문제를 생각할 수 없었고 그렇기 때문에 울릉도가 조선의 영토임이 분명함을 안 이상에는 '리안꼬오루'암도 당연히 조선의 영토라고 인정하였다고 보는 것이 자연스러운 해석이 아닐까 한다.

　조선정부와 토꾸가와막부 정부의 외교분쟁 끝에 울릉도가 조선의 영토로 확정되고 난 다음부터는 독도도 따라서 조선의 영토가 된 것이라

---

6) 奧原福市『竹島及鬱陵島』, 島根縣: 報光社 1907, 26~27면.
　오꾸하라(奧原)는 당시 시마네현(島根縣) 야쓰까군(八束郡) 아이까촌(秋鹿村) 심상소학교장(尋常小學校長)으로서 시마네현 사무관 진자이 요시따로오(神西由太郎) 이하 45명으로 구성된 조사단원의 일원이었다.

일본 측에서도 인정하였거나 아니면 울릉도에의 출어가 금지된 이후에
는 자연히 독도에 대한 관심이 없어져갔고 따라서 울릉도와 독도가 다
른 두 섬이라는 생각도 흐려져간 것이라 생각된다. 왜냐하면 메이지정
부의 초기에 작성된 일본 측의 독도 관계 문헌자료는 독도를 조선의 영
토로 인정하였거나 아니면 독도와 울릉도를 같은 섬으로 잘못 알고 있
는 것이 대부분인 것이다.

우선 1870년(메이지 3년)의 일본 외교문서에는 독도(송도)를 조선의
영토로 인정한 기록이 있다.

메이지정부가 성립된 다음 해인 1869년, 조선왕조 고종(高宗) 6년, 일
본 메이지 2년에 일본정부는 조선의 국내 사정을 탐지하고 새로운 국교
(國交)를 열기 위하여 외무성 출사(出仕) 사다 하꾸보오(佐田白茅), 모리
야마 시게루(森山茂), 사이또오 사까에(齋藤榮) 등 세 명을 조선에 보내
어 '朝鮮國海陸軍武備之虛實且器械之事' 등을 탐지해 오게 했는데 이들이
돌아와서 제출한 「외무성 출사 사다 하꾸보오 등의 조선국 교제 시말
내탐서(外務省出仕佐田白茅等, 朝鮮國交際始末內探書)」 중의 한 항목에 다
음과 같은 내용이 있다.

　　竹島松島朝鮮附屬ニ相成候始末 此儀ハ松島ハ竹島ノ隣島ニテ松島ノ儀ニ付是迄
　　掲載セシ書留モ無之 竹島ノ儀ニ付テハ元祿度後ハ暫クノ間朝鮮ヨリ居留ノ爲差遣
　　シ置候處當時ハ以前ノ如ク無人ト相成竹木又ハ竹ヨリ太キ葭ヲ産シ人蔘等自然ニ生
　　シ其餘漁産モ相應ニ有之趣相聞ヘ候事[7]

7) 『日本外交文書』 3卷, 137면. 이 「내탐서」는 1870년, 메이지 3년 4월에 작성된 것이지만,
　 "本內探書ハ 第2卷(第3册) 五七四ニテ指令セラレタル調査事項ニ對スル復命書ナリ"라는
　 주문(註文)이 붙어 있다. 『日本外交文書』 2卷 3册 文書番號五七四는 메이지 2년 11월 1일
　 자의 「朝鮮ヘ被差遣候もの必得方御達之案」이며 그것으로 보아 내탐원(內探員)이 파견

이「내탐서」에 의하면 이들 내탐원들이 죽도(울릉도)와 송도(독도)가 각각 다른 두 섬임을 알았고 그러면서도 이들 두 섬이 모두 '朝鮮附屬'임을 분명히 보고하고 있음을 볼 수 있다.

다음, 메이지 초년의 일본정부가 독도와 울릉도를 구분하지 못하고 독도(송도)가 곧 울릉도라고 알고 있었던 사실을 구체적으로 나타내주는 것이 1877년, 즉 메이지 10년을 전후하여 일어난 소위 '송도개척지의(松島開拓之議)'를 처리하는 과정에서 보여준 일본정부의 태도이다.

「송도개척지의(松島開拓之議)」를 제일 먼저 일본정부에 제출한 사람은 무쓰(陸奧) 출신의 사족(士族) 타께시마 이찌가꾸(武島一學, 혹은 무또오 헤이가꾸武藤平學)인데 그는 메이지 6~7년경에 '블라지보스또끄'를 왕래하다가 '송도'를 보고 1876년, 메이지 9년 7월에 일본 외무성에 그것을 '개척'할 것을 건의하였다. 그 내용을 간추려보면 다음과 같다.

① 2, 3년 전부터 노령(露領) '우라지오스똣꾸'에 3, 4차 왕래하면서 번번이 송도(松島)라고 하는 한 섬을 원견(遠見)하였는데 일괴(一塊)의 소도(小島)이지만 황국(皇國)에 비익(裨益)이 될 만한 도서로서 오히려 남방(南方)의 오가사와라섬(小笠原島)보다 더 개발할 만한 섬이다. 그러나 주민이 전혀 없고 경지도 없어서 외인들이 벌목하여 선박으로 가져가고 있다.

② 송도는 남북이 대개 5, 6리 동서가 2, 3리인 일고도(一孤島)로서 해상에서 일견(一見)함에 인가는 하나도 없었다. 이 송도와 죽도(竹島)는 함께 일본과 조선의 사이에 있지만 죽도는 조선에 가깝고 송도는 일본에 가깝다.

③ 송도의 서북 해안은 암석이 벽립(壁立)하며 단안(斷岸) 수백 장(丈)이어서

된 것은 1869년, 메이지 2년이었음이 분명하지만 이 내탐원에게 울릉도와 독도 문제도 내탐하게 한 내용은 찾아볼 수 없고 다만 그들이 제출한 「내탐서」에만 울릉도, 독도 문제가 죽도(竹島), 송도(松島)로 나타나 있다.

비조(飛鳥)가 아닌 이상 접근할 수 없으며 남방 해빈(海濱)은 산세가 해면을 향하여 점차로 평탄해지고 산정(山頂)에서 3, 4분(分) 되는 곳에 폭 수백 간이 되는 폭수(瀑水)가 있어서 평지에 전답(田畓)을 일구어 경작하기에 편리하다. 또 해변 여러 곳에 소만(小灣)이 있어서 선박을 정박할 수 있다. 그 위에 본도(本島)는 송수(松樹)가 울울(鬱鬱)하여 항상 심록(深綠)을 드러내고 있다.

④ '우라지오스똣꾸'에 재류하는 미국인 '코뻬루'의 말에는 일본의 속도(屬嶋)에 송도라고 하는 일도(一島)가 있는데 아직 일본에서 착수하지 않았다고 들었다. 일본의 소할(所轄)인 섬을 타국의 소유로 하는 것은 기국(其國)의 보물을 타국에 투여(投與)하는 것이다. 또 본도에는 광산이 있고 거목이 있고 어업의 이(利), 벌목의 이(利) 또한 적지 않다. 나에게 차도(此島)를 대여해주면 매년 대리(大利)를 얻을 것이라 한다. (…) '코뻬루'는 현재 '우라지오스똣꾸'에 있는바 그 가옥 광대하며 그를 넘어서는 상인은 겨우 2, 3인일 정도의 유명한 상인이지만 상업에 전업하지 않고 항상 광산에만 관심이 있으며 많은 만주인(滿州人)을 고용하여 광산업에 전념하는 자로서 송도에 금속이 있다고 말하고 있다.

⑤ 내가 2, 3년 전부터 이 해상을 3, 4회 왕래하면서 선중(船中)에서 송도를 목격하매 광산이 있는지 없는지는 명백하지 않으나 일견(一見)하기에는 광산도 있을 것 같고 또 만도(滿島) 거송(巨松) 삼삼번무(森森繁茂)하며 또 독산(禿山)인 곳이 있어서 광산가(鑛山家)가 보기에는 반드시 광산이라 볼 수도 있겠다. 그러나 나는 그 감정법(鑑定法)을 모르므로 광산을 두고 논하는 것이 아니며 다만 희망하는 바는 피도(彼島)의 대목(大木)을 벌채하여 그 양재(良材)를 지금 성대히 개항(開港)하고 있는 '우라지오스똣꾸'에 수출하고 혹은 시모노세끼(下關)에 수송 매각하여 그 이익을 얻고자 한다. 또 과연 광산이 있으면 광산을 개발하며 어민과 농민을 식민(植民) 개척(開

拓)하여 황국의 소유로 하면 막대한 이익이 될 것이다.

⑥ 혹인(或人)의 말에 일본이 지금 송도에 손을 대면 조선 측에서 이의를 말할
것이라 하지만 송도는 일본 땅에 가까워서 고래(古來) 본방(本邦)에 속하는
섬이며 일본지도에도 일본의 판도에 들어 있어 일본 땅이다. 또 죽도(竹島)
는 토꾸가와(德川) 씨의 중세갈등(中世葛藤)을 일으켜 조선에 넘겨주었지
만 송도 건은 재론이 없으면 일본 땅임이 분명하다. 만약 또 조선 측에서 이
의를 말하면 원근(遠近)으로써 일본도(日本島)임을 논증할 것이다.[8]

---

8) 타께시마 이찌가꾸의 「송도개척지의」는 '明治十四年八月 奉命取調 北澤正誠'으로 되어
있는 『죽도고증(竹島考證)』 하권에 실려 있으며 그 원문(原文)은 다음과 같다. 『죽도고
증』은 '송도개척' 문제를 두고 논의가 분분하였던 메이지 초년의 '송도' 논의를 종합한
자료로서 울릉도와 독도 문제를 다룬 일본 측 자료로서는 가장 체계적이고 종합적인
중요한 자료이다.

　　第八號
　　松島開拓之議
　　謹テ上言ス迂生不才鄙賤之身ヲ以テ方今國事之緩急施政之前後等 素ヨリ察知スヘキニ非
ズシテ只不明之事ヲ建白候ハ戰慄恐懼ニ堪ス幾回カ閣筆候得 共國家強盛之一助ト存込候ヲ
黙止候テハ是又本懷ニ無之止 事ヲ得ス誠衷ヲ表シ候ハ卽テ我カ西北之方ナル松島ト云フ一
島之事ナリ鄙生兩三年前ヨリ露領'ウラジヲストック'へ三四度往返致シ候ニ付其每度遠見
セシ一塊ノ小島ナレトモ向來
　　皇國之神益ニ成ヘキ島嶼ニシテ却テ南方ナル小笠原島ヨリモ一層專務之地ト乍卒忽被存
候然ルニ一宇之住民ナク一箇ノ耕地ナシ自然外人之洪益ト成行可申哉モ難計遺憾不斟旣ニ
外人自在ニ伐木致シ船舶ニテ持去候事モ屢有之由義リ候間左ニ其大要ヲ揭ケ建白致シ候也
我カ隱州ノ北ニ在ル松島ハ南北凡ソ五六里東西二三里ノ一孤島ニシテ海上ヨリ一見スルニ
一宇ノ人家ナシ此松島ト竹島ハ共ニ日本ト朝鮮トノ間ニ在レトモ竹島ハ朝鮮ニ近ク松島ハ
日本ニ近シ松島ノ西北之海岸ハ岩石壁立シテ斷岸數百丈飛鳥ニ非ザルヨリハ近ツクヘカラ
ス又其南ノ海濱ハ山勢海面ニ向テ漸次ニ平坦ニ屬シ山項ヨリ三四分ノ所ニ其幅數百間ナル
瀑水アレハ平地ノ所ニ田畑ヲ設ケ耕作スルニ便ナシベシ又海邊諸所ニ小灣アレハ船舶ヲ繫
グベシ加之本嶋ハ松樹鬱鬱トシテ常ニ深綠ヲ呈シ鑛山モ有ト云ヘリ旣ニ'ウラジヲストッ
ク'ニ在留スル米人'コーペル'ノ說ニハ日本ノ屬島ニ松島ト稱スル一島アリ未タ日本ニテ着
手セサルト聞ケリ日本ノ所轄タル嶋ハ他國ノ所有トナサハ其國ノ寶ヲ他國ニ投與スルナリ
抑本島ニハ鑛山アリ巨木アリ且漁ノ益樵ノ益等モ亦少カラス予ニ此島ヲ貸シ給ハラハ每年
大利ヲ得ント云ヘリ迂生又熟考スルニ樵漁ノ益ニテモ多分ナルベケレトモ只樵漁ノ益ノミ

이와 같은 「송도개척지의」에서의 '송도'가 대체 어느 섬을 가리키는
가 하는 문제를 우선 생각해볼 필요가 있다. 송도와 죽도가 따로 있고
죽도가 조선에 가깝고 송도가 일본에 가깝다고 한 것을 보면 '송도'가
독도를 가리키는 것이라 볼 수 있겠다. 그러나 폭 수백 간의 폭포수가
있어 경지로 개척할 만한 땅이 있을 수 있다는 말이나 수목이 울창하고
광산이 있을 수 있다는 내용으로 미루어보면 아무래도 여기에서의 송
도가 독도를 가리키는 것이라고는 볼 수 없고 울릉도를 가리키는 것이
틀림없을 것 같다.

ニ非サルベシ如何トナレバ此'コーペル'ハ今現ニ'ウラジオストック'ニ在リ其家屋廣大ニシ
テ彼ニ勝ル商人ハ僅ニ兩三人ナル程ノ有名ナル商人ナレ共商業ヲ專ラトセス常ニ鑛山ノミ
ニ心ヲ用ヒ多クノ滿洲人ヲ雇ヒ鑛山ヲ專ラトシテ若モノナルニ松島ニ金屬アルト唱フレ
ナリ迂生兩三年前ヨリ此海上ヲ三四回往返シテ船中ヨリ松島ヲ目撃セシニ鑛山アルヤ否ハ
明白ナラサントモ一見スル所ニテハ鑛山モ有ヘシ且滿島巨松森森トシテ繁茂シ又禿山ノ所
モアレバ鑛山家ノ見ル虜ニテハ必ス鑛山ナラント見ルベシ然レトモ迂生ハ其鑑定ヲ知サレ
ハ鑛山ヲ以テ論セズ只希望スル所ハ彼島ノ大木ヲ伐リ其良材ヲ今盛大ニ開港スル'ウラジヲ
ストック'ニ輸出シ或ハ下ノ關ニ送リテ賣却シ其利益ヲ得ン又果シテ鑛山アル時ハ鑛山ヲモ
開キ漁農ヲ植ヘ開拓シテ往往皇國ノ所有トナサハ莫大ノ利益トナラン既ニ朝鮮國ト條約ヲ
結タル上ハ咸鏡道邊ニモ開港アリテ互ニ往復アルヘケレハ必ス松島ハ道路ニシテ要島ナ
リ加之彼我ノ船舶航海中難風ニ逢ヒ日數ヲ經テ薪水ニ乏シキ時ハ此島ニテ碇泊スレハ甚便
利ナリ且又'ウラジヲストック'港追日益隆盛ニ至ルヘケレハ各國ヨリ諸品輸出入ノ航海家
モ難風ニ逢ヒ或ハ薪水ニ乏シキ時ハ本島ニ入港スヘケレハ一港ヲ開キ燈臺ヲ設クヘシ左ス
レハ獨リ本朝ノミニ非ス各國航海家ノ安堵ニ歸シ皇國ノ仁義ヲ仰キ皇國ノ仁政ヲ感佩スヘ
シ是レ所謂一擧ニシテ兩全ヲ得ル者ニシテ外ニ仁ヲ施シ内ニ利益ヲ得ルナリ且又日朝兩國
ノ人民每年漂流スル者頗ル多シ此人民ヲ助クルハ日朝兩國ノ仁愛加之各國ノ人民モ餘愛ヲ
得テ皇國ヲ尊敬シ益交際ノ原キニ至ルヘシ仰キ願ヲ所ハ此島ヲ開キ農民漁夫ヲ植ヘ物産ニ
精力ヲ盡サシムルニ在リ迂生兩三年來此海上ヲ航海スル事既ニ三四度ニ及ヒシニ一見スル
每ニ本島ノ開港ヲ思ハサルハナシ殊ニ昨明治八年十一月'ウラジヲストック'ニ渡海セシ時
ハ彼島ノ以南ヨリ難風ニ逢ヒ夜ニ入リ松島ニ觸ラン事ヲ恐レ船中ノ衆人千辛萬苦スレトモ暗
夜ニシテ且大風雨或ハ大雪トナリ更ニ此島ヲ見事能ハス如何アラント船中ノ衆人只大息ヲ
發シ黙スルノミノ事モアリツレハ先ツ急ニ此島ニ燈臺ヲ設立アラン事ヲ請フ
　　　明治九年七月
　　　　　　　　　　　　　　　　　　　　武藤平學

이 시기에 흔히 있었던 일종의 모험상인(冒險商人)이 아닌가 생각되는 '블라지보스또끄' 거주 미국인 '코펠'의 충동을 받아 조선 영토인 울릉도를 무주무인도(無主無人島)로 잘못 알고 '황국에의 비익(裨益)'을 내세워 삼림채벌로 일획천금(一獲千金)을 노린 것이 타께시마 이찌가꾸(武島一學)의 소위 「송도개척지의」였던 것이다.

한편 타께시마 이찌가꾸의 「송도개척지의」가 건의된 다음 해인 1877년, 메이지 10년에 시마네현(島根縣) 출신의 토다 타까요시(戸田敬義)란 사람이 『죽도도해기(竹島渡海記)』란 가장서(家藏書)와 입수한 지도 2장을 통하여 죽도의 존재를 알고 "황국의 토지를 확장하여 국익(國益)을 일으키기" 위하여 토오꾜오부지사(東京府知事) 앞으로 「죽도도해지원(竹島渡海之願)」을 제출하였으나[9] 여기에는 '송도'에 관한 내용은 없다.

---

9) 토다 타까요시의 「죽도도해지원」 역시 『죽도고증』 하권에 실려 있으며 그 내용은 다음과 같다.
  第四號
   竹島渡海之願
    島根縣士族
     戸田敬義
 東京第四大區第二小邑水道橋內三崎町二丁目壹番地華族裏松良光邸內全戸寄留
 不省敬義兒タリシ時嘗テ聞ク隱岐國ヲ距ル殆ト七十里程之乾ニ當リ洋中荒蕪不毛之一孤島ヨリ之ヲ竹島ト稱スト敬義稍稍人トナリ賤家ニ昔在ヨリ貯フ處之一小冊其ノ題表竹島渡海記ト號スル者ヲ見タリキ然レ共其ノ時ニ於テ未タ何ノ思慮スル所ナキカ故ニ之レヲ殆ト不用品ニ屬シ筺中之紙塵ニ過ス維新以來北海之開拓諸諸荒蕪之地ヲシテ續續其宜レキヲ得ルヨリ少シク思念スルニ彼之竹島ナルモ我國之屬嶼タルヲ考ヒ深ク杞愛スル有ルヲ以テ三四歳以還頗ル意ヲ加ヒ種種探偵シ該島ニ關スル之書册或ハ傳言ヲ求ムルモ故ト德川氏執權之時ハ殊ニ嚴禁之海路タルガ故ニ其ノ書册ヲ藏スル者曾テナシ又嚮キニ敬義東京ヘ全戸移轉之際不計モ彼之渡海記ナル者ヲ失シ尙其ノ踪跡ヲ尋子且ツ他ニ該書ヲ周旋スルモ敢テ得ル能ハス至今切齒膊ヲ噛ムモ及フナク實ニ長嘆ニ堪セス依之親友一二ト計リ頃日二葉之畫圖ヲ落手シ又隱岐古老ノ傳言ヲ探聞セリ石見國濱田ノ人八右エ門ナル者私檀ニ渡海シ大ニ自己之利ヲ營ミ竊カニ之ヲ開拓センヲ謀ルモ企敗レ幕府之譴責ヲ蒙リ遂ニ嚴刑ニ處セラレシト伯州米子ノ人村川某ナル者獨リ意ヲ決シ大ニ自錢ヲ費シ而ノ隱岐國福浦港ヨリ艤

그가 가기를 원한 '죽도'는 역시 울릉도를 가리키고 있음이 틀림없는 것
같다.

타께시마 이찌가꾸의 「송도개척지의」가 나오게 되자 코다마 테이요
오(兒玉貞陽)란 사람이 이를 적극 지지하고 개척인의 가옥을 짓고, 벌목
을 하며 개항장(開港場)을 확정하고, 등대를 설치하며 토지를 개척할 것
등을 내용으로 하는 '건백서(建白書)'를 제출하였는데10) 이 경우 역시

シ彼之地ニ到リ滯在久シウシテ歸リ積ムニ良材及ビ野多之魚島ヲ以テセリト歸船モ亦針路
ヲ前之福浦港ニ取テ相達シ其ノ恙ナキヲ祝シテ此ノ所ニ該島ノ良材ヲ以テ一小祠ヲ設立ス
稱シテ福浦弁才天ト言フ數十年之久シキヲ經歷スルモ今猶青苔ト共ニ巍然トシテ存在ニ恰
モ新築ニ下ラスト然則良材名木之有ル必ス期ス可ヲ信ス且ツ同氏ハ乾鰒ヲ幕府ニ上進スル
ノミナラス同物ニ於テ多ク之利金ヲ得タリト天保度位ニ當テ德川氏其ノ目附役ヲシテ渡海
ヲ命シ巡島ヲ爲シメタル事アリト彼之渡海記ハ不疑シテ幕吏隨行者之編作ナラン且ツ圖面
ハ一昨年伯者之一漁師之家ニ求ムル也是レ恐クハ同時ニ出ル者乎其ノ他物産之良品奇物等
喋喋沿海之土人相稱ス元ヨリ一一信スル能ハスト雖モ大概探求スル處斯ノ如ク實ニ確然ト
シテ聞見セザルガ故謬傳齟齬之ナキヲ計リ難ク實際ニ附テ事ヲ行ハス纔ニ傳言之信僞ヲ
談スルヨリ寧ロ實地ヲ檢スルニ如カズト又一步ヲ退テ思考スルニ世態之開進ニ遇ヒ各自相
競ヒ人人相軋シテ其ノ業ヲ勤メ稼穡ヲ勵ミ功業愈愈盛ナラシメズンバ人民之義務不立之恐
レ有リ故ニ敬義竹島之事ニ意念ヲ倚セ一度事ヲ擧テ着手セント欲スルモ未タ宜決ヲ取ラズ
久シク胸中ニ疊折シテ敢テ發セサリシニ客歲鎭事官ヲ小笠原島ニ派遣セラルルヲ聞キ大跳
相賀ス政府之開墾ニ厚ク注意之有ルヲ嘉ビ此ニ於テ事少ナリト雖モ國家之利潤緩ニ爲ス可
カラザルヲ覺リ一層志操ヲ勉メ心意ハ假令ヒ絶海不毛之小島ニ至リ身ヲ碎クモ功ミ成ル有
ラハ亦何フ厭フ處ニ非サルカ故今般該島ニ渡リ實地ヲ硏究シ然ル後大ニ其ノ功績ヲ顯シ往
往國易之一端ニ備ヘンフヲ希望ス希クハ渡海免許之儀御聞許可被下度此段伏而奉願候恐惶
惶頓首再拜

但シ該島渡海之氣候タルヤ仲春ヲ好氣トナス故ニ隱岐國ニ渡ル之始メ伯州米子同州境港
等ニテ調度之日數ヲ費シ又渡海之期有ルカ故早早御指揮之程奉願候也

　　　　　右
　　　明治十年一月廿七日　　　　　　　　　　　　　　戶田敬義
10) 코다마 테이요오의 '건백서' 역시 『죽도고증』 하권에 들어 있는데 그 내용은 다음과
같다.
　　　第九號
　　　兒玉貞陽建白
　　郡生嘗テ瀨脇君ノ露港雜誌武藤氏ノ同港記聞ヲ閱見シ且其景況等傳派スルニ殊更感發興

울릉도를 두고 말하고 있음이 분명하다.

「송도개척지의」와 그것에 따르는 '건백서' 등이 제출되자 일본정부는 이에 대한 회답을 주기 위하여 기록국장(記錄局長) 와따나베 코오끼(渡邊洪基)로 하여금 이를 조사하게 하였던 것 같으며 그 결과 와따나베

起スルノ條件者即チ我カ皇國西北ノ屬島松島ナルモノナリ熟熟惟ミルニ今也開國ノ際ニ當テ各國ノ交際日ニ篤厚ニ進ミ月ニ隆盛ニ赴シニ從テ國事百般自ヲ冗費モ尠カラス國産ノ輸出モイマタ盛大ニ運ハズ國債モ亦解消スルニ至ラス嗚呼是全國一般ノ憂患ニシテ之ニ陋哉スル大患ナシ是ヲ補フハ富國强兵ニ在リ富强ノ基礎ハ仁恤ヲ施行シ萬民職事ニ盡力シ物産ヲ興隆シテ國家ノ裨益ヲ計ルニアリ其事ヲ行フ哉又緩急前後之別ナキ事能ハス故ニ鄙生從來此ニ着目シ日夜心瞻ヲ碎キ孜孜トシテ其要勢ヲ索覓シ國家萬分ノ一ニ報イント欲スレトモ如何セン短才不肖且微力ニシテ更ニ獻リ爲ス所ナシ即今武藤氏松島ノ建白ヲ熟閲スルニ其着手之順序以往之方向普ク至レリ盡セリト云フベシ實ニ方今ノ急勢ニシテ撥折シ難キ要件ナリ一日ヲクルレハ一日ノ損害ヲ生ズルニ至ラン所謂先ズル時ハ人ヲ征ス彼ノ南方ナル小笠原嶋ノ如キモ既ニ着手ノ列ヲ稍失スルニ似タリ而シテ此島嶼ニ比較スレハ松島者一層ノ要島ナレハ速ニセズンハ有ベカラス如何トナレハ北方ナル寒人ノ覘候覬覦ニ陷ラン事ヲ痛ム寔ニ至テ悔ルトモ及バズ仰キ願クハ同氏之建議賢國明之英斷ヲ以テ只管御裁用且速ニ御着手被爲在度ト竊ニ企望イタス所ナリ固ヨリ平賤ノ我輩苟モ不明之淺見ヲ以テ堂堂タル廟議ニ關スル義ヲ猥リニ論説イタシ候事戰慄恐懼ニ堪ヘザレ共聯微衷ヲ表シ有志ノ諸君子ニ其着眼スル所ノ是非曲直ヲ正サン事ヲ乞ント欲スルナリ

　　　　　明治九年七月十三日　　　　　　　　　兒玉貞陽謹言

　第拾號

　　　松島着手之楷梯見込

　第一 開拓人ノ蝸屋ヲ營ミ

　第二 伐木

　第三 開港場ヲ確定スル事

　第四 燈臺之建設

　第五 良材其他ヲ輸出スル事

　第六 土地開拓之事

　第七 置場ヲ定メ船用諸品ヲ畜藏スル事

　第八 民屋ヲ營ミ殖民ニ及フ事

　第九 漁獵之用意ニ取リカカル事

　第十 作物之開業

　　　其他山川丘陵之業ニ運フ事

코오끼 '입안(立案)' 혹은 '술(述)'로 된 두 편의 「송도지의(松島之議)」가 작성되었다. 「송도지의1」의 내용을 요약하면 다음과 같다.

① 옛날에도 죽도(竹島)에 관한 기록은 많으나 송도(松島)에 대한 논설은 없다. 요즈음 송도에 관한 말이 많으나 차(此) 2도(二島, 죽도와 송도)가 일도양명(一島兩名)이다 혹은 2도(二島)다 하고 제설(諸說)이 분분할 뿐 조야(朝野)에 그 시비를 가릴 수 있는 자가 없다. 죽도라는 것은 조선의 울릉도로서 막부(幕府) 투안(偸安)의 의(議)로 드디어 조선에 넘겨졌다. 고로 지금의 소위 송도라는 것이 죽도라면 조선에 속하고 만약 죽도 이외에 있는 송도라면 아국(我國)에 속하지 않을 수 없지만 이를 결론(決論)할 자가 없다.

② 제서(諸書)를 통하여 안(案)하매 죽도, 양명(洋名)으로 '아루고나우또'도(嶋)라는 것은 전혀 오유(烏有)의 것이며 송도, '데라세'도(嶋)라는 것은 본래의 죽도, 즉 울릉도(蔚陵島)이다. 우리의 송도라는 것은 양명 '호루넷또 롯꾸스'와 같다. 그러나 양명 죽도를 송도로 인지하기도 하고 또 죽도를 상기하기도 한다. 이 '호루넷또 롯꾸스'가 아국에 속함은 각국의 지도가 모두 그러하다. 다른 2도에 이르러서는 각국의 인지가 같지 않으며 아국론(我國論) 또한 확거(確據)가 없다.

③ 시마네현(島根縣)에 조회하여 그 종래의 습례(習例)를 알아보고 아울러 선함(船艦)을 보내어 그 지세를 보고 만약 조선에서 이미 착수하였으면 그 재정(宰政)의 모양을 실사(實査)한 연후에 그 방략(方略)을 정할 것이다.[11]

---

11) 와따나베 코오끼 입안의 「송도지의」 역시 그 원문은 『죽도고증』 하권에 있으며 다음과 같다.

第拾壹號

　松島之議一

　昔者竹島ノ記事略説多クシテ松嶋ノ事説論スル者ナシ而テ今者人松嶋ニ喋喋ス然リ而テ此二嶋或ハ一嶋兩名或ハ二嶋也ト諸説紛紛朝野其是非ヲ決スル者ヲ聞カス彼竹島ナル者ハ

여기에서의 '데라세'는 '다즐레'(Dagelet)를 말하는 것 같으며 '프랑스' 사람들이 붙인 울릉도의 이름이다. '호루넷또 롯꾸스'는 '호닛 록스'(Hornet Rocks)를 말하는 것이며 1885년에 영국인이 붙인 독도의 이름이다. 울릉도는 조선의 영토임을 인정하면서도 독도는 각국의 지도상에 일본의 영토로 되어 있다 하고 조선이 그것을 소유로 하였을 가능성을 말하면서 선박을 보내어 실지 조사할 것을 건의하였다. 한편「송도지의1」을 입안한 와따나베 코오끼는 곧「송도지의2」를 제출하였는데 그 중요한 내용을 간추려보면 다음과 같다.

① 송도(松島), 죽도(竹島)가 2도임은 거의 판연(判然)하다. 다만 아국(我國)의 서책에 죽도에 관한 기사만 많고 송도에 관한 기사는 없는데 그것은 (섬의) 대소빈부(大小貧富) 차이에서 좀더 죽도에만 왕래할 뿐이기 때문이며 또 조선과의 쟁론(爭論)도 죽도에만 관계되었기 때문이라 생각된다.

② 차도(此島, 송도)의 외국에의 인지 사실을 지도에서 살펴보면 영국의 제도

朝鮮ノ蔚陵島トシ幕府偸安ノ議遂ニ彼ニ委ス故ニ此所謂松島ナル者竹島ナレハ彼ニ屬シ若竹島以外ニ在ル松島ナレハ我ニ屬セサルヲ得サルモ之ヲ決論スル者無シ然ルニ松嶋ナル者我國ト朝鮮トノ間ニ位シ長崎ヨリ浦潮港ニ至リ馬關其他石州因州伯州隱岐ヨリ彼要地タル'ラサレフ'港ヘノ道ニ當ルヲ以テ頗ル要地ト爲シ連綿此近傍ニ英魯其船艦ヲ出沒ス若シ夫我國ノ部分ナランニハ之ニ多少ノ注意無ル可ラス彼國ナラン歟又保護ヲ加ヘサル可ラス況ンヤ他國我ニ糺之ニ答フルニ決辭ナキヲ如何ヤセン然ラハ則無主ノ一島ノミ諸書ニ就テ案スルニ竹島洋名'アルゴナウト'嶋ナル者ハ全ク烏有ノ者ニシテ其松嶋'デラセ'嶋ナル者ハ本來ノ竹嶋卽チ蔚陵嶋ニシテ我松島ナル者ハ洋名'ホル子ツトロックス'ナルカ如シ然ルヲ洋客竹島ヲ認テ松島ト爲シ更ニ竹島ナル者ヲ想起セレ者ノ如シ而テ此'ホル子ツトロックス'ノ我國ニ屬スルハ各國ノ地圖皆然リ他ノ二嶋ニ至リテハ各國其認ムル所ヲ同フセス我國論又確據無シ是實ニ其地ノ形勢ヲ察シ其所屬ノ地ヲ定メ而テ其責ニ任スル所ヲ兩國間ニ定メサル可ラサル者タリ因テ先ツ嶋根縣ニ照會シ其從來ノ習例ヲ糺シ併セテ船艦ヲ派シテ其地勢ヲ見若シ彼既ニ着手セハ其宰政ノ模樣ヲ實査シ然ル後ニ其方略ヲ定メント要ス請フ速ニ採リテ議ルス者アラン事ヲ伏望ス
記錄局長渡邊洪基立案

(諸圖)는 대마도(對馬島)와 함께 조선 영토로 색칠을 하였고 불국(佛國)도
또한 같다. 독일 '고따 스찌레루스'의 지도에는 대마도와 함께 일본 영토로
색칠되어 있으며 다만 '우아이마루'의 지리국 지도만 대마도를 일본 영토
로 색칠하고 송도, 죽도를 조선 영토로 색칠하고 있다. 영·불이 대마도와
함께 조선색으로 한 것은 대마도가 이미 일본 판도에 틀림없으므로 따라
서 송도, 죽도도 그 색깔을 바꾸어야 하며, '치스찌레루'의 지도는 그 결과
인 것이다. 하물며 송도, 죽도로 전해지고 있는 그 말이 일본어이며 이로써
생각해보면 차도(此島)는 암암리에 일본 소속으로 간주된 것이다.

③ 아국과 조선의 관계를 논하면 막부(幕府)는 무사(無事)를 좋아하여 죽도를
다만 조선지도의 울릉도(蔚陵島)와 같음과 그 땅의 원근(遠近)으로써 조선
에 양여하였지만 송도, 죽도의 2도가 있고 송도는 죽도보다 아국에 가까운
쪽에 있어서 일본에 속하고 조선 또한 이론이 있을 수 없다.

④ 그러나 아국에서는 송도, 죽도의 2도 1서(二島一嶼) 문제가 판연하지 않고
따라서 조선에 속하는지 아닌지도 알지 못한다. 만약 외국의 질문이 있어
도 답할 바를 모른다. 아국 영토로 하더라도 이에 관한 의무가 없을 수 없
으며 이를 조선에 돌려주더라도 또 외국에 주의하지 않을 수 없다. 이것이
재고할 소이(所以)이다.[12]

---

12) 『죽도고증』 하권에 실려 있는 와따나베 코오끼의 「송도지의2」의 원문은 다음과 같다.
  第拾貳號
    松島之議二
  松島ト竹島卽チ韓名蔚陵島ハ聞ク所ニ倚ルニ一島二名アルカ如シト雖モ舊鳥取縣令ニ
  聞クニ全ク二島ノ由ト認メ又戶田敬義加藤金森謙ナル人ノ書ニ隱岐國松島西島(松島ノ一
  小屬ナリ土俗呼ンテ次島ト云)ヨリ海上道規凡四十里許北方ニ一島アリ名ヲ竹島ト云フ云
  云又伯州米子ヨリ竹島海上道程百四十里許アリ米子ヨリ出雲ニ出テ隱岐ノ松島ヲ經テ竹島
  ニ到ルナリ但シ隱岐ノ福島(一謂福浦)ヨリ松島迄海上道程六十里許松島ヨリ竹島迄四十里
  許云云又竹島ヨリ朝鮮ヘ海上道規四十里許ト云此說ハ享保九年昔屢渡海セル一老叟ニ詰問
  セラレシ其答ニ伯州會見郡濱野目三柳村ヨリ隱岐ノ後島ニ三十五六里アリ此遠見ノ考ヲ

以テ竹島ヨリ朝鮮山ヲ見レハ少シ遠ク見レハ凡リ四十里許リト云フニ因ル云云是ヲ以テ
考フレハ二島アル事瞭然タルカ如シ洋書ニ就テ按スルニ英ノインペリヤールガセツトル
(ダゼラト音スニダケレット)島卽松島ハ日本海ノ一島ニシテ日本島ト朝鮮半島ノ間ニアリ
其西北ノ點北緯百三十七度二十五分 (グリーンチイッチヨリノ算)東經百三十度五十六分
一千七百八十七年ラペルーズノ名クル所周圍九里海巖ハ絶壁之ヲ境シ其最高處ニ至ルマテ
樹木森森タリ又リソピンコット著プロナシレンク・ガセツテル・ゼフシールルドニダゼラハ
日本海ノ小島ニシテ日本朝鮮ノ殆ント中間ニアリ周圍八里北點北緯三十七度二十五分東經
百三十度五十六分トアリ之ヲ地圖ニ徵スルニ英海軍測量圖載スル所ダセラ卽チ松島ト題セ
ル者其地位二書ニ載スル所ノ如シ英ノロヤールアトラス佛ブルーユノ大圖英女王地理家
　ゼイムスウイルドノ日本朝鮮圖日耳曼ラーペルス亞細亞國千八百七十五年
　ゴヲタノスチールスノアトラスウアイママル地理局ノ圖皆同地位ニダゼラ島ヲ置キ英測
量圖ニハ點線ヲ以テ限ルモノノ外ハ東經百二十九度五十七八分北緯三十七度五十分ニアル
ゴナウト卽竹島ト題シタル者ヲ置テ魯西亞ノ地圖局ノ圖ニモ同處ニ之ヲ樋力ニ置テ又金森
謙ノ書ニ竹島周圍大凡十五里トアリ又戶田敬義ノ圖私船ノ測量ヲ總計スレハ二十三里餘ト
ナル(尤曲屈出入ヲ合セ沿岸)去レハ彼松島卽チタゼラ島ノ周圍ト異ナル事少少ナラス而シ
圖中南隅ニ一里半周圍ノ一島ヲ載ス是于人島ナルベシ眞圖ニ就テ測量スルニ隱岐嶋ト松島
竹島朝鮮ノ距離凡ソ符合スサレハ松島竹島ノ二島ナルハ殆ソト判然タリ唯我國ノ書ニ竹島
之事ノミ多クシテ松島ノ事ナキハ大小貧富ノ差ヨリ竹島ノ往來スルノミニシテ且朝鮮トノ
爭論モ竹島ニノミ關係シタル故ト思ワル此島ノ外國ノ認ムル處ヲ圖ニ徵スレハ英國ノ諸圖
ハ對馬島ト合セテ朝鮮ノ色トシ佛モ亦同シ日耳曼ゴタスチーレルス圖ニハ對馬ト合セテ
日本色トシ唯ウアイマルノ地理局圖ノミ對州ヲ以テ日本色トシ松島竹島ヲ朝鮮色トテ英佛
ノ對州ヲ合セテ朝鮮色ニセシハ對州旣ニ日本版圖ニ相違ナケレハ隨テ松島竹島モ其色ヲ變
セン卽チスチーレルノ圖ハ此結果ナルベシ況シ哉我松島竹島ヲ以テ傳フ其語ハ日本語ナリ
因テ考フレハ此島ハ暗ニ日本所屬ト見做シタルベシ倩我國ト朝鮮トノ關係ヲ論スレハ舊幕
府無事ヲ好ムヨリ竹島ヲ以テ唯彼地圖ニ蔚陵島ト均シキト其地ノ遠近ヲ以テ朝鮮ニ讓與セ
リト雖トモ松島竹島ニ島アリ松島ハ竹島ヨリ我近キ方ニアレハ日本ニ屬シ朝鮮又異論アル
能ハス而シテ其緊要ニ論スレハ同島ハ殆ント日本ト朝鮮ノ中間ニ位シ我山陰ヨリ朝鮮咸鏡
道永興府卽チ
　ラサレヲ港トノ航路ニ當リ長崎ヨリウラシヲストツク港航舶ノ日必近ツク所其緊要ナル
所謂竹島ニ數倍ス故ニ今英魯等ノ頻リニ注目スル所トナレリ而シテ各國ノ認ムル所是ノ如
シ然ルニ我國ニテハ松島竹島二島一噸ノ事判然ナラス隨テ朝鮮ニ屬スル哉否ヲモ知ラスル
ナリ若シ外國ノ問ニ逢フ又答フル所ヲ知ラス若我物トセン歟之ニ關スル義務ナカルベカラ
ス之ヲ朝鮮ニ歸セン歟又外國ノ注意セサルヲ得ス是再考ス所以ナリ記錄局長 渡邊洪基述同
年十一月浦潮港貿易事務官瀬脇壽人ノ露領ニ赴クニ及ヒ意ヲ松島ノ事ニ用コ旣ニシテ千葉
縣下佐倉ノ商齊藤七郎兵衛ナル者アリ商業ヲ以テ此港ニ往來ノ序松島ニ近キ粗其地形ヲ極
メ同島開拓ノ願書ヲ貿易事務官瀬脇氏ニ出セリ卽別紙第十三號是ナリ

「송도지의1」보다 외국지도를 참고하여 독도의 귀속 문제를 밝히려 한 점이 다르다. 그러나 영·불의 지도가 모두 독도를 조선령(朝鮮領)으로 색칠하였고 독일지도 하나만 대마도와 함께 일본령(日本領)으로 색칠한 반면 다른 또 하나는 대마도를 일본령으로, 울릉도와 독도를 조선령으로 표시한 것을 발견하고 영·불계의 지도가 대마도와 울릉도, 독도를 조선령으로 표시하였지만 대마도가 일본령임이 분명하므로 울릉도와 독도의 색깔도 바뀌어야 한다고 강변하고, 나아가서 옛날에 울릉도를 조선령으로 인정한 이유가 지도상으로 울릉도와 같았고 거리상으로 가깝다는 데 있었으므로 독도의 지리상의 빛깔이 일본령과 같고 또 거리상으로 일본에 가까우므로 일본령에 편입되어야 한다는 논리를 펴고 있는 것 같지만 그가 참고한 지도에는 독도를 조선령과 같은 색깔로 표시한 것이 더 많았던 것 같고 거리의 원근으로 귀속을 결정한다 하여도 일본의 오끼(隱岐)에서 독도까지의 거리는 그가 조선령으로 인정한 울릉도에서 독도까지의 거리보다 훨씬 멀다. 그리고 이와 같은 강변에도 불구하고 「송도지의」의 결론은 그것이 조선령인지 일본령인지 역시 결정짓지 못하고 있다.

한편 같은 해인 1876년, 즉 메이지 9년 12월에 역시 상업 목적으로 '블라지보스또끄'에 왕래하던 치바현(千葉縣) 출신의 사이또오 시찌로베에(齋藤七郎兵衛)란 사람이 '블라지보스또끄' 주재 일본무역사무관 세와끼 히사또(瀨脇壽人) 앞으로 대소입목(大小立木)이 청청(靑靑)하게 덮였고 어류, 특히 포(鮑)가 많아서 "섬의 산물이 우선 어류, 재목 양종(兩種)으로서 이익이 많고 광물(礦物)도 있을 것" 같은 '송도'의 개발을 청원한 「송도 개도 원서 및 건언(松島開島願書幷建言)」을 제출하였고[13] 세와끼

---

13) 사이또오 시찌로베에의 「송도 개도 원서 및 건언」도 『죽도고증』 하권에 있으며 원문

히사또는 그것을「우라시오항일기초(浦潮港日記抄)」와 함께 외무경(外務卿) 테라지마 무네노리(寺嶋宗則)와 외무태보(外務太輔) 사메시마 나

내용은 다음과 같다.

第拾三號

松島開島願書幷建言

千葉縣下第拾大區六小區

下總國印幡郡佐倉田町商

齋藤七郎兵衛

私儀今般魯國浦潮港ヘ爲商業本年十一月中航海着航仕市中近在時時巡見仕尙又兩三年前ヨリ在留之日本人兩三名ヘ當港之模樣等委細兼候所近年俄ニ開港之地ニテ家具諸器共相調不申候得共魯國人ハ勿論各國商人共追日開店打續人家每年貳百軒或ハ三百軒宛相增候故近林之立木不殘伐盡シ當今ハ薪炭ニ仕候小材ヲ除候外大角物板類等ニ仕候大材ハ本國長崎又ハ數十里相隔居後蒙古地方ヨリ運送仕候得ハ格外高直ニ有之且營繕等ニ付テハ木挽職大工職等土人總テ賃金高價ハ勿論石工職抔ハ別シテ拙工ニ相見ヘ申候依之本國之諸職人共大勢連來リ營業等爲仕度候右樣次第ニ付兼テ義及候皇國之屬島松嶋之儀當港ニ航海之砌一見仕候處至テ小島ニハ御坐候得共東南ト覺キ方ニ相向ヒ大小之立木靑靑トシテ覆茂リ且又魚類夥敷殊更鮑澤山ニ相見申候此島之産物先魚類材木兩種ニテ利益多分可有之候得共礦物モ御坐候樣兼申候尙又渡海致シ吟味仕候ハハ此外商品ニ相成候物屹度見出シ御國益ニ相成且商業ニモ相成可申候間不肖之身分ヲ以恐多御願ニハ御坐候得トモ開島方被仰付度此段偏ニ奉願上候右之通被仰付被下置候上ハ本國ヘ立歸リ身元有之者トモ數名合併仕立木之儀ハ追追伐出シ鮑ハ漁獵仕當浦潮港幷ニ支那上海等等右伐木積送賣捌キ申度尤諸職人等ハ又日本人數名相雇連行キ開島仕度志願ニ御坐候間不苦御儀ニ御坐候ハハ前件御許容被下度伏テ奉願上候

英佛魯船等日本通行之砌折折此島ヲ乘廻シ候由粗兼知仕候且又本年四月中魯船右松島之周圍悉ク測量致シ候趣其上ナラス漂流之日本人歟惑ハ朝鮮人ニテモ御坐候哉聢トハ相分不申候得共海岸ニ接シ藁屋ニテ人家貳軒程有之其外木影ヨリ煙相立居候ヲ見受候者御坐候趣是又兼候得共人家モ可有之ト愚察仕候依之急速御取締被遊度儀ト奉存候殊ニ此島ハ魯朝兩國之近海ニ有之且各國着目仕居候樣子ニ御坐候得ハ彼等方ニテ着手不致內開島被仰付候樣仕度此段御聞濟之上開島之儀ハ縱御撰テ外人ヘ御申付有之候共右建言相立候ハハ日本國ノ屬島ニ相違無之段各國ヘ分明ニ相成冥加至極難有仕合ニ奉存候也

明治九年十二月十九日

齋藤七郎兵衛印

御領事

瀨脇壽人殿

오노부(鈬島尙信) 앞으로 보내었다. 「우라시오항일기초」에서 '송도'를 소개한 내용을 보면 다음과 같다.

① 금춘(今春) 본항(本港, 浦潮港, 즉 블라지보스또끄)으로 도래(渡來)하는 해상에서 송도(松島)를 일망(一望)함에 육지에는 거수(巨樹) 울연(鬱然)하게 번무(繁茂)하고 해중(海中)에는 어류가 대단히 많고 특히 포(鮑)가 많기는 해저(海底)에 두(豆)를 산부(散敷)한 것과 같았다. 이때 도중(島中)에서 일조(一條)의 흑연(黑烟)이 높이 올랐던 것으로 보아 반드시 인가(人家)가 있는 것으로 생각되었다. 본항 착후(着後) 젠조오(善藏)에게 이 일을 말하였던바 젠조오는 흑연뿐만 아니라 멀리 수간(樹間)에 고옥(藁屋) 2가(二家) 있음을 보았는데 대단히 왜소하여 일본인이나 조선인의 집 모양에 방불(髣髴)하였다. 그후 노·불인(露佛人)을 만나 이야기가 송도에 미쳐 서로 담화하게 되었는데 불인(佛人)은 그해 하절(夏節)에 본도(本島)에 선착(船着)하여 왜옥(矮屋) 4~5가를 목격하였는데 일본인이 아닌가 한다고 했다.

② 메이지 10년 3월 22일 이노끼찌(猪之吉)가 내담(來談)하였는데 그 담화가 우연히 송도 문제에 미쳤다. 작년 동인(同人)이 나가사끼(長崎)에서 도래할 때 송도에 접근하여 해상 1리의 지점에서 일견(一見)하였는데 산상(山上) 이분여(二分餘)의 곳에 30간방(三十間方)의 백석(白石)이 있고 주위는 녹색의 거목으로 둘러싸였으며 그 희기가 눈과 같았다고 하였다. 또 계간(溪間)에서 일조(一條)의 취연(炊煙)이 올라가는 것을 보았으나 계간(溪間)이 되어 인가(人家)를 볼 수 없었다 하였고 세인들이 모두 차도(此嶋)의 주위에 복(鰒)이 대단히 많다고 말하였지만 선행신속(船行迅速)하여 그 유무를 확인할 수 없었다고 하였다. 여등(餘等)도 재작년에 2리 정도 떨어져서 통행하였는데 백색의 것은 폭포(瀑布)로 인정하였다. 그 이유는 30간방이나 된다고 생각되는 돌이 모두 정백(精白)한 것은 일찍이 본 적이 없으며

아마 폭포가 아니겠는가 하였는데 이노끼찌는 수긍하지 않고 백석이라 하였다. 차물(此物)이 만약 백석일 때는 반드시 수정(水晶), 마리(瑪璃)와 같은 백색의 보석을 산출할 것이다.[14]

---

14) '블라지보스또끄' 주재 일본무역사무관 세와끼 히사또가 그 외무성으로 보낸 「우라시오항일기초(浦潮港日記抄)」도 『죽도고증』 하권에 있으며 원문은 다음과 같다.

第拾四號

　明治十年平信第一

　奉別後僅二六七月間ニ御坐候處御書翰中幷ニ新聞紙一見仕候得ハ神風黨之騷亂アリ長黨ノ蜂起アリ此度又薩黨之大戰アリ國家多事浪費巨萬人心ヲ煽動シシ開化ヲ妨ケ皇天神明何ソ斯ク邦内ニ不幸ヲ降セルソ何等ノ事故ニ御坐候哉嗚呼皇天ニ號叫セン歟神明ニ歡訴セン歟小臣等實ニ其所爲ク知ラス然レ共事變ノ旣ニ妓ニ至候テハ朝廷在位ノ大臣閣下其職ヲ奉シ其位ニ盡シ唯一日モ速ニ鎭靜シ國家ヲ平安ニ歸スル名策ヲ施行シ給ヘ事ヲ祈願スルノ外無御坐候

　小臣任所之形勢ヲ以テ視察スルニ露國ヨリ鷄林ヲ覬覦スル模樣ニ御坐候片時モ早ク御國内ヲ平定シ人心ヲ安着サ鷄林ノ北邊ニ關係イタシ置候儀方今之一大急務ニ可有之候客歲モ申達候通先我屬嶋松島ニ着手シ夫ヨリ鷄林ノ北部ニ往返シテ我禾鹽其他國産物ヲ販賣イタシ候得ハ輸出ヲ增加シ倂セテ又露人覬覦ノ近狀ヲ詳知スヘシ此頃陸上ヲ經テ韓地ニ入ル者アリ又海上ヨリ向フ者アリ是皆彼地近景偵探ノ爲ナルヘシ別紙ノ通武藤平學齋藤七郞兵衞兩人ヨリモ松島開嶋願出候願クハ速ニ御許容被爲在度奉願候也

　四月廿五日　　　　　貿易事務官瀨脇壽人

外務卿寺嶋宗則殿

外務太輔鮫島尙信殿,

二展松嶋一件ハ旣ニ日本人體之者居住候趣訟拙筆日記ニ委敷記載置候間尙御一覽可被下候日記中長崎縣へ關係之事件有之候間同縣へ一見爲致度候

第十四號附浦潮港日記抄

明治九年十二月十八日十二時齋藤來話テ云, 昨夜但州人正助, 有田カ弟善藏其他村次等兩三人集會テ, 商法ノ事件ヲ談セリ其時正助カ談話ニ, 今春本港ニ渡來ノ海上, 松島ヲ一望セシニ陸地ニハ巨樹鬱然トテ繁茂シ, 海中ニハ魚類極メテ多ク殊ニ鮑ノ多キ事, 海底ニ豆ヲ散敷セルカ如シ, 此時嶋中ヨリ, 一條ノ黑烟高ク登リタレハ, 必ス人家アラント想ヘリ, 本港ニ着後, 善藏ニ此事ヲ談シケレハ, 善藏ハ黑烟ノミナラス, 遙ニ樹間ニ, 藁屋ノ二軒アルヲ見タリ, 極メ, テ矮小ニメ其狀日本人, 若クハ朝鮮人ノ家作ニ髣髴タリ, 其後露佛人ニ邂逅メ語次松島ノ事ニ及ヒ, 共ニ談話セシニ, 此佛人ハ當夏本島ニ着船メ, 矮屋四五軒目擊シ, 日本人ナラント云シ由ヲ述, 齋藤又云ルハ, 正助力說ニ, 嘗テ石州ニテ見シニ, 二三年前, 同國ノ漁夫, 柴田太平等七人, 大風ノ爲ニ, 松島ニ瓢着シ, 三年居住メ, 二人歸リタル日紀アリ, サレハ此

이와 같은 「우라시오항일기초」에서의 '송도'가 울릉도를 가리킨다 하여도 그다지 상세히 본 것이라고 할 수도 없겠지만 독도를 가리키는 것은 더욱 아님이 명백하다. 따라서 사이또오 시찌로베에의 소위 「송도 개도 원서 및 건언」에 대하여 일본정부의 공신국장(公信局長) 타나베 타이이찌(田邊太一)는

송도(松島)는 조선의 울릉도로서 아(我) 판도(版圖) 중에 있지 않다. 사이또오 (齋藤) 모(某)의 원의(願意)는 허가할 수 있는 권리가 없다는 취지로 답할 것[15]

을 결정하였다. 그러나 일본정부의 이와 같은 해명에도 불구하고 이 무

殘留セン者ノ住家カ, 或ハ又朝鮮人ノ來住スルナラン, 其人ハ何レノ國人ニモアレ松島ハ日本ノ一島ナレハ, 下奴此島ニ渡リ, 日本, ノ屬島タル事ヲ示シ, 且漁獵ヲ開キ, 樹木ヲ伐リ, 之ヲ支那ト, 本港トニ運輸メ, 國益ヲ計ラン, 渡嶋ノ許可請トテ一通ノ願書ヲ出セリ, 餘モ此島ハ從來着目スル所ナレハ, 明春東京ニ送ラントテ, 預リ置ス

第十四號付浦潮港日記抄

明治十年三月二十二日, 猪之吉來談シ, 其談話, 偶松嶋ノ事ニ及フ, 昨年同人, 長崎ヨリ渡來ノ時ハ, 松島ニ近接シ僅ニ一里ノ海上ヨリ一見センニ, 山上ニ分餘ノ所ニ三十間方ノ白石アリ, 周圍ハ綠色ノ巨木ヲ以テ圍繞シ, 其白キ事雪ヲ欺ク又溪間ヨリ, 一條ノ炊煙ノ登ルヲ見タリ, 然レトモ溪間ナレハ, 人家ヲ見ノ能ハス, 世人又皆此嶋ノ周圍ニ, 鰒極メテ多シト唱フモ船行迅速ナレハ, 其有無ヲ認ル事ヲ得スト, 餘等モ一昨年, 二里ハカリ隔テ, 通行セシカ, 白色ノ物ハ, 瀑布ト認メタリ, 其故ハ三十間方モ有ント覺ル白石ノ, 斯ク, 彼此ノ別ナク, 精白ナルハ 未タ嘗テ之ヲ見ス, 恐クハ瀑布ナラント, 云タレトモ 猪之吉肯ンセス, 白石ナリト答フ, 此物若シ白石ナル時ハ, 必ス水晶瑪璃ノ如キ, 白色ノ寶石ヲ産スヘシ, 又善藏正助等ハ, 鰒ノ多キフ數千ノ豆ヲ散敷セルカ如シト云フ, 諸罔カ說ハ蝦夷地ノ'リーシリ'島ハ, 蔓爾タル一小島ニテ周圍僅ニ三四里ナルカ, 夏日四五個月ノ間ニ, 米價二萬五千石ニ當ル鰒ヲ漁スト聞タリ, 松島ノ鰒ヲ漁セハ, 國家ノ大益ヲ起サント

15) 『죽도고증』하권의 원문은 다음과 같다.

松島ハ朝鮮ノ鬱陵島ニテ我版
圖中ナラス齋藤某ノ願意ハ許
可スルノ權ナキ旨答フベシ
右者公信局長田邊太一附ケ札也

렵 일본 모험상인의 무모한 '영토확장욕'은 상당히 적극적인 것이어서 앞서 「송도개척지의(松島開拓之議)」를 제출한 바 있었던 타께시마 이찌가꾸(武島一學)는 다시 1877년, 메이지 10년에 「송도개도지건백(松島開島之建白)」을 역시 '블라지보스또끄' 주재 일본무역사무관 앞으로 제출하였는데 이때는 그가 말한 '송도'는 독도가 아닌 울릉도임이 틀림없으며 그 내용도 미국인 '코펠'이 광물(鑛物)이 있을 것으로 보고 자신에게 대여하기를 원한다는 사실, '송도'를 개척하면 어업에도 이익이 많겠지만 그 대수(大樹)를 벌채하여 양재(良材)를 '블라지보스또끄'에 혹은 중국의 상해(上海)에 수출하면 큰 이익을 얻을 수 있으리라 지적한 점은 앞서의 「송도개척지의」와 같지만 특히 다음의 두 가지 점을 더욱 강조하고 있다.

① 본항(本港, 블라지보스또끄)에 항해하는 각국인이 모두 '송도(松島)'에 착목(着目)하여 그 이익의 유무를 평하고 있으며 객세(客歲) 4월 중 노국선(露國船)이 '송도'의 주위를 측량한 것은 무엇보다도 노국(露國)에서 차도(此島)에 착목하여 개발하려는 의도를 보인 것이다. 노국은 국토를 확대하여 아시아를 병탄(倂呑)하려고 하는 원대한 책략이 있으므로 반드시 차도(此島)를 개발하고 인민을 식민(植民)하여 불시에 대비하려 함은 당연한 일이라 보여진다.

② 세속(世俗)에 말하기를 일보(一步)를 나아갈 때는 곧 일본의 국력(國力)을 더하고 일보를 물러설 때는 일본의 국력을 감한다 하였는데 실로 당연한 이치이다. 그런데 '송도'는 아국의 속도(屬島)로서 서북의 요도(要島)이므로 급히 일본를 나아가 개발하지 않을 수 없다.[16)]

16) 『죽도고증』 하권에 있는 타께시마 이찌가꾸의 「송도개도지건백」 원문은 다음과 같다.

第拾六號

松島開島之建白

　迂生不省ノ身ヲ以テ開墾開島等ノ事トモ建白候ハ眞ニ恐懼ニ堪ヘス幾回カ閣筆候ヘトモ富國ノ一端トモ存込候儀ヲ黙止スルハ是又本懷ニ無之朦昧ヲ顧ミス誠衷ヲ表シ候ハ我カ西北ナル松島開島ノ事ナリ既ニ客歳東京ニ於テ建白セシカトモ尚又彼島ノ諸産物等精密ニ取調ヘ明細ニ相記シ上申セント一念一日シテ止ム時ナク種種探索ニ及ヒ只管開島ノ事ニノミ焦慮罷在候扨迂生此海路數度航海致シ其毎度ニ目撃シ粗形況ハ記臆致候ヘトモ尚又熟視セント存既ニ客歳當港ヘ渡來ノ節モ彼島ノ沿海ヲ通リ極目シテ其土地ノ形況及ビ草木等ヲ一見セント欲スレトモ偶逆風起リ船行遲ク彼島ノ沿海ニ至ラサルニ既ニ日暮テ其地勢ヲ認ムル事能ハス遺憾ノ至ニ堪之ニ因テ本港着後彼島ニ渡リ實地ヲ目撃セシ者モアラハ兼度存當港ニ來着セシヨリ日本人ハ勿論朝鮮人或ハ米佛人抔ニモ此事ヲ兼ルニ其談話頗ル採ル所アリ其大略ヲ左ニ掲ケ謹テ再ビ上言致候ナリ

　朝鮮人等ノ談話ヲ兼ハルニ松島ハ東西三四里南北五六里ノ小島ナレドモ大益アル島ナリト申候ニ付其利益ハ何等ノ産物ヲ以テ云フヤト尋ケレハ我等本國ニ在シ時嘗テ聞及ヒシニ松島ハ大木繁茂シ第一ニ材木ヲ輸出スルニ利アリ且我カ國民等彼島ニ渡リ伐木シテ船ヲ造リ來ルモノ少カラス漁獵モ亦大ニ利アリ其他ノ産物モ多カルヘケレトモ未タ人民住居セサレハ知ヘカラスト云へ又米人'コーペル'氏迂生ニ云ヘルハ貴國ノ屬島松島ノ事ハ既ニ兩三年前ヨリ君等ニ告タレトモ貴國ニテ未タ着手セサルヤ彼島ハ甚タ利益アル島ニテ捨置ヘキニ非ス然ルヲ無人島ト爲シハ未タ嘗テ開島セサルハ何ノ故ソヤ彼島ヲ余ニ與ヘナハ大利益ヲ得ヘシ又貴國政府ニテ彼島開島ノ事ヲ余ニ委任セラレハ欣抃ノ至ナリ左スレハ貴國ノ利益ハ勿論余カ利トモナルヘシ仰キ願ハクハ此事ヲ貴政府ニ告ヨ余謁力シテ以テ開島シ然シテ貴政府ニ利益ヲ得セシムヘシ乞フ餘ト共ニ連合シテ以テ開島アラン事ヲト幾度モ申ツレハ其利益ノ件件ヲ聞ニ詳ニ語ラス唯撫漁ノ益ニテモ多カルヘケレトモ夫ノミニ非ス我レ目的トスル所アリト云フノミ迂生之ヲ以テ考フルニ同氏ハ本港ニ在テ豪商ナレトモ常ニ鑛山ノミ着目シ商業ヲ專ラト爲サル程ノ者ナレバ必ス鑛物アラント思フナルヘシ又佛人'ヲージー'ト云フ者ノ説ヲ聞ケハ松島ハ巨木生繁リケレハ元ヨリ良材ノ利益少ナカラス加之海岸ニハ支那人ノ多ク賞翫スル鮑ノ多キ事甞フルニ物ナシ何ソ貴國ニテ開島セサルヤトイヘレハ實ニ見込アル島ナリ且衆人利益アル島トイヘハ果シテ然ラン斯程ノ島ヲ無人島トナシ置キ其利益ヲ捨置カハ何ヲ以テカ國ヲ富サン何ヲ以テカ輸出ヲ增シ此利ヲ得スンハ有ヘカラス動モスレバ外人密ニ彼島ニ至リ其利益ナル物ヲ運輸スルヤモ量リ難シ左スレハ我國ノ寶ヲ外人ニ奪掠セラルルニ異ナラス誰カ之ヲ惜マサラン迂生曾テ聞ク國富テ兵强シト然ラハ一毫ノ利タリトモ國ニ入ルルハ是レ富國ノ基礎ト云フヘシ因テ彼島ハ小島タリトモ其産物ノ利益ヲ捨置所ニ非ス倩愚案スルニ松島開島ノ事ハ皇國ノ要務ニシテ國家强盛ノ一助トナル事ナレハ寸刻モ怠ルヘキ事ニ非スト夫レ松島ハ一塊ノ小島ナレトモ要島ナリ其故ハ西ハ朝鮮北ハ露領滿洲地方ニ接スレハ事變ノ起ルニ臨テ他邦人ノ足溜トモナルヘケレハ早ク人民ヲ移シ開墾シテ樵漁ノ利益ヲ得國ヲ富スニ如カス若シ今開島ノ用意アラサレハ終ニハ外人ノ所有トナルヘシ如何トナレハ各國人本港ヘ航海スルモノ皆彼島ヲ着目シテ其利益ノ有無ヲ

울릉도를 두고 일본의 속도(屬島)라고 해놓고 '러시아'가 이를 개발하기 전에 일본이 먼저 개발해야 한다고 주장하고 있다. 독도는 물론 울릉도의 실제 사정조차도 정확하게 알지 못하고도 이를 일본의 속도로 간주해놓고 '러시아'가 먼저 개발할 것을 두려워하여 개발과 '국력신

評スレハナリ且客歳四月中露國船彼島ノ周圍ヲ測量セシ由ナレハ第一露國ニテ此島ヲ着目シ開ントスルノ意ナルヘシ素ヨリ露ノ國ヲ擴メ亞細亞ヲ併呑セント欲シ遠大ノ策略アレハ必ス此島ヲ開キ人民ヲ植ヘ不時ノ用意トスルハ勿論ノ事ト察セラル今此島ヲ開カズシテ基儘ニ捨置時ハ着手スル期ヲ失ヒ恐ラクハ外人ノ所有トナラン倘シ外人ヨリ着手セラルル時ニ當テハ臍ヲ咥ムトモ及フマシ且紛紜タル爭論ヲ釀サンハレ皇國ノ一大事件ニ係ハル所ニシテ迂生ノ深ク痛心スル所ナリ世俗ニ曰ク一歩ヲ進ム時ハ則チ一歩ニ國力ヲ增ス一歩ニ退ク時ハ則チ必ラス一歩ニ國力ヲ減スト實ニ是レ當然ノ理ナリ然ルニ松島ハ我カ屬島ニシテ西北ノ要島ナレハ急ニ一歩ヲ進ンテ開カスンハアルヘカラス儻シ手ヲ空フシテ進マスンハ退クニ異ナラズ遂ニ我カ一島ヲ失フニ至ラン故ニ今此島ヲ開キ斷然我カ屬島タル事ヲ示シ以ノ悚ノ憂思リヤ事ヲ謀ルノ肝要ナルヘ如ス然リリレヘ我カ屬島ニシヲ屬島ニ非ス復退ンテ國力ヲ減スルニ至ル誰カ此事ヲ思ハサラン譬ヘハ此島ニ鑛山アリト雖トモ行テ地景ヲ見サルノミナラス未タ曾テ人民住居セサレハ豈鑛物ノ有無ヲ知ルヘケンヤ漁獵ノハ利益云ハスシテ知ルヘシ良材ノ利モ亦然リ故ニ樵夫漁夫ヲ植ヘ開島スレハ追日物産ノ多ニ至ラン且又鑛物モアラン因テ速ニ着手セスンハ有ヘカラス若シ外人鑛物幷ニ諸産物ノ利益アル事ヲ知テ密ニ船ヲ艤シ其利益ナル物ヲ持去ルトモ人民住居セサレハ誰アッテ之ヲ知ル人ナク彼レ縱ニ利益ヲ得ルニ至ラン左スレハ其利ヲ見ナカラ外人ニ與フルニ異ナラス譬ヘハ寶ノ山ニ入テ手ヲ空フシテ歸ルカ如ク加之我カ屬島ハ外人ノ屬島タル事云ハズシテ知ルヘシ是故ニ外人ノ着手セサルノ前ニ漁夫或ハ樵夫又ハ懲役人抔ヲ遣リ開墾シテ皇國ノ屬島タル事ヲ著シク各國ニ輝カサハ誰カ猥リニ此島ニ入リ踏ミ荒スヘケンヤ此頃聞ニ彼島ニ何レノ國ノ漂民カ或ハ漁夫カ判然セサレトモ二軒ノ藁家アリト其他木陰ヨリ煙モ立ケレハ大方人家ナラントノ說ナレハ一刻モ早ク開島シテ其大樹ヲ伐リ良材ヲ船ニ積ミ現今盛大ニ開港スル本港ニ運輸シ或ノ支那上海ニ輸出シ賣却スレハ其利益少カラス又鑛山アル時ハ之ヲモ開キ往往皇國ノ所轄ト爲サハ是レ廣大ノ利益ナラスヤ殊ニ又朝鮮ト盟約ヲ爲シタル上ハ同國ノ咸鏡道邊ニ開港スルナラン然レハ朝倭ノ船舶ハ勿論各國船モ絶ス往復アレハ先ツ燈臺ヲ設ケ暗夜ノ航海ト雖トモ患ナキ事ヲ量リ以テ航海家ノ安堵ニ歸セシメハ誰カ皇國ノ仁意ヲ感佩セサランヤ左スレハ各國交際ノ倍倍厚キニ至ラン是レ迂生ノ平日希望スル所ナリ餘ハ嚮ニ建白セシ如クナレハ筆ヲ閣ク仰キ願ハクハ御英斷アリテ速ニ開島ノ用意アランコトヲ請フ

露領浦潮港在留

明治十年五月六日　　　　　　武藤平學

장'만을 주장하고 있는 무모한 모험상인의 건의에 대하여 '블라지보스
또끄' 주재 무역사무관 세와끼 히사또(瀨脇壽人)도 그대로 동조하면서
일본 외무성에 대하여

① 귀로(歸路)에 잠깐 '송도(松島)'에 상륙하여 지형과 재목의 종류, 대소어렵
  (大小漁獵)의 상황, 항구의 형황(形況) 등을 살펴보고

② 중국 상해(上海)에 가서 그곳에서 잘 팔리는 판자의 장단(長短)과 후박(厚
  薄) 등을 살피고 목재 거래에 대하여 중국인과 조약을 맺고 돌아갈 것[17]

---

17) 세와끼 히사또의 보고서도 『죽도고증』 하권에 있으며 원문은 다음과 같다.
　　　第十七號
　　公信第三號明治十年六月
　　小臣儀ハ十八公島開拓一件御回答有之候迚御待申居候右御許容之上ハ歸路一寸同島ヘ上
　陸致シ地形其外材木之種類大小漁獵ノ模樣港口之形況等逐一一見致シ明春渡島之用意仕主
　吏ヨリ時宜ニ寄リ支那上海ヘ渡リ同所向之材木厚サ長サ幷ニ板類長短厚薄等兼リ且右材木
　類切時積送候テモ買入候樣支那人ト條約取結罷歸申度候
　　當冬本港ヘハ書記生差置候迚ニモヒ申間敷武藤平學ヲ一等書記見習ニ御拔有之留守居
　ト稱シ居留爲致度候同人儀ハ久敷本港ニ在留仕商法ヨリ朝露事情ヲモ呑込居候間冬中人員
　寡少之時間ハ同人ニテ不足有之間數候右ニ付諸岡通義儀開島一件御伺旁歸朝爲致候同人代
　員ハ暫時ニ付長崎人ノ露語ニ通候者相雇候樣仕度侯小臣儀ハ九月頃迚在勤松嶋一見之上歸
　朝仕度候此儀御許容ニ相成候ハハ諸岡再渡又ハ電信ニテ御報知可被下候此段御伺申上度如
　此ニ候也
　　　　　　　　貿易事務官
　　明治十年六月廿五日　　　　　　　　　　瀨脇壽人印
　　　外務卿寺島宗則殿
　　　外務大輔鮫島尚信殿
　　二展松島ハ巨樹澤山繁茂致シ居候間右ニ陣述候通支那他幷ニ本港ヘ輸出之積ニ御坐候本
　港向之材木厚薄長短等ハ取調置候得共支那向之寸法相分兼候大抵長埼ヨリ支那地ヘ輸出之
　寸法ハ一寸板ニテ長サ七尺六枚一間物ニテ八拾錢之由五寸角長サ一間ニテ八九拾錢貳間物
　ハ其價壹倍半ヨリ貳倍以上之由長崎稅官輸出表ニヨレハ板材木共此直段之三四倍ニ登リ居
　申候且又同島ハ鯨獵有之候趣ニテ獨乙船亞船同島近海ニテ每年鯨獵致シ此兩國之鯨獵船ニ
　雇ハレ漁獵致シ候日本人只今本港ニ兩三人在留候間此者ニ命シ鯨獵爲致度候
　　右樣之次第ニ付十八公島御開ハ例之兩國關係視察ヨリ御國產輸出增加兩條ヲ兼所謂一擧

등을 보고하였다. 이 허무맹랑한 계획에 대하여 일본정부의 공신국장 타나베 타이이찌(田邊太一)가 보낸 회답은 다음과 같다.

송도(松島)는 조선의 울릉도로서 아(我) 판도(版圖) 중의 것이 아니다. 분까 (文化) 연간(年間, 1804~17)에 이미 조선정부와의 왕복서(往復書)가 있다고 기억한다. 아국(我國)이 개간을 착수하는 것은 전혀 있을 수 없는 일이라고 회답하는 것은 이 때문이다. 또 귀로에 상륙하여 항구를 살피겠다는 취지는 무엇을 말하는가. 선박을 고용(雇用)하여 이를 도모하겠다는 말인가. 해군의 1함 (一艦)을 차용(借用)하거나 미쓰비시(三菱)의 기선(汽船)을 고용하는 것도 불가능에 가깝다. 하물며 상해(上海)에 가서 〔재목〕 직매(直賣)의 조약을 맺으려는 것은 아직 어림없는 일이다. 섬의 입목(立木)을 어떻게 산출하여 〔수출〕 조약을 맺으려고 하는가. 대단한 과몽(誇夢)에 가까운 일이라 생각된다.[18]

両全之御策略ニ御座候是非御許容有之候様仕度偏ニ奉願候
　　第十八號
　　明治十年第八號
　　今般御無異御歸朝ニ相成欣然奉恭賀候小官儀無恙奉職仕候間乍憚御省念可被下候
　　去冬以來上申仕候松島開墾一件御許容相成候様仕度奉存候露軍艦七八隻昨冬ヨリ亞國ヘ
參居候處漸次ニ入港此外本國ヨリモ不入港候様評判ニ御坐候此船舶韓地ヨリ松島近海測量
韓地探偵候様申事ニ兼申候先鞭致サレ候テハ唑臍候共無益ニ付先便申上候通來九月小官歸
朝候節島渡上陸仕地形港口ヨリ材木産物等一見致シ置明春着手ノ都合ニ仕度此段至急奉伺
候也
　　明治十年七月二日
　　　　在浦潮港貿易事務官
　　　　　瀨脇壽人
　　外務卿代理
　　森全權公使殿

18)『죽도고증』 하권에 있는 공신국장 타나베 타이이찌의 회답 원문은 다음과 같다.
　　松島ハ朝鮮ノ鬱陵島ニテ我版圖中ノモノナラス文化年間既ニ朝鮮政府ト往復ノ書アリト
覺ユ我ニテ開墾着手スルハ固ヨリアルマシキ事由ヲ答フル事然ルヘシ且歸路上陸港等見分
スヘキトノ旨ハ如何ナル船ヲ雇ヒ此事ヲ圖ル積ナリヤ海軍ノ一艦ヲ借ルカ三菱ノ汽船ヲ備

일본에서 종래 '죽도(竹島)'라고 불러오던 울릉도가 한때의 조·일(朝日) 간의 외교분쟁 끝에 완전히 조선의 영토로 인정되었고 이후 일본인의 울릉도에의 도항이 금지됨에 따라 '죽도'와 '송도'를 모두 알지 못하다가 메이지 초년에 와서 '블라지보스또끄'에 드나드는 상인들이 울릉도를 다시 발견하고 이를 '송도'로 이름을 바꾸어 그 정부에 개발을 청원하게 되었으나 일본정부로서는 이들 상인들이 말하는 '송도'가 '죽도' 즉 울릉도임을 알고 그들의 개발계획을 저지시켰던 것이다.

한편 일본정부는 재(在)우라시오항(浦潮港) 일본 상인들 및 무역사무관의 '송도' 개발계획을 중지시키는 한편 관계 관리들에게 '송도' 문제에 관한 의견서를 제출하게 하였는데 그 가운데 기록국의 사까따 모로또오(坂田諸遠)란 사람이 「송도이견(松島異見)」에서 『인슈우시청합기(隱州視聽合記)』 「대일본국군여지노정전도(大日本國郡輿地路程全圖)」 「대일본사신전도(大日本四神全圖)」 등을 들어 송도와 죽도가 2도위을 말하였고,[19] 1878년 메이지 11년에 앞서의 사이또오 시찌로베에(齋藤

　フカ其見込モ迂疎ニ近シ況ンヤ上海へ至リ直賣ノ條約ヲナス如キニ至リテハ未夕出スマテニ至ラサル島ノ立木ヲ何等ノ算方アリテソノ約ヲナス迚ニ見込ノ附ヘキヤ大切誇夢ニ近キモノト被考候

　　下後事處分ハ伺ノ趣ニテモ差支アルマシ但未知平學ノ何人タルヲ

　　右者公信局長田邊太一附ヶ札也

19) 역시 『죽도고증』 하권에 있는 사까따 모로또오의 「송도이견」 원문은 다음과 같다.
　　第拾九號

　　　松島異見

　　松島竹島ノ二島ハ往昔隱岐國ノ管內ニシテ同國福浦ヨリ戌亥ノ方其距離四十里許ニ松島アリ松島ヨリ遙ニ離レ朝鮮ニ近キ事琉球ノ八重山ト臺灣福州ノ地ヲ見ルニ等シ伊藤長胤カ輶軒小錄ニハ隱州ヲ去ル事三十里北ニ磯竹島在リト記セシハ證スルニ足ラズ今隱州視聽合記ヲ考フルニ戌亥間行二日一夜有松島又一日程有竹島(俗云磯竹島多竹魚海藻)此二島無人之地見高麗如雲州望隱州然則日本ノ乾地以此州爲限ト見エタレハ粗其海路ノ里程ヲ推シテ知ルニ足レリ大日本國郡輿地路程全圖ニハ隱岐ノ西北緯三十八度ニ松島竹島ノ二島ヲ載ス竹島ハ朝鮮ノ方ニ位置シ松島ハ隱岐ノ方ニ位置ス水戶人長久保赤水カ唐土曆代州郡沿革

七郎兵衛)가 나가사끼현(長崎縣) 출신의 시모무라 린하찌로오(下村輪八郎)란 사람과 연명(連名)으로 다시 「송도개척원(松島開拓願)」을 앞에서 든 세와끼(瀨脇) 무역사무관에게 제출하였다.[20] 이에 다시 일본정부 내

地圖中亞細亞小東洋圖ニモ竹島松島ノ二島ヲ載セ大日本四神全圖ニハ朝鮮淮陽府江城ノ東海北緯三十八度ニ竹島アリテ其東南同緯度中隱岐ノ方ニ松島ヲ載ヒホウリルロツクト記セシハ洋人ノ呼ベル島名ナルベシ此圖ハ松島ヲ大ニシ竹島ヲ小ニスレトモ他圖僉竹島ヲ大ニシ松島ヲ小ニス

大御國環海私圖ハ何人ノ著圖ナルヲ知ラネド隱岐ト朝鮮ノ間ニ松竹二島ヲ載セ高田屋嘉兵衛カ商船朝鮮海ニ出テ蝦夷地ニ乘ルトキハ下ノ關ヲ出帆シテ戊亥十八里ヲ流シ松竹二島ノ間ニ出轉シテ丑寅ヲ目當ニ乘リシニハアラズヤト同書ノ自註ニ記セリ宮崎柳條カ新訂日本興地全圖ニハ竹松ノ二島ヲ聊矛楯スルニ似タリト雖視聽合記ニ所言ヲ以テ考フレバ松竹ノ二島アルハ勿論ニテ强チニ松島ハ竹島ノ別號トモ定メ難キ歟

右管見ノ一二愚按ノ崖略御參考ノ爲雷覽ニ供ヘ候

八月六日　　　　　　　　　坂田諸遠

20) 사이또오 시찌로베에와 시모무라 린하찌로오 연명의 「송도개척원」도 『죽도고증』하권에 있으며 그 원문은 다음과 같다.

第二拾九號

松島開拓願

私儀一昨九年十二月中松島開拓事項ニ付不顧恐建言仕候處書面御取置ニ相成其後再願仕候候末本年六月中長崎縣下ヨリ左之下村輪八郎儀當港ヘ爲商用航海之砌右松島ヘ近接僅ニ壹貳丁之海上ニ致乘船候テ現ニ目擊仕候處果シテ巨木繁茂シ和船之碇泊可致小港モ相見且漁獵之益モ可有之ト見受候ニ付當港ヨリ帆前船壹艘相雇實地景況探偵トシテ渡海可仕ト契約仕候間該地取調之上開拓方御許下ニ相成候樣奉懇願候右願ノ通御申付被成下候ハハ乍恐皇國之屬嶋タル事モ相顯レ且御國益ニ碎心致シ候廉モ相立可申ト冥加至極難有仕合ニ奉存候也

明治十一年八月十五日

　　　長崎縣下第九大區四小區
　　　肥前國高來郡神代
　　　四百五拾八番地
　　　　　下村輪八郎印
　　　千葉縣下第十大區六小區
　　　下總國印旛郡佐倉田町
　　　四拾四番地
　　　　　齋藤七郎兵衛印

에 '송도'를 확인하기 위한 '송도 순시(巡視) 논의'가 일어났는데 공신국
장 타나베 타이이찌가 요약한 이 논의의 내용은 다음의 세 가지였다.[21]

　　　　　貿易事務官
　　　　　瀨脇壽人殿

21) 타나베 타이이찌의 논의내용도 『죽도고증』 하권에 있는데 그 원문은 다음과 같다.
　　第二十壹號
　　　　松島巡視要否ノ議　　　　　　　　公信局長 田邊太一
　　　甲云它日開否ノ略定リテ而後今日視察ノ要否ヲ論スヘシ聞クカ如キハ松島ハ我邦人ノ命
　　セル名ニテ其實ハ朝鮮蔚陵島ニ屬スル于山ナリ蔚陵島ノ朝鮮ニ屬スルハ舊政府ノ時一葛藤
　　ヲ生シ文書往復ノ末永ク證テ我有トセサルヲ約シ載テ兩國ノ史ニ在リ今故ナク人ヲ遣テコ
　　レヲ巡視セシム此ヲ他人ノ寶ヲ數フトイフ況シヤ跡隣境ヲ侵越スルニ類シ我ト韓トノ交漸
　　ク緒ニ就クトイヘトモ猜嫌猶未全ク除カサルニ際シ如此一擧ヨリテ再ヒ一隙ヲ開カン事尤
　　交際家ノ忌ム所ナルベシ況シヤ英或ハ露船ヲ雇ヒコレニ赴カン事又尤彼ノ忌ム所ニ出ツル
　　オヤ縱令該島ヲメ韓籍ニ屬セストモ南無人島ヲ開キ琉球ヲ藩トスルモ識者或ハ其宜ニ非サ
　　ルヲ論ス現今ノ務方ニ國脉ヲ靜養スルニアリ鮮ヲ煎テコレヲ擾ス計ノ得ルモノナラス松島
　　斷メ開ク能ワス又開クベカラス其能不可ヲ知テコレヲ巡視スル豈無益ナラサランヤ況ヤ
　　後害ヲ釀サントスルオヤ

　　　乙云開否ノ略ハ視察ノ後ニ非サレ定ムル能ワス版圖ノ論今其實ヲ視スニ只ノ蠹紙上ニ據信
　　スルハコレヲ可トイフベカラス況シヤ我近海ニアリ我民ノ韓ノ内地ニ航スルモノ露ノ藩地
　　ニ航スルモノ必由ノ途タレバ其地ノ狀形ヲ悉サズシテコレヲ不問ニ措ク我吾務ヲ盡ササル
　　ニ幾シ故ニ該島ハ勿論所謂竹島ナルモノヲ亦巡視シテソノ今日ノ狀ヲ詳知スベシ巡視ハ必
　　要スル所ナリサレトモ英露等ノ船ヲ雇ヒ僅ニ一日半日ノ碇泊ヲナシ一人二人ノ官吏上陸視
　　察ストモ果果數事ナキハイフヲマタス且今日ヲ失フテハ再ビスベカラサル機會ナリトイフ
　　マテニモアラサレハ西南勦定ノ後海軍モ無事閑暇ノ時アルベケレハ其時ニ至リ測量製圖等
　　ニ熟セル海軍士官ト生産開物ニ明カナル官吏トヲ派差シテコレヲ檢セシメ而後コレヲ書圖
　　ニ徵シ古文書ニ照シテ初メテ松島ノ蔚陵島ノ一部ナリヤ果テ于山ナリヤ又別ニ一ノ無主地
　　ナリヤヲモ定得ヘク將後來開墾シテ利益ノ有無ヲモ考得ベシ故ニ巡視ノ後ニアラサレハ開
　　否ノ議ヲ定メカタシ松島必巡視セサルベカラサルナリ然レトモ瀨脇氏ノ議ノ如キハ敢テコ
　　レヲ可トセス必將ニ它日ヲ竢アルベシ

　　　丙云英國新聞ニ露國ノ東路ヲ預妨セシトテ旣ニ太平海北部ニ一ノ海軍屯站ノ地ヲ要セン
　　トスルノ論アリ松島等ノ如キ或ハ彼カ注目スル處タルモ知ルベカラス且聞該國官船'シルビ
　　ヤ'長岐ヨリ韓地ニ航セリト當時我譯官乘組居ラサレバ何ノ地ヲ航過セシヤヲ知ルニ由ナシ
　　或ハ該國ヲモ預メ巡視セシメン事必無トモ信シカタシサレハ今ニモ英公使或ハシカラズト
　　モ他ヨリ該島ニ就キ云云ノ論アルトキ一切知ラズト答ヘンハ頗ル忸怩ナキアタワス所謂不
　　都合ナルモノナリ故ニ今日ノ策ハ甲乙ノ所論ノ如キ開否等ノ議ニ涉ラス聊ニテモ該島ノ現

갑론(甲論) 송도(松島)는 아방인(我邦人, 일본인)이 명명(命名)한 것으로서 실은 조선 울릉도(蔚陵島)에 속하는 우산(于山)이다. 울릉도가 조선에 속함은 구(舊)정부(막부 정부) 시 일시 갈등이 일어나 문서 왕복한 끝에 오랜 증거에 의하여 아국(我國) 소유로 하지 않을 것을 약정(約定)한 것이었고 그것이 양국 사서(史書)에 기재되어 있다. 이제 이유 없이 사람을 보내어 이것을 순시(巡視)한다면 남의 보물을 샘하는 일이 될 것이다. 뿐만 아니라 인경(隣境)을 침월(侵越)하는 일과 같아서 아국과 한국의 교섭이 겨우 시작되었으나 시혐(猜嫌)이 아직 전혀 풀리지 않은 때에 이와 같은 일거(一擧)로써 다시 일극(一隙)이 생기게 하는 것은 교제가(交際家)의 기피해야 할 바이다. 하물며 영(英) 혹은 노선(露船)을 고용(雇用)하여 송도에 보내는 것도 조선의 꺼려하는 바가 될 것이다. 가령 해도(該島)가 한적(韓籍)에 속하지 않는다 하더라도 남방(南方)의 무인도를 개발하고 류우뀨우(琉球)를 번(藩)으로 하는 일도 식자(識者)들은 혹은 그 옳지 못함을 논하고 있다. 지금 힘써야 할 일은 국맥(國脈)을 정양(靜養)하는 일이다. 공연히 분쟁을 일으키는 일은 득책(得策)이 아니다. 송도는 결코 개발할 수 없다. 개발이 불능불가(不能不可)함을 알면서 이를 순시하는 것은 무익할 뿐만 아니라 후일의 해(害)를 양성(釀成)하는 일이 될 것이다.

을론(乙論) 개발 여부는 시찰 후가 아니면 결정할 수 없다. 이제 그 실지를 보지 않고 고서(古書)상의 증거만을 믿고 개발함이 가하다 하는 것은 옳지 못하다. 하물며 아국(我國) 근해에 있어서 아국민(我國民) 중 한내지(韓內地)에

状ヲ知ル事ヲ急務トセリ故ニ誰ニテモ其地ヲ巡視スヘキノ望アルモノ何船ニテモ其近傍ヲ航シ甘ンシ寄椗セントイフモノアレハコレヲ許可シコレヲ雇フヲ可ナリトイヘトモソノ効ヲ収ムルモノハ只ニ前ニ述ル所ノミニ止ルモノナルハ計算上多費ヲ要スル事ハ妙ニセス須ク如此効ヲ収ムル事若干ノ價アルヘキヲ算シ若干金ヲ瀨脇氏ニ付シ是額內ヲ以擧ヲナスヘキヲ命セハ計ノ得ルモノニ幾カシ我邦人外國ノ船ニ搭シ韓地ニ至リシテ此トテ韓政府ノ猜嫌ヲ增サントノ過慮ハナキニアラズトイヘトモ該島ニ在ル韓民(縱令官吏アルモ)邦人ト外國人トヲ區別スルノ眼睛モアルマヅケレハ斷然交隣ノ誼ニ於テハ妨礙ヲ生セサラン事ヲ信ス

도항하는 사람이나 노국(露國)의 번지(藩地)에 도항하는 사람이 반드시 지나야 할 길이라면 그 땅의 형상을 상세히 안 후에 불문에 부치는 것이 우리의 할 일을 다하는 것이 될 것이다. 고로 해도(該島)는 물론 소위 죽도(竹島)라는 것도 또한 순시를 하여 그것의 현재의 상황을 상지(詳知)해야 할 것이다. 순시는 필요하지만 영·로(英露) 등의 선박을 고용하여 겨우 1일이나 반일간 정박하고 한두 사람의 관리를 상륙시켜 시찰하는 것으로서는 안 될 것이다. 또 지금이 아니면 두 번 다시 순시할 기회가 없다는 것도 아니므로 세이난소오뗴이(西南勦定)의 후에는 해군(海軍)도 무사한가(無事閑暇)한 때가 있을 것이므로 그때에 가서 측량, 제도(製圖) 등에 익숙한 해군사관과 생산개물(生産開物)에 밝은 관리를 파견하여 조사하게 한 후 고문서와 대조하여 비로소 송도가 울릉도(蔚陵島)의 일부인지 우산(于山)인지 혹은 또다른 하나의 무주지(無主地)인지를 알 수 있을 것이며 장차 개발하여 이익이 있을 것인지 없을 것인지 알 수 있을 것이다. 그러므로 순시 후가 아니면 개발 여부의 논의를 정하기 어렵다. 송도는 반드시 순시할 필요가 있다. 그러나 세와끼(瀨脇) 씨의 건의(建意)와 같이 직시(直時) 개발하려 하는 계획은 옳지 못하며 반드시 타일(他日)을 기다려야 할 것이다.

병론(丙論) 영국(英國) 신문에 노국(露國)의 동로(東路)를 미리 막기 위하여 이미 태평해(太平海) 북부에 하나의 해군병참지를 필요로 한다는 논설이 있다. 송도와 같은 섬이 어쩌면 그들이 주목하는 곳인지도 모른다. 또 듣건대 해국(該國) 관선(官船) '시루비야'가 나가사끼(長岐)에서 한지(韓地)로 항해하였는데 당시 아(我) 역관(譯官)이 승조(乘組)하지 않았다면 어느 땅을 항과(航過)하였는지 알 수 없다. 혹 해국(該國)도 반드시 순시하지 않았다고는 믿기 어렵다. 따라서 지금도 영(英) 공사(公使)는 모르고 있다 하여도 타처(他處)에서 해도(該島)에 대한 논의가 있을 때 일체 모른다고 답하는 것은 대단히 곤란한 일이다. 지금의 득책은 갑·을론(甲乙論)과 같은 개발 여부의 논의와 관계없이 해도(該島)의 현상을 아는 것이 급무(急務)이다. 그러므로 그 땅을 순시하려는 사람이 있다면 누구든지 그 근방을 항해하여 접안(接岸)하려는 선박이 있다면 어떤 선박이든지 이를 허가하고 이를 고용할 것이며 그 효과가 앞에서 논의한 것에만 한정된다면 많은 비용을 들일 것은 없고 효과의 정도를 생각하며 약간의 금액을 세와끼 씨에게 주어 그 한도 내에서 개발을 하도록 명령하는 것이 득책일까 한다. 아방인(我邦人)이 외국의 선박에 탑승하여 한지(韓地)에 도착함으로써 한정부(韓政府)의 시혐(猜嫌)을 더할 것이라는 우려가 없는 것은 아니지만 해도(該島)에 있는 한민(韓民)이 〔가령 관리가 있어도〕 아방인(我邦人)과 외국인(外國人)을 구별하는 눈이 밝지 않은 이상 단연 교린(交隣)의 의(誼)에 방애(妨礙)가 생기게 되지 않을 것이라 믿어진다.

이상의 갑·을·병 3론은 결국 '송도'라는 것이 울릉도이므로 조사하는 일 자체가 불법적이라는 의견과 그것이 울릉도인지 또 그 옆에 있는 우산도(于山島)인지 아니면 전혀 다른 무주도(無主島)인지 일단 조사를 해볼 필요는 있지만 당시는 소위 정한론(征韓論)도 그 원인의 하나였던 세이난전쟁(西南戰爭)이 아직 완전히 진압되기 전이었으므로 조사를 후일로 미루자는 의견, 그리고 노국(露國)과 영국(英國) 등이 선점할지도 모르므로 빨리 조사를 시켜야 한다는 의견 등 세 가지였다. 그러나 한 가지 분명한 것은 이들 3론이 '송도'를 울릉도로 보았거나 아니면 어떤 도서(島嶼)인지 확실히 모르고 있었을 뿐 그것이 독도(獨島)라고 알고 있던 것이 아니라는 점이라 하겠다.

이와 같은 갑·을·병 3론에 대하여 기록국장 와따나베 코오끼(渡邊洪基)는 우선 이 섬에 대하여 영국과 '러시아'의 선박들이 관심을 가질 것이 틀림없음을 환기시키고 그곳에 양항(良港)이 있는지, 수목(樹木), 어패(魚貝)는 어떤 종류의 것들인지, 그곳에 살고 있는 사람이 조선인인지 그렇다면 그들은 어떻게 생각하고 있으며 치정(治政)의 도(道)는 어느 정도 서 있는지, 이 섬은 울릉도(蔚陵島)라 하는가 혹은 우산도(于山島)인가 등을 알기 위하여 어느정도의 금액은 투입할 만하다 하고, 또 울릉도와 죽도(竹島)가 동도이명(同島異名)인 것이 판연한지, 송도(松島)도 또 죽도와 동도이명인지 아니면 그 속도(屬島)인지는, 죽도 이외에 송도라는 것이 있어서 일본 측에 더 가깝다면 이미 죽도에 일본인이가서 갈등을 일으킨 일이 있은 것으로 보아서 그 섬보다 더 가까운 송도에 가 있는 사람이 없다고 할 수 없을 것이며 송도가 죽도와 다른 섬이라면 인슈우(隱州), 세끼슈우(石州) 등의 지방(隱石等之國)에 귀속되지 않을 수 없을 것인즉 이를 현(縣)에서는 알고 있을 것이므로 동현(同縣) 등에 대하여 송도가 죽도의 속도인지 아닌지 또 죽도와 같은 섬인지 아닌지를 조사하면 송도가 순연(絶然)한 일본 속도인지 또는 죽도 혹은 그 소속도(小屬島)인지를 분명히 알 수 있을 것이니 현장의 상황과 종래의 사정을 종합하여 그 옳은 위치를 정해야 할 것이라는 의견을 말하였다.[22] 결국 그도 역시 송도라는 것이 울릉도를 가리키는 것인지 아니면

---

22) 와따나베 코오끼의 의견 역시 『죽도고증』하권에 있다. 원문은 다음과 같다.

　　　第二十貳號　　　　　　　　記錄局長 渡邊洪基

　本文甲乙丙之論ヲ竝考セレハ其中處ニ達セン英官船シルビア號ハ朝鮮近海ニ發セシハ旣ニ明カナリ露西亞船モ其邊巡視ニ出テタリトノ事アリ又此中ヲ―ダシュース(英フラグシップ)箱舘ヨリ領事乘込アドミラール, ライデル氏モウラシヲストツタ赴キノ該島ハ其航路上ニアタル今日シポリチカール, コンジシヨンニテハ是モ英ノ注目セル所トナランハ又自然ノ勢ナリ就テハ其槪略ニテハ知ラサレハ現時不都合ヲ生セン此處ニ行之者ハ良港ラシキ者ハアリヤ樹木魚貝等ハ何等ノ品ナリヤ來リ住スル者ハ朝鮮人ナリヤ同人等ハ何ト思フテ居タルヤ治政ノ道ハ多少立チ居ルヤ此島ハ蔚陵島ト謂フ歟于人島ナルヤヲ知ニ增ル間十分也是カ爲メニ少少ノ金ハ費シテモ然ルベシ, 又或ハ蔚陵島ト竹島ハ同島異名ノ事判然レ松島モ亦竹島ト同島異名爲ルカ如シ答ラサルモ其屬島ナルカ如シ, 右竹島之外ニ松島ナル者アリテ我近キ所ニアラハ旣ニ竹島日本人行キ葛藤ヲ生セシヲ見レハ其島ヨリ近キ松島ヘハ必ラス行キタル人ナシト云フベカラズ, 去レハ竹島ト別物ナラハ圍隱石等之國ニ歸セサル

그 부속도인지 또 울릉도와 전혀 다른 또 하나의 섬인지는 확실히 모르고 있었으며 다만 울릉도와 전혀 다른 또 하나의 섬이고 그것이 일본 측에 가깝다면 일본에 귀속될 수도 있다는 생각은 가졌던 것 같다. 그러나 양항(良港) 존부 운운한 것이나 그곳에 사는 사람이 조선인인지, 치정의 도가 어느 정도인지를 알아보아야 한다고 한 점 등으로 보아 지금의 독도가 아닌 울릉도를 두고 한 생각임이 분명하다 할 것이다.

한편, '송도 순시'를 둘러싼 갑·을·병 3론 가운데 '송도'가 조선의 울릉도이므로 순시, 개발 어느 쪽도 부당하다고 본 갑론은 공신국장 타나베 타이이찌(田邊太一)의 의견인 것 같다. 그는 갑·을·병 3론에 대하여 "송도는 아방인(我邦人)이 명명(命名)한 것으로서 실은 조선 울릉도에 속하는 우산(于山)이다"라고 한 갑론의 내용을 되풀이하고 '송도'가 아직 타방(他邦)의 소속임이 판연하지 않고 소속이 불분명하다면 조선에 사신(使臣)을 파견할 때 해군성에서 함선 1소(一艘)를 내고 측량, 제도(製圖) 및 생산개물(生産開物)에 밝은 사람을 보내어 무주지(無主地)인지를 확인하고 이익의 유무를 따진 후에 기회를 보아서 일소도(一小島)이지만 일본의 북문지관(北門之關)이라 방치해둘 수 없음을 조선 측에 알리고 개발을 한다면 또 모르지만 세와끼(瀨脇)의 건의(建意)와 같이 직시(直時) 개발하자는 의견은 채택할 수 없는 것이라 하였다.[23]

ヲ得ス去レハ是等ノ縣ニテハ知ルベキ筈ナレハ同縣等ニ問合セ松島之屬否竹島松島ノ異同ヲ就調フベシ、去レハ愈松島ハ絶然タル日本屬島ナリヤ又ハ竹島又ハ其小屬島ナリヤト事ヲ明カニシ得ヘシ而シテ現場ノ有樣ト從來之模樣トヲ合セテ其眞ノボレシヨンヲ定ムベキナリ

23) 『죽도고증』하권에 있는 타나베 타이이찌의 의견서 원문은 다음과 같다.

　丁第二十三號　　　　　　　公信局長田邊太一

聞ク松島ハ我邦人ノ命ゼル名ニメ其實ハ朝鮮蔚陵島ニ屬スル于山ナリト蔚陵島ノ朝鮮ニ屬スルハ舊政府ノ時一葛藤ヲ生シ文書往復ノ末永ク認テ我有トセサルヲ約シ載テ兩國ノ史ニ在リ今故ナク人ヲ遣テコレヲ巡視セシム之レ他人ノ實ヲ數フトイフ況シヤ隣境ヲ侵越ス

그의 의견이 채택되었더라면 이때 이미 독도 문제를 둘러싼 조·일(朝
日) 간의 외교적 분쟁이 일어났을지도 모른다. 그러나 그것이 일어나
지 않은 이유는 송도를 확인하러 간 일본 군함 아마기함(天城艦)이 그것
이 울릉도임을 분명히 했기 때문이었다. 즉 이상과 같은 '송도' 순시 문
제를 둘러싼 갑·을·병 3론을 두고 일본정부는 1880년 메이지 13년 9월
에 해군 소위 미우라 시게사또(三浦重鄕) 등으로 하여금 아마기함을 타
고 '송도'에 가서 측량하게 하였는데 그 결과는 "그 땅은 곧 고래(古來)
의 울릉도로서 그 지방의 소도(小島)로 죽도(竹島)라고 부르는 곳이 있
으나 모두 일개의 암석(巖石)에 지나지 않음을 알게 되어 다년간의 의
의(疑議)가 일조에 빙해(氷解)되었다"[24]는 것이었고 그것을 바탕으로
1880년, 메이지 13년 수로국장(水路局長) 해군 소장(少將) 야나기 나라
요시(柳楢悅)의 이름으로 된, "송도 — 한인은 이를 울릉도로 칭함"이라
고 한 수로보고(水路報告) 제33호가 보고된 것이다.[25]

ルニ類スルヲや今我ト韓トノ交漸ク緒ニ就クトイヘトモ猜嫌猶未タ全ク除カサルニ際シ如
此一擧ヨリシテ再ヒ一隙ヲ開カンフ尤モ交際家ノ忌ム所ナルベシ今果シテ聞クノ如クナラ
ンニハ斷然松島ヲ開クヘカラス又松島ノ未タ他邦ノ有ニ屬セサルモノタル判然タラス所屬
曖昧タルモノナレハ我ヨリ朝鮮ヘ使臣ヲ派スルニ際シ海軍省ヨリ一艘ノ艦ヲ出シ之レニ投
シ測量製圖家及生産開物ニ明カナルモノヲ誘ヒ彌無主地ナリヤモ認メ利益ノ有無モ慮リ後
チ任地ニツキ漸ト機會ヲ計リ縱令一小島タリトモ我北門ノ關放擲シ置クベカラサルヲ告ケ
テ之レヲ開クニシカザランカ故ニ瀨脇氏ノ建言スル所採ル能ハサルナリ

24) 아마기함의 '송도' 순시 보고서도 『죽도고증』하권에 원문대로 실려 있다.
　　以上甲乙丙丁ノ議紛紜定ラサルフ如斯ニシテ巡見ノフモ其儘止タリシニ明治十三年九月
ニ至リ天城艦乘員海軍少尉三浦重鄕等廻航ノ次松島ニ至リ測量シ其地卽チ古來ノ鬱陵島ニ
シテ其北方ノ小島竹島ト號スル者アレ共一個ノ巖石ニ過サル旨ヲ知リ多年ノ疑議一朝氷解
セリ今其圖ヲ左方ニ出セリ

25) 수로보고(水路報告) 제33호의 내용은 다음과 같다.
　　第二拾四號
　　　水路報告第三十三號
　　　此記事ハ現下天城艦乘員海軍少尉三浦重鄕ノ略畫報道スル所ニ係ル

그리고 아마기함 순시의 결과를 두고『죽도고증(竹島考證)』의 저자는

메이지 13년 아마기함(天城艦)이 송도(松島)에 회항(廻航)하고 그 땅을 측
량하여 처음으로 송도는 울릉도이며 죽도(竹島)라는 것은 일개의 암석(巖石)
에 지나지 않음을 알게 되어 일이 확연해졌다. 그러므로 금일 송도는 곧 겐로
꾸(元祿) 12년(1699, 조선왕조 숙종 25년)에 말하면 죽도로서 고래(古來) 아국
(我國) 판도(版圖) 외의 땅임을 알게 되었다.[26)]

고 결론하고 있다. 많은 논의 끝에 현지에 파견된 아마기함은 독도(獨
島)는 전혀 알지 못하였고 '송도'가 곧 울릉도이며 '죽도'는 지금도 죽도
로 불리고 있는 울릉도 바로 곁의 그 부속도임을 확인하였을 뿐이었다.

日本海

　松島(韓人之ヲ蔚陵島ト稱ス)錨地ノ發見

松島ハ我隱岐國ヲ距ル北西四分三約一百四十里ノ處ニアリ該島從來海客ノ精檢ヲ經サルヲ
以テ其假泊地ノ有無等ヲ知ルモノナシ然ルニ今般我天城艦朝鮮ヘ廻航ノ際此地ニ寄航シテ
該島東岸ニ假泊ノ地ヲ發見シタリ卽左ノ圖面ノ如シ

　右報告候也

　　　明治十三年九月十三日　　　　　水路局長海軍少將 柳楢悅

26)『죽도고증(竹島考證)』하권(下卷)

以上二十四号ヲ通覽スルニ元錄十二竹島ノ地朝鮮ノ者ト極リシ後ハ我人民又此島ヲ覬覦
スル者ナカリシニ百餘年ノ後石州濱田ノ民八右衛門ナル者アリ江戶在邸ノ吏一說テ其黙許
ヲ受ケ竹島ニ漁業ヲ名トシ陰ニ皇國産ノ諸品ヲ積去テ外國ニ貿易セルヲ以テ忽チ法憲ニ觸
レ嚴刑ニ處ラル此ヨリ後ス此島ノ事ヲ說ク者ナシ皇政維新ノ後明治十年ノ一月ニ及ヒ島根
縣士族戶田敬義竹島渡海ノ願書ヲ東京府ニ呈ス六月ニ及ヒ難聞屆旨指令アリ此ヨリ後復タ
竹島ノフヲ言フ者ナシ其後奧州ノ人武藤一學下總ノ人齋藤七郎兵衛等浦鹽斯德ニ往來シ竹
島ノ外別ニ松島ナル者アリト唱ヒ瀨脇壽人ニヨリテ渡海ノフヲ請フ於是竹島松島一島兩名
或ハ別ニ二島アルノ說紛紜決セス遂ニ松島巡島ノ議起ル甲乙丙丁ノ說ノ如シ雖然其事中止
セリ明治十三年天城艦ノ松島ニ廻航スルニ及ヒ其地ニ至リ測量シ始テ松島ハ鬱陵島ニシテ
其他竹島ナル者ハ一個ノ岩石タルニ過キサルヲ知リ事始ヲ了然タリ然ルトキハ今日ノ松島
ハ卽チ元錄十二年稱スル所ノ竹島ニシテ古來我版圖外ノ地タルヤ知ルヘシ

아마기함이 '송도'를 순시하면서 울릉도와 그 부속도 죽도만을 확인하고 독도를 전혀 발견하지 못한 것은 송도를 울릉도로 잘못 알았기 때문이 아니라, 당시 일본 조야(朝野)에서 분분하게 일어나고 있던 '송도개척지의(松島開拓之議)' 자체가 모두 울릉도와 독도를 옳게 구분하지 못하면서 '개척'에만 급급하여 '개척'의 대상을 찾다보니, 자연히 그 가능성이 있는 울릉도로 갔기 때문이라 볼 수 있다. 따라서 설령 아마기함이 독도를 발견하였다 하여도 모험상인들이 일획천금(一獲千金)을 노리는 '개척'의 대상이 못 되는 한 그 귀속 문제를 논의하였을지 의문이다.

'송도개척지의'를 둘러싼 일본에 있어서의 독도 인지 문제를 다시 요약해보면 다음과 같이 말할 수 있지 않을까 한다. 즉 1699년 이후 일본 정부에 의하여 울릉도 도항(渡航)이 금지됨으로써 자연히 동해(東海) 연변 일본 어민들의 독도에 대한 지식도 희박해져갔고 마침내는 그 존재가 전혀 잊혀지게 되다가 메이지유신을 전후하여 일부의 모험상인 등이 '블라지보스또끄'에 내왕하면서, 혹은 이 시기에 동해를 항해한 영·불·독 등 서양인들에게서 전해 듣고 울릉도를 다시 알게 되어 그것이 이미 조선의 영토로 확정되어 있는 '죽도'인지 혹은 고기록(古記錄)에 이름이 전해오는 '송도'인지를 혼돈하게 된 것 같다. '죽도'가 아닌 '송도'가 따로 있다고 이해한 경우도 있었고 '죽도'가 곧 '송도'라고 이해한 경우도 있었으나 어느 경우이건 그들이 본 섬은 모두 울릉도임이 확실하고 지금의 독도는 전혀 발견하지 못하였지만 현지를 직접 가서 확인하자는 여론이 높아진 것은 사실이며 그 결과 1880년 조선조 고종 17년, 일본 메이지 13년에 군함 아마기함을 현지에 보내어 조사하게 한 결과 그것이 조선의 영토인 울릉도임을 확인하고 이로써 메이지 초년에 한때 일어났던 '송도개척지의'는 일단락되었던 것이다. 아마기함이 '송도'를 찾아가면서 울릉도로밖에 갈 수 없었던 것은 '송도개척지의'가 모두 울릉도를 두고 일어났었고 또 사실 모험상인 등이 일획천금(一獲千金)을 목적으로 '개척'할 수 있는 동해상의 도서는 울릉도밖에 없었기 때문이다. 독도가 일본인에게 주목된 것은 이보다 20여 년 후, 1900년대 초엽 해려어렵장(海驢漁獵場) '리안꼬오루'도(島), 노일전쟁(露日戰爭)의 전략지 '리안꼬오루'도로서였다.

4. '영토 편입' 무렵 문헌자료에서의 독도

1880년, 메이지 13년에 아마기함이 '송도(松島)'를 순시한 후 그것이 조선 영토인 울릉도임이 확인됨으로써 이후 일본 공식기록에서는 조선의 울릉도를 송도라 부르고 한편으로는 죽도라고도 불렀다. 한 가지 예를 들면 1883년 메이지 16년의 일본 외교문서에 「조선국 울릉도에 대한 방인 도항 금지의 건(朝鮮國蔚陵島ニ邦人渡航禁止ノ件)」이 실려 있는데 그 「내달안(內達案)」의 원문을 그대로 늘어보면 다음과 같다.

北緯三十七度三十分東經百三十度四十九分ニ位スル日本稱松島(一名竹島)朝鮮
稱蔚陵島ノ儀ハ從前彼我政府議定ノ儀モ有之日本人民妄リニ渡航上陸不相成候條心
得違ノ者無之樣各地方長官ニ於テ諭達可致旨其省ヨリ可相達此旨及內達候也[27]

아마기함이 현지에 다녀온 후 송도가 일본에 있어서의 울릉도의 공식적인 명칭이 되었고 죽도는 그 별칭으로 바뀌었다. 송도와 죽도가 모두 울릉도의 명칭이 되었다는 사실은 적어도 오늘날의 독도(獨島)에 대

---

27) 『日本外交文書』第16卷 326면의 事項 10「朝鮮國蔚陵島ニ邦人渡航禁止ノ件」.

해서는 일본 측의 명칭이 없어졌음을 말하며 그것은 곧 독도가 당시의 일본 측, 특히 메이지정부 당국에게는 전혀 인지(認知)되어 있지 않았음을 말해주고 있는 것이다.

한편 독도가 서양인에게 처음 발견된 것은, 지금까지 알려진 것으로는, 1849년 조선왕조 헌종(憲宗) 15년, 일본 카에이(嘉永) 2년 불란서(佛蘭西)의 포경선(捕鯨船) '리앙꾸르'(LIANCOURT)호(號)에 의해서이며 그 선명(船名)을 따서 '리앙꾸르'도(島)로 불리었다.[28] 이 '리앙꾸르'라는 이름이 일본 측에 '리얀꼬(リャンコ)'로 전해져서 1894년, 메이지 27년경의 일본의 서부지방 신문에 울릉도를 죽도로 독도를 '리얀꼬'도(島)로 부른 기사가 나타나기도 하였던 것 같다.[29] 아마기함의 측량 이후로 죽도와 송도가 모두 울릉도의 명칭으로 되어버렸는데 서양인들에 의하여 독도가 발견되고 그 이름이 '리앙꾸르'로 전해지니까 그대로 그 음을 따서 '리얀꼬'로 부른 것이었다. 1894년의 『산인신문(山陰新聞)』에

(…) 竹島は隱岐より西北八十餘里の洋中に孤立し, 船を駛する五十餘里に支る頃一ケの孤島あり, 俗之れをリヤンコ島と云ふ (…) 此より三十餘里を隔てて竹島あり (…)[30]

라고 하여 울릉도를 죽도로, 독도를 '리얀꼬'라고 부르고 있는데 여기서도 독도, 즉 '리얀꼬'도의 인지는 역시 울릉도(죽도)와 관련해서 이루어지고 있음을 볼 수 있다.

---

28) *JAPAN PILOT*, HYDROGRAPHIC DEPARTMENT, ADMIRALTY, LONDON: 1914, 608면의 'NIPPON, NORTH-WEST COAST'.
29) 川上健三, 앞의 책 21면.
30) 『山陰新聞』明治 27年 2月 18日字.

한편 메이지시대에 있어서도 일본 측의 독도 인지가 계속 울릉도와 관련해서 이루어지고 있었음을 알게 하는 또다른 자료로서 일본의 주조선영사(駐朝鮮領事) 보고를 들 수 있다. 1876년에 조일수호조약(朝日修好條約)이 체결된 후 일본의 요구에 의하여 부산과 원산, 인천이 개항되고 그곳에 일본영사관이 설치됨으로써 이들 영사관에서는 일본의 외무성 통상국(通商局) 앞으로 계속 영사보고서를 보내었는데 울릉도 사정을 보고할 때는 대체로 독도의 현황도 그 속에 포함시키고 있음을 볼 수 있다. 예를 들어보면 '시마네현고시'가 있기 3년 전인 1902년(광무 6년·메이지 35년) 10월 16일자 부산주재 일본영사관은 「한국 울릉도 사정(韓國鬱陵島事情)」을 보고하면서 독도 문제에 대해 언급하며

又本島(鬱陵島)ノ正東約五十海里ニ三小島アリ之ヲ'リヤンコ'島ト云セ本邦人ハ松島ト稱ス同所ニ多少ノ鮑ヲ産スルヲ以テ本島ヨリ出漁スルモノアリ然レトモ同島ニ飲料水乏シキニヨリ永ク出漁スルコト能ハサルヲ以テ四五日間ヲ經ハ本島ニ歸航セリ31)

라고 하였다.

'시마네현고시' 3년 전의 조사보고인데도 '리얀꼬'도가 일본명 '송도(松島)'임을 알고 있을 뿐 그 귀속 문제에 대해 전혀 언급이 없다. 뿐만 아니라 독도에 일본 본토 어민이 출어(出漁)한다는 말도 없고 음료수가 없어서 어부들이 4~5일간을 머문 후에는 울릉도로 귀항한다 하였다. 당시만 하여도 음료수가 없었던 독도에 거리가 먼 일본 본토나 오끼(隱

---

31) 『通商彙纂』第234號, 附錄 「韓國鬱陵島事情」(明治 35年 10月 16日字 釜山駐在日本領事館報告).

岐) 지방 어민의 출어보다 거리가 가까운 울릉도민의 출어가 잦았을 것은 당연하며, 따라서 독도 어업은 일반적으로 울릉도를 통해서 이루어졌다고 볼 수 있을 것이며 부산주재 일본영사관이 「한국 울릉도 사정」을 보고하면서 그 속에 독도를 포함시킨 것 역시 자연스러운 일이었다고 할 수 있을 것이다.

이 영사보고가 있은 2년 후인 1904년(광무 8년·메이지 37년)에 나까이 요오사부로오(中井養三郎)의 「리얀꼬도 영토 편입 및 대하원(リヤンコ島領土編入竝ニ貸下願)」이 일본의 내무(內務)·외무(外務)·농상무대신(農商務大臣) 앞으로 제출되었다. 동 「대하원」에 의하면 나까이는

> 鬱陵島往復ノ途次會本島ニ寄泊シ海驢ノ生息スルコト夥シキヲ見テ空シク放委シ置クノ如何ニモ遺憾ニ堪ヘザルヨリ爾來種種苦慮計劃シ愈明治三十六年ニ至リ斷然意ヲ決シテ資本ヲ投ジ漁舍ヲ搆エ人夫ヲ移シ獵具ヲ備ヘテ先ジ海驢獵ニ着手改候 (…)[32]

라고 하여 1903년(메이지 36년)부터 어사(漁舍)를 구조(搆造)하고 인부를 써서 옳게 해려어업(海驢漁業)에 착수하였다 했고 이 「대하원」을 받아들인 일본 내각은

> 明治三十六年以來中井養三郎ナル者カ該島ニ移住シ漁業ニ從事セルコトハ關係書留ニ依リ明ナル所ナルハ國際法上占領ノ事實アルモノト認メ之ヲ本邦所屬トシ島根縣所屬隱岐島司ノ所管ト爲シ差支無之儀ト思考ス依テ請議ノ通客議決定相成可然ト認ム[33]

---

32) 「リヤンコ島領土編入竝ニ貸下願」, 奥原福市, 앞의 책 28면.

라고 하여 독도를 영토로 '편입'하였다.

나까이 요오사부로오는 관부(官府)에 제출한 이력서에 의하면[34] 시마네현(島根縣) 슈우고군(周古郡) 사이고오정(西鄕町)에 본적을 둔 평민 출신으로서 소학교 과정을 마치고 약간의 한문수업(漢文修業)을 한 후 1890년, 메이지 23년부터 잠수기어업(潛水器漁業)에 착수하였고 이후 노령(露領) '블라지보스또끄'와 우리나라의 경상·전라도 연해를 다니며 해렵(海獵)과 포류(鮑類) 등의 어업에 종사하다가 1903년(메이지 36년)에 처음으로 독도에서 해마렵(海馬獵)을 시도하였고 다음 해인 1904년(메이지 37년)에 일체의 잠수기어업을 폐지하고 앞에서 말한 것과 같이 「대하원」을 제출하였으며 독도가 그의 '출원(出願)'에 의하여 일본 영토로 '편입'되고 난 뒤에는 1905년(메이지 38년)에 소위 죽도어렵합자회사(竹島漁獵合資會社)를 조직하여 그 사무를 집행하였다고 한다.

나까이 요오사부로오가 독도(獨島)에 처음 출어한 것은 1903년(메이지 36년)이지만 앞에서든 1902년 부산주재 일본영사관 보고가 말한 바와 같이 그 이전에도 울릉도민들이 독도에 출어하고 있었으며 음료수가 없어서 오랫동안 머물면서 어로(漁撈)작업을 할 수는 없었고 4~5일간밖에 머물지 못한다 하였다. 4~5일간 머무는 경우 어사(漁舍)가 필요하였지만 그것은 나까이 일행의 경우만이 아니라 울릉도에서 출어하는 어부의 경우도 같았을 것이며 영사관 보고가 말한 것과 같이 울릉도 어민의 독도 출어가 대부분이었을 것이다.

1905년 2월 22일에 '시마네현고시'가 있은 약 5개월 후인 1905년, 메이지 38년 7월 31일부로 재부산 일본영사관은 또 한번 「울릉도현황(鬱

33) 「明治三十八年一月二十八日 閣議決定」, 川上健三, 앞의 책 212면.

34) 行政諸廳往復書類 從明治 38年 竹島漁獵合資會社(履歷書).

陵島現況)」을 보고하였고 여기에도 독도에 관한 언급이 있는데 그 원문을 들어보면 다음과 같다.

　　'トド'ト稱スル海獸ハ鬱陵島ヨリ東南約二十五里ノ位置ニアル'ランコ'島ニ捿息
　　シ昨年頃ヨリ鬱陵島民之レヲ捕獲シ始メタリ捕獲期間ハ四月ヨリ九月ニ至ル六ケ月
　　間ニシテ漁船一組ニ付獵手及水夫等約十人ニテ平均一日約五頭ヲ捕獲スト云フ而シ
　　テ本事業從事スルモノ三十人アリ漁船三組アリ又'トド'一頭ニ付現今市價ハ平均三
　　圓位ナリ35)

　　이 보고보다 약 5개월 전인 2월 22일에 일본은 '시마네현고시'를 통해서 '리얀꼬'도 혹은 '란꼬(ランコ)'도로 불리던 독도를 '죽도(竹島)'로 이름을 바꾸어 그 영토로 '편입'하였다. 그러나 이 영사보고는 아직 독도를 그대로 '란꼬'도로 부르고 있으며 '영토 편입' 사실에 관해서는 전혀 언급이 없는 채 「울릉도현황」을 보고하는 데 '독도현황(獨島現況)'을 그대로 포함시키고 있는 것이다. 앞에서 논급한 「송도개척지의」의 경우에서 본 것과 같이 일본 모험상인들이 일획천금(一獲千金)을 노리고 개척하기를 청원한 '송도'가 울릉도를 가리키는 경우가 대부분이었지만 간혹 울릉도가 아닌 '송도'를 인지하였다 하여도 그것의 개발에 조선 측과의 이해관계가 문제되리라는 점은 대부분 예상하고 있었다.
　　그런데도 불구하고 '시마네현고시'가 있은 5개월 후에 그 이해당사국인 대한제국(大韓帝國)에 주재하는 일본영사관 보고에서 독도의 현황을 보고하면서 '영토 편입' 사실을 전혀 언급하지 않았고 도명(島名)을 그대로 '란꼬'도로 표기하고 있다는 사실은 주목되지 않을 수 없다.

---

35)「鬱陵島現況」(明治 38年 7月 31日附 在釜山皇國領事館報告),『通商彙纂』第50號.

'시마네현고시'가 그 이해당사국인 대한제국정부에 알려지지 않았음은 물론 일본의 재외(在外) 영사관, 특히 적어도 부산주재 일본영사관에는 알려지지 않았음이 거의 확실한 것이라 볼 수 있을 것이다.

한편 부산주재 일본영사관이 그 본국에 보내는 영사보고에서 '시마네현고시' 3년 전의 보고와 5개월 후의 보고가 모두 「울릉도현황」 속에 '독도현황'을 같이 포함시키고 있다는 사실도 적어도 이 영사보고에서는 독도를 울릉도의 부속도로 보았고 따라서 울릉도의 영유권과 독도의 영유권을 따로 분리하여 생각하지 않았음을 말해주는 것이라 볼 수 있다.

울릉도와 독도의 귀속을 따로 떼어서 생각할 수 없었던 것은 당시의 부산주재 일본영사관원뿐만 아니라 독도 어업에 종사하고 있던 일본 어민들도 같았다. 그 가장 중요한 증거로는 독도의 「대하원」을 제출한 나까이 요오사부로오도 독도를 대한제국의 영토로 알고 있었다는 사실을 들 수 있다. 나까이 요오사부로오가 설립하였다는 '죽도어렵합자회사' 관계서류에 의하여 그가 「대하원」을 제출하게 된 경위를 늘어보자.

本島(獨島)ノ鬱陵島ニ附屬シテ韓國ノ所領ナリト思ハルルヲ以テ將ニ統監府ニ就テ爲ス所アラントシ上京シテ種種劃策中時ノ水産局長牧朴眞氏ノ注意ニ由リテ必ラズシモ韓國領ニ屬セザルノ疑ヲ生ジ其調査ノ爲メ種種奔走ノ未時ノ水路部長肝付將軍斷定ニ賴リテ本島ノ全ク無所屬ナルコトヲ確カメタリ36)

1890년(메이지 23년)경부터 노령(露領) '블라지보스또끄'와 경상·전라도의 연해안 독도를 드나들면서 잠수기(潛水器)를 이용한 어업에 종사

---

36) 行政諸官廳往復書類 從明治 38年 竹島漁獵合資會社(竹島經營).

하였고 「대하원」에서 말한 것과 같이 울릉도에도 왕복하였던, 다시 말하면 동해와 한반도 연해안 지역의 사정에 대단히 밝은 또 초등교육 과정을 마치고 한학(漢學)의 소양도 어느정도 있는 시마네현(島根縣) 출신 어업자 나까이 요오사부로오가 가진 독도에 대한 본래의 지식은 그것이 울릉도의 부속도로서 한국 영토라는 것이었고 그 때문에 그는 한국통감부(統監府)에 「대하원」을 낼 길을 찾기 위하여 토오꾜오(東京)로 갔던 것이다. 토오꾜오에서 수산국장(水産局長), 수로부장(水路部長) 등을 만나 그들에게서 반드시 한국 영토가 아닐 수 있다는 말을 들었고 이에 방법을 달리하여 일본정부의 내무·외무·농상무대신 앞으로 「영토편입 및 대하원」을 내게 되었는데 그것에 대한 일본정부 측의 의견도 일치되지 못하였다. 즉 일본정부의 내무성 당국자는

> 此時局ニ際シ(日露開戰中)韓國領地ノ疑アル蕞荒タル一個不毛ノ岩礁ヲ收メテ
> 環視ノ諸外國ニ我國ガ韓國倂呑ノ野心アルコトノ疑ヲ大ナラシムルハ利益ノ極メテ
> 小ナルニ反シテ事體決シテ容易ナラズトテ如何ニ陳弁スルモ願出ハ將ニ却下セラレ
> ントシタリ[37]

라고 한 것과 같이 독도가 한국 영토일지도 모른다는 견해를 가지고 '영토 편입'을 반대하였다. 현지의 어민 나까이 요오사부로오는 독도를 한국 영토로 생각하였고 중앙정부의 내무관리도 한국령일 가능성을 생각하여 '영토 편입'을 반대하였지만 한편 당시의 일본 외무성 정무국장(政務局長) 야마자 엔자부로오(山座圓三郎)는 나까이의 「대하원」에 대하여

---

37) 같은 곳.

時局ナレバコン其領土編入ヲ急要トスルナリ望樓ヲ建築シ無線若クハ海底電信
ヲ設置セバ敵艦監視上極メテ屈竟ナラズヤ特ニ外交上內務ノ如キ顧慮ヲ要スルコト
ナシ須ラク速カニ願書ヲ本省ニ回附ヤシムベシ[38]

라고 하여 결국 '영토 편입'이 추진되었다. 나까이의 「영토 편입 및 대하
원」은 독도 어업의 독점이 목적이라 하였지만 「대하원」을 받아들인 일
본의 외무성은 노일전쟁(露日戰爭) 수행상 독도의 점유가 요긴하다고
생각하여 '영토 편입'을 단행한 것이 명백하다 할 것이다. 나까이 등이
'영토 편입' 이후 '죽도어렵합자회사'를 만들고 해마어렵(海馬漁獵)을
함으로써 어느정도의 이익을 얻은 것 같지만, 일본 외무성이 한국 병탄
의 오해를 받을 염려가 있다는 내무성 관료의 반대에도 불구하고 노일
전쟁 중에 독도를 '영토 편입'한 주목적은

本島の日本領土に編入せられてより, 僅に數月にして 世界の戰史に一大光彩を添
へたる 日本海上海戰は 同島附近に於て行はれ 竹島の名は世界に宣傳せらるるに至
れり[39]

라고 한 것과 같이 노일해전(露日海戰)에 대비한 데 있었던 것이라 볼
수도 있다. 노일전쟁 중의 일본이 가장 두려워한 '러시아'의 '발트'함대
가 '발트'해를 출발한 것이 1904년 10월 16일이었고 일본 대본영(大本
營)의 해군부(海軍部)에서는 처음에 함대가 동년 12월 중순에 '마다가
스카르' 부근에 집결하였다가 1905년 1월 상순에는 대만(臺灣)해협 부

---

38) 같은 곳.
39) 『隱岐島誌』, 1972年 1月 27日 發行, 261면의 '新竹島と日本海海戰'.

근에 나타날 가능성이 있다고 판단하였는데[40] 이 함대와의 일전(一戰)에 전쟁의 승패를 걸고 있던 일본이 1905년 2월 22일에 독도를 '영토 편입'한 것은 전시 중 한 어민의 어업 독점을 인정해주기 위한 것이라기보다는 '발트'함대와의 결전에 대비한 조처였다고 보는 것이 한층 더 합리적인 관점이 아닌가 한다. 2월 22일에 '영토 편입'한 지 약 3개월 후인 5월 28일에 바로 독도 부근에서 유명한 '일본해해전(日本海海戰)'을 마무리지을 수 있었으니 이 해전의 일본 측 사령관 토오고오 헤이하찌로오(東鄉平八郎)의 다음과 같은 보고가 그것을 말해주고 있는 것이다.

聯合艦隊の主力は, 二十七日以來, 敵に對して, 追擊を續行し, 二十八日リヤンコールト列岩附近に於て, 敵艦 ニコライ第一世(戰艦) アリョール(戰艦) セニヤーウイン(裝甲海防艦) アブラキシン(裝甲海防艦) (…) 四艦は須臾にして 降服せり云云[41]

메이지 초년에 '블라지보스또끄'항에 내왕하던 모험상인들에 의하여 한때 논의되었던 '송도개척지의'가 아마기함의 울릉도 순시로 잠잠해져버렸고 이후 일본인들의 독도에 관한 관심도 다시 식어졌던 것 같다. 아마기함 순시 이후 일본인들이 독도에 대하여 다시 관심을 가지게 된 것은 서양인들이 명명한 '리얀꼬'도의 이름이 전해지면서부터였다. 앞에서도 논급한 것과 같이 일본이 독도를 '영토 편입'한 5개월 후의 주(駐)부산 일본영사관 보고에도 '영토 편입' 사실이 언급되어 있지 않을 뿐만 아니라 도명(島名)도 그대로 '리얀꼬'도로 표기되어 있는 것이다.
'리얀꼬'도에 대한 일본인들의 관심이 '개척' 이외의 다른 측면에서

---

40) 古尾哲夫『日露戰爭』, 東京 1966, 133면.

41) 『隱岐島誌』 261면.

나타난 것은 1904년 나까이 요오사부로오가 '리얀꼬'도의 해려어업(海驢漁業)을 독점하기 위하여 그「영토 편입 및 대하원」을 일본정부에 제출하면서부터이다. 독도를 울릉도 부속의 한국 영토로 알고 있던 그가 중앙정부 관리 및 해군 관계자의 사주를 받아 일본 영토로의 편입과 대하(貸下)를 요구한 것은 노일전쟁의 가장 중요한 고비가 된 '발트'함대 출발을 불과 15일여 앞둔 때였고 일본 각의(閣議)가 나까이의「영토 편입 및 대하원」을 받아들인 것은 이 '발트'함대가 동항(東航)하는 중이었으며 '발트'함대가 마지막 섬멸된 곳이 바로 독도 부근이다. 뿐만 아니라 일본 내무성 관리가 독도의 '영토 편입'을 외국의 오해를 이유로 반대하였을 때 외무성 정무국장은 그곳에 망루를 건설하고 무선(無線)이나 해저전신(海底電信)을 설치하면 적함(敵艦) 감시에 편리할 것이라 하여 '영토 편입'을 주장하였고 결국 '영토 편입'이 실시되었다.

일본 측에 의한 독도 '영토 편입'의 주목적이 독도 어업보다는 '일본해해전'을 앞둔 전략 목적에 있었다고 보는 것이 옳지 않을까 한다.

5. 맺음말

지금까지 가장 핵심적인 것이라 생각되는 일본 측 자료들을 근거로 하여 대체로 '시마네현고시(島根縣告示)'가 있기까지의 독도(獨島)에 대한 일본 측의 인지(認知)과정을 살펴보았다. 이제 그 내용을 다시 요약하면서 몇 가지 결론을 구해보면 다음과 같다.

첫째, 대체로 17세기 후반기경부터 일본 측에서 울릉도(鬱陵島)가 아닌 독도를 인지하기 시작한 것이 사실인 것 같다.

그러나 그것은 중앙정부적인 차원의 것이 아니었고 이즈모(出雲) 지방 어민들에 한정된 것이었으며, 울릉도가 조선의 영토로 확정되고, 토꾸가와막부(德川幕府)의 쇄국정책과 울릉도 항해 금지 정책이 강화되어 이즈모 지방 어민들의 울릉도 출어가 불가능해짐에 따라 독도의 존재도 자연히 잊혀지게 된 것이 분명한 것 같다.

근대 이전 일본인의 독도 인지가 울릉도 출어를 통해서 이루어졌으므로 울릉도 출어가 철저히 금지된 다음에는 시마네현 지방민들까지도 메이지 초기에 이르기까지 독도의 존재를 잊어버리게 된 것이며 그 증거는 메이지 초년에 일어난 '송도 개척 논의'에서 잘 나타나고 있다.

둘째, 메이지 초년에 이르러 일본정부는 '죽도(竹島)'와 '송도(松島)'가 모두 조선 영토라고 알고 있었거나 아니면 두 섬이 모두 울릉도를 가리키는 것으로 알고 있었다. 그러나 노령(露領) 등지를 왕래하던 몇 사람의 모험상인(冒險商人)들이 직접 울릉도를 보았거나 혹은 이 지방을 왕래하던 구미인(歐美人)들에게서 듣고 그것을 무인도로 오해하여 이름을 '송도'라 하고 '국위신장(國威伸長)'을 내세워 '개척'할 것을 그들 정부에 출원(出願)하였다. 그러나 일본정부는 계속 그것이 울릉도임을 알고 '개척'을 허가하지 않다가 '개척안(開拓案)'이 계속 들어오게 되자 일본정부 내의 의견이 3분되었다.

즉 '송도'는 울릉도이므로 그것을 조사하는 일부터가 불법(不法)이라는 의견과 그것이 울릉도인지 혹은 다른 섬인지 일단 조사해볼 필요가 있지만 당시는 '세이난전쟁(西南戰爭)'이 아직 진압되기 전이므로 조사를 후일로 미루자는 의견, 그리고 노(露)·영(英) 등 국(國)이 선점할 우려가 있으므로 신속히 이를 조사해야 한다는 의견이 그것이었다. 결국 메이지 초년에는 일본정부 내의 누구도 '송도'가 어느 섬인지 확실히 모르고 있었던 것이 확실한 것이다.

셋째, 이와 같은 '송도 논의'를 해결하기 위하여 일본정부는 1880년

군함 아마기함(天城艦)을 파견하여 '송도'를 조사하게 하였는데 아마기함은 '송도'가 울릉도임을 확인하였을 뿐 독도는 역시 전혀 알지 못하였으며 이로써 분분하였던 '송도개척론'은 일단락되었던 것이다. 아마기함이 '송도'를 조사하면서 울릉도를 조사하게 된 것은 이 시기 일본인들의 '송도'에 대한 관심이 '개척'에만 있었으므로 아마기함도 결국 '개척'의 가능성이 있는 울릉도를 찾아갔던 것이라 볼 수 있을 것이다.

넷째, 아마기함의 조사로 일단락된 '송도' 문제가 다시 울릉도가 아닌 다른 섬으로서, 즉 지금의 독도로서 일본 측의 관심을 끌게 된 것은 아마기함 조사 이후 근 20년이 지난 1900년대 전반기에 와서 표면적으로는 해려어렵장(海驢漁獵場) '리앙꼬오루'도(島), 사실상으로는 노일전쟁(露日戰爭)의 전략지로서의 '리안꼬오루'도였다.

아마기함 조사가 있은 후 일본에서의 울릉도에 대한 호칭은 계속 죽도와 송도가 혼용되었으며, 그것은 이후에도 일본에서는 독도의 존재를 인지하지 못하고 있었던 증거의 하나가 된다. 그러나 한편으로 서양인들이 독도를 발견하고 붙인 '리앙꾸르'라는 이름이 일본인들에게 전해져서 1890년대 중엽부터 일본의 서부지방에서는 '리얀꼬'로 불려지기 시작하였으며 이때도 역시 울릉도와 연관되어 인지되었다.

'시마네현고시' 3년 전인 1902년 부산주재 일본영사관이 그 본국 정부에 제출한「한국 울릉도 사정(韓國鬱陵島事情)」에 울릉도와 함께 '리얀꼬'도의 사정이 기록되어 있다. 부산주재 일본영사관의「한국 울릉도 사정」보고에 '리얀꼬' 즉 독도가 포함되어 있었다는 사실은 이때까지도 일본 측으로서는 울릉도와 독도를 분리하여 취급할 수 없었음을 말해주고 있으며, 따라서 두 섬을 같은 영토로 인식하였고 이 때문에 2년 후인 1904년에 일본인 나까이 요오사부로오(中井養三郞)가 '리얀꼬'도의「대하원(貸下願)」을 내려고 하였을 때도 그 섬을 '한국소령(韓國所

領)'으로 생각하고 있었던 것이다.

　다섯째, 일본 측이 '시마네현고시'를 통하여 독도를 '영토 편입'한 5 개월 후인 1905년 7월 31일자 재(在)부산 일본영사관 보고의 「울릉도현 황(鬱陵島現況)」에도 여전히 '란꼬'도란 이름으로 독도의 현황이 포함되 어 있다.

　이 보고에 '영토 편입'에 관한 사실이 전혀 언급되어 있지 않을 뿐만 아니라 일본정부가 '영토 편입' 때 붙인 '죽도'란 명칭도 전혀 나타나지 않는다는 사실은 일본 측의 독도 문제 처리에 중대한 문제를 시사해주 고 있는 것이라 보여진다. 다시 말하면 '영토 편입'과 명칭 변경 사실을 부산주재 일본영사관조차도 모르고 있었다는 사실을 암시해주는 것이 아닌가 생각될 수도 있는 것이다.

　여섯째, 일본인 나까이 요오사부로오가 '리얀꼬'도의 「영토 편입 및 그 대하원」을 내었을 때의 일본정부의 태도에도 주목할 필요가 있다. 그가 「대하원」을 내었을 때 일본의 내무성은 다른 외국들이 일본의 한 국 병탄을 의심하고 있다는 이유로 이를 각하하려고 하였다. 그러나 외 무성에서는 노일전쟁(露日戰爭)의 수행을 위하여 독도에 망루나 해저 전신(海底電信)을 설치하면 적함(敵艦) 감시에 극히 편리하다는 이유로 '영토 편입'을 추진하였던 것이다. 그리고 독도를 '영토 편입'한 지 약 3 개월 후에 바로 독도 부근에서 '일본해해전(日本海海戰)'을 마무리지을 수 있었던 것이니 일본이 독도를 '영토 편입'한 가장 중요한 목적이 노 일전쟁 수행을 위한 전략적 위치를 얻기 위한 데 있었으며 따라서 '영토 편입'은 미처 그 재외공관, 특히 이해당사국인 대한제국 주재(駐在)의 일본영사관에조차도 알리지 못한 일방적인 '편입'이었던 것이다.

(韓國近代史資料硏究協議會『獨島硏究』, 文光社 1985)

한국사 개설서의 시대구분과 시대성격 문제

한국역사연구회 지음 『한국역사』, 역사비평사 1992

1. 사회구성체 발전단계론과 한국사 개설서

사회구성체 발전단계론에 의해 우리 역사 전체를 조감하려는 노력은 이미 일제식민지시대부터 있었다. 우리가 알다시피 1930년대에는 백남 운(白南雲)의 『조선사회경제사』 『조선봉건사회경제사』를 비롯해서 이 청원(李淸源)의 『조선사회사독본』 등이 나왔고 이후에도 이른바 8·15공 간을 통해 많은 사회경제사 중심의 연구서와 개설서 등이 생산되었다.

그후 6·25전쟁을 겪으면서 분단체제가 고착됨으로써 학문연구에 대 한 제약이 가중되어가기는 했지만 사회구성체 발전단계론에 입각하여 우리 역사 전체를 인식하려는 학문적 입장이나 노력은 면면히 이어져 왔다고 볼 수 있다. 그러나 그 학문적 노력이 단편적인 연구나 연구논문 집을 생산하는 수준에서 머물렀을 뿐, 일제시대나 8·15공간에서와 같 이 개설서나 시대사를 생산한 경우는 없었던 것이 아닌가 한다. 이런 측 면에서는 분단체제가 준 학문연구에 대한 제약이 일제식민지시대의 그 것보다 더 심했다고 할 수 있겠다.

1980년대 이후 사회주의권에서 본격적으로 추진된 평화주의 정책이 세계사적으로는 사회주의권 자체의 동요와 위기로까지 이어졌으나 남한에서는 1987년 민주화운동을 계기로 독재체제의 일정한 붕괴를 가져오면서 8·15공간과 4·19공간에 이어 또 한번 학문의 자유를 상대적으로 신장시켰고, 그 결과 분단체제 성립 이후 최초로 사회구성체 발전단계론에 의한 한국사 개설이 나오게까지 된 것이라 볼 수 있다.

논지가 조금 빗나가지만, '순수' 실증사학적 처지에서이건 일정한 역사인식에 입각한 경우이건 일반적으로 역사학 연구자가 논문을 쓰기보다 시대사 쓰기가 어렵고 시대사 쓰기보다 개설서 쓰기가 어렵다고 말한다. 논문을 한 편도 쓰지 않고도 시대사나 개설류를 쓰는 학자가 전혀 없으란 법은 없겠지만, 그런 경우보다는 훌륭한 논문은 쓰면서도 시대사나 개설을 쓰지 않거나 못 쓰는 연구자가 많다. 특징 있고 독자성 있는 개설서를 쓰기가 그렇게 어려운 것이다.

우리의 생각으로는, 일제시대에 양성된 연구자는 그만두고 8·15 후에 배출된 제1세대라 할 만한 연구자들이 쓴 사학사에 기록됨직한 한국사 개설류는 몇 종류 있는 것 같지만 사회구성체 발전단계론에 입각한 개설서는 없었던 것 같고, 지금은 정년이 된 이들을 뒤이은 제2세대라 할 만한 연구자들에게서는 실증주의적 방법론에 한한 것이건 일정한 사관에 입각한 것이건 아직 특징 있는 개설서가 나오지 않고 있는 것 같다. 개설서다운 개설서를 쓰기란 그렇게 어려운 것이라 다시 한번 말할 수 있겠다.

역사는 항상 새롭게 씌어져야 한다고 했지만, 우리가 말하는 8·15 후의 제1세대가 쓴 몇 종류의 개설류 이후 제2세대의 저술이 미처 못 나오자 제3세대라 할 수 있을 젊은 연구자들의 공동저술에 의해, 그것도 역사는 "사회구성체의 발전이라는 관점에서" 씌어진 개설서 『한국역사』가 생산되었다. 교과서가 아닌 개설서를, 그것도 일정한 역사관에 입각한 개설서를 공동 저술한다는 일 자체가 제1세대, 제2세대라 할 만한 연구자들에게는 생각하기 어려운 일이었다고 할 수 있겠지만, 어떻든 1990년대에 젊은 연구자들의 모임인 한국역사연구회 지음으로 사회구성체 발전단계론을 내세운 개설서가 나왔으니 관심의 대상이 되지 않을 수 없다.

『한국역사』는, 정치·경제·사회·문화 부문의 사실들이 고루 엮어지면서 그 흐름에 연결성과 일관성이 있어야 한다고 생각되는 '개설서'로서는 상당한 결점을 가지고 있다. 한두 가지만 예를 들면 고려시대의 '대몽항쟁과 원의 간섭'은 쓰면서 이조시대의 임진왜란이나 병자호란은 전혀 논급이 없다든가, 본문 속에 용해되어야 할 문제들이 개설서답지 않게 「보설」로서 따로 다루어져 있다든가, 근대와 현대의 경우 문화사 부분이 거의 다루어지지 않았다든가 하는 것들이다. 그러나 이 글에서는 그런 사소한 문제보다 시대구분과 시대성격 문제를 중심으로 논급하려 한다.

2. 고대사회와 노예제 문제

사회구성체 발전단계론적 입장에서의 역사 서술이 가지는 가장 강점인 동시에 난점이기도 한 것이 시대구분의 문제라 해도 과언이 아닐 것이다. 특히 종래 왕조중심 시대구분에 한정되었던 아시아지역의 역사를 사회구성체 발전단계론에 의해 시대구분하려 한 노력은 그 학문 수준을 한 단계 높이는 데 결정적 역할을 한 것이 사실이다. 그러나 사회구성체 발전단계론적 역사인식 자체가―일반성이나 보편성을 충분히 인정한다 해도─서양사회를 기준으로 하여 세워진 것이며 그렇기 때문에 비서구사회의 역사를 설명하고 시대구분하는 데는 많은 난점이 있는 것이 사실이다.

우리 역사에서 노예제 생산양식이 지배적이었던 고대사회는 언제였는가 하는 문제를 두고 이론이 많았다. 백남운은 삼국시대, 이청원은 삼국과 고려시대, 북한 역사학과 남한 역사학의 일부가 삼국 이전의 고조선·부여·삼한시대 등으로 보았고, 사회구성체 발전단계론과는 상관없이 남한 역사학계 일반이 삼국시대와 통일신라시대를 '고대'라 부르고 있음을 우리는 알고 있다. 『한국역사』는 "고조선이 성립하면서부터 고구려·백제·신라의 삼국이 존속한 시기까지"(27면)를 고대사회로 보고 "고조선·부여 등을 고대사회 성립기, 그리고 삼국을 고대사회 발전기에 나타난 국가로 단계적으로 파악하였다."(29면)

군이 말한다면 고조선·부여·삼한시대를 고대사회로 본 것은 북한 사학의 관점과 같고 삼국시대를 고대사회로 본 점은 백남운설을 따르고 있다고 할 수 있겠다. 그러나 백남운이나 북한 사학이 삼국시대나 그 이전의 시대에 노예제 생산양식이 발달했다는 사실을 근거로 하고 있는데 비해 『한국역사』는 고조선부터 삼국시대까지를 고대사회로 보면서도 "세계사적인 차원에서는 노예제사회에서 봉건사회로 계기적 이행을 설정할 수 있지만, 일국사의 차원에서 보면 모든 민족과 국가의 고대사회가 예외 없이 노예제사회였던 것은 아니다"(26면) 하여 우리 역사의 고대를 반드시 노예제사회로 보지 않을 수도 있다는 뜻을 비치고 있는 점이 다르다.

백남운이 삼국시대를 고대사회로 본 근거가 삼국 간의 정복전쟁에서 생산된 노예가 생산의 직접담당자가 되었다는 데 있었으나 그것을 실증하는 사료의 뒷받침이 부실하다는 이유로 8·15 후 남북의 역사학계로부터 비판받은 점, 북한 사학이 기원전 8~7세기 무렵 것으로 보는 요동반도 여대시(旅大市) 강상무덤의 순장 유적을 노예제사회가 있었다는 중요한 자료로 들고 있으나 그것을 뒷받침할 이후 시기의 사료들이 취약하다는 점, 또 북한 사학이 삼국시대를 중세 농노제사회로 보고 있다는 점 등이 참고로 되었을 것이라 생각된다.

『한국역사』는 고조선에서 삼국시대에 이르는 시기에 노예가 상당수 실존했으며, 그들이 사치노예에 한정되지 않고 생산노예로서 수장층이나 호민층의 경제적 기반을 이루었다 하면서도, 그들이 생산의 주 담당 계급이었다고 주장하지 않는 한편, "고조선사회에는 많은 평민이 있었다. 그들은 고조선사회를 구성하고 있는 각 집단의 일반 주민으로서 개별적 경제기반을 소유하고 신분적으로 자유로운 존재였다"(38면) 했고, 삼국시대의 경우도 "평민은 천민과 더불어 이 시기 생산대중의 중심이었다"(54면) 하여 고조선사회에서부터 삼국시대에 걸쳐 노예와 함께 평민 및 자유농민이 생산의 주된 담당층으로서 존재했음을 인정했다. 그리고 결국 "이 책에서는 우리 고대사회의 사회구성체를 확정하지는 않았다"(26면) 하고 '고백'했다.

「책을 내면서」에서 분명히 사회구성체 발전단계론에 입각한 우리 역사의 개설서를 쓰겠다고 했으면서 고대사회의 경우 그 사회구성체를 확정할 수 없는 수준이 바로 『한국역사』의 수준인 동시에 어쩌면 지금의 시점에서는 사회구성체 발전단계론의 입장에서 우리 역사의 개설서를 쓰려고 하는 우리 학계 전체의 수준이 아닐까 생각해본다. 결국 지금의 시점에서는 사회구성체 발전단계론적 관점에서 우리 역사 개설서를 쓰기에는 그만큼의 실증적 기초작업 및 방법론적 추구가 부족하다는 말이 되겠다.

그럼에도 불구하고, 8·15 후 우리 역사학의 큰 성과로서 청동기시대의 발견과 관련하여 고대사회의 상한을 국가권력의 초기적 성립기로 볼 수 있는 고조선에서 잡은 점에는 큰 이의가 없다고 생각되며, 고대사회의 하한을 신라통일 이전까지로 잡은 점에 대해서도 찬성할 만하다. 삼국시대 이전이나 삼국시대를 통한 생산의 주된 담당층으로서의 노예노동의 존재를 흡족하게 논증해줄 만한 사료가 발견되지 않지만, 역사시대 이래 최고 수준의 정복전쟁이었다고 할 수 있을 삼국 간의 전쟁이 일단 끝나고 삼국의 국토 전체가 하나의 권력 아래 재편되어간 사실은 생산력 발전이란 측면에서도 하나의 획기였다고 할 수 있기 때문이다.

이론적으로는 "역사상에 나타나는 현실적 경제적 사회구성은 순수한 특정형 생산관계의 총체인 것은 아니며 이전 사회에서 지배적이었던 생산관계의 잔존분을 포함하고 있을 수도 있고 다른 한편으로는 장차 올 사회에서 지배적으로 될 생산관계의 맹아를 이미 포함하고 있는 경우도 있다. 이런 의미에서 역사적으로 특정한 '생산양식'과는 다르다"고 했다. 이 말은 '경제적 사회구성체'는 '생산양식'보다는 좀더 포괄적인 의미를 가졌다는 말로도 해석될 수 있지 않을까 한다.

『한국역사』가 "지배체제의 질적인 전환이 본격적으로 달성된 시점을 삼국 간의 격렬한 상쟁을 거쳐 통일전쟁이 마무리된 때로 파악하였다"(29면)고 한 점과 "일국사의 차원에서 보면 모든 민족과 국가의 고대사회가 예외 없이 노예제사회였던 것은 아니다"라는 논리가 서로 연결되면서, 반드시 노예제 생산양식에만 얽매이지 않으면서도 고조선부터 삼국시대까지의 역사를 '고대적 사회구성체'로 설명할 수 있는 이론을 세우고 그것을 뒷받침하는 실증작업을 추진해나가는 일이 우리 역사학계의 중요한 과제의 하나라 할 수 있을 것이다.

3. 중세 봉건사회의 성격 문제

『한국역사』는 통일신라시대를 중세 봉건사회의 성립기로, 고려시대를 그 발전기로, 대체로 임진왜란 이전 이조시대를 그 재편기로, 그 이후부터 '불평등조약의 체결' 이전까지를 해체기로 보았다. 북한 사학이 중세 봉건사회의 상한을 삼국시대부터 잡고 있는 점, 그리고 중세 봉건사회와 근대 자본주의 사회의 분기점을 문호개방보다 조금 앞선 대원군 집권기의 외국 자본주의 침입기로 잡고 있다는 점과는 차이가 있다. 중세의 상한 문제는 앞에서 논급했고 중세 하한의 문제는 근대 시발점의 문제와 연관되므로 다음에서 논급하기로 한다.

우리 역사를 사회구성체 발전단계론에 의해 인식하거나 설명하려 할 때 노예제 생산양식 문제에 못지않게 걸리는 문제가 봉건제도 문제라 할 수 있다. 과거 일본의 어용사학자들은 우리 역사에 봉건제도가 없었다 하여 중세부재론을 내세우면서 일본의 요구로 문호를 개방하여 근대로 가기 이전의 조선사회는 고대사회 말기 수준에 머물러 있었다 했고, 백남운의『조선봉건사회경제사』가 그것에 반발하면서 우리 역사의 중세존재론을 실증하려 했던 작업이기도 했음은 다 아는 일이다.

그러나 백남운의 경우 중세부재론의 극복이 고려시대나 이조시대를 통해 법제사적 개념으로서의 봉건제도 그 자체를 찾아낸 것은 물론 아니었고, "중앙집권적 관료봉건국가" "봉건적 대토지소유와 소농경영과의 대차적 구성에 의한 농노경제" 등이 우리 역사에서 봉건제의 특징이라 했다.『한국역사』도 "봉건제를 인류 역사발전의 보편적 단계로 이해하는 사회구성체론에 입각한 개념으로 사용하였다. 일반적으로 봉건사회는 생산과정에서 개인적 성격을 갖는 소경영과 이를 기반으로 하는 봉건적 대토지소유제를 경제적 기초로 하여 이루어지는 사회로 이해된 다"(68면) 하여 대체로 백남운 등의 관점에 동조하고 있음을 볼 수 있다.

서양의 봉건적 생산양식이 기본적 생산수단인 토지를 영주가 소유하고 그 토지를 기본적 생산자로서의 농민들에게 나누어주어 경작케 하고, 잉여노동 부분을 지대로서 수취하는 틀이었던 데 비해, 『한국역사』는 우리나라 중세사회가 가진 특징의 하나로 지주제를 들고 "지주제는 대토지소유자인 지주와 그 토지를 빌려 경작하는 전호농민 사이에 맺어지는 경제제도로서 우리나라 봉건사회의 기본적인 생산관계를 이루었다"(69면)고 했다.

백남운은 우리나라 중세사회의 성격을 설명하면서 "집권적 토지국유제" 아래서 "국가 자체가 최고의 지주"였다 하고, 국가와 그로부터 토지(수조권)를 지급받은 귀족관료층이 지배하는 일반 농민들을 "예농적 소토지경작제"로 편성하고 귀족관료층을 포함한 국가권력에 의한 예속농민에 대한 이른바 총체적 지배 형태가 성립된 것이 그 특징이라 했다. 이에 비해 『한국역사』는 우리나라 봉건사회의 기본적 생산관계를 대토지소유자인 지주와 그 토지를 빌려 경작하는 전호농민 사이에 맺어지는 경제제도인 지주제라 보고 있는 점이 다르다.

다시 말하면 백남운의 사회구성체 발전단계론적 역사인식에서의 우리 중세사회는 영주적 위치에 있는 국가권력이 농노적 성격의 소토지경작 농민을 총체적으로 지배한 시대였으나 『한국역사』에 와서는 토지에 대한 국가권력의 수조권적 지배를 인정하면서도 대토지소유자 지주의 소작농민 전호(佃戶)에 대한 지배가 기본적 생산관계가 된 시대로 바뀌고 있는 것이다. 이것은 8·15 이후의 우리 역사학이 일제 식민사학의 토지사유제 부재론을 반박하면서 중세시대의 지주층의 토지사유권을 '강조'하고 국가권력의 토지지배권을 '약화'시킨, 그리고 중세사회의 발전방향이 국가 수조권의 약화와 지주소유권의 강화 방향이라 논증한 '업적'의 결과라 할 수 있을 것이다.

다음, 8·15 후의 사회구성체 발전단계론적 역사인식에 의한 연구업적이 이루어놓은 성과의 하나는 봉건사회 태내에서의 자본주의 맹아를 찾는 일이었다고 할 수 있다. 남한 사학에도 일부 업적이 있었지만 특히 북한 사학은 이 점에서 적극적인 업적을 남겼다.『한국역사』의 경우 봉건사회 해체기인 18세기 말 19세기 초에 "분업적 협업을 바탕으로 한 공장제 수공업이 차츰 발달하였다"(146면), "광업에서도 공장제 수공업과 비슷한 분업적 협업 형태가 갖추어져갔다"(147면)고 했으나 전체적으로 보아 자본주의 맹아를 인정하는 데 소극적이라는 인상이 있다.

봉건사회 해체기의 경제구조 변동을 결론하는 부분에서 "17세기 이후 봉건적 경제구조는 전반적으로 동요하였고, 그 내부에는 새로운 사회의 싹이 자라고 있었다. 이러한 경제변동은 봉건적 경제구조에 기초하여 있던 사회체제 전반을 해체시켜갔다"(148면) 하여 우리 역사에서의 봉건사회가 해체되면서 다가올 새로운 사회가 자본주의 사회라고 명백히 밝히기를 주저한 것 같은 느낌을 준다. 만약 그렇다면 이 점은 문호개방 이전 부분에서도 "자본주의적 관계의 발생"으로 분명히 밝힌 북한 사학과 차이가 있다.

최근의 남한 사학계에서 지난날의 자본주의 맹아론 연구가 '과장'되었다거나 심지어 문호개방 이전 자본주의 맹아의 존재 자체를 부인하려는 분위기도 일부 있다. 그러나 사회구성체 발전단계론적 역사인식 내지 연구가 봉건사회의 해체와 자본주의적 생산양식의 맹아를 연결시키지 못하거나 않으려 한다면 여기에 어떤 이론적 대안을 제시할 수 있을지 의문스럽다.

4. 근대사회의 성격과 민족해방운동

『한국역사』는 "자본주의 세계체제에 종속적으로 편입되는 계기를 근대의 기점으로 삼는 것은 타당하다고 여겨진다"(228면) 하면서 1866년의 셔먼호사건을 기점으로 잡는(북한─평자) 설, 1876년의 '개항'설, 1894년설 등이 있다 하고 "이 책에서는 잠정적으로 '개항'설을 채택하였다"(229면)고 했다.

이에 비해 역시 사회구성체 발전단계론적 역사인식을 바탕으로 하고 있는 북한 사학은 '근대 반침략반봉건투쟁과 민족해방운동'편의 내용을 "19세기 60~80년대 구미렬강 일본의 침략을 반대한 조선인민의 투쟁"(1987년판『조선통사』하권)에서 시작하고 있다. 앞에서도 말했지만, 북한 사학은 근대의 출발을 1860년대의 셔먼호사건과 양요를 중심으로 하는 구미 자본주의 세력의 침략과 그것에 대한 저항에서 구하고 있으며, 이 점에서 대체로 문호개방에서 시작하는『한국역사』를 포함한 남한 사학과는 차이가 있다.

북한 사학도 셔먼호사건이나 양요가 일어난 당시의 대원군정권을 설명하면서 "대원군의 봉건적 개혁"이란 제목을 붙이고 있는 것으로 보아, 대원군정권 자체를 근대적 정권이라고 보아 1860년대부터 근대사회로 잡는 것은 물론 아니며, 구미 자본주의 열강의 침입과 그것에의 대항을 근대의 시발점으로 잡고 있는 것이라 볼 수 있다. 북한 사학이 ─남한 사학의 일부에서도 지적되었던─강요에 의한 문호개방을 근대의 시발점으로 잡는 타율성적 역사인식 문제를 염두에 두고 셔먼호사건으로 올려 잡았는지, 자본주의 세력의 도전 자체가 곧 근대의 시발점이 된다는 관점에서 그렇게 한 것인지는 알 수 없다.

그러나 자본주의 세력의 도전을 받아 불평등조약을 체결하고 그 식민지로 되어갔거나 드물게나마 주체적으로 자본주의체제로 전환한 경우라 해도 자본주의 세력과 그 체제가 정식으로 발붙이는 계기를 마련한다는 점에서 불평등조약 체결을 자본주의 식민지화 내지 주체적 자본주의화, 즉 사회구성체로서의 자본주의 시대의 출발점으로 잡는 것이 타당하다는 생각이 있다. 그리고 사회구성체 발전단계론적 역사인식 문제에 한정되지 않는다 해도 우리 역사에서의 근대의 시발점 문제는 앞으로 남북한 역사학이 토론해야 할 대상이기도 하다.

『한국역사』는 개항기 민족운동을 설명하면서 "한국사의 근대는 반제(반침략)반봉건 민족해방운동을 중심으로 이해해야 한다"(229면) 하고 개항으로 상품화폐경제가 급속도로 발전하는 반면 우리 역사의 자립적 발전이 위협받는 속에서 "지배계급 내부의 부르주아 개혁운동인 개화운동이 생겨나 발전하는 한편 조선후기 이래의 반봉건항쟁은 봉건체제와 외국 자본주의의 침략에 저항하는 1894년 농민전쟁으로 발전하였다. (…) 1894년 농민전쟁에서 민중이 패배함에 따라 자주적 근대화를 수행할 변혁역량은 대거 파괴되었고, 자본주의 열강의 침략은 강화되었다"(229면)고 보았다.

이 경우 반제·반봉건 민족해방운동을 담당할 수 있는 변혁주체는 지배계급 내부의 부르주아 개혁운동의 주체인 개화운동세력과 봉건체제와 외국 자본주의의 침략에 저항하는 농민전쟁의 주체인 '민중'의 두 세력으로 설명되고 있는 것 같다. 그 점은 또 "자주적 근대화를 이룩하기 위한 민중운동과 부르주아 개혁운동이 좌절됨에 따라 우리나라는 일본의 독점적 반식민지, 식민지로 전락하였다"(230면)다고 한 데에서도 설명되고 있다. 이 대목에 의하면 반제·반봉건운동으로 이루어질 자주적 근대화는 민중운동과 부르주아 개혁운동의 성공으로 가능한 것으로 되어 있다.

그런데, 『한국역사』에 의하면 또 "이 시기에 부르주아로 성장할 가능성을 가진 계층은 지주·상인층이었다. 그러나 이들은 대체로 외래자본이나 봉건지배층과 결탁하여 농민·소상인을 수탈하면서 부를 축적하고 있었기 때문에 외래자본의 침략에 정면으로 저항할 수 없었"(261~62면)고 "농민·노동자·수공업자·중소상인·중소자본가 등 조선 민중은 일본과 이에 결탁한 봉건적 지주, 예속자본가들에 대항하여 치열한 국권회복운동을 전개하였다. 농민들은 쓰러져가는 나라를 지키기 위해 의병 대열로 결집해갔고, 민족적 지식인·중소상인·중소자본가 등은 계몽운동의 대열로 모여들었다."(276면)

개항기의 변혁주체를 무엇으로 보는가 하는 문제는 이 시기의 역사적 성격을 이해하는 문제와 연관된다. 『한국역사』가 말하는 자주적 근대화를 이루기 위한 부르주아 개혁운동을 추진할 주체로서의 부르주아지를 '이 시기에 부르주아로 성장할 가능성을 가진 지주·상인층'에서 구하는 것은 아닌 것 같고, '계몽운동의 대열로 모여든' 민족적 지식인·중소상인·중소자본가 등이야말로 자주적 근대화를 이루기 위한 부르주아 개혁운동의 주체일 것 같은데, 이들은 또 농민·노동자·수공업자와 함께 민중 속에 넣고 있다.

자주적 근대화를 이루기 위한 운동을 부르주아운동이라고도 하고 민중운동이라고도 했는데, 왜 그렇게 말해야 하며 또 이때의 민중이란 역사적 개념으로서는 구체적으로 무엇을 가리키는가를 분명히 해야 할 것 같다. 『한국역사』가 말한 것과 같이 역사적으로 지주와 상인층이 부르주아지로 전환될 가능성도 있지만 또 외래자본에 예속되거나 봉건지배층과 결탁할 가능성도 있었다. 따라서 우리나라처럼 외국 자본주의 세력의 침략을 받는 지역에서는 지주와 상인층이 그것에 대항하며 역사적 변혁을 이룰 수 있는 주체로서의 부르주아지로 될 가능성은 약하다고 할 수 있다.

소상품생산자로서의 수공업자·중소자본가·민족적 지식인과 여기에다 농촌 중간층을 합친 세력이 부르주아지로 될 수 있으며 이들이 변혁의 주체가 될 가능성이 지주·상인층 출신 부르주아지보다 높다는 것은 통설이다. 그런데 우리 개항기의 경우 이들의 성장이 미약하여 독자적으로 변혁주체가 될 수는 없었고 그 때문에 특히 농민층의 변혁운동에서의 역할이 컸던 것이 사실이다. 그러나 그렇다고 해서 개항기의 주체적 근대화운동이 부르주아운동일 수도 있고 민중운동일 수도 있다는 식의 인식이나 설명은 곤란하다.

사회구성체 발전단계론적 입장에서 보면 봉건사회의 해체에 뒤이은 개항기의 변혁운동은 역시 부르주아 변혁운동이어야 하지만―고대사회가 예외 없이 노예제사회인 것은 아니라 했고 봉건제도가 없어도 봉건사회의 존재는 인정했던 것같이―중세 봉건사회의 해체에 이어 근대 자본주의 사회로 가는 시기의 변혁주체가 부르수아가 아닌 민중일 수밖에 없었다든가, 비록 부르주아의 성장이 약해서 농민들의 역할이 크기는 했지만 역사적으로는 역시 부르주아 변혁운동이었다든가 하는 등의 설명이 필요하다.

그리고 왜 개항기와 일제식민지시기를 통해 부르주아지가 아닌 민중이 변혁운동 내지 민족해방운동의 주체로 될 수밖에 없었는가, 또 그 운동이 부르주아운동이 아니고 민중운동이었다면 이 경우 역사적 개념으로서의 민중이란 구체적으로 무엇을 말하는가, 왜 그것이 사회구성체 발전단계론에서의 일반개념인 부르주아지도 프롤레타리아트도 아닌 민중이어야 하는가 하는 문제들에 대한 설득력있는 설명이 있어야 하지 않을까 한다.

다음, 사회구성체 발전단계론적 관점에서 우리 역사를 보려고 하는 연구자들이 일제식민지시대가 어떤 사회구성체였는가 하는 문제를 두고 활발한 논쟁을 벌인 일이 있지만, 『한국역사』는 이 문제에 대해 어느 한쪽에 서려고 하지는 않은 것 같다. "자본주의적 관계는 철도· 항만 등 교통운수 부문, 원료가공업 등과 같이 제국주의 경제에 봉사하는 일부 부문에서만 발전하였다. (…) 농촌에서는 반봉건적 지주제가 확대되었으며"(352면)라고 한 부분들이 그것을 말해주고 있는 것 같다. 이 시기의 사회구성체 문제가 민족해방운동의 주체 설정 문제와 직결된다는 생각은 상당히 희석되어가는 것 같지만, 그렇다고 해서 일제식민지시대는 사회구성체론적으로 식민지 자본주의 사회이기도 했고 식민지 반봉건 사회이기도 했다는 식의 설명은 곤란하다.

식민지시대 민족해방운동의 전개과정에 대한 『한국역사』의 관점을 요약하면 "1920년대부터 민중운동이 폭발적으로 전개되고 사회주의 이념이 보급됨에 따라 민족해방운동은 부르주아민족주의 운동노선과 사회주의 운동노선으로 분화되었으며 그중 사회주의 운동노선이 민족해방운동을 주도하였다"(355면)고 한 데서 요약되고 있는 것 같다. 민족해방운동의 국내전선의 경우 이런 관점이 타당하지만 전선이 분산되어 있었던 해외전선의 경우, 말꼬리를 잡는 것 같아 안됐지만, '주도'라는 말이 타당한가 하는 점이 있다.

사회주의 운동노선이 민족해방운동을 주도했다 하면서도 1930년대 후반기 이후 민족해방운동 전체의 방향을 민족통일전선운동의 추진으로 설명하고 있으며, 이 통일전선은 이른바 밑으로부터의 통일전선만이 아니고 위로부터의 통일전선도 포함하고 있다. 특히 해외전선의 경우 1930년대 후반기 이후 우익전선의 일정한 위치와 역할을 인정하지 않고는 위로부터의 통일전선운동에 대한 설명이 어렵지 않을까 한다.

5. 분단시대사의 성격과 민족통일의 방향

『한국역사』는 현대사의 기점을 8·15부터 잡으면서도 8·15가 '해방'
이라기보다 또다른 외세의 억압에 대한 민족운동의 추진, 분단극복 통
일운동의 출발점으로서 이해되어야 하며 "한국 현대사는 외세·독재·
분단의 질곡에서 자주·민주·통일로 나아가는 과정으로 규정할 수 있
다"(358~59면)고 했다. 여기에 한 가지 더 생각해야 할 것은 8·15 이후를
현대사로 잡는 것은 어디까지나 민족통일이 실현되기 이전, 즉 분단시
대적 시대구분이라는 점이다. 이렇게 생각하는 경우 특히 사회구성체
발전단계론적 역사인식상 우리가 지금 말하는 근대사와 현대사 이해에
대단히 중요하면서도 어려운 문제가 있음을 알게 된다.

개항기는 외세의 침략을 받으면서 자본주의체제를 지향하던 시기였
고 일제식민지시대는 민족경제의 전면적 희생 위에 식민지 자본주의
가 나름대로 원시적 축적과정, 상업자본주의 과정 등을 거쳐 1930년 이
후에는 식민지 국가독점자본주의 단계에 갔다고 할 만큼 일정하게 자
리잡아가고 있었다. 이와 같이 8·15 이전의 한반도는 사회구성체 면에
서 남한지역과 북한지역 사이에 단계적 차이가 없었는데도, 8·15 이후
사회경제적 조건보다 주로 정치적 조건에 의해 한쪽은 자본주의체제가
다른 한쪽은 사회주의체제가 정착했고, 이런 문제를 사회구성체 발전
단계론적 관점에서 어떻게 설명할 수 있을 것인가 하는 문제가 있다. 문
제는 그것으로만 끝나는 것이 아니다.

남한의 경우 일제시대의 식민지 자본주의가 8·15 후 신식민지 자본
주의로 연결되었다고 보는 경우가 있는가 하면, 한편으로는 일제시대
조선에서의 자본주의가 8·15 후 한국에서의 자본주의로 연결되면서 이

제 중진국 자본주의 단계로, 장차 선진 자본주의로 나아갈 것이라 보는 경우도 있다. 이 경우 개항기에서 일제식민지시대를 거쳐 대한민국시대까지가 모두 자본주의 시대로 구분되는 것이지만, 북한지역의 사회주의체제에 대한 문제가 따로 있다.

우리가 알다시피 북한의 역사학은 개항기와 일제식민지시대를 ─최근에는 1926년의 타도제국주의동맹 결성 이전까지를 ─근대사회, 즉 자본주의 시대, 부르주아의 시대로 간주하고 그 이후를 사회주의 시대로 잡고 있다. 역사적으로 자본주의 시대는 극복 내지 청산되고 사회주의 시대를 거쳐 공산주의 시대에 와 있는 것이다. 『한국역사』는 현대사 부분에서 북한사를 서술하지 않았다. 그러나 남한사만을 쓴다 해도 우리가 말한 이런 문제를 염두에 두고 쓰는 경우와 그렇지 않은 경우가 다르다는 말이다. 가까운 장래에 8·15 이후의 우리 역사를 남북한 따로따로의 두 역사가 아닌 하나의 역사로, 그것도 한국역사연구회의 경우 사회구성체 발전단계론에 의해 서술해야 할 것 같기 때문이다.

특히 1980년대 이후의 세계사적 변화와 함께 민족통일 문제에 일정한 진전이 있고 그 방향은 '고려민주연방공화국 창립 방안'이나 '한민족공동체 통일방안'에서 보듯이 모두 남북한에 실재하는 두 체제를 인정하면서 통일을 이루는 방향이다. 그리고 그것에 따라 '남북 사이의 화해와 불가침 및 교류협력에 관한 합의서'가 채택되기에 이르렀다. 자본주의와 사회주의 두 체제를 인정하는 통일을 지향하고 있는 시대의 사회구성체 발전단계론적 역사인식 내지 서술이 분단시대의 현대사와 통일지향의 현대사를 어떻게 성격지을 것인가 하는 문제들이 있다. 『한국역사』에서 그 해답을 냈어야 한다는 말이 아니다. 이런 문제들을 '고민'한 서술이었으면 하는 아쉬움이 있다는 말이다.

(『창작과비평』 77호, 1992년 가을호)

화두가 있는 역사학도가 되라

박한용 고려대 연구교수

'내 인생의 역사 공부'는 한국의 대표적인 원로 역사학자가 역사학을
전공하려는 젊은이들에게 자신의 삶과 학문 역정을 강의 형식으로 얘
기하고 그들과 문답한 것을 엮은 것이다. 일제식민지기에 태어나 분단
과 6·25전쟁 그리고 반공과 독재로 이어진 민족사의 전개과정을 몸소
겪으면서 이러한 민족사의 현실이 어떻게 자신의 역사 연구 수제로 연
결되었는가를 설명하는 동시에 민족사가 앞으로 어떻게 발전해나가야
하며, 역사학 또는 역사학도는 여기에 어떻게 이바지할 것인가에 대한
자신의 생각과 후학들에 대한 당부를 전하는 내용으로 채워져 있다.

저자는 1933년생으로 1940년 소학교에 들어갔다. 그의 첫 역사 공부
는 일본사를 '국사'로, 단군 대신 '아마떼라스 오오미까미'를 민족의 시
조로 배우는 것으로 시작했다. 고구려·백제·신라라는 나라가 있었다는
사실도 몰랐고, '태정태세문단세……'라는 조선 왕의 세계(世系) 대신
'1대 진무 텐노오―124대 쇼오와 텐노오'로 이어지는 일왕의 세계를
일본어로 외우고 자란 세대였다. 침략자의 역사를 자국의 역사로 배운
것이다.

저자가 소학교에 입학한 다음 해인 1941년에 소학교는 '황국소국민'을 양성하는 국민학교로 바뀌었다. 일제가 '내선일체(內鮮一體)·동조동근(同祖同根)·인고단련(忍苦鍛鍊)'의 3대 국책교육을 내세워 식민지 아동에게 전시파시즘 노예교육을 가장 극렬하게 세뇌시키던 시기였다. 식민지 피억압민으로서 자국의 역사 대신 침략자의 역사로 세뇌당하고 식민지 파시즘 교육으로 '최초의 사회화'(first socialization)가 된 세대의 일원으로 역사 공부를 시작한 셈이다. 이 식민지 파시즘 체제하에서 성장한 저자의 체험은 역으로 저자가 일제식민지 잔재와 대결하면서, 곧 식민사학을 극복하고 일제가 세뇌시킨 낡은 세계를 부숴버리면서 자신의 눈으로 역사를 찾아가는 계기가 되었다.

해방 후 중학교에 들어가 비로소 한국사를 '국사'로 배웠고, 6·25전쟁이 한창인 1952년 "평생 역사 공부를 하면서 살 생각"(18면)으로 고려대학교 사학과에 들어가 60년 이상 역사학(한국사)을 평생의 업으로 삼았다. 대학과 대학원을 다니면서 저자는 자신의 인생관이나 학문연구에 커다란 영향을 끼친 사람들을 책으로 또는 대면으로 만나게 된다.

먼저 '여태까지 배웠던 역사학과 전혀 다른' 유물사관 입장에서 식민사학의 정체성론을 비판한 백남운의 대표작인 『조선사회경제사』 『조선봉건사회경제사』를 읽은 것은 저자에게 크게 두 가지 영향을 끼친 것으로 보인다.

첫째 식민사학의 '조선사회정체론'과 오늘날 수구세력의 이데올로기가 된 '식민지 근대화론'의 원조라 할 후꾸다 토꾸조오(福田德三)에 대한 백남운의 실증적 비판은 저자의 '조선후기 자본주의 맹아론'에 입각한 역사 연구 방향에 커다란 영향을 끼쳤다. 19세기 말 조선사회는 천년 전 일본의 고대사회에 해당할 정도로 낙후되고 정체되었으며, 일본의 식민지배가 근대화의 계기가 되었다는 후꾸다의 주장을 맑스주의 역사발전단계론에 입각해 반박한 백남운의 연구는 저자에게 충격으로 다가왔다고 한다. 그러나 백남운의 연구는 고려시대에 머물고 있었고 그가 해방 후 정치 일선에 나섰다가 월북을 함으로써 이후 정작 조선시대는 사회경제사의 공백지대가 되었다. 저자는 월북한 백남운이 만일 학자로서 연구를 이어갔더라면 조선사회가 중세사회를 거치며 조선후기에는 봉건사회가 해체되고 자본주의로 나아가려는 역동성을 포착하는 연구로 이어졌을 것으로 전망했다. 저자의 박사학위논문『조선후기 상업자본의 발달』은 식민사학의 극복이라는 시대 화두와 백남운의 유물사관적 연구의 성과를 좀더 엄밀한 실증의 토대 위에서 전개한 것임을 새삼 확인할 수 있다.

두번째로 저자는 백남운이 대학에서 직접 배운 선생(후꾸다 토꾸조오)의 학설을 정면으로 반박하는 것을 보고 학문의 세계에서는 스승의 학설일지라도 제자들이 거침없이 반론을 제기할 수 있어야 하며, 그것이 바람직한 사제지간이자 올바른 학문의 발전이라는 생각의 씨앗이 싹텄다. 그리고 저자가 평생의 스승인 신석호 선생을 만나면서 이 생각은 더욱 확고해졌고 훗날 저자가 제자들과 맺는 관계의 줄기가 되었다. 이야기를 조금 더 풀어보자.

저자는 김용섭 선생과 함께 1970년대에 '조선후기 자본주의 맹아'를 실증적으로 규명하는 연구성과를 내어 식민사학의 정체성론을 극복하는 데 결정적 기여를 했다. 그런데 당시 한국 대학의 학술풍토, 특히 식민사학의 아류나 실증사학이 지배적인 풍토에서 저자나 김용섭 선생이 이른바 사회경제사의 시각으로 조선후기 자본주의 맹아론을 학위논문 주제로 택할 수 있었던 데에는 신석호 선생의 배려가 컸다고 한다. 저자 자신이 상업사를 하겠다고 했을 때에도 신석호 선생은 '확실한 자료 근거가 있고 또 역사의 변화상을 다룰 수 있다면 논제로 택해도 좋다'며

사상, 이론, 주제에 대해 열린 자세를 보여주었다고 한다.

　백남운과 신석호 두 선학의 영향 때문만은 아니겠지만, 저자는 '확실한 자료 근거가 있고 방법론상으로도 모순이 되지 않고, 학문적 엄밀성을 갖추고 있고, 역사의 변화상을 포착한다면' 비록 자신의 견해와 반대가 되더라도 흔쾌히 제자들의 연구를 받아들여주었다. 대략 20년 전 저자가 제자들과 나눈 대화가 이해에 도움이 될 듯하다.

　제자: 역사학자로서 제일 기쁜 일은 무엇입니까?

　스승: 내가 쓴 논문이나 학설이 정설이 되어 적어도 10년 정도 개설서나 교과서에 실리는 것이 제일 기쁘지.

　제자: 왜 10년입니까?

　스승: 10년이나 지나서도 바뀌지 않는다면 우리 역사학계의 후속 성과가 그만큼 지지부진하다는 것이잖아. 그만큼 후배 학자들을 키우지 못한 셈이 되기도 하고. 그런데 그것보다 더 기쁜 일이 뭔지 아나?

　제자: ?

　스승: 내가 키운 제자가 내 이론을 비판 극복해 제자의 학설이 정설로 되는 거지.

　제자: 다른 사람이 키운 제자가 비판하고 극복하면 안 됩니까?

　스승: 그건 좀…… 내가 다른 사람보다 제자를 잘못 키웠다는 것밖에 더 돼?

　저자의 대표 연구서로는 통상 『조선후기 상업자본의 발달』을 꼽지만 이것은 오히려 강만길 사학의 출발점에 지나지 않는다. 이 학위논문 이후 '자본주의 맹아가 있었음에도 왜 우리는 주체적으로 근대 시민사회로 나아가지 못하고 식민지로 전락했던가'에 대한 성찰이 이어지기 때문이다. 이는 구한말의 역사를 공화주의(민주주의)운동의 시각에서 재해석하면서 망국의 내적 원인을 해명하는 연구로 이어진다. 곧 구한말 또는 대한제국시기 지배층은 역사의 방향인 입헌군주제나 공화제로 이행하여 아래로부터 민중의 지지를 획득함으로써 외세에 대응해야 했는데, 전제군주권의 재확립 등 기득권에 안주함으로써 망국의 내적 요인을 제공했다는 것이다. 최근의 대한제국이나 고종, 심지어 민비마저 극찬하는 학계 일각의 입장과 뚜렷하게 구분된다.

저자의 연구는 구한말을 거쳐 다시 일제식민지 강점기로 확장되었다. 먼저 저자는 일제 식민지배의 실상을 민중 생활에 초점을 맞추어 연구했다. 이들의 참상을 실증에 입각해 고발한 연구가 『일제시대 빈민생활사 연구』였다. 이 연구가 나올 즈음은 일본 우익들이 대동아전쟁 긍정론을, 국내에서는 얼빠진 경제사학자들이 식민지 근대화론을 들고 나오면서 식민지 미화론이 다시 대두되기 시작할 때였으니, 자못 이 책이 상징하는 의미가 깊다.

1970년대 후반 이후 저자의 '역사 공부'는 식민사학 극복론에서 분단시대 극복론—통일사학으로 더욱 확대되었다. 강만길 사학의 핵심이라 할 '통일사학'은 '해방 후 시대'를 '분단시대'로 재인식하고, 분단이야말로 민족의 생존과 삶의 가치를 옥죄는 족쇄임을 명백히 인식하고, 분단시대를 넘어 통일시대로 나아가는 역사적 전망을 안아내고 실천하는 것이 오늘의 한국 역사학계의 과제라고 천명한다. 이러한 저자 자신의 성찰과 계몽의 글들을 모아 낸 사론집이 『분단시대의 역사인식』(1978)이다. 필자도 20대일 때 이 책을 읽고 교과서식 역사인식에 놓인 나 자신이 환골탈태하는 느낌을 받았다고나 할까.

저자의 분단시대에 대한 철저한 인식과 통일시대의 지평을 열어가는 통찰은 일제강점기와 해방 공간에서 분단의 내적 원인을 해명하는 동시에 분단극복의 가능성도 포착하는 일련의 연구로 이어졌다. 그 요지는 다음과 같다.

일제강점기의 민족해방운동사를 우익 민족주의운동만으로 보거나 좌익운동만으로 보는 외눈박이 인식을 넘어서서 두 계열의 운동을 아울러야 민족해방운동사의 온전한 역사를 서술할 수 있다.

민족주의자와 사회주의자의 결합은 언제나 사회주의자들의 훼방으로 실패한다는 분단적 역사인식은 과장되었다. 두 계열이 일시적으로 갈등 반목한 것도 있지만 실제 역사에서는 '좌우익이 참여한 상해임정─국내 좌우 민족통일전선체로서의 신간회─해외 민족유일당운동의 결실인 민족혁명당─중경임정의 좌우합작─해방 직전 임정(중경)과 조선독립동맹(연안)과 건국동맹(국내)의 삼자 연결과 (건국)강령의 상호접근'이라는 일관된 흐름이 있었다. 곧 좌우 갈등을 딛고 좌우가 손을 잡고 실천한 역사들이 민족해방운동의 큰 줄기를 형성하였고, 해방이 다가올수록 단일민족국가 수립을 위한 좌우합작운동이 활성화되었다.

만일 중경의 임시정부와 연안의 조선독립동맹 그리고 국내 건국동맹의 합작 노력이 성사되었더라면, 임정은 연합국으로부터 정부 승인을 받았을 것이고, 분단의 비극은 막을 수 있었고 친일·친미·독재세력도 발붙일 수 없었을 것이다.

그러나 안타깝게도 일제의 조기 패망으로 좌우 민족통일전선의 단일화와 임시정부의 승인이 불발됨으로써 결국 분단으로 이어지고 38도선 이남의 경우 친일·친미·극우세력이 미국의 후원 아래 신생 대한민국의 주류 권력이 되었다.

분단극복은 결국 좌우의 대립을 넘어서야 가능한 것이고, 그러한 역사적 자양분으로서 일제강점기 좌우통일전선운동을 주목한 것이다. 남과 북에서 잊혀진 조선민족혁명당의 역사를 밝힌 저자의 역작『조선민족혁명당과 통일전선』(초판 1991, 개정판 2003)은 이런 맥락 속에서 읽어야 그 연구 취지를 깊게 이해할 수 있다.

'내 인생의 역사 공부'에서 또 주목할 내용은 저자가 세계사의 지평에서 한반도의 분단과 통일에 대해 논의하고 있다는 점이다. 분단 자체가 세계사의 산물이고 한반도의 지정학적 위치가 중요한 요인이 된 만큼 분단극복과 평화통일의 길도 세계사와 한반도의 지정학적 위치를 같이 고려해야 한다는 것이다.

특히 저자는 한반도가 '해양세력을 겨누는 칼이자 대륙으로 가는 다리'라는, 즉 대륙세력과 해양세력의 이익 충돌 지점이라는 지정학적 요인을 주목한다. 이 양대 세력의 충돌이 역사적으로 발화한 것이 임진왜란·청일전쟁·러일전쟁·6·25전쟁이었다는 것이다. 통상 오늘의 분단구조를 미·소 양국의 냉전체제에 기인한 '특정 시대'의 산물로 해석하는 것과 달리 한반도는 지정학적 특수성으로 인해 전근대 이래 대륙세력과 해양세력의 이익 충돌 지점이었고, 언제나 이들에 의해 분단의 위기가 있어왔음을 역사적으로 확인하고 있다. 그리고 대륙세력(중국·러시아)과 해양세력(일본·미국)의 이익 유지를 위한 완충지대('동강난 칼이자 부러진 다리')로서 현실화한 것이 지금의 분단구조라는 것이다. 그 결과 외세가 기득권을 유지하는 대신 분단의 고통과 비용은 우리 민족이 떠맡게 된 이 분단 현실이야말로 우리가 극복해야 할 역사적 과제라고 역설한다.

그러나 저자는 이 지정학적 요인을 지리적 숙명론이 아니라 하나의 '조건'으로 파악하고 지혜롭게 활로를 개척해야 한다고 강조한다. 대륙세력과 해양세력의 영향력을 최소화하면서 내부적으로는 남북 모두 민족 공동의 생존권을 확보하는 동시에 대외적으로는 동아시아 평화구조를 정착시키는 방향으로 나아가야 한다는 것이다. 저자에 따르면, 분단에서 통일로의 여정은 '국토분단(38도선 분할)→국가분단(남북 정부 수립)→민족분단화 경향(6·25 이후)'이라는 분단의 과정을 역으로 밟는 것이 현실적이라고 한다. 곧 '민족통일(남북 주민의 교류와 민족적 동질감 회복)─국토통일(끊어진 철도와 도로의 연결)─국가통일'로 분단 과정의 역순을 밟아나가야 하며 실제로도 그 방향으로 나아가고 있다는 것이다. 그리고 이 통일의 길은 동아시아 평화공동체라는 지역평화체제를 정착시키는 방향, 곧 '동강난 칼과 부러진 다리'가 침략의 교두보가 아니라 평화의 가교가 되는 것이 '역사의 길'이라는 것이다.

우리 역사학계에 존경할 만한 역사학자들이 결코 적지 않지만 조선 후기로부터 오늘의 현실에까지 이르는 '식민사학 극복─좌우 민족통일전선운동으로서의 민족해방운동사─분단극복과 통일─동아시아 평화공동체 지향'이라는 자신만의 사관을 지니고 연구와 실천에 일로매진한 학자는 드물다고 본다. '화두가 있는 역사학'을 하고 싶은 이들이라면 꼭 읽어보기를 권하는 바이다.

역사학자 강만길, 그의 세계를 산책하다

박은숙 고려대 강사

강만길의 삶과 철학, 역사관과 세계관이 담긴 보고(寶庫)

'내 인생의 역사 공부'에 이어지는 부는 강만길 선생의 학은과 인연, 대담·인터뷰, 논문과 서평 등 다양한 장르로 구성되어 있다. 따라서 일정한 주제와 일관된 흐름에 맞춰 집필된 연구서나 개설서 등과는 그 성격이 다르다. 그렇다 하여 그 의미가 퇴색되거나 작다는 것은 결코 아니다. 어쩌면 '인간 강만길' '역사학자 강만길'을 이해하는 데 가장 중요한 정보와 메시지를 제공하고 있다고 해도 과언이 아니라고 본다. 그런 점에서 매우 흥미롭고 의미있는 내용이라 생각된다.

'학은과 인연'에 실린 신석호·임창순·정재각 선생에 대한 글은 강만길 선생의 사승관계와 학문, 양심적·실천적 지식인으로서의 면모와 교수로서 학생들을 대하는 자세 등을 이해할 수 있는 중요한 단서를 제공하고 있다. '대담과 회고'는 강만길 선생의 출생과 집안, 어린 시절과 학창 시절 등의 개인사와 역사학자로서의 발자취와 이력 등을 들여다볼 수 있는 내용들을 담고 있으며, 나아가 식민지—분단—전쟁을 겪은 한국 역사학의 과제와 평화통일에 대한 학문적 소신, 한국사의 대중화 작업 등에 대한 입장을 엿볼 수 있는 내용들로 채워져 있다. 그런 점에서 강만길 선생의 삶과 이력, 학문과 사상·철학, 역사관과 세계관을 엿볼 수 있는 귀중한 기록물이라 하겠다.

학은과 인연

'학은과 인연'은 신석호·임창순·정재각·송건호·노무현에 대한 추도사와 기념사로 구성되어 있다. 때로는 담담하게 때로는 애틋하게 써 내려간 글들은 강만길 선생의 학문적 사승관계와 인간관계를 이해하는 데 적지 않은 도움을 준다. 역사학자로서 불의에 침묵하지 않는 정의감, 원칙적이면서도 제자들에게 관대하고 넉넉했던 덕망, 학문적 객관성과 관용, 사재를 털어 공익재단을 설립하고 후학을 지원하는 실천적 삶은 상당 부분 스승들의 행적과 겹쳐 보인다. 적지 않은 부분에서 데깔꼬마니와도 같은 닮은꼴을 느끼게 한다.

「신석호 선생님이 살아오신 길」은 치암 신석호(1904~81) 선생이 돌아가신 지 20여 년 후 치암의 일생과 학문·교육 활동, 인간미를 간략하고 담백하게 소개한 글이다. 신석호 선생에 대한 주요 내용은 3·1만세운동 참여와 퇴학, 경성제대 졸업 후 관여한 『조선사』 편찬, 해방 후 국사편찬위원회 사무국장을 맡아 펼친 『조선왕조실록』 등 각종 사료의 보존과 편찬 활동, 고려대학교 교수 겸임과 다양한 학술단체 활동 등이었다. 특히 신석호 선생은 제자들의 석사·박사 논문의 방법론이나 논지가 자신과 다르더라도 객관적 타당성만 인정되면 관대하게 수용하여 새로운 경향의 학문이 나올 수 있도록 했다는 말은 매우 인상 깊었다. 필자가 강만길 선생에게 항상 느꼈던 점으로, 학문적 포용력과 객관성·합리성이 매우 닮았다는 생각을 했다.

「청명 선생, 백학 같은 진보주의자」는 임창순(1914~99) 선생에 대한 추모글로서, 멘토(?)에게 바치는 애틋한 헌사 같기도 했다. 두 분의 인연은 6·25전쟁 후 강만길 선생이 고려대학교에서 임창순 선생의 한국 금석학 강의를 들으면서 시작되었다. 청명 선생에 대한 주요 내용은 일제 때의 곤궁한 생활, 해방 후 성균관대학교 교수 임용, 4·19혁명 때의 교수데모 참가, 민족자주통일중앙협의회 활동과 해직, 인민혁명당사건으로 인한 옥고, 태동고전연구소와 지곡서당 설립과 민족문화의 계승·발전 지향, 청명문화재단 설립과 평화통일 운동,『통일시론』발간 등이었다. 특히 모든 재산을 출연하여 청명문화재단을 만든 것에 대해 강만길 선생은 '과연 청명 선생답구나'라는 감탄을 표하기도 했는데, 그 배경으로 사회주의자를 자처한 청명 선생의 인생관과 역사관·세계관을 들었다. 이를 보면 불의에 저항하는 실천적 삶과 평화통일을 향한 신념, 공익재단 설립과 잡지 발간 등에서 두 분의 매우 흡사한 닮은꼴 행진을 엿볼 수 있다. 청명문화재단과『통일시론』, '내일을 여는 역사 재단'과『내일을 여는 역사』등이 겹쳐 보이는 것은 비단 필자뿐이 아닐 것이다.

남사 정재각(1913~2000) 선생에 대한 글은 대담과 추도글이다. 사제지간인 두 분은 정확히 20년의 나이 차가 있었는데, 강만길 선생은 "20년 후의 자신을 미리 내다보는 하나의 표상이었다"(363면)고 할 수 있다고 했다. 강만길 선생은 추도사에서 남사 선생을 꼿꼿한 기상과 품격, 원칙에 충실한 원리주의자의 모습, 원칙 아래서 편의와 도움을 제공하는 온정을 지닌 분으로 기억하는 한편, 일제 때 반일적 강의를 하셨다가 해임당한 일, 4·19혁명 때 교수데모에 앞장선 일화 등을 소개했다.

「송건호의 한국 민족주의론」에 대한 글은 청암 송건호(1927~2001)의

환갑을 축하하고, 양심적 민족주의자가 민족주의론을 어떻게 정립해가고 그에게 민족주의란 무엇인지를 더듬어보는 것이다. 강만길 선생은 송건호 선생의 투철한 역사의식과 실천적 행동가로서의 삶을 반추하고, 그가 지향하는 민중형 민족주의의 성과와 문제점을 짚었다. 송건호 선생의 민족주의론은 민중형 민족주의가 갖고 있는 어렵고 복잡한 문제의 벽을 깨고 새로운 문을 연 업적의 하나라고 평가했다.

「노무현 대통령 2주기 추도사」는 2011년 5월 23일, 노무현 전 대통령 서거 2주기를 맞아 김해 봉하마을에서 낭독한 추도사다. 보통 사람들이 그토록 좋아했던 노무현 전 대통령의 죽음을 애도하고, 세계 유일한 분단국가의 과제인 평화통일로의 진전과 민주주의의 질적 성장을 일궈낸 노무현 전 대통령과 참여정부의 업적을 높이 평가했다. 특히 해방 후 어느 정권도 하지 못한 과거청산 작업의 의미를 높이 샀다. 노무현 대통령의 발자취와 업적은 민족사적으로나 세계사적으로 올바르고도 떳떳한 것이며, 우리 역사 위에 영원히 기록될 것이라고 평가했다.

대담과 회고

'대담과 회고'는 역사의 바른 노정, 실천적 역사학, 남북한 체제 공존, 민족과 통일 문제 등 굵직하고 무게 있는 주제를 다루고 있다. 그러나 대담과 회고가 갖는 특성상 다양한 범주의 이야기들이 등장하고 있다. 대담과 회고의 상당 부분은 강만길 선생의 출생과 집안, 어린 시절과 초·중·고교를 다니던 시절 이야기, 대학 진학과 역사학 공부, 교수 임용과 학문적 활동 및 성과, 정년퇴임 후 역사가로서의 활동과 현실 참여 등에 대한 폭넓은 내용을 담고 있다.

모두 6개의 대담과 회고가 실려 있는데, 4개는 강만길 선생이 직접 쓰거나 선생의 고견을 듣는 것이고, 2개(김대중·서만술과의 대담)는 강만길 선생이 인터뷰어(interviewer)로서 진행을 한 것이다. 그중 조광 교수와의 대담은 한국 역사학에 대한 전문적 담론의 성격을 띠고 있고, 김대중 전 대통령과의 대담에는 한국 역사와 민주주의, 평화통일과 세계 강대국들과의 관계 등에 대한 두 분의 인식과 철학, 역사관이 고스란히 담겨 있다.

「역사의 바른 노정을 찾아서」는 1991년『철학과 현실』에 실린 글이다. 이 글은 학문을 궁구하던 대학·대학원 시절의 문제 인식과 논문 작성, 식민사학 극복을 위한 자본주의 맹아 찾기와 조선후기 상업자본 연구 등에 대한 이야기를 들려주고 있다. 또한 개설서인『한국근대사』『한국현대사』(1994년 개정판인『고쳐 쓴 한국근대사』『고쳐 쓴 한국현대사』출간)와 사론집『분단시대의 역사인식』의 집필 배경도 언급하고 있어 흥미롭다.

「분단극복을 위한 실천적 역사학」은 1993년 제자인 조광 교수와 이루어진 대담이다. 두 분은 1960년대 식민사학 극복을 위한 자본주의 맹아론(자맹론)과 내재적 발전론(내발론), 역사학의 대중화와 민주화, 역사학자의 책임과 실천 등에 대한 깊이있는 대화를 주고받았다. 강만길 선생은 당시의 사회주의 몰락과 관련하여 자본주의와 사회주의의 향방에 대한 입장을 피력하고, 역사학자로서 자기 이론 정립의 필요성을 제기하기도 했다.

「우리 민족을 말한다」는 한국사학계의 거두인 강만길 선생과 세계적 정치가인 김대중 전 대통령의 대담으로, 두 분의 민족문제에 대한 입장과 태도, 역사관과 세계관, 철학과 사상을 압축적으로 엿볼 수 있는 대화가 오갔다. 대담의 주제 또한 과거와 현재, 한국과 세계의 역사를 넘나들었고, 아시아의 민주주의와 한국의 통일방안, 북한의 핵 문제 등에 대한 담론이 펼쳐졌다.

재일본조선인총련합회(총련) 서만술 의장과의 인터뷰는 남한 언론에 서는 처음으로 이루어진 정식 인터뷰로서, 2001년 토오꾜오에서 진행 되었다. 총련이 북을 지지하게 된 배경, 재일조선인의 참정권 문제와 총 련·민단의 입장 차이 등을 다루었다.

「서로 다른 두 체제의 공존이 통일의 시작」은 5주년을 맞이한 6·15남 북공동선언(2000)의 의미를 짚어보고, 평화적 통일방안을 제시한 인터 뷰였다. 남북한의 통일은 독일식·베트남식이 아닌 우리식의 평화적 통 일방식을 실천해야 하고, 이를 위해 한미관계의 정상적 국제관계로의 전환과 '탈미운동'이 필요하다는 점을 밝혔다.

되돌아보는 역사인식

'되돌아보는 역사인식'은 강만길 선생의 학부 시절 논문과 개설서에 수록된 글, 서평 등으로 구성되어 있다. 시기와 장르를 넘나드는 연구의 영역을 엿볼 수 있는 글들이다.

「진흥왕비의 수가신명 연구」는 대학교 3학년 때 한국금석학에 대한 임창순 선생의 강의를 들은 후 리포트로 제출했던 글을 다듬어 『사총』 창간호(1955)에 게재한 논문이다. 강만길 선생의 글이 처음으로 활자화 된 것으로, 황초령비와 창녕비의 수가신명(隨駕臣名)을 분석하여 진흥 왕 대의 관등(官等)·직제(職制)를 밝히는 데 일조한 글이다.

「귀족사회의 경제적 기반: 수공업」과 「귀족사회의 경제적 기반: 상업 과 대외무역」은 국사편찬위원회에서 발간한 『한국사 5: 고려 귀족국가 의 사회구조』(1975)에 수록된 글이다. 당시 강만길 선생은 조선시대 상공업사 연구를 통해 자본주의 맹아를 밝혀 식민사관을 극복하는 데 주력했지만, 고려시대 상공업에 대해서도 관심이 있었음을 알 수 있다.

「한국사 개설서의 시대구분과 시대성격 문제」는 한국역사연구회에서 발간한 개설서 『한국역사』(역사비평사 1992)에 대해 시대구분과 시대성격을 중심으로 살펴본 서평이다. 젊은 진보적 역사학자들이 '사회구성체의 발전이라는 관점'에서 집필한 새로운 개설서에 대한 선배 역사학자로서의 평이라 하겠다. 강만길 선생은 개설서로서 갖춰야 할 시대적·분야별 연결성과 일관성의 부족을 지적하고, 사회구성체 발전단계론이 서양사회 기준으로 만들어진 점을 환기시켰다. 고대사회와 노예제 문제에 대해서는 아직도 고대사회의 사회구성체를 확정할 수 없는 학계의 수준을 지적하고, 중세 봉건사회의 성격과 관련하여 『한국역사』가 선배 역사학자의 연구성과인 자본주의 맹아를 인정하는 데 소극적이라는 아쉬움을 토로했다. 현대사와 관련하여 해방 후 성립된 남북한의 자본주의체제와 사회주의체제를 사회구성체적 발전단계론의 관점에서 어떻게 설명할 수 있을까에 대한 '고민'의 흔석이 보이지 않는 섬을 아쉬워했다.

「일본 측 문헌을 통해 본 독도」는 1985년에 쓴 글로, '시마네현(島根縣)고시' 이전까지의 일본 측 문헌을 통해 일본인들의 독도에 대한 인식을 밝히려는 글이다. 일본 측의 『인슈우시청합기(隱州視聽合記)』 『죽도 및 울릉도(竹島及鬱陵島)』 등의 자료를 검토하고, 일본이 독도를 자국 영토로 편입시킨 것은 전략적 기지를 얻기 위한 것이고, 대한제국과 자국의 재외공관에도 고지하지 않은 일방적 편입이었음을 밝혔다.

이 책은 강만길 선생의 주요 업적과는 다소 거리가 있는 학은과 대담 등을 소재로 하고 있지만, '인간 강만길' '역사학자 강만길'을 읽어낼 수 있는 안내서와 같다. 이 책을 통해 '역사는 이상의 현실화 과정'이라는 사관에 발맞추어 역사적 이상을 현실화하기 위해 학문적·실천적 노력을 아끼지 않는 강만길 선생의 굵고 올곧은 삶과 행적을 들여다볼 수 있을 것이다.

강만길 저작집 간행위원
조광 윤경로 지수걸 신용옥

강만길 저작집 17
내 인생의 역사 공부 /
되돌아보는 역사인식

초판 1쇄 발행 / 2018년 12월 5일
초판 2쇄 발행 / 2020년 11월 9일

지은이 / 강만길
펴낸이 / 강일우
책임편집 / 신채용 부수영
조판 / 정운정
펴낸곳 / (주)창비
등록 / 1986년 8월 5일 제85호
주소 / 10881 경기도 파주시 회동길 184
전화 / 031-955-3333
팩시밀리 / 영업 031-955-3399 편집 031-955-3400
홈페이지 / www.changbi.com
전자우편 / human@changbi.com

ⓒ 강만길 2018
ISBN 978-89-364-6070-9 93910
      978-89-364-6984-9 (세트)